谨以本书纪念贵州建省600周年
本书由贵州省社会科学院资助出版

CHUANTONG ZHEXUE
YU GUIZHOU WENHUA
QIANXUE ZHONG DE
XINGSHANG ZHIHUI ZIYUAN

◎ 王路平 著

传统哲学与贵州文化
——黔学中的形上智慧资源

中央民族大学出版社
China Minzu University Press

图书在版编目（CIP）数据

传统哲学与贵州文化：黔学中的形上智慧资源/王路平著.
—北京：中央民族大学出版社，2013.11
　ISBN 978 – 7 – 5660 – 0586 – 1

　Ⅰ.①传… Ⅱ.①王… Ⅲ.①哲学史—研究—贵州省
Ⅳ.①B2

中国版本图书馆 CIP 数据核字（2013）第 284905 号

传统哲学与贵州文化——黔学中的形上智慧资源

作　　者	王路平
责任编辑	舒　松
封面设计	布拉格
出 版 者	中央民族大学出版社
	北京市海淀区中关村南大街27号　邮编:100081
	电话:68472815(发行部)　传真:68932751(发行部)
	68932218(总编室)　　　68932447(办公室)
发 行 者	全国各地新华书店
印 刷 厂	北京宏伟双华印刷有限公司
开　　本	787×1092（毫米）　1/16　印张:24.5
字　　数	420 千字
版　　次	2013 年 12 月第 1 版　2013 年 12 月第 1 次印刷
书　　号	ISBN 978 – 7 – 5660 – 0586 – 1
定　　价	60.00 元

版权所有　翻印必究

序

邬锡鑫

  厚厚的一摞书稿摆在我的面前，这是路平先生即将付梓的为纪念贵州建省600年而撰写的研究贵州文化的专著。

  近些年来，研究贵州文化的著作陆陆续续面世，并呈现出多种多样的研究路子，而路平先生对传统哲学与贵州文化相互关系的考察所显现的理路，我以为最能揭示文化内核的形而上意义。

  对于文化，我曾经说过，无论怎样去定义，都应将其内核揭示出来，这个内核就是精神价值意识和生命价值意识。毫无疑问，这两种意识在根柢上体现的肯定都是一种哲学的观照，可见，只有去揭示文化内核的形而上意义，才能逐渐接近文化的真髓，也才能逐渐感受到文化在其最深的层面上带给人们的愉悦。

  我和路平先生都是学哲学的，共同的学术兴趣使得我们经常在一块谈天说地。十多年前，路平先生在下乡扶贫时患上了面神经麻痹，因为没有得到及时治疗，错过了最佳治疗期，致使病情日益加重，回省城后在几家大医院治了许久都没什么效果。那时，他右侧面部直感到时时如敷着干硬了的浆糊而不停痉挛，再加上右眼无法闭拢，致使他整日痛苦不堪。后来，他接受祖国医学的综合治疗，在那个期间，几乎每隔一天晚上，我都和他相对而坐，或谈佛，或论道，或纵议中西哲学。他脸上、手上扎着银针，却在我们的精神交流之中，思维异常活跃地很快进入形而上的境域，看得出，只有在这一刻，他那晦黯的心境才顿然全无。我们沉浸于哲学思辨的快乐中时，又常常为时下社会信仰的缺失和世风日下的景况叹息！

  是啊，伴随经济全球化和各种思潮的进一步碰撞，一方面，我国在社会大变革中出现了文化的多元格局，这无疑对人的主体意识的增强是有利的；但另一方面，由于我国经济生活中市场发挥的作用越来越突出，各个领域正不断地渗透着市场机制，因而文化面临着各种各样的严重冲击和破坏，使人的主体意识受到难以摆脱的压抑。最近三十余年间，社会创造的物质财富比以往任何时段都多得多，但社会中被追逐利润最大化撬动起来的物质财富占有欲，比以往任何时段大得多。与此相伴，享乐主义的蔓延范围日渐扩大，物质占有欲所推动的一些人对物质享受和感官刺激的追求，已到了无法抑制的地步，这就对文化特别是文化的内核造成进一步的冲击和破坏。在物质财富大量增长的同时，贫富差距也在日趋拉大，腐败之风难以真正有效扼制，这又刺激着一些人物质占有欲的进一步膨胀，使得人文主义精神被逐渐消解，人的主体意识受到商品拜物教的严重压抑，一些人的信仰危机将他们的价值取向拖入困境。可见，为市场竞争机制所决定从而激发人们物质占有欲不断膨胀的价值目标，越来越无法对促使人们实现灵魂圣洁的文化价值导向进行回应，以致使得不少人精神家园迷失，从而导致社会的每一步发展都得以付出沉重的精神代价来实现。人的精神家园的迷失，表明市场运行机制推动的对商品利润的拼命追逐所造成的对文化的挤压、冲击和破坏，带来的恶果已很严重。不要以为文化建设就是修建一些文化馆、博物馆、歌舞厅、影剧院，等等，修建这些文化设施，多有一些文化载体，当然是非常必要的，但是，通过制度的、体制的、法律的、政策的乃至学理的、教育的、艺术的、道德的等途径，扼制对文化的挤压、冲击和破坏，对文化的内核即精神价值意识和生命价值意识进行有力的张扬，以构建和守护人的精神家园，在当今更为重要。对人的精神家园的构建和守护，就是为了使人的精神挣脱商品利润的奴役，挣脱无度膨胀的物质占有欲的枷锁，就是使人最终实现精神的自由，从而得到真正的全面的发展。

我以为，路平先生在疾病的折磨中仍然坚持对哲学和文化进行学理的思考，在病愈后以更大的精力投入哲学和文化的继续研究之中，体现的正是对构建和守护人的精神家园的一种自觉；同时，这种自觉又促使路平先生不断地拓宽着自己的学术视野。

在《传统哲学与贵州文化——黔学中的形上智慧资源》中，最先进入路平先生学术目光中的是王阳明。王阳明在贵州龙场悟道后，提出了"心即理"，这"理"即是"天理"。虽然对"心"为何即"天理"，在层层的哲学追问中，会使阳明心学体系显示出无法解决的矛盾，但是"心即理"的思想及由此而生发出的"良知"说和"致良知"的工夫论，却不可否认地体现着深厚的文化内蕴。

"心即理"是阳明心学的基石，它是对主体与客体相互关系的一种本体论的揭示。路平先生以自己开阔的学术眼界，既将王阳明建立在"心即理"基础上的心学体系，置于作为儒学新发展的宋明理学这一框架中加以阐述；又将王阳明的作为其"心即理"学说展开的伦理哲学,置于与西方存在主义代表人物萨特的伦理哲学的比较中进行考察。正像路平先生所说,王阳明的心学和萨特的存在主义都是关于人如何存在的哲学,所探究的都是人生的价值和生活的意义,因此都属于展示明显的伦理意义的哲学。而存在主义最主要的思想来源是现象学,因此存在主义哲学中必定内蕴着现象学的某些因素。路平先生对王阳明和萨特的比较研究,引入了现象学和存在主义的方法,将王阳明的心本体说置于意向理论的视阈中进行审视,揭示出王阳明所谓的"心即理"具有的意向性,表明的是"人心与天地一体"①,这同萨特所谓的"存在"一样,建立的是人的精神与世界的联系,从而在本体论上将心物融通具有自在与自为的统一这一实质显现出来。这就使我们清楚地看到,王阳明提出的"心即理"使得其心学体系必然引领人们以心性的修养和体验去直接感悟人生,进而在实现物我俱一、天人相合的过程中逐渐达到圆融自得的精神境界,这种精神境界显露的正是阳明心学所推崇的生命意义,因而也就使阳明心学对于当代学者的文化思考具有独特的启示作用。

紧接着阳明心学,佛学也进入了路平先生的学术视野。贵州这块高原上,很早就有佛教传入,而以禅宗的影响最为深广。佛教自东汉传入中土后,从魏晋时开始就逐渐实现了中国化,隋唐时期大乘佛教八大宗尤其是禅宗的形成,更使佛教成为与中国传统文化结合得最为紧密的外来文化,也使佛学在中国成为继先秦道家学说之后,最能在形而上层面体现对生命的终极关怀的思想体系。大乘佛学对生命的终极关怀引导着的对生命的安顿,照路平先生看来,正是存在主义大师海德格尔所推崇的德国诗人荷尔德林所向往的生命的"诗意地安居"。当今世界,人们的灵魂正一天天地被自己创造的物质财富所异化,人们的心志正一天天地陷入物欲、权势的泥沼中而无法获得自由,因此人们越来越需要真正能安身立命的精神处所。只有这一精神处所,才能实现人的心性与万物本体同一,进而实现人的生命对本体的超越,使物与我融而为一,使瞬间呈显永恒、成为永恒,使有限呈显无限、成为无限,这样,人的生命也就当然能摆脱物欲和权势的纠缠,从迷惘的、沉沦的以至无意义的状态,达到自在即自为、自为即自在的境界。因此,这一精神处所必然是诗意盎然的,是最美的。我想,正是如此,路平先生看到了大乘佛学在人的浮躁不安的情性需要有个空间得以沉静,漂泊不定的灵魂需要有个空间能够

---

① 《语录》三,《王阳明全集》,第106页,上海古籍出版社1992年版。

栖息的当代所显现出的独特意义和价值。

在考察阳明心学、大乘佛学对心灵澄明的导引后,路平先生把目光投向了易学。易学所研究的《周易》,是中国古代一部从哲学上揭示宇宙和人类社会奥秘的经典文献,因此早就被称为"经"。对宇宙和人类社会奥秘的揭示,为的是对人生和人心的观照,对人的生命的关怀;这种观照和关怀,在《易经》中主要体现于对矛盾的两个方面相互关系的展示上。读《易经》,我们能深切地感受到易象乃是表征生命的符号,显示的是天地自然和人类的生生不息,而易象的所有内在矛盾则是生命之所以永远流转的根本原因,最终都受阴阳对立统一这个总规律的支配。阴阳由太极所化生,故而太极为生命之源,而太极所化生和内蕴的阴阳则为生命繁衍不息的动力,由阴阳所代表和制约的所有易象也就显现着生命的永恒变化。所以,南宋学者张栻说:"易者,生生之妙,而太极者,所以生生者也。"[①] 这应该说深得《易经》生命哲学之精要。"易"之所以呈现万物生生变化之"妙",最根本的是它呈现着对立的两个方面的转化,阴阳的转化、祸福的转化、生死的转化,等等,交织成宇宙万物生机勃勃的图景,而生命也就在这种转化中展示出兴衰更替、新旧交变、"无往不复"[②]、赓续不绝的运动模式。从路平先生对《易经》关于矛盾的思想所作的阐述中,我们不仅可以感受到对立面的相互转化所呈现的生命的律动,而且还感受到为矛盾双方运动的规律所支配,人生的逆境与顺境从来就不是固定不变的,事业的成功与失败也会因一定的条件而相易,既然如此,我就想,文化特别是文化的内核无论怎样地消解,人的精神家园无论怎样地迷失,我们都应该坚信这一点:否极泰来。

路平先生对阳明心学、大乘佛学和《周易》思想的阐发,为的是探讨中国传统哲学对贵州文化发展进程的影响。这种探讨让我们看到,贵州文化因与传统哲学的密切联系固在历史上就形成了多元的格局,如果再加上从大娄山、武陵山、乌蒙山和苗岭中生长出来的少数民族文化,贵州文化就更是色彩斑斓、魅力无穷。但是我以为,在这本书中最重要的是,路平先生对贵州文化的论述,无论谈及黔中王门后学的学术成就,还是谈及阳明文化旅游圈的开发;无论评介各个高僧大德的事迹,还是评介梵净山佛教文化的特点;无论探讨以孙应鳌为代表的义理易学心学派的思想,还是探讨清代易学家启

[①] 张栻:《南轩全集》卷十一,清咸丰重刻本。
[②] 《周易·象传》。

蒙思潮的经世致用意义，都透露着对人的精神和生命的真切关怀。

　　每当我的心灵遨游于哲学的天地中时，我就能得到莫大的乐趣，读《传统哲学与贵州文化——黔学中的形上智慧资源》，我又一次有了这种感受。不用说，在写作这本书时，路平先生这位特别喜好哲学思索的著名学者，所得到的愉悦更是难以形容。我在获得思辨之美带来的享受的同时，又在想，倘若我来写这本书，会有怎样的思路？也许我会沿着易学——佛学——王学这样的顺序去展开对传统哲学的阐述，那么传统哲学与贵州文化的关系就得用另外的办法去处理了。但不管我与路平先生思路怎样不同，我们却一定会殊途同归的，就是说，最终都必然以对文化内核的形而上思考，表明对构建和守护人的精神家园的尽力倡导。

2013 年 6 月于贵州省社会科学院

前言：本土形上智慧资源
——"黔中三宝"

《周易》说："形而上者谓之道，形而下者谓之器。"这意思是说关于宇宙人生的本质和规律是无形而根本的，这就叫做"道"，而万事万物是有形而具体的，这就叫做"器"。我们把依据形而上之道得出的思想称之为形上智慧，因为它作为精神性的价值信仰系统，能够为人们提供一种安身立命的一贯之道。那么，从形而上的"道"来观照贵州文化及其文化大师，贵州能带给人们什么东西呢？从历史来看，贵州虽僻处西南边陲之地，然山明水秀，人杰地灵，汉代即有舍人、盛览、尹珍，开创黔中学术气象。唐宋以降，兵燹屡兴，天荒人废，虽代不乏人，而载籍难考。至明永乐年间，始置贵州布政使司，由是人文彪蔚，与中原学术文化交流渐多。至明中叶后，黔地学人始称盛焉。建省600年来，在贵州的传统学术文化瑰宝中，最具有本土特点且又最能与全国乃至世界学术文化接轨、交流和对话的当首推"黔中三宝"，即黔中王学、佛学和易学，这"三宝"是黔中传统文化中的奇葩，亦是黔学重要的组成部分之一，[①]它们相对于贵州原有的其他地域文化来说，博大精深，具有更加系统、更加理性和更加深刻的特点，再加上这一传统文化本身所蕴涵的深厚的中国文化精神，使其自然拥有宏大的文化影响力和亲和力，具有强大的生命力，至今仍然能够给予人们以形上智慧的启迪，值得我们重新发掘和认识。

一、黔中王学：1500年所积累的形上智慧

黔中王学的产生缘自明代著名哲学家王阳明。明正德元年（1506），王阳明在北京任兵部主事时，因上疏营救南京科道员戴铣等，被宦官刘瑾陷害，廷杖四十下狱，同年十二月谪为贵州龙场驿丞。正德三年（1508）三月到达贵州，五年（1510）初离开贵州，谪居贵州有三个年头。其间，他于龙场悟

[①] 何谓黔学，详见本书《后记》。

道，使举世闻名的心学诞生于贵州。又创办龙冈书院，主讲贵阳文明书院，首开黔中书院讲学之风，培育了大批黔中"夷汉"弟子。

王阳明在贵州讲学时，曾出现如嘉靖《贵州通志》所载"士类感慕者，云集听讲，居民环聚而观如堵"的盛况。在数百听讲者中，其著名者有席书、刘秉鉴、蒋信、冀元亨、陈宗鲁、汤伯元、叶子苍、钱凤翔等人，他们是最早在贵州传播王学的学者。

王阳明离黔后，王门弟子在黔中南北分化，继续弘扬师说，大振阳明心学，讲学之风盛极一时，使阳明心学遍播全省，贵州人文蔚成大观。继王阳明于龙场创办龙冈书院后，其弟子和再传弟子中也有许多人在贵州少数民族地区建书院、讲心学。王阳明谪黔成就了黔中人文的大事因缘，为贵州培养了一大批心学弟子，再通过其亲传弟子、再传弟子、三传弟子、四传弟子等的大力宏传、发展，至晚明时期遂形成贵州阳明文化圈。贵州阳明文化圈中的历史文化资源，不仅是王阳明"龙场悟道"、"贵阳讲学"、"游历黔中"的真实见证，而且也是蕴涵着贵州明代社会政治、经济、文化和习俗等诸多方面的信息载体，具有博大精深的文化内涵和独特的不可再生性的历史价值，因而它们将对当今的学人和游客产生越来越大的吸引力和感召力。在中国，王学的核心区域有五处，即浙江绍兴地区、贵州贵阳地区、江西吉安地区、江苏泰州地区和广东潮州地区。绍兴地区是王学的发祥地和阳明学说的成熟地，贵阳地区是王学的奠基地和过化地，吉安地区是王学的发展地和极盛地，泰州地区是王学的创新地和变异地，潮州地区则是王学的跨文化互动的融合处。

黔中王门，不仅可以独立门户，还可以作为王学向文化边缘地区传播的成功范例。在王阳明及其黔中王门弟子的影响下，终明之世，贵州各地建有书院20余所，书院讲学之风盛于中原，俊杰之士，比于中州。贵州是王学的诞生地，王阳明悟道的龙场（今贵州修文）又被历代学者视为"王学圣地"，故而无论是古之王门各派，还是今之新儒学，无不以"黔中王学"为其渊薮。大学者黄宗羲于清康熙十五年（1676）著《明儒学案》时，按照人文地理将阳明后学分为浙中（浙江）、江右（江西）、南中（江苏）、楚中（湖南、湖北）、北方（河南、山东等中原地区）、粤闽（广东、福建）和泰州七大体系，却漏载了最早传播王学、开拓一方文明、颇具一定规模和造就了著名学者的黔中王门，致使"黔中王门"后学长期鲜为人知，被冷落、忽略达数百年之久。今天经过贵州学者多方奔走呼号，大力宣传论证，"黔中王门"之说已被世人普遍接受。"黔中王门"具有以下特点：第一，贵州是阳明心学形成的原点，在时间上，"黔中王门"最早学习和传播阳明心学。第二，"黔中王门"有众多著名学者，颇具一定规模，且影响一方。黔中王门的代表人物有贵阳的马廷锡，清平的孙应鳌、蒋见岳，都匀的陈尚象、余显凤、吴铤，思南的李渭、冉宗孔、胡学礼等人，可谓人才辈出，群星灿烂，其中以孙应鳌、马廷锡、李渭三人为之最。其中孙应鳌崛起于西南，乃为一代名臣大儒，为黔中王门儒宗。他孜孜矻矻，以培育人才、兴起儒学为己任；当晚明心学风靡之际，传阳明心学于贵溪徐樾，与阳明后学诸子纵横交往驰骋，朝野内外莫不推服；又在黔中故里、黔东南清平（今凯里市炉山镇）建平旦草堂、学孔书院和山甫书院，集一生学问，阐明儒家文化和阳明心学，一时著书讲学，蔚成风尚，流风余韵，沾溉黔中数百年。第三，它具有贵州本土色彩，在思想上颇有共同的特点。一曰不执门户之见，颇具海纳百川之风。这点尤以孙应鳌最为突出，从而形成了自己的心学理论体系。二曰以求仁为宗，直揭知行本体。王阳明在贵阳始论"知行合一"说，使黔中王门弟子深受教诲和启发，从而将仁德作为知行本体，着力躬行实践。如李渭之学就是以求仁为宗，以毋意为功，力倡先行；而孙应鳌之学则主张即仁是心，知行合一，经世致用，恰可与李渭相互印证。三曰以经证心，勇于创新。例如孙应鳌在解读"四书五经"时，往往是"以经证心，以心证悟"，不拘于传统的训律，不死抠书本，常常是随己发挥，从心学的角度去解释诸经的内容。这在当时有发挥人的主体意识，摆脱经书的束缚，启迪人们积极思维的进步作用。第四，它影响时间长，分布地域广。黔中王门主要有四代弟子，从明代中期一直持续到明末，影响长盛不衰。当时，它以贵阳、清平、都匀、思南等地为王学重镇，围绕所创办的书院开展心学的交流和传播活动。在贵阳有马廷锡执教的"阳明书院"，在清平有孙应鳌创办的"学孔书院"，在都匀有陈尚象、余显凤等人兴建的"南皋书院"，在思南有李渭讲学的"中和书院"，等等。由此创造了晚明阳明文化的历史辉煌。由此可见，贵州阳明文化圈是中原主流文化与贵州民族文化相交汇融合而产生的富有本土特色的文化现象，具有极高的文化品位，不仅本土色彩鲜明，民族特色浓郁，历史积淀深厚，而且独具魅力，价值非凡，意境深远，值得人们去关注、去研究、去开发。

　　王阳明谪居贵州龙场前，一直在苦苦思索成圣如何可能，以致格竹成病。他深切体察古之圣人的良苦用心，经历了炼狱般的煎熬而于龙场悟道，终于消解了生与死、心与物、有限与无限的内在紧张和二元冲突，实现了从求理于物向心即理的哲学转变，实现了人生脱胎换骨的转变。其后他以无挂碍的生命实践和活泼泼的教化方式，先立其大，明其心体，又由体发用，即体即用，自觉履行成圣成贤的道德使命，担负起社会人生的责任与义务，展现仁者以天地万物为一体的博大胸怀。

龙场悟道，还使王阳明把孔孟儒学经过1500年所积累的形上智慧在明代中叶发扬光大，以"心即理"、"知行合一"、"致良知"以及"世上磨练"、"万物一体"的理论，构筑了他博大精深的心学体系。500年来，王学不仅挺立了主体精神，展示了生命的自由，而且冲决了官方程朱理学的思想罗网，使当时的思想界获得了一次大解放。其哲学理念，为成千成万的仁人志士提供了具有终极关怀意义的宇宙观、人生观、价值观；为儒学在生命哲学、伦理哲学和宗教哲学三大领域中开拓了广阔的发展空间；为儒学从中国走向世界作出了巨大的贡献。在儒学日益成为21世纪东西方文化交流对话语境中的显学之时，王学的人文精神日益具有坚强的生命力、持久的说服力和深刻的前瞻性。它对于我们开启主体道德意识的自觉性，塑造我们的理想人格有积极意义；对于我们现代人挺立良知的主宰性，彰显人生的价值和意义有振聋发聩的作用；对于当前我们构建生态文明社会具有深刻的启迪意义。因此，开发具有原创性和根源性意义的黔中王学这个宝库，对于现代人来说无疑是具有积极的现实意义和深远的历史意义。

二、黔中佛学：贵州学术文化的思想精华

黔中佛学是与黔中佛教相始终，主要以明末清初的贵州禅宗为代表。唐代牛腾在贵州大布佛教，是为佛教传入贵州之始。自此贵州乃有佛寺的兴建、佛像的铸造和僧人的活动。然其时，佛教的传布仅限于黔北和黔东两个地区，并以中原的大乘佛教为主流，以南诏佛教为支流。进至宋代，在黔北、黔东地区，佛教仍以强劲的势头向纵深发展，佛寺遍布其地；另一方面，随着佛教在贵州各地传布渗透，贵州土官土酋开始热衷奉佛兴寺，如黔东南的向氏、黔东北的田氏、黔北的杨氏、黔中普宁州的孟氏，皆笃信佛教，大建梵刹，由是佛教影响深入少数民族地区。贵州腹地亦始建佛寺，住有僧人。至元代，佛教随中原文化深入贵州腹地。其时，印度指空禅师在黔西弘法，江西人彭如玉于黔中传教，二者异曲同工，注重神通灵异，皆与黔地原始巫风相契，遂使佛教深入黔西苗彝聚居之区和崇山峻岭的黔中腹地，从而大大拓展了佛

教在贵州传播的领域。

明代贵州建省后，贵州佛教开始进入繁荣发展时期。首先，密切了与中原佛教的关系。在明王朝倡教政策的支持下，贵州土司流官崇佛兴寺，僧官始持教度僧，黔中僧徒士民大建寺庙，高僧大德亦联袂而起，遂使佛教迅速在贵州传播。其次，通过"调北填南"，特别是通过军屯、民屯、商屯，大批汉人移入贵州。这样，一方面将汉族固有的佛教信仰带入贵州，另一方面又为僧人深入黔境游方行化提供了物质基础。再次，明代贵州大修驿道，遍立卫所，形成了一条以府治卫所为通道的佛教传播路线，横贯东西，纵穿南北，使佛寺遍及各府卫。

明末清初，天崩地解，贵州涌现了以丈雪、敏树、燕居、圣符、山晖、莲月、语嵩、赤松、瞿脉、厂石、善权、善一、梅溪等为代表的一大批灿若群星的佛学大师，他们的语录著作，不仅代表了当时西南佛教思想界的最高水平，而且也反映了贵州地区禅宗鼎盛的实况，仅《嘉兴续藏》就收入黔僧语录达数十种之多。他们的人品学问、弘法业绩和佛学造诣，不仅彪炳黔省，冠映西南，即使与中原诸佛学大师相比，亦不逊色。其影响所及，不限于佛教僧徒内部，且与当时的主要社会思潮和哲学思潮亦息息相关，其佛教哲学内涵十分丰富，心理分析相当细致，辩证法思想也非常深刻，从而呈现出强烈的时代特色和地方特色。这些佛学大师不仅给贵州的哲学、思想文化以很大影响，而且还对安定贵州社会，教化黔中人民，培养乡邦人才，发挥了重要的作用。

这些贵州佛学大师的禅学著作在全国也有一定的学术地位，不仅撰写中国禅宗史时有必要对其进行研究，编纂完整的中国哲学史、中国思想史时也不能忽视其存在与贡献。从贵州的这些佛学大师的思想中，可以看到禅学是贵州乃至中国学术文化的思想精华，是东方形上智慧的代表。遗憾的是，由于贵州地处西南边陲，境内山峦重叠，自古以来为"西南之奥区"，黔中佛学也因之湮没在人们的偏见和漠视之中。即使在今天，这些黔中佛学大师的思想，亦鲜为人知，这不能不令人悲哀。

逃禅出家，乃明末清初士大夫之风气，滇黔为南明最后领地，明士大夫多集于此，故黔地士大夫多有逃禅出家者，由此形成黔中特有的禅宗佛教文化景观。他们或倾心佛门，喜嗜禅悦，如蒋杰、谢士章、丘禾实、艾友兰、文安之、曹申吉、查慎行、曹维成等士；或啸歌山林，逃禅遁隐，如李合鳞、刘个臣、吴中蕃、刘文季、胡钦华、邹宗孟、吕大器、高雪君、李专等士；

或索性削发出家，以示爱国之情操、不仕之决心，如钱邦芑、郑於斯、陈起相、郑逢元、黎怀智、朱文、程源、皮熊等士。他们的大量表明心志的诗文著述，如钱邦芑（大错）的《大错和尚遗集》、陈起相（掌山）的《掌山法语》等，不仅具有极其深邃的禅学思想，而且也体现了他们感鬼神而泣风雨的浩然正气。故其禅学思想与人格精神，不独提升了贵州佛教的文化品格，有功于黔中佛学，而且亦有助于后人激发爱国之热情。

三、黔中易学：本土化经学的言说方式

黔中易学多集中于明清时期。明清时期是贵州文化史上空前繁荣的一个时期，全省各地涌现了一大批研究《周易》的学者。据贵州地方史志记载，明清两代黔中易学著作达43部之多。明代正统、景泰年间易贵的《易经直指》，首开明代黔人研易之风，其后李渭的《易问》、阴旭的《读易应蒙》、孙应鳌的《淮海易谈》问世，迎来明代黔中易学的勃兴。入清代，安平（今平坝）陈法的《易笺》，麻哈（今麻江）艾茂的《易经人道集义》，铜仁戴世翰的《易艺》，黎平胡秦川的《学易确然录》，贵阳王璋的《易经集说》、傅昶的《古易殊文记》、《易源》、孙濂的《易理三种》、丁泽安的《自得斋易学》、《学易节解》、《易学三编》、《易学附图》、《易学汇说》，清镇文天骏的《周易或问》，遵义肖光远的《周易属辞》、《易字便蒙》、《周易属辞通例》、《周易属辞通说》等易学大师的著作，构成黔中研易的狂飙运动，标志着黔中易学系统的形成，从而有了与中原易学学术思想对话的基础。黔中易学，作为一种本土化经学的话语言说方式，表现出与中原易学界主流思想不尽相同的风格。其中，最著名和最有哲学意蕴的当数孙应鳌的《淮海易谈》。《淮海易谈》共4卷，近十万言，是孙应鳌系统地专门研究、阐发《周易》的哲学专著，集中代表了其易学观，是贵州建省以来最有影响的易学著作。

孙应鳌易学主要有四个特点。第一个特点是，其属于义理易学中的心学派。义理易学是易学研究中的主要流派之一，主要阐明《周易》的哲学大义，与象数派、训诂考据派相对。义理派既反对象数派的繁琐，又否定训诂考据派的训诂，而精于明理，注重探求宇宙和人生的哲理，其代表人物有魏晋时的王弼，北宋的胡瑗、周敦颐、二程，南宋的朱熹。孙应鳌易学对卦爻辞的解说亦主张取义，属于程朱的易学系统，是义理派易学。然而，孙应鳌易学主要以人心，即人们的精神和道德意识来解释易理（宇宙的原理），属于义理

易学中的心学派，这与程朱理学派强调天理为事物之所以然的易学哲学又有所不同。这样，孙应鳌一方面继承了魏晋唐宋易学中的义理学派的传统，一方面又扬弃了程朱的理学观点，以心学的明心体观念为中心，解释《周易》经传。孙应鳌易学的第二个特点是，其解《易》往往是"以经证心，以心证悟"，不拘于传统的训律，不死抠书本，常常是随己发挥，从心学的角度去解释《周易》的内容，强调"《易》之不可为典要"，在"用《易》者，心用之也"①。孙应鳌易学的第三个特点是，其治易学的方法是沿着中国传统的思维模式，论证天人合一、万物一体。孙应鳌的天人合一、万物一体的易学方法主要有两方面的意义：一方面是心便是天，天非外在："道之大原出于天，天外无道，其实体备于人，人外无道。……天人无二理，知天知人非二事。……是天人合一本诸身而征诸庶民者，一以贯之矣。"② 显然，这是王阳明天人一本说的发挥。另一方面，是把"以天地万物为一体"作为先在的本体和最高的精神境界。在孙应鳌看来，就心的本来面目而言，每个人与圣人一样，都是以天地万物为一体的，因为在本体论上，人与万物本来就处于元气流通的一体联系之中："天地之所以为天地，浑然唯此元气也。……元气之成象为日月，元气之运行为四时，元气之变化为鬼神，元气之虚灵之在人者为心，一也。"③ 这种元气流通、心气合一不仅具有物质实体的意义，同时也包含着把宇宙看成是一个有机系统的意义。无论哪一方面，都是强调万物与人心的息息相关的不可分割性。以天地物为一体既是本体，又是境界。孙应鳌认为，万物一体的境界就是把万物看成息息相通的一个整体，这个整体就是大我之境，把宇宙每一部分都看作与自己有直接联系，甚至就是自己的一部分，这样的境界就是仁。他说："仁言体，盖天地万物之备于我者，无少缺欠，无少渗漏，其浑然无所不包，我之此身真与天地万物合体矣。"④ 孙应鳌易学的第四个特点是，直接肯定宇宙本体与伦理道德原则的同一性，属于伦理型的易学哲学，带有中国哲学的固有色彩。晚清贵州遵义的著名学者黎庶昌在《刻〈督学文集〉序》中说孙应鳌之学"以求仁为宗，诚意慎独为要，以尽人合天为求仁之始终，其于成己成物、位育参赞、天人一体之原，心契微妙，温

---

① 孙应鳌《淮海易谈》卷一，《孙应鳌文集》第17页，贵州教育出版社1996年版。
② 孙应鳌《四书近语》卷二，《孙应鳌文集》第128页。
③ 孙应鳌《淮海易谈》卷一，《孙应鳌文集》第13－14页。
④ 孙应鳌《淮海易谈》卷一，《孙应鳌文集》第12页。

故知新，浩然自得"。从孙应鳌易学的这种特点来看，这一评论无疑是中肯而全面的。

由此可见，孙应鳌不仅是晚明心学派易学的代表，同时也是贵州明清时期义理易学心学派的先驱，其心学解易模式对贵州清代易学家直接或间接地产生了一定影响，开启了贵州易学经世致用的早期启蒙思想。

由上述可见，"黔中三宝"源远流长，积健为雄，受到了全国学术界的普遍尊重和认同，代表了贵州传统文化的人文智慧，为贵州的民族文化和学术思想作出了巨大贡献。然而曾经的辉煌正在渐行渐远，今之贵州似乎除了多彩贵州就乏善可陈，一种文化开不出美丽的花朵，是因为它远离了形而上的智慧。在建省600年的今天，如何发展和繁荣贵州文化、打造贵州文化和宣传贵州文化，我们往往迷失了方向，未能很好地找到本土传统文化中真能滋生现代化意识的活水源头，未能科学地分析贵州传统文化的历史发展和现实影响并考察其创造转化的可能和途径，未能发现本土传统的形上智慧与现代社会的人生意义和存在价值的结合点和嫁接点，从而未能形成自己独特的学术文化知识体系这个软实力。这就不仅掩埋了"黔中三宝"的思想光芒，使之被人遗忘，濒于夭折；而且无法解释自己的本土文化，无法建立我们的文化自觉乃至文化自信，从而严重地延缓了贵州文化走向全国、走向世界的发展进程。作为当代贵州人，我们总是生活和思考在贵州的传统文化之中的，传统文化并不是已经死去的历史陈迹，而是至今仍活着的文化生命。今天我们要打造从多彩贵州到文化贵州再到思想贵州，"黔中三宝"作为贵州本土的形上智慧资源，将发挥至关重要的作用。因此，进一步开发"黔中三宝"，这对于贵州从历史与现实的结合上加强地域文化的建设，对于人们更好地认识贵州在我国文化源远流长的发展进程中的贡献，和重新评估整个贵州学术文化在全国的地位，对于最大化地利用区域文化资源以作现代性的创造转化，使贵州人在了解自身文化传统的基础上回应时代的挑战，对于振奋贵州人文精神，弘扬传统文化，都将产生深远的影响和积极的作用。

因此，本书亦相应分成上中下三篇，即上篇是王学与贵州文化，中篇是佛学与贵州文化，下篇是易学与贵州文化，由之对相关的内容进行探讨和论述，以此纪念贵州建省600周年。

目　　录

上篇　王学与贵州文化

第一章　王阳明心学思想 ⋯⋯⋯⋯⋯⋯⋯⋯⋯⋯⋯⋯⋯⋯⋯（3）
　一、王阳明求道悟道弘道的为圣之路 ⋯⋯⋯⋯⋯⋯⋯⋯⋯（3）
　二、王阳明与萨特的伦理哲学之比较 ⋯⋯⋯⋯⋯⋯⋯⋯⋯（13）
　三、王阳明的教育方法 ⋯⋯⋯⋯⋯⋯⋯⋯⋯⋯⋯⋯⋯⋯⋯（32）

第二章　王阳明"龙场悟道"解秘 ⋯⋯⋯⋯⋯⋯⋯⋯⋯⋯⋯（43）
　一、前悟道之苦难时 ⋯⋯⋯⋯⋯⋯⋯⋯⋯⋯⋯⋯⋯⋯⋯⋯（43）
　二、悟道之体悟时 ⋯⋯⋯⋯⋯⋯⋯⋯⋯⋯⋯⋯⋯⋯⋯⋯⋯（46）
　三、悟后起修之受用时 ⋯⋯⋯⋯⋯⋯⋯⋯⋯⋯⋯⋯⋯⋯⋯（57）
　四、王阳明"龙场悟道"的人生启示 ⋯⋯⋯⋯⋯⋯⋯⋯⋯（61）

第三章　王阳明在贵阳的"知行合一"说 ⋯⋯⋯⋯⋯⋯⋯⋯（69）
　一、"知行合一"说的思想渊源 ⋯⋯⋯⋯⋯⋯⋯⋯⋯⋯⋯（69）
　二、"知行合一"说的理论基础 ⋯⋯⋯⋯⋯⋯⋯⋯⋯⋯⋯（71）
　三、"知行合一"说的实质 ⋯⋯⋯⋯⋯⋯⋯⋯⋯⋯⋯⋯⋯（74）
　四、"知行合一"说的内容 ⋯⋯⋯⋯⋯⋯⋯⋯⋯⋯⋯⋯⋯（77）
　五、"知行合一"说的影响和意义 ⋯⋯⋯⋯⋯⋯⋯⋯⋯⋯（80）

第四章　王阳明与贵州文化 ⋯⋯⋯⋯⋯⋯⋯⋯⋯⋯⋯⋯⋯（86）
　一、王阳明与贵州明代书院 ⋯⋯⋯⋯⋯⋯⋯⋯⋯⋯⋯⋯⋯（86）
　二、王阳明与水西少数民族 ⋯⋯⋯⋯⋯⋯⋯⋯⋯⋯⋯⋯⋯（95）
　三、贵阳扶风山阳明祠考 ⋯⋯⋯⋯⋯⋯⋯⋯⋯⋯⋯⋯⋯（114）
　四、黔中王门：贵州文化阳明文化学派的形成 ⋯⋯⋯⋯（120）
　五、贵州阳明文化旅游圈的开发 ⋯⋯⋯⋯⋯⋯⋯⋯⋯⋯（133）

中篇　佛学与贵州文化

第一章　大乘佛学思想系统 …………………………………… (147)
  一、大乘佛学的三大系统及其关系 ……………………… (147)
  二、中国禅宗的缘起与嬗变 ……………………………… (156)
  三、慧能禅学思想的特点 ………………………………… (166)
  四、大乘佛学的般若智慧及其现代意义 ………………… (172)

第二章　存在与诗境——诗意地安居如何可能 ………………… (178)
  一、海德格尔的哲学诠释 ………………………………… (178)
  二、"诗境"在于一心之转 ……………………………… (182)
  三、"诗意地安居"是生命存在矛盾的终极解决 ……… (184)
  四、诗化的生活是生命存在的最高形式 ………………… (188)

第三章　贵州佛学人物 …………………………………………… (192)
  一、丈雪大师与沙滩文化 ………………………………… (192)
  二、贵州凤冈中华山天隐禅师生平及其临济法脉 ……… (204)
  三、莫友芝《黔诗纪略》逃禅出家人物述评 …………… (212)
  四、印顺法师与贵州佛教 ………………………………… (224)

第四章　佛教与贵州文化 ………………………………………… (236)
  一、明清贵州临济禅宗灯系及其典籍著述 ……………… (236)
  二、天台宗佛教在贵州 …………………………………… (246)
  三、梵净山佛教文化的主要特点 ………………………… (254)
  四、梵净山佛教文化旅游的价值 ………………………… (259)
  五、佛教与贵阳黔灵山旅游业 …………………………… (278)

下篇　易学与贵州文化

第一章　《易经》的思想 ………………………………………… (291)
  一、《易经》的成书和结构 ……………………………… (291)
  二、河洛易卦溯源 ………………………………………… (297)
  三、《易经》矛盾思想探析 ……………………………… (304)
  四、《易经》与决策 ……………………………………… (313)

第二章 《易传》的思想 …………………………………… (318)
  一、《易传》的成书和结构 ………………………………… (318)
  二、《易传》的哲学思想 …………………………………… (319)
第三章 周易象数学 …………………………………………… (324)
  一、《周易》六十四卦 ……………………………………… (324)
  二、爻象与爻位 ……………………………………………… (326)
  三、卦象与卦位 ……………………………………………… (327)
第四章 孙应鳌易学思想及其对贵州明清易学的影响 …… (330)
  一、贵州开省以来人物冠——孙应鳌的生平事迹 ……… (331)
  二、孙应鳌易学思想的主要内容 ………………………… (336)
  三、贵州义理易学心学派的先驱 ………………………… (349)
  四、心学解易模式对贵州易学家的影响 ………………… (354)
  五、开启经世致用的早期启蒙思潮 ……………………… (361)
后　　记 ……………………………………………………… (367)

上篇　王学与贵州文化

第一章　王阳明心学思想

一、王阳明求道悟道弘道的为圣之路

王阳明（1472—1529），名守仁，字伯安，浙江余姚人，曾筑室故乡会稽山阳明洞，自号阳明子，故世称阳明先生。他出生于明朝中叶，一生经历了成化（1465—1487）、弘治（1488—1505）、正德（1506—1521）、嘉靖（1522—1566）四个朝代，时值明朝由盛转衰的转变时期。王阳明为圣的生平经历，大致可分为三个时期：第一个时期，从明成化八年（1472）到弘治十二年（1499），王阳明从1岁至28岁，主要在家乡余姚和京师北京读书，溺习骑射，泛滥词章，科举求仕，是求道的青少年时期；第二个时期，从成化十二年至正德六年（1499—1511），王阳明从28岁至40岁，是他出入佛老，归本儒学，龙场悟道，创立心学的青壮年时期；第三个时期，从正德六年至嘉靖七年（1511—1528），王阳明从40岁至57岁，是他随处弘道，大讲心学，专致良知，平定叛乱的中晚年时期。王阳明生平求道悟道弘道得以成功，此心充满光明，由此死不足畏、死无所憾、死而瞑目唉！

（一）溺习骑射，泛滥词章，科举求仕的青少年时期（1472—1499年，28岁以前，求道期）

王阳明出生于三代书香之家。祖父王伦（？—1490），字天叙，号竹轩，精通儒学，在家乡以教书为生，有《竹轩稿》、《江湖杂稿》行世，封翰林院修撰。父亲王华（1446—1522）是王伦的第二子，字德辉，别号实庵，晚号海日翁，因读书龙泉山中，又称龙山公。王华35岁时中进士成状元，任京师翰林院修撰，后官至南京吏部尚书。王阳明出生于这样的家庭中，自然便有了先天的成圣平台。

王阳明生于明成化八年九月三十日（1472年10月31日），他出生时，其祖母"梦天神抱一赤子，乘云而来"①，其祖父因命其名为"云"，乡人亦因命其诞生地址为"瑞云楼"。阳明出生虽有祥云，然而自幼体弱多病，至5岁还不会说话，此可谓其坎坷人生之第一难。其祖父根据《论语·卫灵公》"知及之，仁不能守，虽得之，必失之"之意，改其名为"守仁"，令人惊奇的是，阳明随即说话了。其少年时期聪明过人，12岁时随父华寓京师就塾师，即有为圣之志。曾问塾师何为世间第一等事，塾师曰："唯读书登第耳。"阳明说"登第恐未为第一等事，或读书学圣贤耳。"② 阳明悟道后曾引孔孟之言曰："先立乎其大者，而小者不能夺。"③ 阳明自幼即先立为圣之大志，其余无关宏旨之小者终不能夺其志，以致其最终能达成圣贤之境界。尔时阳明又喜欢骑射与兵法。15岁时出游居庸关，慨然有经略四方之志："询诸夷种落，悉闻备御策，逐胡儿骑射，胡人不敢犯。"④ 湛若水《阳明先生墓志铭》亦云阳明"初溺于任侠之习，再溺于骑射之习"。到了26岁，他进而精究兵法，留心武事，"凡兵家秘书，莫不精究，每遇宾宴，尝聚果核列阵势为戏"。⑤与此同时，阳明也"泛滥于词章"，又"搜取诸经子史读之，多至夜分"。⑥因用功过勤，积劳成疾，得了肺病，以致影响阳明一生学问行事，这是他坎坷人生的一大灾难。弘治五年（1492），21岁中乡试。22岁与25岁两次会试都落第。连续两次落第，并没有使阳明灰心，他还安慰同时落第者说："世以不得第为耻，吾以不得第动心为耻。"⑦ 28岁时，他第三次参加应试，终于获得进士及第。

阳明在词章方面的兴趣，延续了相当长一段时间，一直到31岁（1502年）才觉其非，慨叹"焉能以有限精神为无用之虚文"。⑧ 其弟子王畿亦具体记述了阳明思想的这次转变：

> 弘正间，京师倡为词章之学，李、何擅其宗，先师更相倡和，既而弃去，社中人相与惜之。先师笑曰："使学如韩、柳，不过为文

---

① 黄绾：《阳明先生行状》，《王阳明全集》第1407页，上海古籍出版社1992年版。
② 《年谱》11岁，《王阳明全集》第1221页。
③ 《王阳明全集》第808页。
④ 《年谱》15岁，《王阳明全集》1222页。
⑤ 《年谱》26岁，《王阳明全集》1224页。
⑥ 《年谱》18岁，《王阳明全集》1223页。
⑦ 《年谱》21岁，《王阳明全集》1223—1224页。
⑧ 《年谱》31岁，《王阳明全集》第1225页。

人；辞如李、杜，不过为诗人，果有志于心性之学，以颜、闵为期，非第一等德业乎？"就立论言，亦须一一从圆明窍中流出，盖天盖地，始为大丈夫所为。傍人门户，比量揣拟，皆小枝也。①

阳明当时在京师与文学"七才子"结社，即乔宇、汪俊、李梦阳、何景明、顾璘、徐祯卿、边贡。其中以李梦阳、何景明为领袖，阳明先与之倡和，后即弃之，即认为词章之学，不是心性之学，不能解决安身立命的精神生命问题，故非第一等事业，在其中耗费精力，只能是浪费有限生命的时间。

虽然王阳明在青少年时期，溺习骑射，泛滥词章，耗费了很多精力，然而对于他以后用兵平乱，文道合一，却有着莫大的影响。而科举入仕，却为他内圣外王的政治实践，提供了一个广阔的历史舞台。

（二）出入佛老，归本儒学，龙场悟道，创立心学的青壮年时期（1499—1511 年，28 至 40 岁，悟道期）

阳明中进士之后，入仕工部，奉命督造威宁伯王越（1423—1498）的坟墓。时朝廷因星变下诏求言，阳明乃上《陈言边务疏》，所言边务八事，系统地提出了一整套战略思想以求抵御西北边境瓦剌的威胁。次年授刑部云南清吏司主事。弘治十七年（1504），阳明 33 岁，主考山东乡试，改任兵部武选清吏司主事。正德元年（1506），35 岁，因疏救南京科道员戴铣、薄彦徽等，被下诏狱，廷杖四十，谪贵州龙场驿丞。五年（1510），39 岁升江西庐陵县知县，年底升南京刑部清吏司主事。次年入京师调任吏部验封清吏司主事，为会试考试官，寻升吏部文选清吏司员外郎。七年（1512），41 岁升考功清吏司郎中，年底升南京太仆寺少卿。

这一时期是王阳明从政的第一个时期，也是他寻求思想归宿的探索和悟道时期。他出入于佛老，最后在龙场悟道，以儒家孔孟思想为归宿。事实上，他寻求思想的归宿，在青少年时期就已经开始了。

他 17 岁时，从北京回浙江余姚，然后到江西南昌结婚。婚礼举行期间，他偶闲入南昌的一个道观铁柱宫，与观中一道士讨论养生术，并修炼导引术竟达一个通宵。阳明为什么会出入佛老，尤其对道教的养生术感兴趣呢？这是因为他自幼多病，在青少年时期就患上了肺病，使他伟大的人生抱负与体

---

① 《浙中王门学案二》，《明儒学案》第 253 页，中华书局 1985 年版。

弱多病的身体形成强烈的反差。他出入佛老，一方面是为了解决人生精神生命归宿的问题，另一方面却是为了医治肉体生命的病痛。阳明从31岁始先后13次上疏请求准予归家养病。然而由于他最后放弃佛老，归本儒学，故其一生都没有医治好肉体的病痛，以致在英年死于这个如影随形，跟随他几乎一生的肺病上。

  27岁时，阳明在京师按朱熹循序致精之法读书，发现"物理吾心终若判而为二"①，深思既久，以致旧疾复发，只得回家乡休养，对道教的养生之学更增加了浓厚的兴趣，一度有"遗世入山之意"②。入仕之后，他的肺病时有发作。在31岁时最为严重，于是只得上疏告假回乡养病。他在家乡会稽山阳明洞筑室修炼道教的导引术，按时静坐，前后达一年之久。病情虽有好转，但未完全治愈。由于他长期修炼导引术，竟然获得了先知的能力："究极仙经秘旨，静坐为长生久视之道，久能预知。"③弘治十四年（1501），30岁，阳明任职刑部，奉命到安徽审查案件，事竣遂游九华山，进住山中无相、化城诸寺院，多与寺中和尚谈佛参禅。越二年，他移居杭州西湖养病，遍历西湖的南屏、虎跑诸寺。有一次，他在西湖的佛寺中，对在寺中坐禅三年、不语不视的和尚喝道："这和尚终日口巴巴说甚么？终日眼睁睁看甚么？"和尚猛然一惊，"先生问其家，对曰：'有母在。'曰：'起念否？'对曰：'不能不起。'先生即指爱亲本性谕之，僧涕泣谢。明日问之，僧已去矣。"④他发觉道教主张的修炼长生，离世远去，佛教主张的出家为僧，深山修行，不仅是簸弄精神，且后果必然是割断亲情，而割断从孩提时就具有的这种亲情，就将毁灭种性。此外佛道二教不但不可以治国平天下，而且在启发人们觉悟方面，也不及孔孟儒家之道那样高明和切合中国实情。经过长期冥思苦想后，他终于与佛道二教决裂。

  阳明出入佛老，一方面对于他打通儒佛道三教，援佛道入儒，构建其心学体系有增上助缘；另一方面，他站在儒学的立场，对佛老特别是大乘佛教的排斥，不仅是一种门户之见，而且也是对佛老的误读。再说，拿一个尚未悟道的和尚来说事，并不能说明什么问题，因为这个和尚不懂得"不怕念起，

---

① 《年谱》27岁，《王阳明全集》第1224页。
② 《年谱》27岁，《王阳明全集》第1224页。
③ 《阳明先生行状》，《王阳明全集》第1408页。
④ 《年谱》31岁，《王阳明全集》1226页。

只怕觉迟"这个道理，其修行坐禅只是呆坐而已。阳明以佛老二氏为非的这一立场最终使阳明未能冲决封建君臣观的罗网，而使其英年早逝，惜哉！

先出入佛老而后又与佛老分道扬镳，阳明开始确立孔孟儒家思想。在探索儒家之道的过程中，阳明经历了极为艰苦的思考，有好几次都因为感到扞格不通而苦恼徘徊，以致大病两场。先是在弘治二年（1489），他18岁由南昌完婚后回家乡余姚途经江西时，在广信（上饶）拜谒了明初朱熹学派吴与弼（1391—1496）的弟子娄谅（1422—1491，字克贞，别号一斋，广信上饶人，门人私谥文肃先生），一斋向他阐述了圣人可学而至的思想以及朱子的格物穷理之法。从此，他开始按照娄一斋所教之法进行探索。21岁，随父至京师，"遍求考亭（朱子）遗书读之"，朱子认为一草一木都包含至理，阳明乃以父亲官署中的竹子为对象，试图穷究竹子之理，苦思达七日之久，以至于大病。于是他自认为没有做圣贤的天分，乃放下为圣之志，去学习诗文和兵法。27岁时，他感到学习诗文与兵法并不能解决他心中所追求的人生道路问题，复归为圣之心志，因而再读朱子之书。当看到朱子《上宋光宗疏》提出的"居敬持志，为读书之本；循序致精，为读书之法"时，便怀疑自己的读书之法与朱子之法不同，是博而不精，因此没有收获。于是，他又按朱子之法，集中精力，循序渐进，结果仍感到朱子之心与理终判为二，外物之理如何能促使自我达到圣人之境呢？阳明苦苦思索而不得其解，遂又再一次引发大病。其后，他出入佛老，仍然不得要领，发觉佛老思想与人的本性矛盾，遂与之决裂，重归儒学。弘治十八年（1505），34岁，阳明在北京正式提出立志成圣的宗旨。是年，门人始进，至此专志授徒讲学。时湛若水（字元明，号甘泉，广东增城人）为京师翰林院庶吉士，两人一见志同道合，相互切磋，共以倡明圣学为事。阳明后来回忆说：

  夫求以自得，而后可与之言学圣人之道。某幼不问学，陷溺于邪僻者二十年，而始究心于老、释。赖天之灵，因有所觉，始乃沿周、程之说求之，而若有得焉。顾一二同志之外，莫予翼也，岌岌乎仆而后兴。晚得友于甘泉湛子，而后吾之志益坚，毅然若不可遏，则予之资于甘泉多矣。甘泉之学，务求自得者也。①

---

① 《别湛甘泉序》，《王阳明全集》第231页。

阳明对朱子之法产生怀疑后,遂开始从有别于朱子的周敦颐、程颢那里寻求精神资源。然而除了偶尔有一二同道者外,竟然找不到可以对话交流之人,以致阳明的思想非常苦闷,"岌岌乎仆而后兴",曾经一度发生动摇,最后结识甘泉,在与他的交往和鼓励中,思想才逐渐明确,信仰才逐渐坚定。其间,甘泉的"自得"思想给阳明以新的启示,对他尔后龙场悟道提出的"吾性自足"说有很大影响。

阳明最终归本孔孟,悟得圣人之道,是缘之于龙场悟道。黄宗羲（1610—1695）云:"先生之学,始泛滥于词章,继而遍读考亭之书,循序格物,顾物理吾心,终判为二,无所得入,于是出入于佛老者久之。及至居夷处困,动心忍性,因念圣人处此,更有何道。忽悟格物致知之旨,圣人之道,吾性自足,不假外求。其学凡三变而始得其门。"① 阳明之学,凡三变:始泛滥于词章,继学朱子之书,又出入于佛老,最终龙场悟道而始得其入圣之门。其后阳明序《朱子晚年定论》亦云:

　　守仁早岁业举,溺志词章之习。既乃稍知从事正学,而苦于众说之纷挠疲薾,茫无可入,因求诸老、释,欣然有会于心,以为圣人之学在此矣!然于孔子之教,间相出入,而措之日用,往往缺漏无归;依违往返,且信且疑。其后谪官龙场,居夷处困,动心忍性之余,恍若有悟,体验探求,再更寒暑,证诸《五经》、《四子》,沛然若决江河而放诸海也。②

因此正德三年（1508）,37 岁阳明在龙场悟道,这是他学术思想上的一个分水岭。弘治十八年（1505）,明孝宗死,明武宗继位,时年仅 15 岁,因年幼昏庸无能,不理朝政,以太监刘瑾为首的"八虎"（即刘瑾、马永成、谷大用、魏彬、张永、邱聚、高凤、罗祥八个太监）专权,朝政紊乱。明武宗正德元年（1506）十月,明孝宗的顾命大臣、大学士刘健、谢迁等联合上疏,请诛"八虎",却被刘瑾矫旨罢职。南京户部给事中戴铣,四川道监察御史薄彦徽等上疏要求起复刘健等,又被刘瑾矫旨将他们解京入狱。是时阳明任兵部主事,面对这种黑白颠倒的严峻形势,他没有像其他一些朝臣那样望而却

---

① 《姚江学案·文成王阳明先生守仁》,《明儒学案》,第 181 页。
② 《王阳明全集》第 127 页。

步,明哲保身,而是冒死救援。十一月,他上《乞宥言官去权奸以章圣德疏》,将矛头直接针对刘瑾,结果被刘瑾矫旨将他廷杖四十后系狱,十二月,谪为贵州龙场驿丞。在远赴龙场的路途中,由于先前的牢狱生活,阳明的肺病再次复发,身体更加衰弱。但这种身心交困的遭遇并没有使他怨天尤人,动摇其为圣之志。在躲过刘瑾的刺客追杀后,他又历尽艰险奔赴龙场。事后,他写有《泛海》一诗,表达他度过艰险处境后的超然心情:"险夷原不滞心中,何异浮云过太空!夜静海涛三万里,月明飞锡下天风。"① 谪官龙场,是阳明坎坷人生的最大一次灾难,也是促成他悟入圣人之道的大因缘。在贵州的三年,阳明遍历种种苦难,受到无尽的折磨,但却在贵州悟道成道,创立了自己独特的心学体系(详见本书上篇第二章)。

正德五年(1510),阳明39岁,三年谪迁期满,升任江西庐陵县知县。在半年多的任期内,阳明始用心学治理政务:整顿基层组织,建立保甲制度,清理交通驿传,杜塞苛捐杂税,禁止迷信神会等,都先开导人心以求逐步实现。同年八月刘瑾伏诛,十二月调任南京刑部主事。

(三)随处弘道,大讲心学,专致良知,平定叛乱的中晚年时期(1511—1528年,40—57岁,弘道期)

正德六年(1511),阳明40岁,入京师调任吏部验封清吏司主事,寻升文选清吏司员外郎。七年(1512)升考功清吏司郎中,年底升南京太仆寺少卿。在北京这两年从政的时期内,阳明同时积极从事学术活动,随处弘道,大讲心学。先是早在阳明34时在北京任兵部主事时,即有门徒问学,故《年谱》载"是年门人始进",但未见录门人之名。正德二年,阳明36岁,在赴贵州龙场谪所的途中,在浙江收徐爱、蔡宗、朱节三人为徒,赴龙场后,创办龙冈书院,又收有许多弟子。以后,他即使在军政繁忙的时期,也不停止讲学和创办书院。升南京太仆寺少卿后,他讲学的规模越来越大,门徒人数大增。正德九年(1514),升南京鸿胪寺卿,十一年(1516),阳明45岁,升任南赣佥都御史。此后一直到逝世,他的哲学思想进入到最后的成熟阶段。在正德十六年(1521),50岁之前,阳明仍旧提倡心即理、知行合一,注重静坐,主张"静处体悟",但在是年之后,则专主致良知,要求动静结合,在"事上磨炼",最后提出了有名的四句教。在此阶段中,他在军事上平定了江

---

① 《王阳明全集》第684页。

西藩王宁王朱宸濠的叛乱，镇压了南赣农民和广西少数民族的造反。在平乱用兵的过程中，他认为"破山中贼易，破心中贼难"①，因而特别注重"攻心"的战略，希望通过政治改良的措施，防止农民造反。同时，在戎马倥偬之际，仍大开杏坛，倡致良知教，使江西成为当时全国王学的重镇。

良知与致良说是阳明心学的最后教法，也是其心学思想发展的最高峰。良知之说，实际从阳明龙场悟道后即有此意。如阳明所说："吾良知二字，自龙场以后，便已不出此意，只是点此二字不出，与学者言，费却多少辞说。今幸见出此意，一语之下，洞见全体，真是痛快，不觉手舞足蹈。"② 关于致良知的提出，早在正德七年（1512），阳明41岁与徐爱论学时，就已涉及，他当时说心之本体就是良知："知是心之本体。心自然会知，见父自然知孝，见兄自然知弟，见孺子入井，自然知恻隐，此便是良知，不假外求。若良知之发，更无私意障碍，即所谓'充其恻隐之心，而仁不可胜用矣'。然在常人不能无私意障碍，所以须用致知格物之功胜私复理。即心之良知更无障碍，得以充塞流行，便是致其知。"③，九年（1514），他43岁在滁州与弟子讲学时，便正式提出了这个学说："良知本体原是无动无静的，此便是学问头脑。我这个话头自滁州到今，亦较过几番，只是致良知三字无病。"④ 至正德十六年阳明50岁在江西南昌，"是年先生始揭致良知之教"⑤。并且致书信邹守益曰："近来信得致良知三字，真圣门正法眼藏。往年尚疑未尽，今自多事以来，只此良知无不具足。譬之操舟得舵，平澜浅濑，无不如意。虽遇颠风逆浪，舵柄在手，可免没溺之患矣。"⑥ 从此以后，阳明在思想上就专主致良知教了。诚如阳明自己所说："区区所论致知二字，乃是孔门正法眼藏，于此见得真的，直是建诸天地而不悖，质诸鬼神而无疑，考诸三王而不谬，百世以俟圣人而不惑！"⑦

同年，明武宗逝世，世宗即位，阳明升任南京兵部尚书，封新建伯。嘉靖元年（1522），二月，父王华卒，七月，阳明回浙江服丧。同年礼部给事中

---

① 《与杨仕德、薛尚谦》，《王阳明全集》第168页。
② 钱德洪：《刻文录叙说》，《王阳明全集》第1575页。
③ 《传习录》上，《王阳明全集》第6页。
④ 《传习录》下，《王阳明全集》第105页。
⑤ 《年谱》50岁，《王阳明全集》1278页。
⑥ 《年谱》50岁，《王阳明全集》1278—1279页。
⑦ 《与杨仕鸣》，《王阳明全集》第185页。

章侨、御史梁世镖疏陈，攻击阳明心学为异端，主张"严禁以端士习"①，结果得到世宗的批准，并明令宣布学禁。此后一直到嘉靖六年（1527），阳明在家乡赋闲达六年之久。在此时期，他又再次专心讲学，倡导心学，于是全国各地的名士学子群集至越，门人日进，以至"宫刹卑隘，至不能容，盖环坐而听者三百余人"②。阳明学说虽遭到朝廷禁令，但仍通过他大力讲学、创办书院，以及他的弟子们刻印其文集而得到了广泛的传播，以至在当时形成了一股王学冲击波。

嘉靖六年（1527），阳明56岁，朝廷任命他兼都察院左都御史，征讨广西思恩、田州的少数民族造反。他到任后，以"用兵之法，伐谋为先；处事之道，攻心为上"的战略③，改征讨为招抚，很快就平定了思、田之乱。

在这次奉命到广西的前夕，阳明写下全面阐述他心学思想的哲学大著《大学问》，交给大弟子钱德洪。在《大学问》中他还着重论述了"仁者以天地万物为一体"的思想。钱德洪与阳明的另一个高弟王畿争论阳明为学宗旨不决，二人请阳明解答。阳明将他们带至天泉桥上说："二君以后与学者言，务要依我四句宗旨，无善无恶是心之体，有善有恶是意之动，知善知恶是良知，为善去恶是格物。以此自修，直跻圣位，以此接人，更无差失。"④ 这说明天泉桥上四句教是阳明晚年立教的主导思想，这就是中国哲学史上著名的"天泉证道"。后来，由此引发他的弟子对他的学说的不同理解，引起很大的争论。其实这四句话的本意是：从先验性来说，人心就其本性来说，是至善自足的，没有与之相对立的恶，所以它本身就没有善与恶的区别和对立；善恶的区别和对立，是人心意念活动的产物，因为人心的意念活动是一种经验的和现实的指向外物的意向活动，因而它常被外物遮蔽、污染，甚至被外物所转；人心的良知是人人都先天具有的，它只能被遮蔽，不会被丢失，它本身能分辨、知道善恶，是判断善恶是非的标准；格物致知就是去做为善去恶的功夫，转物而不被物转，只要我们每一个人自强不息，用功去蔽，都可以超凡成圣。简言之，四句教的精神，是说我们每个人先天地具有为善的根据，只要我们充分地发挥自己的主观能动性，去做为善去恶的功夫，就都能成圣

---

① 《明通鉴》嘉靖元年。
② 《年谱》53岁，《王阳明全集》第1290页。
③ 《绥柔流贼》，《王阳明全集》第650页。
④ 《年谱》56岁，《王阳明全集》第1307页。

成贤。

嘉靖七年（1528）阳明57岁，十月，他的肺病因过度劳累而大发作，卧病广西南宁，便上疏请假回乡养病。十一月，遍身发肿，咳嗽昼夜不止，便未等批示就起程回乡。二十九日（1529年1月10日），行至江西南安青龙铺，病故。临终前，南安推官门人周积问阳明有何遗言，阳明微哂曰："此心光明，亦复何言？"①说完瞑目而逝，年仅57岁，墓葬于余姚洪溪。死讯传至京师，当时官方在吏部尚书桂萼的主持下，竟作出决议说："王守仁事不师古，言不称师，欲立异以为高，则非朱熹格物致知之论，知众论之不予，则为朱熹晚年定论之书。号召门徒，互相唱和，才美者乐其任意，庸鄙者借其虚声，传习沿讹，悖谬弥甚。但捕讨輋贼，禽获叛藩，功有足录。宜免追夺伯爵以彰大信，禁邪说以正人心。"②由是停止阳明的恤典和世袭，并禁其学。一直到隆庆初（1567）才平反，诏赠新建侯，谥文成，故后人又称之为王文成公。而与此不同，民间对阳明的敬仰则与官方的态度形成鲜明的对照。嘉靖八年十一月发葬时，"门人会葬者千余人"③，后来民间私祀阳明者几遍天下。毛奇龄对此评述云："初公丧归时，世宗不谕祭，而民间之私祀者遍天下。及穆宗赐祀，而前此之私祀者悉改官祭。凡祠祀书院，合不下数百所，亦綦盛矣。"④

纵观王阳明求道、悟道和弘道三个时期的为圣之路，可以清楚地看到，悟道期是阳明人生最关键的时期。他先立为圣之志，继而经过艰苦的探索，终在龙场悟道，最后弘道，将儒家心学弘传天下。其立德立功立言，天下第一，彪炳青史。当然这三个时期的划分是相对的，它们之间又有交叉关系，在求道、悟道期亦有弘道的成分，在弘道期亦有求道、悟道的成分。阳明一生弘扬心学，振聋发聩，八坐书院（龙冈、文明、白鹭洲、濂溪、稽山、白鹿洞、敷文、阳明），弟子上千。正是由于阳明不遗余力的大力弘道，其学才普被海内，以致在全国形成了浙中、江右、南中、楚中、北方、粤闽、泰州、黔中八个王门后学系统，影响后世达数百年之久，至今在海内外仍有广泛影响，阳明子与阳明学可谓共传不朽！

---

① 《年谱》57岁，《王阳明全集》第1324页。
② 《明通鉴》嘉靖八年。
③ 《王阳明全集》第1327页。
④ 《毛西何全集·王文成传本续补》。

二、王阳明与萨特的伦理哲学之比较

王阳明是中国明代心学大师，萨特是当代法国存在主义巨擘。从根本上说，两者的哲学都是关于人如何存在的哲学，都是要根究生活意义和追求人生价值的哲学，都是同属于一种带有浓厚伦理色彩的人文主义哲学。如果仅从传统认识论的角度去解析，难免方枘圆凿，两不相接，终不能明其底蕴。目前，国内外学术界已有把阳明与萨特相比者，然而，大多语焉不详，且从伦理学的层面比较两者的哲学，鲜有专文详论。本书仅仅是作为这方面的尝试，以期能引起更深入的研究。

（一）阳明与萨特伦理哲学的相似点

阳明与萨特都把伦理主体归结为"吾心"，把"吾心"视为本体，在宇宙中据有不可替代的主导性地位，它不仅统摄了天地万物，而且也是衡量世间一切事物的价值尺度，只有"吾心"才能自觉地建构一个伦理的目的王国，赋予世界以价值意义。据此，他们分别把摒弃物欲和外在引诱，并进而实现人与世界浑然一体的"吾心"（个人存在），归结为"真己"和"自为存在"的理想人格。

在阳明心学中，"真己"是一种道德之称，表明道德主体的真实存在，其他如"真吾"、"仁者"、"君子"、"大人"以及"圣人"也都可以和"真己"互通。阳明说："心之本体，原只是个天理，原无非礼，这个便是汝之真己。这个真己是躯壳的主宰。若无真己，便无躯壳，真是有之即生，无之即死。汝若真为那个躯壳的己，必须用着这个真己，便须常常保守着这个真己的本体。"[①] 所谓"真己"即真正的自我存在，即心之本体，"心之本体无所不该，原是一个天。只为私欲障碍，则天之本体失了。"[②] 阳明认为心就其本体而言，本来就广大深远，统摄天地万物，如果能把蔽障本心的种种私欲去除净尽，使心回复到本来的真己状态，它就会成为人的道德准则和天地万物价值意义的不尽源泉。

同样，萨特也认为真正的吾心便是自为，自为是一种本真的存在。在萨

---

① 《语录》一，《王阳明全集》上海古籍出版社1992年版，第36页。
② 《语录》三，《王阳明全集》第95–96页。

特的哲学中，自为、意识、虚无、自由是同一个意思，都是指人的真正的自我存在，都是指人的主体性的绝对自由。如果要作逻辑上的划分，那么只能讲，"自由"表示人的行为的基本内涵和人的目的；"意识"则是自由的根据；"虚无"是意识的特点，自由的本性；而"自为"则是人的自由行动的表现。自为在超越自身的过程中，展示和揭露了外部世界，这也是自为赋予外部世界以价值意义的过程。萨特说："由于意向是对目的的选择而且世界通过我们的行为被揭示，因而，正是对目的的意向性选择揭示了世界，而世界则是根据选定了的目的而揭示为这样或那样的（按这样或那样的秩序）。"①因此，自为在不断向外超越的过程中通过与外部世界（自在存在）的统一所产生的"存在"（现象世界），就是一个以自为为中心向外无限扩张的人化世界。

阳明和萨特都认为，人之所以贵于万物和禽兽，便在于人人都有此本心（本心良知和纯粹意识）。阳明说："良知之在人心，无间于圣愚，天下古今之所同也。"② 萨特说："不容有决定论，人是自由的，人就是自由。"③他们认为正因为人有此本心，所以不应把人归结为物，而应给人以尊严。人人都有此本心，故人人都可以成为真己（圣贤）和自为的存在。由于人的伦理主体有此本心，故人就应对自己的一切伦理行为负有完全的伦理责任，就应勇于承担责任而无所辩解和逃避。人生的价值和目的就在于实现自己的真己和自为。因此阳明和萨特的哲学最关切的就是，如何通过自我的觉悟和努力而成为真己和自为。他们的哲学因对真己和自为的终极关怀而具有强烈的平等意识和批判精神。

阳明和萨特认为，在现实世界中，人的存在如果不以本心为主宰则难免发生错位：本心良知和纯粹意识陷入物化而丧失自己（真己和自为）。而这正是人的最大悲剧。揆其缘由，约有数端：首先，人一开始便存在于这个异己的物化世界中，故阳明谓人心难免"昏蔽于物欲"，迷遂于物而为物化；萨特则认为人是被抛到这个世界中的存在，"它存在，因为它被抛入一个世界之中，弃置于一种'处境'之中"④。这个外在世界对人来说完全是荒谬的、令

---

① 萨特：《存在与虚无》第 612–613 页，三联书店 1987 年版（以下只注书名和页码）。
② 《语录》二，《王阳明全集》第 79 页。
③ 萨特：《存在主义是一种人道主义》，见《存在主义哲学》第 342 页，商务印书馆 1963 年版。
④ 《存在与虚无》第 121 页。

人恶心的。其次，人必籍借身体才能存在，心必籍借身才能行动，而身体从自然立场论亦莫非物，以其一身而物交物，心随之在"躯壳上起念"，逐于物而物化，是心籍借身为资具，乃反为资具所用，成为一个生理学——心理学的身心，由此必然丧失人之存在的生命价值。对此，阳明以道心与人心，本心与习心予以解说。他说："道心者，率性之谓，而来杂于人。无声无臭，至微而显，诚之源也。人心，则杂于人而危矣，伪之端矣。"① 道心即是本心良知，是率心中纯净之性而动，于心能主宰万物，物物而不物于物者。而人心则是已被物化的人欲之心，已非性之本体，而是外在私欲遮蔽本心良知的结果。因而人心也称"习性"、"习心"，是指由历来积累的"从躯壳上起念"的物欲所形成的一种心理状态，它在本心之外却又对本心起污染作用。但是道心、人心"初非有二心也"，而是"人心得其正者即道心，道心之失其正者即人心"②。故道心与人心并非二心并存，而是一心的不同状态，"得其正"即为道心，"失其正"即为人心，即一心之"明"与"昏"。同样，在萨特那里，不仅外界的世界令人恶心，而且连自己的身体也令人恶心。他说："意识不断地'拥有'一个身体。……对我的这种自为的不断把握，就是我们在别的地方在'恶心'名下所描绘的东西。一种隐蔽的，不可克服的恶心永远对我的意识揭示我的身体：我们可能有时会遇到愉快的事或肉体的痛苦以使我们从中解脱出来，但是，一旦痛苦和愉快通过意识被存在，它们就反过来表露了意识的散朴性和遇然性，并且它们正是在恶心的基础上被揭示出来的。"③ 恶心昭示出意识与身体的同时临场，如果只有意识，人就没有恶心的理由，如果只是单纯的身体，恶心亦无从涌现。身体的事实性和荒谬性只有在人的恶心意识面前才能呈现出来。对自己物化身心的恶心激励着人不断地超越自身，趋向未来。再次，造成人丧失本心的不仅有外物的诱惑、环境的感染，而且还有学术上的二元论和决定论的影响。故阳明认为程朱二元论有把心与物、心和理分离之病，学人受其影响而外求于物，以致迷失真己而终不知返。阳明抨击明代的所谓学人："外假仁义之名，而内以行其自私自利之实，诡辞以阿俗，矫行以干誉，掩人之善而袭以为己长，讦人之私而窃以为己直，忿以相胜而犹谓之徇义，险以相倾而犹谓之疾恶，妒贤嫉能犹自以为公是非，

---

① 《文录》四，《王阳明全集》第256页。
② 《语录》一，《王阳明全集》第7页。
③ 《存在与虚无》第440页。

恣情纵欲而犹自以为同好恶。"① 因此阳明所要解决的问题便是要把人从程朱的先验之理的束缚下解放出来，给人自觉的道德行为以绝对至上的意义。同样，萨特亦认为由于受传统的二元论和决定论影响，常人总是服从外物和社会一般道德规范的要求，去做世俗社会和他人要求他做的事，从而丧失了自己的自由，一切言行受必然性支配。为此萨特批判了那种所谓的"严肃的精神"："严肃的精神事实上有双重的特性，一方面是认为价值是超越的，独立于人的主观性的给定物，另一方面又把'可欲的'特性从事物的本体论结构里挪到事物的简单物结构上。……这是一种以自身为耻并且不敢说出自己名字的道德；这种道德把它所有的目的都隐蔽起来以便解脱焦虑。人摸索着寻求存在，而对自己掩藏起这种探索这自由的计划，他做出一种姿态，好像他的道路上已经安放下种种任务，等待着自己去完成。对象是无言的要求，而自身不是别的，只不过是对这些要求的消极服从。"② 萨特认为"严肃的精神"是逃避人的自由的哲学表现，这种态度或如机械决定论把价值视作异己的客观事物的属性，人的价值完全受客观事物支配；或如黑格尔的二元论对道德理性形式的极度强化，把价值当作在人心之外的客观精神，使人在行动之前，就受到这种伦理教条的制约。

总之，受物欲和学术的影响，常人与学者虽殊，而向外则一，外则离本，成为异化。这种异化之人是一种非本真的存在，阳明称之为"愚人"、"躯壳的己"，萨特称之为"自欺的人"，虽然这种人的内在本心还存在，但却变得极为脆弱，以至完全物化为"习心"，他的存在状态实际上已经变得与外物和禽兽无异，他已从人降低为物，其昂然七尺之躯只是一堆自在的死物。在萨特眼里，这种"自欺"是对意识的自我否定，是对自由选择的逃避。日常生活中自欺的人所采取的社会行为，往往不是个人自由选择的产物，而是顺从他人与社会意愿的结果，通过此种社会角色的扮演，人们将真正的自我掩盖，剥夺了自己绝对自由的权利，而很多人对自己所扮演的角色还感到兴高采烈，津津乐道，这真是可悲之至。阳明和萨特的哲学正在于要唤醒这些人的良知和意识，恢复人们的自由和尊严，从而改变这个世界。

为了追求存在的意义，矫正本心的错位，克服存在的异化，使人从"愚人"、"躯壳的己"向"真己"（圣人），从"自欺"向"自为"（本真的存

---

① 《语录》二，《王阳明全集》第 80 页。
② 《存在与虚无》第 796—797 页。

在）自我转化，返本归真，彻底清澈生命存在的本体，阳明提出了"致良知"，萨特提出了"现象学还原"。如果我们不拘泥于概念的分疏，仅就两者哲学的意蕴而言，致良知与现象学还原的内在理路似不谋而合。二者都是把本体论、认识论、伦理学、存在论融而为一的"大学问"，都是全体大用、全幅彰显的。如果我们对其之领悟不是全而观之，而是只及一端，不是立体洞察，而是平面解析，则难免方枘圆凿，成为巨谬。

根据阳明的思想，致良知之"致"包含有恢复、扩充，躬行、格物和实现的意思。这实际上包含了致良知的一体两面：内转的复明、返本、扩充与外推的躬行、格物、实现，前者是明其体，后者是行其用；前者是知善知恶之知，后者是为善去恶之行；前者是尊德性，后者是道问学，两者的关系是一而二，二而一，如鸟之双翼，车之两轮，缺一则致良知便不能成立。王学末流，或高谈其体而忽略其用，或执著其用而失却其体，皆成巨谬。与阳明相似，萨特的现象学还原亦为内转外推。从内转说，现象学还原在本体上首先把人的意识彻底虚无化，清洗掉一切经验的内容和经验的主体，使之成为一种在世界之中不停活动和作为的纯粹意识；从外推论，纯粹意识通过其本身的意向性投射，使外在的天地万物具有人的意义，从而在实践上使虚无化的人心成为人生在世的行为活动之最高主宰，使人不仅能在意识中、在存在本体上，而且也能在生活世界里，真正成为人，这即是"即现象即本体"。因此纯粹意识及其意向性是现象学还原所要达到的同一个过程的两个方面，这两个方面的统一构成了人的真实存在。比较阳明致良知和萨特现象学还原的理论，至少有以下三点相似：

第一，本心在本体上是虚无，它必须显现在万事万物中才能存在。阳明常言："心之本体，原无一物"，因此"须是平日好色、好利、好名等项一应私心扫除荡涤，无复纤毫留滞，而此心全体廓然，纯是天理，方可谓之喜怒哀乐未发之中，方是天下之大本。"① "心之本体"原是一无形无体的知觉灵明，是一纯粹意识，其"性之本体原是无善无恶的"②，它并不能独立自存，它本身是虚无，它要作为本体存在只能以天地万物的感应为体，如此方显好善去恶之用，否则只是虚无而已。故阳明认为他讲的本心虚无与佛教禅宗讲的本心虚无不同。禅宗的虚无是离事物而讲心的"虚寂"，而他讲的虚无只是

---

① 《语录》一，《王阳明全集》第23页。
② 《语录》三，《王阳明全集》第115页。

指本心良知的能动超越性,是与人事万物结合的虚无,正如天的虚无包含日月山川一样:"良知之虚,便是天之太虚;良知之无,便是太虚之无形。日月风雷山川民物,凡有貌象形色,皆在太虚无形中发用流行,未尝作得天的障碍。"① 正因为本心良知虚无,所以能显现天地万物而成为最高的本体;反过来说,除却天地万物,心也就无所谓本体,因为心只能在天地万物中显现为本体的存在。所以阳明才说:"目无体,以万物之色为体;耳无体,以万物之声为体;鼻无体,以万物之臭为体;口无体,以万物之味为体;心无体,以天地万物感应之是非为体。"② 此点与萨特的本体论证明极为相同:"意识是对某物的意识,这意味着超越性是意识的构成结构;也就是说,意识生来就被一个不是自身的存在支撑着。这就是我们所谓的本体论的证明。"③ 这就是说意识本身永远不是客体,而是一个虚无,意识本身的虚无性使它只能依赖自在存在才能成为本体存在,意识不是一种与客观外物对立的存在,它的存在是从客观存在的那里获得的。这就是萨特的意识之所以存在的本体论证明。由此可见,阳明和萨特所讲的主体并不是传统西方哲学的认识主体,也不是康德、胡塞尔的先验自我,而是从传统认识论框架中解放出来的伦理主体,是与存在本体论意义所蕴涵的主体性统贯在一起的具体存在。因此他们所讲的主体并不是自我封闭主义,也不是唯我论(孤立的自我)的。

第二,由于本心的意向性,它必然指向外物,而外物存在的意义亦由本心予以贞定。阳明所谓的"心外无物"论,既不是指"在心之外什么也没有",也不是说"心创造产生万物",而是说天地万物如果没有人心的照射,便只是自在的存在,是一大混沌,毫无意义。在阳明的心目中,天地万物的自在存在是不言而喻的,但如其未经人心的照射,就不能称之为"物"(人化的事物)。此点可由他的昼夜之喻得到印证:"夜来天地混沌,形色俱泯,人亦耳目无所睹闻,众窍俱翕,此即良知收敛凝一时。天地既开,庶物露生,人亦耳目有所睹闻,众窍俱辟,此即良知妙用发生时。可见人心与天地一体,故上下与天地同流。"④ 本心良知不发生照射的活动,天地万物皆隐而不显,但这并不意味着天地万物变成绝对的虚无,只是说天地万物此时如一大混沌,

---

① 《语录》三《王阳明全集》第107页。
② 《语录》三,《王阳明全集》第108页。
③ 《存在与虚无)第21页。
④ 《语录》三,《王阳明全集》第106页。

无形无色如处幽冥之中,毫无意义。故这并不是阳明心学一元论的目标,他追求的目标和境界是"良知妙用发生",天地万物彰显呈现,万物得其理,万事得其位,天地万物不逃于吾心照射之外,天地间无有一物遗之以成其为物,自在之物化成为我之物。由此不仅实现了本体论上的人的自我存在,而且实现了伦理学上的价值信念和终极关怀。本心良知之所以能如此,是因它先天的必然发用,具有意向,不能著空,不肯物化,自然会发出一股巨大的力量,自动鞭策人们致良知于事事物物中。萨特同阳明一样,把存在物区别为两种:自在存在和现象世界。前者与阳明的"混沌"之物相同,它虽然客观存在着,但却没有意义。不过在本体论层次上,它并不依赖自为(吾心)而存在,"也就是说,不是相对于意识的存在。……如果我应该能够做某种一般的事物,那么我就应该在一些其存在是不依赖于我的一般存在的存在上面、特别是那些不依赖于我的行动的存在上面进行我的活动。我的活动能够向我揭示这种存在,它并不制约这种存在。"① 后者与阳明的"心外无物"之"物"大致相当,它是吾心赋予自在存在以某种意义,使之成为"存在于此"的存在,即呈现心物统一的人化世界。这种"现象世界"之所以发生乃是自为(吾心)的作用使然:"自为和自在是由一个综合联系重新统一起来的,这综合联系不是别的,就是自为本身。"② 因此具有本体论意义的是自为和自在的统一现象。自为之所以能如此,乃是因为意识的意向性是一股自发的、永不停息的流,它先天如此,其锋芒所指,便赋予对象以意义,建立起人与世界的联系。"当我在世界上重新构造世界的归属中心——世界正是为之而安排的——时,我就是这个人差。"③ 在萨特那里,此时便表现为这样一种世界:最外圈的是未为人所照射的存在即自在,里面一圈是人所照射的天地万物即现象界,居于圆心的则是人(自为),人(自为)是整个世界的中心!这点在阳明那里亦早有明言:"人者,天地万物之心也;心者,天地万物之主也。心即天,言心则天地万物皆举之矣。"④

第三,本心通过自己的意向行为,不仅体验到世界的存在,而且体验到自己的存在。阳明说:"心者身之主也,而心之虚灵明觉,即所谓本然之良

---

① 《存在与虚无》第649页。
② 《存在与虚无》第786页。
③ 《存在与虚无》第417页。
④ 《文录》三,《王阳明全集》第214页。

知。其虚灵明觉之良知。应感而动者谓之意；有知而后有意，无知则无意矣。知非意之体乎？意之所用，必有其物，物即事也。……凡意之所用无有无物者，有是意即有是物，无是意即无有是物矣。"① 又说："良知是天理之昭明灵觉处，故良知即是天理，思是良知之发用。若是良知发用之思，则所思莫非天理矣。良知发用之思自然明白简易，良知亦自能知得。"② "良知只是一个，随他发用流行处当下具足，更无去求，不须假借。"③ "良知即是独知时，此知之外更无知。""知得良知却是谁？自家痛痒自家知。"④ 这就是说，本心良知在发用流行的意向行为中，直接体验到外部世界的存在，贯彻吾心天理于万事万物，而与此同时又在此意向行为中当下体验到自己的本心良知存在，因此这种体验是直接的而非对象的，是领悟的而非认识的，是自己心上独自体认的而非向外求得的。其本心与自己和万事万物的关系就如同"明镜"一样，在照亮物的同时也照亮了自己，在致良知于事事物物的同时也觉悟了自己的存在。"是故良知常觉常照，常觉常照，则如明镜之悬"。⑤ 阳明此意亦莫逆于萨特之心，在萨特那里意识的意向发生："意识是对某物的意识"，使人与世界结合在一起，在其中不仅体验到世界的存在，而且体验到自己的存在。因此意识的意向性是"对对象的位置性意识同时又是对自身的非位置性意识。"⑥ 但这种体验不是一种对象性的认识，而是一种直接的领悟。在萨特哲学中这种领悟往往通过否定性的情绪如厌烦、恶心等表现出来："存在将以某种直接激发的方式（如厌烦、恶心等）向我们揭示出来，而且本体论将把存在的现象描述成它自己显露的那样，也就是不需要任何中介。"⑦ "对对象的位置性意识"是指外在的某物是意识的意向性设置的照射对象，而不是说是认识的对象。"对自身的非位置性意识"是指意识在指向某物的意向中，并没有把自己设置为照射的对象，但却在意向行为中直接体验到自己的存在。两位哲学家都一致认为对自己经过还原后的真实的意识和意向行为的深刻体验，标志着人的觉悟，而这种觉悟往往需要经过痛苦的生命体验。阳明遭受

---

① 《语录》二，《王阳明全集》第47页。
② 《语录》二，《王阳明全集》第72页。
③ 《语录》二，《王阳明全集》第85页。
④ 《外集》二，《王阳明全集》第791页。
⑤ 《语录》二，《王阳明全集》第74页。
⑥ 《存在与虚无》第10页。
⑦ 《存在与虚无》第5页。

"百死千难"而"龙场悟道",最终觉悟圣人之道吾性自足,其后虽经宁濠之乱、张许之难而毫不动摇,反而在艰难困苦之际,生死存亡之间,更加体验到自己的本心良知,从而主宰万物,不惧权势,不为富贵名利所动,所谓"富贵不能淫,贫贱不能移,威武不能屈",此正是阳明一生存在的写照。萨特成名之作《恶心》中的主人公洛根丁的经历被视为是萨特本人的经历。洛根丁来到布维尔小城,开始对存在并没有什么明确的意识,他处在这个小城的人和物中,思索着周围发生的一切,痛苦地体验着存在,最后他明白了,他越是思索得多,就越会清楚地意识到"我"的存在,就越会体验到自我就是外在与内在相遇的场所。当他觉悟这一点后,再看小城中的芸芸众生,他们心满意足,屈从于自己的身份和周围的压力,对自己的存在和外界的荒谬毫无察觉,他们都是自欺的人;而那些达官贵人,一个个道貌岸然,实际上是一群混蛋,这一切的一切都使他感到恶心!萨特通过这部小说向人们揭示:恶心是人对人生和世界的意识,是人存在的觉悟,是对于存在意义的关怀。恶心使人走向超越的自由,去挣脱这个肮脏的世界,去消除这个世界的丑恶!由此可见,阳明和萨特的哲学可称得上是"体验之学"、"觉悟之学"和"救世之学"。

(二)阳明和萨特伦理哲学的相异处

尽管阳明和萨特的致良知和现象学还原存在以上的共同点,但实际上两者也有很大的区别,故不能把两者画上等号,简单比附,而必于其相异处有所辨析,以揭示其不同的特点。

第一,阳明的致良知虽然肯定了吾心的自主性和虚无性,肯定了"无善无恶是心之体"、"心体上着不得一念留滞"[1],但其之"吾心"绝非一无所有,无所依傍,而是要以"天理"为内容:"所思所虑只是天理,更无别思别虑耳,非谓无思无虑也。心之本体即是天理,有何可思可虑得?"[2] 故吾心即天理,吾心天理的合一即是良知。这样一来,良知既是公共的本体存在和道德理性,又是个体的道德自觉和道德冲动;既是超越的、普遍的理性,又是内在的、特殊的非理性。在道德实践中,将此两方面统一得圆而神者便是圣人,因为圣人已经达到"和融莹澈,充塞流行,动容周旋而中礼,从心所欲

---

[1] 《语录》三,《王阳明全集》第117页、第124页。
[2] 《语录》二,《王阳明全集》第72页。

而不逾"① 的程度，圣人的道德实践随感而应，率性而为，皆合乎良知至善。因此，在阳明那里还原后的心之本体作为纯粹意识，并不表示它的无规定性，而只表示它是先验的、不受任何经验杂染的德性主体。因而在道德实践上，人的道德选择和为学之道也只能依此良知而开出。从萨特的立场说，阳明的这种良知说仍然未能把现象学还原彻底进行到底，因而其良知学仍然是一种先验的人性论。萨特反对任何形式的先验论和人性论，认为世上并没有什么先验的人类本性，存在先于本质，一切都是可能的。人不是先有固定不变的本质（如善恶人性，价值规范等），然后个人依此本质去塑造自我的形象，而是个人在不受任何概念、道德予以规定之前，就已经存在，存在即是虚无，至于他的本质，则是他按自己的意愿创造的。每个人每时每刻自我创造而得的本质，是不断变动的，即使每个人临死所获得的本质，也仍然是个人的"本质"，是完全独特的，而绝不是"一个普遍的概念——人——的特殊例子"②。这即是说无论你怎么做，只要是你自己自由创造的就是允许的、道德的。显而易见，从现象学还原的立场而言，萨特远比阳明彻底，故破除传统，单贵自我，阳明不如萨特斩钉截铁，而师心自用，自由放荡，萨特又比阳明趋向极端。

第二，阳明致良知的返本还原，除了通过意向性行为意识到心物的存在外，还有一种返本还原，即于相而无相，不以俗染累其心，超越外在的一切物欲、烦恼和一切内在的喜怒哀乐，而达到精神境界上的虚无，仿佛对象化的意识行为及其对象都消失了，即所谓"物我两忘"。阳明说："盖良知虽不滞于喜怒忧惧，而喜怒忧惧亦不外乎良知也。"③ 良知的发用有喜怒哀乐，但良知不滞于喜怒哀乐亦不外于喜怒哀乐。因此"有道之士真有以见其良知之昭明灵觉，圆融洞彻，廓然与太虚同体，太虚之中何物不有，而无一物能为太虚之障碍。盖吾良知之体……本无富贵之可慕，本无贫贱之可忧，本无得丧之可欣戚，爱憎之可取舍。……故凡幕富贵、忧贫贱、欣戚得丧、爱憎取舍之类，皆足以蔽吾聪明睿智之体，而窒吾渊泉时出之用。若此者，如明目之中而翳之以尘沙，聪耳之中而塞之以木楔也。……故凡有道之士，……其于富贵贫贱得丧爱憎之相，值若飘风浮霭之往来变化于太虚，而太虚之体，

---

① 《文录》二，《王阳明全集》第190页。
② 《存在主义是一种人道主义》，见《存在主义哲学》第337页，商务印书馆1963年版。
③ 《语录》二，《王阳明全集》第65页。

固常廓然其无碍也。"① 良知本是虚无，一切富贵贫贱、得失爱憎之相皆非良知本有，有道之士（真己）处于此相中而无滞于相，不以此相累其本心，使之如飘风过太虚，化而不滞，不执著于相，回归于虚无。这里的"虚无"是超越一切相的虚无，它指的是精神境界和精神解脱，而不是本体的虚无，即所谓"不离日用常行内，直造先天未画前"②。故此人不当再把世俗世界和神圣世界打成两撅，超越之良知即寓于日用行常之内，而吾心之良知又不滞于世俗之荣辱贵贱中。有了这样的境界，人心才能摆脱一切束缚而获得自由。阳明所说的这种精神境界上的返本还原，带有浓厚的东方宗教色彩，这在萨特的"还原"中是没有的，也是作为西方哲学家的萨特难以理解的。

阳明和萨特认为，通过"还原"，人摆脱了一切外在的物欲和学术上的二元论和决定论，摆脱了经验自我的限制，而使人真正成为人，回归真己和自为，变成具有真实动力的主体。于是虽声色美味诱于外，荣辱利害交乎前，生死存亡临于身，而能主宰常定，不为物化，真正从物和神以及他人的意见中解放出来成为自由，使人获得了人的尊严和价值。也正是在这种意义上，阳明赞许狂者胸次，萨特推崇存在主义英雄。

有学人问乡愿、狂者之辨，阳明说："乡愿以忠信廉洁见取于君子，以同流合污无忤于小人，故非之无举，刺之无刺。然究其心，乃知忠信廉洁所以媚君子也，同流合污所以媚小人也。其心已破坏矣，故不可与入尧舜之道。狂者志存古人，一切纷嚣俗染不足以累其心，真有凤凰千仞之意，一克念即圣人矣。"③ 狂者敢于突破平庸，超蜕俗染，做到"一切纷嚣俗染不足以累其心"，远远超过常人境界，是从真己出发，距圣人境界已经不远。相反乡愿之人，为博取他人赞许，隐瞒自己的主张，媚从他人意见，以致丧失自我，是自欺之人。故阳明号召人们要："依此良知，忍耐做去，不管人非笑，不管人毁谤，不管人荣辱，任他功夫有进有退，我只是这致良的主宰不息，久久自然有得力处，一切外事亦自能不动。"④ 在萨特的小说、剧本中描写的很多存在主义英雄，亦形象地说明了阳明的自我主宰的意思。《苍蝇》中的主人公俄瑞斯忒斯不拘所谓的公道和神权，而作出了他的自由选择——举起了复仇之

---

① 《文录》三，《王阳明全集》第 211 页。
② 《外集》三，《王阳明全集》第 791 页。
③ 《补录》，《王阳明全集》第 1167–1168 页。
④ 《语录》三，《王阳明全集》第 101 页。

剑。《墙》中的主人公伊比塔被法西斯关入死牢,等待枪决。在生死关头,是作为叛徒而偷生,还是对事业忠诚到底而正直的死去,伊比塔选择了后者。虽然面对死亡的威胁引起了他浑身冒汗,两颊发烧,小便失禁,他仍对自己的这种心理的恐惧和生理的反应,感到极大的羞愧和厌恶。死亡虽然能引起他的心理和生理的种种反应,却决定不了他对死亡的无畏,死亡虽然可以夺去他的生命,却夺不走他对死亡的态度和对生与死的自由选择。《死无葬身之地》中的几个游击队员在法西斯的残酷迫害面前,受尽折磨,在非人的条件下维护了人的尊严,其中女游击队员吕丝宁死不屈的选择,真足以惊天地而泣鬼神!因此萨特曾大声疾呼:"拷打本身并不剥夺我们的自由:我们是在拷打中自由地屈服的。"① 所以英雄使自己成为英雄,懦夫使自己成为懦夫。萨特的这种自由理论在当时历史条件下具有扬善抑恶的意义。因为他所歌颂的是具有自为意识的存在主义英雄,他所鞭挞的,正是麻木不仁,屈从命运,安于现状,不敢正视自己的自由,不敢面对现实,履行自己的自由选择,不敢与恶势力奋力拼搏的人。

然而,在阳明那里狂者毕竟还不是圣人,还不是真己的实现。狂者尽能够超尘脱俗,但如不依天理良知去不断修养,则会走到另一个极端,变成感性放任。故理想人格终究还是圣人(真己的实现),人必须由狂入圣,而不能自足而终止于狂。由于真己之道即是"仁道",其目的不在于自我解脱,止于自了(当然这必须首先做到,但还不是阳明最高层次的还原),而在于内圣外王,拯救天下。阳明认为本心良知的天理,须由吾心落实到人间的人文政治中,才能成就王者的千秋伟业;个体的人格修养必提升于"内圣外王"的理想模式上,才能完成"明德亲民"的不朽盛事。"内圣外王"在本体上的格局是"本一",而正因不知此浑一格局,把它"析而为两",以致或者陷于程朱的内外相隔而缺明心成圣之本;或者流于佛老的虚罔空寂而失经世致用之实。至于霸者功利之徒以权谋智术为事,更丧仁爱恻怛之诚。故阳明始终坚持内外相通,体用不二,主张:"明明德者,立其天地万物一体之体也。亲民者,达其天地万物一体之用也。故明明德必在于亲民,而亲民乃所以明其明德也。……是之谓家齐国治而天下平,是之谓尽性。"② 内心圣明仁德之体的发扬光大,必在外王亲民爱物之用的流布中开展,主体的仁道精神无限扩充

---

① 《存在与虚无》第 671 页。
② 《续篇》一,《王阳明全集》第 968 – 969 页。

于万物之中，弥漫人生社会，唯恐世间万物万民不得其所。故一切价值选择，取舍从违，并非依一己之私意，而无不依本心良知仁道以行事，即"止于至善"（"明德亲民之极则"之谓），对家国天下负有责任，为修齐治平而自强不息，真乃乐莫大焉。

与阳明不同，萨特不是教人去行"内圣外王之道"，而是使人去走"自由选择之路"。从他的立场看，"内圣外王"仅仅是一个存在的选择，自为存在不一定是这种成圣成贤的人格模式，而是依事靠其自由选择，其存在价值，全视其选择是否出自其本真性（不自欺）而定。只要是出自本真性的自由选择，一切立场皆可。由于自由选择是：一无选择的模式和原则；二无衡量选择的标准；三无选择的理由和原则，一切全由自己负责，因此人常伴随着焦虑、绝望和孤独，常感到存在的非目的性，以致深感痛苦。在这种情况下，"首先，我应该使自己有所行动，然后照着古代格言而行动：'不冒险，无所得'。"[①] 尽管未来的一切都是未知的，但人仍要行动，敢于冒险，不抱幻想，自由选择的行动就是人的存在。从阳明的立场上看，萨特的这种自由选择因无安身立命的内在根据，而难免仍流于狂。故萨特的自由选择精神只有在阳明的"为仁由己"的视野之内才可以看到两者的契合。

按照阳明心学的内在理路，通过还原本心，既可朗现心之本体使心回复到本真情态，又可以致良知于万事万物中，但达到本心时并非已经成圣成贤，实现了真己的存在，还必须在伦理实践的功夫中保任提撕，不要使它再受污染，阳明所谓"必有事焉"，"勿忘勿助"，"即功夫即本体"，都是指的这个意思。因此阳明以真己为枢纽而展开的内转与外推，便是一个辩证的循环运动过程：时时刻刻在返本的内转中净化复明自己的本心，克除不善的意念，又层层外推以致良知于万事万物中；时时刻刻在外推的致良知中勇猛精进，尚扬仁义，又返本归真以防检习心，提撕良知。这种一复一往，一往一复的不断运动，使人自觉自主地不断改造自我，完善自我，超越自我，最后实现"大人"的"万物一体之仁"的崇高理想："人大者，以天地万物为一体者也，其视天下犹一家，中国犹一人焉。若夫间形骸而分尔我者，小人矣。大人之能以天地万物为一体也，非意之也，其心之仁本若是，其与天地万物而为一也。岂惟大人，虽小人之心亦莫不然，彼顾自小之耳。是故见孺子之入井，而必有怵惕恻隐之心焉，是其仁之与孺子而为一体也；孺子犹同类者也，

---

① 《存在主义是一种人道主义》，见《存在主义哲学》第347页，商务印书馆1963年版。

见鸟兽之哀鸣觳觫而必有不忍之心焉，是其仁之与鸟兽而为一体也；鸟兽犹有知觉者也，见草木之摧折而必有悯恤之心焉，是其仁之与草木而为一体也；草木犹有生意者也，见瓦石之毁坏而必有顾惜之心焉，是其仁之与瓦石而为一体也；是其一体之仁也，虽小人之心亦必有之，……故夫为大人之学者，亦惟去其私欲之蔽，以自明其明德，复其天地万物一体之本然而已耳。"① 所谓大人者，"以天地万物为一体"之"以"，不是从认识之心去思想，乃是心本体就是本然如此的，在道德境界上就是应然如此的，在存在状态上就是突然如此的。故吾心良知之发不为形骸之私所隔，不偏于一隅，不限于一事一物，而是充量之极的明于天下，通乎上下，弥贯宇宙，使天地万物含章定位，一一统摄于至善之仁。由此而展示出心物一体，人我相亲，天人合一之广大和谐的整体。故大人（圣人）之心，对于"孺子之入井"、"鸟兽之哀鸣"、"草木之摧折"、"瓦石之毁坏"自然产生"恻隐"、"不忍"、"悯恤"、"顾惜"，其不仅与同类的孺子相通，而且与异类的鸟兽、甚至草木瓦石都是"一体"的。这种由吾心良知而不断发出的本然的道德冲动和道德行为，生生不息，无穷无尽，横空展布，遍润一切存在，若决江河，沛然莫之能御。"万物一体之仁"是真己的彻底实现，此时，人不仅彻底改变了自己的气质而成就了"圣人气象"，而且改造了他人和世界，完成了挟万物而一体俱化，合天人而整体圆融的和谐共振。

阳明的"万物一体"似很接近萨特的"共在"："我在其中与别人共同组织为一个不可分割的对象整体，一个我在其中不再与别人有根本区别，而是与别人协同一致使其构成的整体。"② 然而萨特认为"共在"只是一个"外表的存在"，实际上世界仍是个人意识的结合，其中人与人之间的存在关系是，"或超越别人或被别人所超越。意识间关系的本质不是'共在'，而是冲突。"③ 因此，与阳明大异其趣，萨特并不认为自为和自在能够和谐的统一在一个整体中。因为自为的"是其所不是和不是其所是"，它总是想在与自在的统一中而使自己成为真正的存在实体，可它的本性却是不间断地无化自在，自我超越，蕲向无穷，于是自为向自在的统一就变成了一个永恒的过程，它只能作为最高的价值而使自为竭力去追求它，而它本身却永远达不到。人如

---

① 《续编》一，《王阳明全集》第968页。
② 《存在与虚无》第538页。
③ 《存在与虚无》第552页。

果达到了自为自在的真正统一，就变成了神而不是人。因而天人合一的努力不过是人生一场失败的徒劳，"人是一种无用的激情"①。故此自为与自在既相互联系而不可分割，又互相冲突而不能合一。由于这种冲突，不仅使心物、天人的圆满合一不能实现，而且使人我之间发生异化。因为他人总是把我对象化为自在的客体，故"他人就是地狱"，反之我之于他人亦然。于是每个人为了实现自己的自由，就要反抗、克服、扬弃这种自由的异化，但是人与我之间的关系正如人与物的关系一样，又是相互异己冲突的。因此正如自为与自在的统一是不断形成又不断解体一样，自由的异化和对异化的扬弃是一个永远不断的过程。这样一来，自为和自在、自我和他人、主体和客体便难以一体俱化、水乳交融。正如当代法国哲学家让·华尔所说："在萨特的自在和自为二元化的背后，我们发现有某种相当类似于苗卡尔的广延和思想的二元化的东西。"② 此中微意萨特亦于其现象学本体论中透露："在对自在和自为进行描述之后，我们似乎很难确立它们之间的联系，我们还恐怕陷入一种无法克服的二元论。"③ 因此，萨特的哲学最终又陷入了一种新的二元论。显然，这与阳明"万物一体"的心学一元论是有显著区别的，两种哲学始出一辙，终归异途，在归宿点上分道扬镳了。

（三）阳明与萨特伦理哲学同异的原因

通过以上比较研究，不难看出两种伦理哲学的异中之同和同中之异。

从其同论：

第一，两位哲学家所倡导的伦理哲学精神是一致的，都是要人返本归真，拔邪树正，自贵其心。以提高人之地位，突出人之价值，彰显理想人格，使人背负起对世界和自身的责任。为达此目的，其伦理哲学的思辨秘密在于：首先，在凡夫俗子的现实世界中，将人还原为具有自发意向性的纯粹意识（在阳明那里还有天理在其中），再从逻辑上规定凡具有意向性这一特性的人方可将自身与世界统一起来；然后再把人的存在视为人的行动、人的实践，并在行动中通过人的体验和领悟来把握人的在世方式、人的具体存在，从而把握人与整个世界的存在意义，最终成为一个本真性的存在，即阳明所说之

---

① 《存在与虚无》第785页。
② 《存在哲学》第148页，三联书店1987年版。
③ 《存在与虚无》第786页。

真己、萨特所说之自为，完成从凡夫到圣人、从自欺到自为的飞跃。这样一方面创造了一个理想自我，另一方面创造了一个价值世界。这种由用以达体的还原返本同由体以致用的实现自我，是同一个过程的两个方面。其特点是形而上与形而下的贯穿、体与用的一源、知与行的合一。由此可见，他们的伦理哲学是现象学的、体验论的和价值论的，而不是认识论的、知识论的和实证论的。因此，他们的伦理哲学至少在方向上是最富于现代性的。其所倡导的平等意识、批判意识、还原意识，所树立的依自不依他、自强不息、挺立自我的道德人格的人生态度，所凸显的主体性意识、忧患意识以及改造世界的英雄本色，对于日益失落自己的精神家园而沉沦为"物化"存在的走向21世纪的人类，对于陷溺于权、钱、势三毒中不能自拔的现代人，仍具有当头棒喝、震聋发聩的作用和意义。

第二，阳明和萨特的哲学与西方古典哲学中的主观唯心主义不同，把他们的哲学与见克莱、苗卡尔、康德乃至费希特的主观唯心论等量齐观，显然是并不合适的，笼统地把他们的观点归结为一般的主观唯心论也是过于简单化的。因为：其一，他们确立的主体性，不是从认识论入手的，而是从主客统一、心物相关的现象学入手的，主客、心物的关系是存则共存，亡则共亡，作为第一性的东西不是抽象的意识，而是人的存在；其二，他们都承认作为自在的天地万物是意识（吾心）的逻辑前提，自在是在意识之外客观存在着的，它并不是意识创造的，吾心并不能使万物无中生有，他们的哲学并不回答物质和精神谁产生谁的问题，而只是在现象学的立场上指出了自在由于自为（吾心）的作用而具有人的意义，因此他们的哲学实际上是一种意义哲学、伦理哲学和价值哲学；其三，他们都强调意识的虚无性，而虚无是某种存在物的虚无，说明意识必须要依赖于客观的自在才能存在，但是，这并不是等于说他们的哲学是我们通常意义上讲的唯物主义。因为：其一，自在虽然是一种客观存在，但它并不是我们所理解的客观物质世界，因为自在仅仅是一种绝对消极的、没有变化、没有发展的抽象存在；其二，自在并不是意识的产生者，对于他们来说，意识从哪里出现的问题，是一个非现象学本体论的问题，因此不予回答。他们认为哲学只研究人的存在和价值，它的任务只是描述心物存在的结构，而不应作谁产生谁的解释，这与物质决定意识及意识是由物质产生的唯物论是根本不同的；其三，他们首先并没有从外部世界出发，而仅仅是在使主客体统一于主观意识活动的基础上，把人心规定为具有一种先验性的意向性结构（在阳明那里还有天理存在），然后根据这种先验的意向性去发现外部世界的存在价值和意义，否则世界便只是没有任何价值和意义的混沌。在这里萨特的个人自由和阳明的心即理，便成了某种不言而喻的先决条件。这就使人感到，他们的哲学异轨同奔，不仅具有明显的主观性倾向，而且还具有浓厚的非理性主义色彩。

从其异说：

第一，阳明把人心还原提升至本体的高度，力图使之虚无化，但他又没有全然否定"天理"（中国儒学思想家的本色）的存在。这就使他一面说'良知'是无，是"太虚"，是"无善无恶"；一面又说它是"至善"，是有。人在世界中存在，就是要把天理贯穿于万事万物之中，就是要"存天理，灭人欲"，天理内化为人心，遂成为人生在世的行为活动的最高主宰。与此不同，萨特针对现代西方文明之物质化、工具化，在现象学还原上首先则把人的意识彻底虚无化，使之在本体上成为一种在世界中自由选择的纯粹活动与实践行为，虚无化的人心（吾心）便是人生在世的行为活动之最高主宰。正因为两者在其哲学起点上的这种毫厘之差，导致了两者在哲学终点上的分道扬镳。与萨特相比，阳明心学把终极关怀建立在良知上，澈上澈下，弥贯天地，广大悉备，圆融无碍，始终洋溢着道德理想主义精神，特别是他"万物一体之仁"的理想境界，更带有浓厚的东方宗教色彩。这种理想主义，对人类文明特别是人类的伦理哲学仍不失为一个卓越的贡献。尽管阳明的这种理想境界，实际上也只是一种精神上的满足，而不是现实的幸福（在私有制的社会中，在强权政治的世界上，这种理想不免流于空想），但是，这种以坚韧不拔、勇猛精进的精神去追求人类的理想生活，实现理想人格和崇高人生境界的努力，至今对人类走向未来仍具有极大的启示和独特的价值。萨特是一位积极介入生活、敢于斗争奋进的伟大哲学家，但他并不像阳明那样有着理想目标，为追求这个理想从事建设性实践的人。他希望改造社会，使之更适合于人的自由生活，他说："我可以证明拒绝这个社会的理由，我可以说明这个社会是不道德的，它不是为了人，而是为了利润而建立的，因此就应该彻底改变它。"① 但这个改变后的社会是什么样子，他并不去设想，他的一生只是对非人的社会环境大喝：不！因此他的哲学主张：只问耕耘，不问收获，知其不可为而为之，明知失败也要干下去。人生的价值和意义就存在于改变处境的行动之中，人并非别的什么东西，他不过是行动的总和，存在本身

---

① 《萨特研究》第 124 页，中国社会科学出版社 1981 年版。

意味着行动，行动到底，至死方休。固此相比而言，萨特比阳明更具有批判否定精神，他对现实人生丑恶的阴暗面的挖掘比阳明更为透彻。然而萨特则仅仅停留在现象学的描述上，而没有涉及终极的形上学托付。这样一来，就使他所谓主体的道德价值成为无源之水、无本之木，使人无法体认生命理想的积极意义，在实际上造成了人的价值选择的无限可能性与具体价值选择的无可能性的二律背反。难怪当代英国学者C.W.罗斯宾在《萨特论道德生活》中指责萨特的伦理哲学会使人陷入"要么我为一个空洞的真实性去做徒劳可笑的奋斗，要么我就重新陷入不真实和正统思想之中"① 的两难困境。这种困境，使萨特无法全面解释人的主体行为的道德意义，最终导致其伦理哲学走上个人主义的道路，堕入相对主义和虚无主义的泥坑。

第二，在形式上，传统西方哲学具有确定性、凝固性和明晰性的特点，无论其如何复杂、如何神秘，均可通过理性、逻辑的途径推导出来，用确切、严格的概念概括和表达出来。受此熏陶（尽管萨特本人反对这种传统），萨特在表述其哲学时，采用了细致的分析和逻辑的建构，使他在哲学论证上，比阳明严密得多、深刻得多，更具有思辨色彩。当然这难免也有内容（非理性）与形式（理性）不一致的矛盾。而阳明的表述则强调直观领悟，思维跳跃，竭力避开抽象性的分析论证，只讲眼前的生活境遇，虽然理性成分亦或多或少存在，但不占主要地位，故其心学从内容到形式都依归于非理性。与萨特哲学相比，虽然阳明心学更为形象生动，简便直接，但由于缺乏严密的分析与必要的中间环节的论证，使其许多概念、命题未有分疏厘清，有时往往在混淆的意义上使用，因而在总体上表现出比较笼统的倾向。

比较阳明与萨特的伦理哲学，除了要明辨其同异和分析其特点外，对其所以同异之故，亦不能置而不论。两种伦理哲学何以异中有同，主要是由以下原因所决定：首先，与两者都产生于动荡的社会，并与两位大师都有救世之志有关。阳明心学崛起于明代中叶，正值中国封建制度的垂暮之期。君主昏庸，宦官专权，世道动乱，民不聊生，礼教沦亡，人心陷溺。萨持的存在主义产生于第二次世界大战的西方。当时人们惨遭法西斯蹂躏，资本主义固有矛盾加剧，造成劳资冲突，社会分裂，道德败坏，精神颓废，西方人生如无舵之舟，不知其所止。故此二人似遥相呼应：阳明提倡心学，阐扬良知；萨特高扬人的自由，肯定人的尊严。前者为拯人心于陷溺，鼓吹心外无理，

---

① 《现代世界伦理学》第196页，贵州人民出版社1981年版。

平实论证人人心中皆有可以靠自力摄取的源头活水；后者为挽狂澜于既倒，强调人应对环境和自己负责，要求每个人负起从法西斯统治下解放出来的责任。因而，他们都积极干预生活，针砭时弊，以弘扬人的主体意识和提高人的存在价值为认同。故两种伦理哲学出现所见略同，方法相似，乃在情理之中。其次，同两者的哲学破立结构相联。两位哲学家都反对传统哲学的二元论，而创立心物一元的本体论，并把它奠基于人的主体性之上。在中国自南宋以来。程朱理学一直以法定之尊成为正统，这种理学二元论，造成思想上的僵化，学术上的空疏，道德上的虚伪。阳明为治理学二元论以整饬人心，一举摧毁而廓清程朱理学，把外在的天理置入人心，用心学一元论代替了理学二元论，在中国思想界独树一帜，睥睨千古。在西方，传统哲学以主客对立为认识，以抽象理性为普遍的人性。而在现代西方社会中，人越是用这种二元论哲学去发展科技，创造财富，争取自由，人就越感到异化：受制于他人，束缚于社会，丧失了自由和价值。故萨特的存在主义哲学思潮一出，以现象学一元论去取代这种二元论，便在西方文化中如平地起拔，壁立千仞，使传统哲学遭到重创。因此，尽管两位哲学家各自为战，互不呼应，但是，相同的理论斗争任务，却把他们的哲学内容联系起来。故两种伦理哲学存在旨趣契合，思路相仿，实是自然的结果。再者，二位先哲的哲学思想经历着大致相似的哲学路线，他们各自都是中西方哲学的集大成者。阳明先习程朱理学，然后入室操戈；萨特早悉黑格尔哲学，然后举起义旗，二者都是在批判传统的客观唯心主义的过程中建立起各自的哲学体系的。阳明继承思孟学派，以陆九渊心学为先导，近袭程颢、陈献章哲学，旁及佛老思想，而成为心学之集大成者；萨特则继承克尔凯郭尔的存在主义，以胡塞尔的现象学为先导，近袭海德格尔的本体论哲学，旁及笛卡尔、康德、尼采哲学，而成为西方人本主义哲学集大成者。故两种伦理哲学有相互会通，相互辉映之处，亦不足为奇。

  两种伦理哲学除了存在所以异中有同之故，亦存在所以同中见异之因：第一，两位大哲的阶级立场不同。阳明生长于中国古代封建社会，站在地主阶级立场，他不敢也不可能跨越孔孟的藩篱，故其仍奉儒学为圭臬，视仁义为良知；而萨特则从小资产阶级的立场出发，反抗现代西方社会的异化，故其追求个人的绝对自由，向往无政府主义。前者是封建制度的卫道士，后者是资本主义的叛逆者。是卫道士则趋保守，成叛逆者则更激进。故两种伦理哲学精神风貌之异趣，于此可见其中的缘由。第二，两位先哲所处的文化气氛各异。中国文化是以家庭为本位,仁爱为中心;而西方文化则以个人为本位,自由为中心。受此不同文化氛围的影响,故阳明推崇服膺儒家文化的圣贤,陶然于伦理亲情,以"内圣外王"和"天下一家"为怀;而萨特则崇尚存在主义的勇士,醉心于个人自由,以"自我存在"和"自由选择"为尚。两种伦理哲学侧重有别之因,推崇各异之故,于此可得窥见。第三,两位大师敢承接的哲学传统互殊。中国儒家心性学说的宗趣是"天人合一",因此阳明心学依循这一老路,将天人关系加以新的阐明:天内在于人,人上通于天,天人本无二。内外原无隔。西方哲学的传统是"天人相分",即使反传统如萨特者,也在无意识中受此影响,因此其存在主义现象学虽是天人巧妙的联结,但却内含天人相分的二元倾向。故阳明是"合一",而萨特是"联结",前者是交互依存,整体圆融;后者是齐驱并驾,彼此争先。因而天人和谐与天人冲突,遂成为阳明和萨特的伦理哲学的不同特征。

由中西两位哲学大师的伦理哲学思想的同异,亦颇能说明整个中国伦理哲学与现代西方伦理哲学之间的同异。二者因其存在相同之处,它们之间可以相互诠释,从而使中国伦理哲学与现代西方伦理哲学在精神上找到对话和接头的地方;同时二者又因有相异之点,亦完全可以互相启发,从而在趋势上使中西方伦理哲学得到互补发展,为建构人类科学的伦理哲学作出有益的贡献。

三、王阳明的教育方法

王阳明是我国明代著名的哲学家和伟大的教育家。他一生热心于教育事业,从34岁开始授徒讲学,直到57岁逝世为止,历时23年之久。他每到一处,都建学校、创书院、兴社学。在受到宦官刘瑾陷害被谪到贵州龙场驿当驿丞时,便创立龙岗书院,主讲贵阳文明书院。巡抚江西期间,他兴社学,修濂溪书院,集门人于白鹿洞讲学。在家乡浙江余姚、绍兴,他先辟稽山书院,后立阳明书院,并讲学于龙泉山寺。他总督两广期间,则兴办了恩田学校、南宁学校和敷文书院。王阳明视"社学"为初等教育,劝告各地父老重视教诲弟子;而把"书院"看成是一种高等教育,使这种起源于唐代的教育机构在明代得到进一步的发展,并保持了自由讲学的传统。通过长期的教育实践,王阳明积累了丰富的经验,为我国古代教育事业和教育思想的发展作出了杰出的贡献。他提出的具有远见卓识的教育主张和教育方法,在今天仍有较高的参考价值。本文拟就王阳明的教育方法作一粗浅的分析评价,以期对当前不断深化教育改革有所裨益。

(一) 立志为圣

王阳明认为学必先立志,即明确学习的目的、努力的方向,只有这样学习才会有百折不挠的毅力。他说:"夫学,莫先立于志。志之不立,犹不种其根而徒事培拥灌溉,劳苦无成矣。世之所以因循苟且,随俗习非,而卒归于污下者,凡以志之弗立也……夫志,气之帅也,人之命也,木之根也,水之源也。源不浚则流息,根不植则木枯,命不续则人死,志不立则气昏。是以君子之学,无时无处而不以立志为事。"① 这就是说,学习中"立志"是根本的,一个人没有志向,没有学习的奋斗目标,他就只能因循苟且,不会有什么长进。所以立志之于为学就如同"人之命"、"木之根"、"水之源"一样重要。

王阳明要人立志,是要人立"为圣人之志"。他说:"人苟诚有求为圣人之志,则必思圣人之所以为圣人者安在?非以其心之纯乎天理而无人欲之私欤?"② 把成为圣人当作自己努力的目标,就能处处以圣人的标准严格要求自己,达到纯乎天理,灭去人欲。人在为学和道德修养上所能达到的水平和境界,与其所立之志大小是一致的,"立志而圣则圣矣,立志而贤则贤矣"③;反之,如果"志不立",则"如无舵之舟,无衔之马,漂荡奔逸,终亦何所底乎?"④

王阳明认为,一个人是否有志,是否能立志,这同他是否能树立自信心是紧密联系的。因此,他特别强调我之良知与圣人同,人人都有为圣贤的先天条件,勉励人们树立自信心。他曾一再说:"个个人心有仲尼"⑤,"人胸中各有个圣人"⑥,"人皆可以为尧舜"⑦。基于上述认识,他一再勉励人们树立自信心,坚信圣人可学而至:"自己良知,原与圣人一般。若体认得自己良知

---

① 《示弟立志说》,《王阳明全集》第259页。
② 《示弟立志说》,《王阳明全集》第259页。
③ 《教条示龙场诸生》,《王阳明全集》第974页。
④ 《教条示龙场诸生》,《王阳明全集》第974页。
⑤ 《咏良知四首示诸生》,《王阳明全集》第790页。
⑥ 《传习录下》,《王阳明全集》第93页。
⑦ 《传习录上》,《王阳明全集》第28页。

明白，即圣人气象不在圣人，而在我矣。"①，因此它要求学生每时每刻都处在立志、责志之中，"怠心生，责此志即不怠；忽心生，责此志即不忽；燥心生，责此志即不燥；妒心生，责此志即不妒；愤心生，责此志即不愤；贪心生，责此志即不贪；傲心生，责此志即不傲；吝心生，责此志即不吝。盖无一息而非立志责志之时，无一事而非立志责志之地。"②

确实，"学莫先于立志"，立志对于推动学习有巨大的作用，志不立则事不成，志不立则学不就，王阳明的立志说是很有见地的。当然，王阳明要人立为封建地主阶级的圣贤之志，这是由他的时代局限性造成的，这是应当否定的。

（二）学贵自得

王阳明在教学中提倡学贵自得，独立思考，反对人云亦云和偶像崇拜。他说："夫学贵得之心。求之于心而非也，虽其言之出于孔子，不敢以为是也，而况其未及孔子者乎！求之于心而是也，虽其言之出于庸常，不敢以为非也，而况其出于孔子者乎！"③ 王阳明认为，学习贵在自得于心，独立思考，经过自己的独立思考认为是谬误的，此话即使出于孔子之口，也不能认为它是真理；经过自己独立思考认为是真理，此话即使出于常人之口，也不能认为它是谬误。王阳明从"良知"说出发，肯定"是非之心，人皆有之"④，这就是肯定每个人都有独立思考的权利，任何权威都不值得迷信，任何偶像都不值得崇拜。

由此出发，王阳明认为《六经》也不过是吾心的一种对象化，表明圣人先得吾心而已，"《六经》者非他，吾心之常道也。故《易》也者，志吾心之阴阳消息者也；《书》也者，志吾心之纪纲政事者也；《诗》也者，志吾心之歌咏性情者也；《礼》也者，志吾心之条理节文者也；《乐》也者，志吾心之欣喜和平者也；《春秋》也者，志吾心之诚伪邪正者也。⑤"在他看来，读书不过是用自己的天理良知"终日与圣贤所对"，"亦只是调摄此心而已"⑥。这

---

① 《传习录中》，《王阳明全集》第59页。
② 《示弟立志说》，《王阳明全集》第260页。
③ 《传习录中》，《王阳明全集》第76页。
④ 《大学问》，《王阳明全集》第97页。
⑤ 《稽山书院尊经阁记》，《王阳明全集》第254－255页。
⑥ 《传习录下》，《王阳明全集》第100页。

也就是说，道德教育不是人为地从外面向学生灌输他们原来没有的东西，而是开发蕴藏在他们本心中固有的道德良知，扩充他们的善端。由此，王阳明甚至大胆地把儒家经典的文字视为"糟粕"，让学生突破此表面的文字，直取内在的与吾心相印的"道"："《五经》，圣人之学具焉。然自其已闻者言之，其于道也，亦筌与糟粕耳。"① 王阳明力图使人从繁琐的经院哲学和无益于身心修养的经学桎梏中解放出来，不做文字奴隶。这种方法，实质上是对人的智力发现和对人的生命价值的觉悟。

基于学贵自得的思想，王阳明认为教学就是要启迪学生的良知，培养学生的自学能力和创造能力。他说："学向也要点化，但不如自家解化者，自一了百当。不然，亦点化许多不得。"② 这里的"自家解化"也就是要注意培养学生的自学能力，充分发挥学生在学习中的主体作用，让学生"自一了百"，举一反三，培养学生良好的自学习惯，提高学生的自学能力，充分调动学生学习的自觉性、积极性以及思维能力和创造能力。王阳明提倡培养学生自学能力的同时，还注意到了要充分发挥教师在教学过程中的引导作用，即所谓"学向也要点化"，但他认为"点化"的出发点和归宿都是为"自家解化"服务的，也就是说，教师的"点化"在于促使学生积极思维，让学生去体验、去判断，否则，离开学生的积极思维，忽视学生自学能力的培养，不注重发挥学生在教学过程中的主体作用，教师的引导作用也就不复存在，"亦点化许多不得"了。

王阳明提出以各人的"心"即"良知"作为道德本源和检验真理的标准，显然是从他的主观唯心主义哲学出发的。但是，他主张的学贵自得、独立思考、反对迷信盲从的教育方法，在当时具有打破程朱理学教育传统的进步性和解放思想的意义。它不仅强调了自我主观能动性在认识中的作用，突出了学习主体在学习中的独立人格精神，大胆地否定了对孔孟的偶像崇拜，而且开启了阳明学派的心学风气，破坏了圣经贤像的神秘感和权威性，反映了明中叶以来封建商品经济的发展所引发的市民阶级意识的觉醒。

(三) 启发诱导

王阳明在教学活动中，十分重视儿童教育的问题，他对儿童教育有许多

---

① 《五经臆说序》，《王阳明全集》第876页。
② 《传习录下》，《王阳明全集》第105页。

独到见解。他在这方面的论述很多,特别是他写在《练习录》中的《训蒙大意示教读刘伯颂等》一文,是世界上比较早的专门论述儿童教育的精彩文字,对儿童的个性特点和认识规律有相当精湛的研究。

宋明以来,在科举考试和程朱学风的影响下,教育严重地表现出形式主义的倾向。王阳明激烈地抨击了当时对儿童教育的各种强制做法:"若近世之训蒙稚者,日惟督以句读课仿,责其检束,而不知导之以礼;求其聪明,而不知养之以善;鞭挞绳缚,若待拘囚。彼视学舍如囹狱而不肯入,视师长如寇仇而不欲见,窥避掩覆以遂其嬉游,设诈饰诡以肆其顽鄙,偷薄庸劣日趋下流。是盖驱之于恶而求其为善也,何可得乎?"① 这是批评当时很多教育者不根据儿童的特点施教,只知"责",不知"导",只知"求",不知"养",甚至鞭打捆缚儿童,压抑其个性。这样做不但达不到教育儿童的目的,还会激使儿童与老师为敌。当儿童没有能力反抗时,就耍两面派,搞欺诈,其品质日趋下降。王阳明对儿童特性的观察真可谓细致入微,对儿童教育提出的批评也可谓切中要害。

王阳明认为儿童教育与成人教育,由于年龄的不同所造成的性格、阅历、心理活动等等,各有不同特点,因此对儿童的教育也就不能与成年人一样,必须按照儿童的个性、心理特点来实施教育。他分析说:"大抵童子之情,乐嬉游而惮拘检,如草木之始萌芽,舒畅之则条达,摧挠之则衰痿。今教童子,必使其趋向鼓舞,中心喜悦,则其进自不能已。譬之时雨春风,沾被卉木,莫不萌动发越,自然日长月化;若冰霜剥落,则生意萧索,日就枯槁矣。"② 儿童性格活泼好动,不愿拘检,为此对于他们的教育必须适应这一性格特点。他把儿童的学习比作草木初萌,把教师的教学比作春风时雨,如果反其道而行之,必然摧残儿童身心的健康成长。因此,他强调教学必须注意启发诱导、潜移默化,认为童子之教"则宜诱之歌诗以发其志意,导之习礼以肃其威仪,讽之读书以开其知觉。"③ 诱之歌诗,导之习礼,讽之读书,即是要通过生动活泼的教育形式来诱导童子,使他们乐于接受道德礼义的教化。所以王阳明说:"故凡诱之歌诗者,非但发其生意而已,亦所以泄其跳号呼啸于咏歌,宣其幽抑结滞于音节也;导之习礼者,非但肃其威仪而已,亦所以周旋揖让而

---

① 《传习录中》,《王阳明全集》第 88 页。
② 《传习录中》,《王阳明全集》第 88 页。
③ 《传习录中》,《王阳明全集》第 87 页。

动荡其血脉，拜起屈伸而固其筋骸也；讽之读书者，非但开其知觉而已，亦所以沉潜反复而存其心，仰扬讽诵以宣其志也。凡此皆所以顺导其志意，调理其性情，潜消其鄙吝，默化其粗顽，日使之渐于礼义而不苦其难，入于中和而不知其故。"①

从今天的观点看，尽管王阳明所提倡的教育内容带有封建性的糟粕，但是他主张对儿童进行生动活泼的教育，采用以陶冶儿童性情为主的启发诱导的教育方法，却是符合儿童的个性及心理特点的。王阳明的这种观点，在当时，不仅在中国，而且在世界上也是首屈一指的。和他大致同时的欧洲"文艺复兴"的最先进的教育思想家，如：维多里诺（1397—1446）、拉伯雷（1483—1553）等，虽然在教育中已开始注意到儿童的自主性和儿童的个性，象维多里诺要求为儿童创造"快乐之家"；拉伯雷在他的名著《伽刚丘和潘德格罗尔》中，通过经院主义和人文主义两种不同教育方法的对比，提供了一幅对儿童进行生动活泼的直观教育的图画。但他们的认识，多是停留在感性的直观阶段，还没有像王阳明那样从理论的高度进行抽象概括，形成一条教育的原则和方法。

（四）循序渐进

在教学中，王阳明主张采取循序渐进的方法。他说："为学须有本原，须从本原上用力，渐渐盈科而进"②。"盈科而进"讲的就是循序渐进，语出《孟子·离娄下》："原泉混混，不舍昼夜，盈科而后进，放手四海"。意即有源头的泉水，昼夜不停地流淌，等到灌满沿途的坑坑洼洼，再继续前进，终于流到了大海。以此说明学习上必须循序渐进，不能揠苗助长。王阳明继承了这一思想，他把教学比作种树："立志用功如种树然，方其根芽，犹未有干，及其有干，尚未有枝，枝而后叶，叶而后花。实初种根时，只管栽培灌溉，勿作枝想，勿作叶想，勿作花想，勿作实想。悬想何益，但不忘栽培之功，怕没有枝叶花实？"③ 树就是这样循序渐进成长的。教学也是这样，既已下了"必为圣人之心"，就得"时时刻刻须是一棒一条痕，一掴一掌血"④ 地

---

① 《传习录中》，《王阳明全集》第 88 页。
② 《传习录上》，《王阳明全集》第 14 页。
③ 《传习录上》，《王阳明全集》第 14 页。
④ 《传习录上》，《王阳明全集》第 14 页。

实干，一步一个脚印地前进，不能贪操捷径。

王阳明认为，贯彻循序渐进的方法，不仅应从知识本身的难易程度出发，由浅入深，由易到难，而且应当考虑学生的接受能力，量力而行。他说："我辈致知，只是各随分限所及。今日良知见在如此，只随今日所知，扩充到底，如此方是精一功夫。与人论学，亦须随人分限所及。如树有些萌芽，只把这些水去灌溉，萌芽再长，便又加水，自拱把以至合抱，灌溉之功，皆是随其分限所及。若些小萌芽，有一桶水在，尽要倾上，浸坏他了。"① 这里的"分限所及"，也就是量力而行，就是说，在教学过程中，必须坚持量力而行的原则，考虑学生今天能接受多少，就教给他多少，明天他的知识增长了，接受能力提高了，就再适当增加教学内容和难度。正如对树浇水一样，要看树的大小决定灌水量的多少，如果把一大桶水一下倒在一棵小树苗上，那就会把树苗浸坏。在考虑学生的接受能力时，还要注意给学生留有一定的余地，使他们能学得活泼主动，真正消化吸收。由此出发，王阳明主张在教学上要讲究少而精，他说："凡授书不在徒多，但贵精熟。量其资禀，能二百字者，止可授一百字。常使精神力量有余，则无厌苦之患，而有自得之美。"② 王阳明的这种循序渐进、量力而行、留有余地的教学方法，确实值得我们借鉴。

（五）因材施教

因材施教是与循序渐进相辅相成的又一教学原则和方法。这种从孔子倡导到朱熹概括，中间经过了1600多年的实践和发展，已成为儒家教学法中的突出方法。王阳明继承和发展了这一传统方法，他说："人的资质不同，施教不可躐等。"③ 人们的资历和素质不同，施行教育不能超越等级。他用良医治病必须对症下药作比喻，说明了因材施教的重要性。他说："夫良医之治病，随其疾之虚实、强弱、寒热内外，而斟酌加减。调理补泄之要，在去病而已……君子养心之学，亦何以异于是！"④ 医生为了去病救人，必须从病情的实际出发对症下药；同样，教师为了把学生培养成理想的人物，也必须从实际情况出发，根据学生的年龄特征和个性特征的不同，而施行不同的教育。

---

① 《传习录下》，《王阳明全集》第110页。
② 《传习录中》，《王阳明全集》第89页。
③ 《传习录下》，《王阳明全集》第103页。
④ 《与刘元道》，《王阳明全集》第191页

首先，王阳明认为教育方法必须顾及学生身心发展阶段或年龄特征。他把人的知识增长阶段比作"襁褓之孩"、"童稚之年"和"壮健之人"。方其襁褓之时，只能扶墙傍壁而学起立移步；方其童稚之时，只能趋于庭除之间；当其壮健之后，便能奔走往来数千百里。"既已能奔走往来于数千里之间者，则不必更使之于庭除之间而学步趋"，"既已能步趋于庭除之间，择不必更使之扶墙傍壁而学立移步"，"然学起立移步，便是学奔走数千里之基"[1]。王阳明认识到必须从教育对象的实际出发，针对不同年龄阶段的学生，提出不同的具体任务，采用不同的教育方法。

王阳明除了强调应注意学生身心发展的阶段性之外，还强调要注意学生的不同个性特征。他认为："学校之中，惟以成德为事，而才能之异或有长于礼乐，长于政教，长于水土播植者，择就其成德，而因使益精其能于学校之中。"[2] 长于礼乐的，从礼乐方面成就他；长于政教的，从政教方面成就他；至于长于水土播植者，就叫他老老实实地学种地。他说："圣人教人，不是个束缚他通做一般，只如狂者便从狂处成就他，狷者便从狷处成就他。"[3] "狂者"气势猛烈，敢作敢为，就要从勇敢方面去培养他；"狷者"小心拘谨，洁身自好。就要从小心谨慎方面培养他。这就是说，不同的人格类型需要不同的训导方法，教师要根据学生的特殊品性与气质而分别拟定不同的教育方法，进行因材施教。

由此可见，王阳明的这种因材施教的方法确实继承和发展了孔子开创、朱熹总结的因材施教的这一优秀教育传统，它反映了教育的客观规律，有利于教学质量的大幅度提高。它同时又是比较科学的教育方法和原则，符合教育心理学，对于当前我们如何批判地继承和发展我国因材施教的优秀传统，无疑具有重要的借鉴作用。

（六）教学相长

王阳明认为人总是难免会有过失的。"夫过者，自大贤所不免。然不害其卒为大贤者，为其能改也。故不贵于无过，而贵于能改过。"[4] 大贤尚且这样，

---

[1]《传习录中》，《王阳明全集》第 86 页。
[2]《传习录中》，《王阳明全集》第 54 页。
[3]《传习录下》，《王阳明全集》第 104 页。
[4]《教条示龙场诸生》，《王阳明全集》第 974 页。

那么作为一般的教师来说，也就不可能没有过失，没有说错话的时候，只是改了就好。因此，教师有了过错，学生能"谏师"，向教师提出来，指出教师的过失，教师就应当乐于接受。王阳明认为这就是"教学相长"。他在《教条示龙场诸生》中说："凡次我之失者，皆我师也，安可以不乐受而心感之乎？某于道未有所得，其学卤莽耳。谬为诸生相从于此，每终夜以思，恶且未免，况于过乎？人谓事师无犯无隐，而遂谓师无可谏，非也。谏师之道，直不至于犯，而婉不至于隐耳。使吾而是也，因得以明其是；吾而非也，因得以去其非：盖教学相长也。诸生责善，当自吾始。"在这里，王阳明自认为自己也是难免于有过失的，明确指出所谓"师无可谏"的说法是不对的，要求他的学生实行"谏师之道"，并且提出"凡次我之失者，皆我师也"的思想，表示自己愿意虚心向学生学习的态度，"诸生责善，当自吾始"。

由此出发，王阳明反对骄傲自大，责善改过。他说："今人病痛，大段只是傲。千罪百恶，皆从傲上来。傲则自高自是，不肯居下人。故为子而傲，必不能孝；为弟而傲，必不能弟；为臣而傲，必不能忠。"[1] 因此，为克服骄傲自大，朋友之间、师生之间要开展相互批评，责善改过。他说："责善，朋友之道，然须忠告而善道之。悉其忠爱，致其婉曲，使彼闻之而可从，绎之而可改，有所感而无所怒，乃为善耳。若先暴白其过恶，痛毁极诋，使无从容，彼将发其愧耻愤恨之心，虽欲降以相从，而势有所不能，是激之而使为恶矣。故凡评人之短，次发人之阴私，以洁直者，皆不可以言责善。"[2] 在这里，王阳明不仅提出了师生之间、朋友之间要开展"责善"即相互批评，而且还指出了批评者应该注意动机和态度，即这种批评应该是善意的忠告，动机要端正，语言要婉转，态度要友善，要善于引导，使被批评的人听了批评受到感动，心悦诚服地照着去改。如果一上来就极力诋毁，使被批评者无处容身，就会引起他的强烈不满，就根本不会听从，相反更促使他去为恶。至于那种以沽名钓誉为目的而攻击别人隐私的，只是一种恶意的人身攻击，根本不能叫做"责善"了。对于被批评者来说，必须以正确的态度对待别人的批评，这种态度就是"有则改之，无则加勉"[3]。基于这一思想，在师生关系

---

[1] 《书正宪扇》，《王阳明全集》第280页。
[2] 《教条示龙场诸生》，《王阳明全集》第974页。
[3] 《传习录中》，《王阳明全集》第88页。

上，王阳明认为，从学生来说，应该尊敬老师，"学莫擅于亲师"①，"故凡有志之士，必求助于师友。无师长之助者，志之弗立弗求者也。自予始知学，即求师于天下，而莫予诲也。"② 从老师来说，应该"庄敬自恃，外内若一，匪徒威仪。施教之道，在胜己私，孰义孰利，辨析毫厘，……慎独谨微，毋事于言，以身先之。"③ 这就是要求老师庄敬自重，内外若一，并不仅仅在于注意表面上的威仪；施教时，则要求老师"孰义孰利"，分析透彻；同时要求老师能以身作则，以身教为先，真正做到为人师表。

在上述思想指导下，王阳明在教学活动中建立了一种生动活泼、比较平等的师生关系。例如，在一次讲学中，天气很热，王阳明叫学生用扇，学生因恐在师前打扇子不合敬师之礼，王阳明却说："圣人之学，不是这等捆缚苦楚的，不是装做道学的模样。"④ 由于这种比较平等融洽的师生关系，使学生在他面前，不仅可以无拘无束地提出问题，而且，一些学生还愿意把内心最隐蔽的想法告诉他。这种关系，既启发了学生学习的主动性和自觉性，有助于提高学生的独立思维能力，同时也加强了王阳明教学的针对性，提高了教学效果。这样一种关系，不仅没有降低王阳明在学生中的威信，而且使他赢得了更大的尊敬。在明代封建专制主义统治的社会里，王阳明能提出师生平等、相学相长的开明思想，并且身体力行，确实是难能可贵的。这种精神，就是在我们现在的时代，也是值得大力提倡的。

（七）着实躬行

王阳明从"知行合一"论出发，认为知行并进合一，真知必能行，而不行即非真知。所以在教育方法上，非常注重"着实躬行"。他说："古人所以既说一个知，又说一个行者，只为世间有一种人，懵懵懂懂的任意去做，全不解思惟省察，也只是冥行妄作，所以必说个知，方才行得是。又有一种人，茫茫荡荡，悬空去思考，全不肯着实躬行，也只是个揣摩影响，所以必说一个行，方才知得真。"⑤ 他把这个思想运用到教学中，就是主张把"学"与"行"结合起来，认为"学"的过程就是"行"的过程，"学"是"行"的

---

① 《赠陆清伯归省序》，《王阳明全集》第236页。
② 《别三子序》，《王阳明全集》第226页。
③ 《箴一首》，《王阳明全集》第1033页。
④ 《传习录下》，《王阳明全集》第104页。
⑤ 《传习录中》，《王阳明全集》第45页。

题中应有之义。他说:"夫学、问、思、辨、行,皆所以为学,未有学而不行者也。如言学孝,则必服劳奉养,躬行孝道,然后谓之学,岂徒悬空口耳讲说,而遂可谓之学孝乎?学射,则必张弓挟矢,引满中的。学书,则必伸纸执笔,操觚染瀚。尽天下之学,无有不行而可以言学者,则学之始,固已即是行矣。"① 学孝道,必须按照孝道去做孝敬父母的实际行动,然后才称得上在学习孝道;口若悬河地空谈孝道不能称之为学孝道。学射箭、学写字,乃至推而广之学任何事情,都离不开实际行动。从这个意义上来讲,"学"的开始就已是"行"了。他说:"凡谓之行者,只是着实去做这件事。若着实去学问思辨的功夫,则学问思辨亦便是行矣。学是学做这件事,问是问做这件事,思辨是思辨做这件事,则行亦便是学问思辨矣。"② 学是"学做这件事";"做这件事"就是"行",学也就是行。他由此得出一个结论:"是故知不行之不可以为学"③,学习必须着实躬行,离开了着实躬行的原则,就谈不上什么学习。王阳明的这种注重躬行的原则,是符合辩证唯物主义认识论的观点的,因为只有通过实践才能获取知识、检验知识,只有经过勤学苦练的实践才能获得运用知识的能力(技能和技巧),这可以说是教学中的一条带有普遍性的规律。

从上述七个方面,我们可以初步看清王阳明在教育方法上的确有其合理因素。这些合理因素在客观上是符合唯物论和辩证法的,是符合教育方法的客观规律的,因而它是我国教育思想史上的一份珍贵遗产,是值得我们今天认真研究和发扬光大的。

---

① 《传习录中》,《王阳明全集》第45页。
② 《答友人问》,《王阳明全集》第208页。
③ 《传习录中》,《王阳明全集》第45页。

第二章 王阳明"龙场悟道"解秘

王阳明被贬为贵州龙场驿丞后，在贵州生活了近三个年头，并在龙场悟道，使举世闻名的心学诞生于贵州，这是贵州阳明文化圈的缘起。其后他创办龙冈书院，主讲贵州文明书院，为贵州培养了一大批心学弟子，再通过其几代弟子的大力宏扬、发展，从而使贵州阳明文化圈逐渐形成，并影响海内外。

正德三年（1508）37岁的阳明在龙场悟道，这是他学术思想上的一个分水岭。在500年前的这同一时空中，浓缩了阳明悟道境况的三个时段，即前悟道之苦难时、悟道之体悟时和悟后起修之受用时。公元1508年阳明龙场悟道的这三个时段，不仅是阳明个人生命心路历程重大转折性的人生大事，而且也是中国哲学史上最为震撼人心的思想性事件。深入解秘分析这一大事因缘，对我们追溯贵州阳明文化圈的缘起形成，理解阳明心学的思想精髓，启发我们的生命觉悟，具有重大的意义。

一、前悟道之苦难时

谪官龙场，是阳明坎坷人生的最大一次灾难，也是促成他悟入圣人之道的大因缘。在贵州的三个年头里，阳明遍历种种苦难，受到无尽的折磨，但却在贵州悟道成道，创立了自己独特的心学体系。

正德三年（1508）三月，阳明抵达龙场。当即面对五大苦难：一是环境艰险。龙场在今贵阳西北40公里的修文，当时"处于万山丛棘之中，蛇虺魍魉，蛊毒瘴疠，与居夷人鴃舌难语，可通语者，皆中土亡命"[1]。外来之人，水土不服，随时都有生命危险。二是居无定所。阳明来到龙场，并无居所，只好自己在境内小孤山下结草庵居之，阳明在《初至龙场无所止结草庵居之》诗中对此曾描述："草庵不及肩，旅倦体方适。开棘自成篱，土阶漫无级。迎风亦萧疏，漏雨易补缉。灵濑响朝湍，深林凝暮色。群獠环聚讯，语庞意颇

---

[1]《年谱》37岁，《王阳明全集》第1228页，上海古籍出版社1992年版。

质。鹿豕且同游，兹类犹人属。汙樽映瓦豆，尽醉不知夕。缅怀黄唐化，略称芋茨迹。"① 又常至小孤山一岩洞中读《易》，阳明名其洞为"玩易窝"，在其中阳明写有著名的《玩易窝记》。其后阳明又移居龙场境内龙冈山（又名栖霞山）的"东洞"中，改其名为"阳明小洞天"，以此寄托对故乡浙江绍兴会稽山阳明洞的思念之情。"营炊就岩窦，放榻依石垒"，"但恐霜雪凝，云深衣絮薄"。② 洞中深行 4 米，左侧有一个 2 米宽，1.6 米高，2 米长的小石窟，这是阳明栖身的石床。阳明曾有诗句"白云晚忆归岩洞，苍藓春应遍石床"③ 记此事。阳明居无定所，常居于阴湿幽暗的山洞中，其艰难可想而知。三是生活无着。在上述如此恶劣的自然环境中，阳明的生活也没有保障，面对的是一无所有的世界：无米、无菜、无盐、无油、无火、无水……，为维持生计，存活下来，阳明以一介文弱书生亲自去砍柴、挑水、采蕨、摘菜、煮饭、浇园，直至请学于农，种田南山。从阳明《居夷诗》中的"夷俗多火耕，仿习亦颇便。""下田既宜稌，高田亦宜稷。种蔬须土疏，种蓣须土湿。""去草不厌频，耘禾不厌密。""即是参赞功，毋为轻稼穑！""采蕨西山下，扳援陟崔嵬"等诗句④，可以看出他亲身参加了各种生产劳动。四是疾病缠身。环境艰险，居无定所，生活无着，穷途潦倒，使阳明多次旧病复发，加之当地缺医少药，瘴疠侵之于外，忧郁攻之其中，随时都有被疾病夺去生命的可能。阳明在其名文《瘗旅文》中就描写了京城一吏目，携一子一仆，同赴任所，途径龙场，在一昼夜之间便都病死于境内蜈蚣坡下。从阳明的《居夷诗》"卧疴闭空院，忽来故人车。""路僻官卑病益闲，空林惟听鸟间关。地无医药凭书卷，身处蛮夷亦故乡。""野夫病卧成疎懒，书卷长抛旧学荒。""移居正拟投医肆，虚席乃烦避讲堂。" "卧病空山无药石，相传土俗事神巫"等诗句中⑤，亦可看到阳明在龙场一直是疾病缠身，他四处问药，有时无药，只好凭借读书来消除自己的病痛，甚至还想到依靠当地的神巫来医治自己的疾病，人不至绝境，何至于此！五是官吏迫害。先是阳明为救戴铣等言官，上《乞宥言官去权奸以章圣德疏》，被刘瑾矫旨下诏狱，受廷杖四十之刑，一度死而复苏，大难不死。寻贬谪龙场。在赴谪途中，阳明曾被刘瑾的刺客追杀，至

---

① 《王阳明全集》第 694 页。
② 《始得东洞遂改为阳明小洞天三首》，《王阳明全集》第 695 页。
③ 《龙冈漫兴五首》，《王阳明全集》第 703 页。
④ 《王阳明全集》第 695－696 页。
⑤ 《王阳明全集》第 701－704 页。

第二章 王阳明"龙场悟道"解秘

龙场刘瑾对阳明的威胁并未解除。是时都御史王质巡抚贵州,借口王阳明傲视朝廷地方官府,遣人至龙场凌侮阳明,不料却引起当地苗彝诸乡民的公愤,他们把差人围困起来羞辱并痛打之,最后将差人赶出龙场。差人向王质告状,王质大怒,要阳明认错谢罪,阳明不畏强权,拒不谢罪,后赖阳明同乡、时任贵州按察副使的毛科从中调解方罢。阳明在《答毛宪副》书中曾记其事,并大义凛然地表明了自己的态度:

> 差人至龙场凌辱,……龙场诸夷与之争斗,此自诸夷愤愠不平,亦非某之使也。……君子以忠信为利,礼义为福。苟忠信礼义之不存,虽禄之万钟,爵以侯王之贵,君子犹谓之祸与害;如其忠信礼义之所在,虽剖心碎首,君子利而行之,……某之居此,盖瘴疠蛊毒之与处,魑魅魍魉之与游,日有三死焉;然而居之泰然,未尝以动其中者,诚知生死之有命,不以一朝之患而忘其终身之忧也。太府苟欲加害,……则亦瘴疠而已尔,蛊毒而已尔,魑魅魍魉而已尔,吾岂以是而动吾心哉![1]

面对这五大苦难,阳明怎么办?这五大苦难的折磨,超过了一般人所能忍受的限度,而他却能动心忍性,增益其所不能。在龙场这种出生人死的临界境况下,长期困扰阳明心中的生命精神归宿的问题再次空前的大爆发。孟子云:"天将降大任于斯人也,必先苦其心志,劳其筋骨,饿其体肤,空乏其身,行拂乱其所为,所以动心忍性,曾益其所不能。"[2] 德国存在哲学大师雅斯贝尔斯认为,大病、生死是人实存的"临界境况"或"边缘处境",它能促使人突然觉悟,发现日常世俗生活的虚幻和无聊,大病、死亡迫使人们重新检视生命存在的本真价值,寻找人生的终极意义。阳明从京城到龙场,已经在长期的思索和生命的实践中,超越了得失荣辱,惟生死尚未了断。到达龙场面临五大苦难,促使他作出最后的了断。哪里有苦难,哪里就有拯救的力量!哪里有压抑,哪里就有解脱的追求!要向生中活,便向死中求;大死一番而后大活,置诸死地而后生;若要人不死,除非死个人;凤凰涅槃重获新生,艰难困苦玉汝于成等道门中语,孟子的"生于忧患而死于安乐",皆即

---

[1] 《王阳明全集》第 802 页。
[2] 《孟子·告子下》。

此之谓也。阳明后来曾说:"及谪贵州三年,百难备尝,然后能有所见,始信孟氏'生于忧患'之言非欺我也。"①

前悟道时,龙场五大苦难的境遇,使阳明"百难备尝",这为阳明龙场悟道准备了外部条件。可以说阳明龙场悟道,既是他先天条件(生长于三代书香世家,聪明绝伦,12岁即有为圣之志)发展的趋势,又是他早期思想演变的产物(未至龙场前已饱读各家论典,出入儒佛道),更是他处于龙场这个特定环境(五大苦难)中产生的结果,三者缺一不可,而以后者为悟道的契机。

二、悟道之体悟时

面对龙场这种凄凉困苦的境遇,阳明反复设想"圣人处此,更有何道?"阳明门人罗洪先龙场《阳明祠碑记》对此作出了分析:

> 及其摈斥流离,而于万里绝域,荒烟深菁,狸鼯豺虎之区,形影孑立,朝夕惴惴,既无一可骋者,而且疾病之与居,瘴疠之与亲。情迫于中,忘之有不能;势限于外,去之有不可。辗转烦瞀,以需动忍之益,盖吾之一身已非吾有,而又何有于吾身之外。至于是,而后如大梦之醒,强者柔,浮者实,凡平日所挟以自快者,不惟不可以常恃,而实足以增吾之机械,盗吾之聪明。其块然而生,块然而死,与吾独存而未始加损者,则固有之良知也。然则先生之学,出之而愈张,晦之而愈光。鼓舞天下之人至于今日不怠者,非雷霆之震,前日之龙场,其风霾也哉?②

在境遇险恶和死亡逼迫的生命极限体验中,阳明依次采取了最为本真的五大人生态度,即接受、承受、忍受、抗争和超克。首先,阳明必须接受现实。阳明谪居万里绝域,只身面对五大苦难,去之不可,忘之不能,内外交困,百难备尝,只能挺直脊梁,接受苦难,先活下来。其次,阳明必须承受。在五大苦难的生存环境中,阳明承受着肉体的痛苦,内心的煎熬,常常处于彷徨、焦虑、恐慌、绝望之中,时时在生命的紧张里苦苦支撑,以至生命无

---

① 《与王纯甫》,《王阳明全集》第154页。
② 《王阳明全集》第1342页。

法承受之重，不仅经世济民之志成为泡影，而且恬静清静的生活也无从谈起，唯一的就是"吾惟俟命！"第三，阳明必须忍受。五大苦难如魔鬼似的撕裂着他的神经，啃噬着他的意志，使他遭受炼狱般的痛苦却无法解脱，承受惨烈的折磨却无法逃遁，唯一的只能是在其中忍受！在其中挣扎！在其中奋然前行！在其中动心忍性！这无法排解的大痛苦、大困惑，最终促使他大抗争、大觉悟！阳明十年后回忆说："往年区区谪官贵州，横逆之加，无月无有。迄今思之，最是动心忍性、砥砺切磋之地。"[①] 第四，抗争。有了抗争，阳明虽然谪居龙场，日有瘴疠、蛊毒和魑魅魍魉"三死焉"，而"未尝一日之戚戚也"，王质的加害，阳明视之为"三死"而已尔，决心置生死于度外，拒不向权贵屈服，坚持抗争到底，这充分表现了阳明刚正不阿、坚持大义的大无畏精神！阳明的抗争是这样的悲壮，这样无怨无悔，真足以惊天地而泣鬼神！第五，超克。经历了这样的苦难，一切有无、爱憎、善恶、是非、名利、贵贱、得失、荣辱，总之一切的一切，对阳明来说都无所谓了，"盖吾之一身已非吾有，而又何有于吾身之外！"至于是，惟生死一念尚存于心，"而后如大梦之醒"，必须刻期证道，超克生死，使自己的身心不再流浪！

于是阳明"收拾精神，自作主宰"（陆象山语），他抛开一切得失荣辱、生死之念，藐视困难，开始静坐沉思，以求静一。他终日默坐"玩易窝"中，冥思苦想，反复诵读《周易》，"始其未得也，仰而思焉，俯而疑焉，函六合，入无微，茫乎其无所指"，后经思索再三，认识到"精粗一，内外翕，视险若夷，而不知其夷之为厄"的道理[②]，终于悟出"心即理"之道，"格物致知"之旨，这就是震惊中外的"龙场悟道"。《年谱》对阳明龙场悟道作了如下描述：

> 时瑾憾未已，自计得失荣辱皆能超脱，惟生死一念尚觉未化，乃为石椁，自誓曰："吾惟俟命而已！"日夜端居澄默，以求静一，久之，胸中洒洒。而从者皆病，自析薪取水作糜饲之，又恐其怀抑郁，则与歌诗；又不悦，复调越曲，杂以诙笑，始能忘其为疾病夷狄患难也。因念"圣人处此，更有何道？"忽中夜大悟格物致知之旨，寤寐中若有人语之者，不觉呼跃，从者皆惊。始知圣人之道，

---

① 《王阳明全集》第159页。
② 《玩易窝记》，《王阳明全集》第897页。

吾性自足，向之求理於事物者，误也。①

阳明日夜于玩易窝洞中端居澄默，以求静一，这是阳明悟道的最为关键的过程。在中国文化中，所谓"端居"、"澄默"、"静一"就是静坐。静坐就是一种如实体悟而自我觉悟的修行工夫。体悟心体亦即寻求真实的自我以获得自我觉悟，然后即依此真实自我参与历史文化活动，成己成物，自救救人。在世俗日常生活中，人们由于种种计较和私欲，而将本真本善、纯一澄明的心体遮蔽，从而使世界和人生丧失价值和意义，疏离了真实的存在，使人的存在异化为物的存在。为此中国儒佛道三家都不约而同地采用静坐的方法，以寻求人生价值和意义的根本，以促使人找到自我，自我觉悟，从而使人的生命真正成为具有本源的活动和有意义的存在。因而静坐是中国儒佛道三家悟道的共法，即通常道门中修行所说的"趺坐"或"跏趺静坐"。所谓"趺坐"，就是悟道者把两脚背置于两腿股之上的盘坐方法，有圆满安坐之意。道家讲守静、心斋、坐忘，佛教讲禅定、止观，儒家讲静坐，都是讲的这种功夫。

老庄道家强调致虚守静。《老子》十六章云："致虚极，守静笃，万物并作，吾以观其复。夫物芸芸，各复归其根。归根曰静。"意即如果尽量使心虚寂，坚守深厚的清静，万物就都会生长发展，我们观察到它们复归于虚静。最初万物兴盛繁茂，但是最后又各自复归于它们的本根，复归本根就叫做静。这个静是万物生长的本根。《庄子·刻意》云："水之性不杂则清，莫动则平，郁闭而不流，亦不能清，天德之象也。故曰纯粹而不杂，静一而不变，变而无为，动而以天行，此养神之道也。"在庄子那里"静一"即为养神之道，因此他的心斋、坐忘之法都同样是为了达到"静一"。

佛教的"趺坐"即禅定。即梵文"禅那"的音译之略，意为静虑、思惟修；"定"是梵文意译，音译为"三昧"、"三摩地"，意即静心专注一境而不散乱的精神状态。佛门中的小乘和大乘都要修行禅定，具体方法总计不下百种，包括各式各样的止观法门②。

儒家经典《大学》云："知止而后有定，定而后能静，静而后能安，安而后能虑，虑而后能得。"定、静、安既是一种特定的心理状态，也是一种悟道

---

① 《年谱》37 岁，《王阳明全集》第 1228 页。
② 参见王路平《大乘佛学与终极关怀》下篇第四章，巴蜀书社 2001 年版。

工夫。宋代程颐提出静坐，有半日静坐半日读书之说。陆象山弟子杨慈湖常拱坐达旦，有静坐反观之说。明代陈白沙提出静坐见体之说。阳明早年出入佛老，终而归本儒学，对三家静坐之法应相当熟悉，他所采取的工夫应是佛道儒三家的静坐共法，最终归于儒学的静坐体悟。龙场悟道从静坐体悟而来，以至阳明悟道后将静坐体悟作为教门的重要方法。黄宗羲云："自此（龙场悟道）以后，尽去枝叶，一意本原，以默坐澄心为学的。"① 正德五年（1510），阳明过常德、辰州专教人静坐，自云："乃与诸生静坐僧寺，使自悟性体，顾恍恍若有可即者。"② 正德八年（1513），阳明至滁州督马政，"见学者往往口耳异同之辩，无益于得，且教之静坐，一时学者亦若有悟。"③ 后来阳明释《大学》定、静、安云："知至善即吾性，吾性具吾心，吾心乃至善所止之地，则不为向时之纷然外求，而志定矣。定则不扰扰而静，静而不妄动则安，安则一心一意只在此，千思万想，务求必得此至善，是能虑而得矣。"④

阳明在玩易窝洞中，端居趺坐以求静一，体悟到在生死存亡的最危险时刻中，不仅一切贵贱、荣辱、是非、得失、成败等皆可舍之，甚至连生死都可舍之，置生死于度外，而一切舍之所剩下的则唯"吾心"而已，因为吾心良知是舍无可舍、损无可损者，是念兹在兹者，"其块然而生，块然而死，与吾独存而未始加损者，则固有之良知也。"阳明悟此，心灵震憾，激动万分，故"不觉呼跃"。澄心久之就感到胸中"洒洒"。"洒洒"者，内心喜乐，言行洒脱之谓也，佛门中人达到二禅即会有此体验。二禅，有内净、喜、乐、定四种功德，因为它已经断灭了一切生死之念，心无挂碍，心中呈现明净、喜悦、快乐、安定四种状态，非常爽快、自由。阳明的"洒洒"境界，表明他已超克生死一念，面对"居夷"的一切苦难处境都能谈笑处之。于是他又是做歌诗，又是调越曲，又是杂谈笑，竟然"忘其为疾病夷狄患难也"。阳明龙场悟道，在静坐过程中对世界和人生的观察获得重大突破，了悟了心性本体，开辟了自己崭新的人生境界。

阳明龙场所悟之道是什么？这个"道"主要并不是人们通常意义上所说的自然事物的一般规律、法则、条理，而主要是人的道德伦理、道德原则、

---

① 《姚江学案》，《明儒学案》第181页，中华书局1985年版。
② 《年谱》39岁，《王阳明全集》第1230页。
③ 《传习录》下，《王阳明全集》第78页。
④ 《传习录》上，《王阳明全集》第12-39页。

道德意义，它关乎人的终极依据、终极理想和终极意义，一句话即道德的终极关怀。道德的终极关怀，是指存在世界之中的人，他所思所想，所作所为，归根到底是为了什么？有什么意义？什么才是最值得为之终身追求的理想？对这些根本性问题的解答就形成了人生的价值观。一旦树立了人生价值观，就为人遭遇到的生活提供了自由选择的行为指导，为事物的价值判断提供了应然性依据。阳明龙场所悟之道，从直接的内容看，不外是对格物致知之说的重新理解，而其深层的内涵则颇为复杂，主要包括了心外无理、心外无物和致知格物三个内容。

1. 心外无理（心即理）

阳明讲："心即理，天下又有心外之事、心外之理乎？"[1] 因而在阳明那里"心即理"与"心外无理"是一回事。"心即理"之"即"字，乃不离义、相随义，非等同义、等于义。这一命题的含义是心不能离开理，理亦不能离开心，二者是不可分割地统一为一体的。故而天理吾性自足，在自身心性上求之即可，不必求之于外也，这是阳明从本体上立论的。那么，为什么说"心即理"呢？

首先，"心即理"之"理"指的不是自然的物理，而是伦理、道德之理。人区别于动物，不同于万物的根本标志是什么？阳明认为人是一个具有道德理性的存在，而不是一个生物学意义上的存在，不是一个自然的存在。因此阳明认同孟子"无恻隐之心，非人也；无羞恶之心，非人也；无辞让之心，非人也；无是非之心，非人也"[2]"四端"之心的说法，认为："夫心主于身，性具于心，善原于性，孟子之言性善是也。善即吾之性，……实皆吾之心也。心外无物，心外无事，心外无理，心外无义，心外无善。"[3] 人的本质是人的道德性，具有道德理性这是人的天性，因而也是人性的根本，人的道德本性是天赋的，因而它是天理，它不言自明，自然呈现，不需要逻辑的推论和证明，否则即"非人也"。天理内化于人心而构成心的内容，而正是内化之天理，决定了心之本体的至善。因而阳明说："心之本体即是性，性即是理。"[4]"心之本体，原只是个天理"[5] 天理并不是本心的认知对象，而是与本心合一

---

[1] 《传习录》上，《王阳明全集》第2页。
[2] 《孟子·公孙丑上》。
[3] 《王阳明全集》第155页。
[4] 《传习录》上，《王阳明全集》第24页。
[5] 《传习录》上，《王阳明全集》第36页。

的当下即是的存在论意义上的呈现，它决定人的活动，决定人的存在。因此作为伦理之"理"就只能存在于人的心中，即内在于道德主体身上。故云"心即理也"。

其次，"心即理"之"心"是指没有受到私欲遮蔽的纯是天理的心。"良知之体皎如明镜，略无纤翳。妍媸之来，随物见形，而明镜曾无留染。所谓情顺万物而无情也，无所住而生其心。"① 因此人不必向外追求什么，不要求在心中增加什么，而只要求排除和减去外界私欲对本心的干扰和污染，恢复人的本心，就自然可以发现心与理是不可分割地统一在一起的，此心即是仁义之心，仁义之天理即是此心之自发。"天理不是外在的，而是良知本身所自然明觉之而且是自发之者。良知不只是一个光板的镜照之心，而且因其真诚恻怛而是有道德内容者，此即阳明终属儒家而不同于佛老者。"② 故云"心外无理"。

最后，"心即理"是人人都可以成圣的内在根据，是心学工夫论的出发点和归宿点。阳明说："此心同，此理同，苟知用力于此，虽百虑殊途，同归一致。"③ 后来阳明用"良知"说代替了"心即理"说，由此表明人不仅具有道德理性，而且具有道德情感、道德意识。其实，阳明多次讲过："吾良知二字，自龙场以后，便已不出此意，只是点此二字不出。"④ 可知阳明龙场悟道后便已有"良知"的思想。阳明多次说过："良知即是天植灵根，自生生不息。"⑤ 这是人之异于动物、不同于万物的根本点和出发点。"天植灵根"的良知是人性的本质规定，因而人是有道德的存在，有灵觉的存在，而其特点就是"自生生不息"，人因而不断地创造发展自己，使自己的生命与宇宙天地一样大化流行，化育万物，成就生生之仁理，最终成为一个有价值的存在，有意义的存在。故良知呈现的过程就是心即理的过程。故云"理是心之条理"。良知把普遍之天理内化为个体之人心，并不是如康德那样将实践理性或善良意志以抽象理念的形式置入个体意识中，表现为自我之中的他者，而是具体的动态的历史的融合，良知是实有诸己的，是可以经验的，可以体悟的，

---

① 《传习录》中，《王阳明全集》第70页。
② 牟宗三：《从陆象山到刘蕺山》第153页，上海古籍出版社2001年版。
③ 《答甘泉》，《王阳明全集》第173页。
④ 引自钱德洪《刻文录叙说》，《王阳明全集》第1575页。
⑤ 《王阳明全集》第22页。

是当下呈现的，故它不同于康德超验性的实践理性。① 良知与人的真正存在溶为一体，构成了本真的我，"夫吾之所谓真吾者，良知之谓也。"② 其后阳明将良知作为宇宙本体，原因就在于他的本心良知道德本体其实就是价值本体，其本心良知之"天理"其实就是心学的终极价值，是一切价值的最终依据。

阳明既反对朱子判心与理为二，因为心外求理，会走上与道德本心毫不相干的支离之路，又反对遗理专求心，从而走向佛老的空虚寂灭，因而不能治家国天下。故理只在心上求，心是一切价值与意义的究竟源头，阳明在龙场超越日常世俗的功利得失，摆脱一切人事的得失荣辱，直接面对生命的终极实存和终极意义之际，至善的本心良知顿时呈现，阳明当下就获得"心外无理"的自我觉醒，体验到了"圣人之道，吾性自足"，由此消解了吾心与物理判而为二的二元对立。这一道德论和价值论的天理本来就在人心之中，故人人心中皆有天理，因而它是普遍的、先验的，但同时它当下证之本心，即可求得，向外求理即是错将道德天理看成外铄。故阳明说："且如事父，不成去父上求个孝的理，事君不成去君上求个忠的理，交友治民不成去友上民上求个信与仁的理。都只在此心，心即理也。"③ 故先立乎道德本心之大者，则自然发之事父便是孝，发之事君便是忠，发之交友即是信，发之治民即是仁。至于有关道德行为实施过程中的许多知识，也有必要去学习，如尽孝怎样才能使父母舒服之类，但这是次要的，且需置于本心之大者主导之下，例如首先有了孝心，自然会去学习有关知识，阳明称此为"须先有根，然后有树叶"④。

2. 心外无物（心外无事）

在阳明那里，物即事也，即为主体的意向对象，凡主体所发的意向对象，才可称为物，才可称为事，否则不能称为物与事。阳明认为："意之所用，必有其物，物即事也。如意用于事亲，即事亲为一物；意用于治民，即治民为一物；意用于读书，即读书为一物；意用于听讼，即听讼为一物。凡意之所用，无有无物者。有是意即有是物，无是意即无是物矣。物非意之用乎？"⑤ 可见阳明所说之"物"，并不是我们通常所说的不依赖人的意志而转移的客观

---

① 参见杨国荣：《心学之思——王阳明哲学的阐释》第 80－81 页，三联书店 1997 年版。
② 《从吾道人记》，《王阳明全集》第 250 页。
③ 《传习录》上，《王阳明全集》第 2 页。
④ 《传习录》上，《王阳明全集》第 3 页。
⑤ 《传习录》中，《王阳明全集》第 47 页。

之物，也不是康德的不在现象之内的自在之物，而是指与主体意向发用密切相关的"事"。事亲、治民、读书、听讼是作为有意识的人所从事的主体活动。在这种现实的实存活动中，特别是在人的社会道德实践中，没有主体意识的意向性参与，这种实践活动（"事"）是根本无法进行的。故意识的意向性必有其物，不能落空。阳明说："身之主宰便是心，心之所发便是意，意之本体便是知，意之所在便是物。"① 故"心外无物"的根本内涵，即是"意之所在便是物"。依据这一心学思路，人只能在人与世界的存在关系之中来考察世界的意义，而不能在自身存在之外去追问超验的对象。

由此可见，阳明"心外无物"所关注的问题不是客观物质与主观意识何为第一性的关系，而是主体意识在实践活动中的作用。这种形上学与西方哲学传统的认知形上学不同，它是一种实践的形上学，道德的形上学。山河大地、草木花果、君臣父母、兄弟朋友、百姓民众等，无疑是存在于我们的个体意识之外，这是人所共知的常识，阳明对此当然非常清楚。所以他说："夜来天地混沌，形色俱泯，人亦耳目无所睹闻，众窍俱翕，此即良知收敛凝一时。天地既开，庶物露生，人亦耳目有所睹闻，众窍俱辟，此即良知妙用发生时。可见人心与天地一体，故上下与天地同流。"② 天地万物并不因为我的良知本心收敛而不存在，只是处于混沌黑暗、形色俱泯的状态中，"天地混沌，形色俱泯"，非不存在也；等我的良知发生妙用，经过意识的意向性照射，天地万物便都光明开显，成为"为我之物"，对我的生命存在具有意义。同理，深山中的花树自开自落，客观存在，与我心无关，这是常识。但阳明真正关心的是人来"看此花时"，花对主体所具有的意义。在《传习录》中记载了这段著名的例子：

> 先生游南镇，一友指岩中花树问曰："天下无心外之物，如此花树，在深山中自开自落，于我心亦何相关？"先生曰："你未看此花时，此花与汝心同归于寂。你来看此花时，则此花颜色一时明白起来。便知此花不在你的心外。"③

---

① 《传习录》上，《王阳明全集》第6页。
② 《传习录》下，《王阳明全集》第106页。
③ 《传习录》下，《王阳明全集》第107－108页。

显然，在这里的"寂"不同于"无"，"明白"不同于"存在"。花在山中自开自落，无人观赏，便毫无意义。未看此花时，意识的指向作用和意向对象都不可能形成，只能同时处于潜在存在的状态中，即"寂"的状态，这时我们不能说此花不存在，但也不能说此花有什么意义，因为意义只能针对人而言方能成立。来看此花时，一方面，人的意识发生意向性的指向作用，为人的精神世界构造意义；另一方面，此花便成为人的意向性对象，成为"意之所在之物"，由此而使"此花颜色一时明白起来"，成为人的一个意义物。这样，由于意识的意向性，使精神世界（心）与物质世界（物）统而为一，正是在这个意义上，阳明强调"心外无物"，由此也强调了人的主体性在心物关系上的主导作用。阳明常说的"心者，天地万物之主"、"天地无人的良知，亦不可以为天地矣"，强调的就是主体意向在实践活动中的主导作用。因此阳明的"心外无物"的命题，并不是我们通常意义上讲的主观唯心主义。

3. 致知格物

格物致知为《大学》中的核心概念。《大学》与《中庸》原为小戴《礼记》中的两篇，宋儒把它们独立出来，与《论语》、《孟子》的地位相并论，称为四书。《大学》的核心内容是三纲八目，即明明德、亲民、止于至善的三条纲领与格物、致知、诚意、正心、修身、齐家、治国、平天下的八个方法。朱熹在《大学章句》中对"格物致知"的理解是：

> 所谓致知在格物者，言欲致吾之知，在即物而穷其理也。盖人心之灵莫不有知，而天下之物莫不有理。惟于理有未穷，故其知有不尽也。是以《大学》始教，必使学者即凡天下之物，莫不因其已知之理而益穷之，以求至乎其极。至于用力之久，而一旦豁然贯通焉，则众物之表里精粗无不到，而吾心之全体大用无不明矣。[1]

朱子认为，格犹至也，至者，至极也，即穷尽也，格物就是从一事一物中去探求其理，"即物而穷极物理"；致知即达到对事物之理的认知，"致，推极也，知犹识也。推及吾之知识，欲其所知无不尽也。"[2] 格物是致知的方法，穷理是格物的目的。格物是一个渐进的过程，需要今日格一物，明日格一物，

---

[1] 《大学章句》，朱熹《四书章句集注》第10页，岳麓书社2008年版。
[2] 《大学章句》。

最后才可达到"豁然贯通"的顿悟，经过如此由博返约，由外及内的这一过程，才可达到格物与致知、穷理与明心的完全统一，到此境界，才是"格物是物物上穷至其理，致知是吾心无所不知"，① 这样，物与心、心与理才合而为一。

阳明龙场悟道，当即明白，朱子从穷物理达到尽人心，从道问学达到尊德性，不仅是将物与心、心与理剖之为二，有支离之病，而且知识学问与德性涵养之间并没有必然的递进关系，穷物之理不一定必然地转化为尽人之心，阳明龙场悟道之前的官署格竹的失败就说明了这一点。于是阳明对格物致知作出新的解释："及在夷中三年，颇见得此意思，乃知天下之物本无可格者。其格物之功，只在身心上做，决然以圣人为人人可到，便自有担当了。"② 如前所述，在阳明那里，物即事也，而格物之"格"训为"正"，所谓格物即格心中意向指着之事，使不正之事归之于正。要使不正之事归之于正，便要使心之所发之意念（意向）归之于正。只有去掉心中不正之意念，才能使心之意念所发用所意向无有不正，继而才有意之所在之事物无有不正，如意在于视听言动，视听言动为一物，格物工夫就是正其视听言动之意念，故格物者，即格（正）意之所在之事物的意念。正是在这个意义上，阳明讲格物之要在诚意："《大学》工夫即是明明德，明明德只是个诚意，诚意的工夫只是格物致知。若以诚意为主，去用格物致知的工夫，即工夫始有下落，即为善去恶无非是诚意的事。"③ 诚意即为正心中之意念，故格物即是格心，格心即是正心。在阳明看来，心之本体是性，性无不善，故就心之本体来说没有正与不正的问题，正心的工夫是在心之所发动的意念上，心之所发之意念，有善有恶，故必正之，即去人心之不正，以复其本体之正。

意为何有善有恶，是因为意有消极的感物意念和积极的意向意念之分。感物意念是应物而起，被物制约，"凡应物起念处皆谓之意，意则有是有非"。④ 在本体论的意义上，性无不善，而在存在论的意义上，则意表现为有善有恶。应物而起的意念，带有自发性、被动性和偶然性的特点，它因境而生，随物所转，完全为外部对象所左右，缺乏内在的确定性和主动性。人存

---

① 《朱子语类》卷十五。
② 《传习录》下，《王阳明全集》第120页。
③ 《传习录》上，《王阳明全集》第38页。
④ 《答魏师说》，《王阳明全集》第217页。

在于物的世界之中，有生理的和环境的限制，必然被外在环境和习俗所感染："习俗移人如油渍面，虽贤者不免"。① 正是习俗的影响，使人产生习心，难免昏蔽于物欲，迷逐于物而为物化，随物所迁，使人虽同赋有先天的良知善根，但却在现实中仍不免有善恶之分："人生初时，善原是同的。但刚的习于善为刚善，习于恶则为刚恶；柔的习于善则为柔善，习于恶则为柔恶，便日相远了。"② 正因为在经验活动中的感物意念对先验的至善本体有一致与偏离，故而意念有善有恶，"至善者，心之本体。本体上才过当些子，便是恶了。"③ "喜怒哀乐本体自是中和的，才自家着些意思，便过不及，便是私。"④ "才过当些子"和"才自家着些意思"都是后天逐物所造成的，有习俗而有习气，有习气而有习心，有习心而有恶意，此由外而内也；反之由内而外，由本体良知发为积极之意向意念，诚意正事，转物而不被物转，物物而不物于物，则自能为善去恶也。故阳明云："以其主宰之发动而言，则谓之意。"⑤ 心之发动为意，发动得明觉，由本心主宰，则意即是从本心之意；发动得不明觉，则意即是从外物之意，此便不是从本心主宰发动之意。故一切在心性上做文章，在意念与事物发生意向关联的存在境域中做工夫，因而一切为"吾性自足"，于是德性涵养自不用为博学多闻、经籍传注、功名利禄而奔劳，从而避免了由格物理到明人心的艰难过程，直接把理统于心。阳明晚年提出致良知教，从而对格物致知又作出了更为简洁明快的解释：

　　鄙人所谓致知格物者，致吾心之良知者于事事物物也。吾心之良知，即所谓天理也。致吾心良知之天理于事事物物，则事事物物皆得其理矣。致吾心之良知者，致知也；事事物物皆得理者，格物也。⑥

故在阳明看来，致者，至也，为也，表明"致"既有恢复、达到义，也有推行、极限义。简而言之，即达到极致、极限之谓。致知，就是推致心中

---

① 《赣州书示四侄正思等》，《王阳明全集》第987页。
② 《传习录》下，《王阳明全集》第123页。
③ 《传习录》下，《王阳明全集》第79页。
④ 《传习录》上，《王阳明全集》第19页。
⑤ 《答罗整庵少宰书》，《王阳明全集》第77页。
⑥ 《答顾东桥书》，《王阳明全集》第45页。

之良知天理到极至，就是恢复本心良知，使本然之知转化为明觉之知，充拓亏缺，去除障蔽，决而行之；格物，就是吾心循此良知天理发动意念，使意念所指向的事事物物皆得良知之理。从逻辑的递进性上说，阳明肯定了致知的某种先在性或优先性（在实在工夫上，致知是与格物合一的，二者一复一往，一往一复，并无先后可言），故必先致知而后才能格物，这与朱子的先格物而后致知的路径相反。这样，程朱的格物致知（即物穷理）说就被彻底的否定了。阳明《咏良知》诗云："人人自有定盘针，万化根源总在心。却笑从前颠倒见，枝枝叶叶外头寻。"①

龙场悟道后，王阳明自觉得失荣辱、生死之念皆已超脱，他的疑问全部得到解决。接着他以自己的体悟印证于五经，无不契合。之后便提出了他的"知行合一"之说，并奠定"致良知"的理论基础，后来进而形成完整而系统的心学理论体系。

三、悟后起修之受用时

阳明弟子王畿总结师门三种入悟教法云："从知解而得者，谓之解悟，未离言诠；从静中而得者，谓之证悟，犹有待于境；从人事练习而得者，忘言忘境，触处逢源，愈摇荡愈凝寂，始为彻悟。"② 早在弘治十八年（1505）阳明在京师时，求之周敦颐、程颢之学，与湛若水相互切磋，即对心学有所解悟，然仅是从知解而得，"纸上得来终觉浅"（陆游诗）；龙场悟道之体悟时是从静坐中而得证悟，尚离不开当下之境遇；悟后起修，受用心学，事上磨练，触处逢源，方谓之彻悟。对于已经体悟到本心良知的人来说，应该时时"必有事焉"，日日"提撕警觉"，要注意不间断地进行精神修炼和实践工夫，存养良知，扩充良知，发用良知。"天道之运，无一息之或停；吾心之良知之运，亦无一息之或停。良知即天道，谓之亦，则犹二之矣。知良知之运无一息之或停……则知致其良知矣。"③ 在良知的召唤和运作下，阳明就从本体世界进入存在世界，将自然生命、道德生命和文化生命合并归一，通化为一个生命，使他的人生开始具有真正的意义，将他有限的个体生命融入到无限的

---

① 《王阳明全集》第97页。
② 《浙中王门学案二》，《明儒学案》第253页。
③ 《惜阴说》，《王阳明全集》第267页。

社会历史文化价值之中。龙场悟道,不仅使阳明的心学思想有了质的飞跃,而且也使他达到了一种新的人生境界。阳明在此境界中,不异旧时人,只异旧时行履处;高高山顶坐,深深海底行。阳明《玩易窝记》云:

> 其或得之也,沛兮其若决,联兮其若彻,菹淤出焉,精华入焉,若有相者而莫知其所以然。其得而玩之也,优然其休焉,充然其喜焉,油然其春生焉。精粗一,内外翕,视险若夷,而不知其夷之为厄也。于是阳明子抚几而叹曰:"嗟呼!此古之君子所以甘囚奴、亡拘幽,而不知老之将至也夫!吾知所以终吾身矣。①

君子悟道后,则知其所以终其之身,如周文王被囚拘而演《周易》,孔子遭厄运而作《春秋》等,悟道而成道,而不知老之将至。同样,阳明遭遇龙场五大苦难,经过悟道之艰难,终获得道之喜悦,成就了心学的大受用。儒家从孔子时就提倡"为己之学",其学不是为了自己获取功利,而是为了成长自己,充实自己,修养自己,发展自己,完成自己的人格,圆满自己的道德,因而它是生命之学,是身心性命之学,是安身立命之学,是成己成物之学,是体验之学,是意义之学,是受用之学。阳明龙场悟道,标志着阳明已经找到了自己的安身立命之学,找到了自己人生意义的终极关怀,找到了自己的"为己之学",因而他得到了大智慧、大受用。何为受用?受用是身心修养的实证自得,是生命气质的变化,是精神状态的转化,是人生境界的提升,是转识成智。得大智慧而享大受用,阳明从澄明的本体即本心良知而展开发用的人生新境界,是一种艺术人生、快乐人生、自由人生。晚年阳明的《中秋》诗适可说明阳明此时的心境:"吾心自有光明月,千古团圆永无缺。山河大地拥清辉,赏心何必中秋节!"②

阳明龙场悟道后,精神生命得到终极安顿,心中充满光明,万缘都已放下:千江有水千江月,万里无云万里天;朝已悟道,夕死可矣。阳明寻找光明,得到了光明,最终心中充满光明,由此死不足畏、死无所憾、死而瞑目矣!由此知所以终吾身矣!由此至大至刚之气得以养成!由此遇生死而解生死,解生死而了生死,了生死而超生死,超生死而任生死!故其临终"此心

---

① 《王阳明全集》第897页。
② 《王阳明全集》第793页。

光明，亦复何言"之语，盖早出之于龙场悟道之时也。有了龙场悟道的这一大事因缘，以后使他在酬酢万变时能够排除任何困难，当行则行，当止则止；当生则生，当死则死；不勉而中，当下即是；斟酌调停，纵横自在，阳明的人生之舟开始扬帆入海，破浪前行！后人有联赞阳明龙场悟道云："三载栖迟，洞古山深含至乐；一宵觉悟，文经武纬是全才。"（光绪二十八年贵州布政使罗绕典撰于龙场阳明洞王文成公祠正门石柱）悟后起修，受用心学，阳明一扫郁闷阴霾，心情感到轻松自如，这从其《居夷诗》中的"投荒万里入炎州，却喜官卑得自由。""梦魂兼喜无余事，只在耶溪舜水湾。""交游若问居夷事，为说山泉颇自堪。""渐觉形骸逃物外，未妨游乐在天涯。""改课讲题非我事，研几悟道是何人？"① 等诗句即可见之。这时阳明已有预感，他的人生已否极泰来，阴极阳回，他将会出山弘道，并且不久将会离开龙场，这从其《居夷诗》中的"寄语峰头双白鹤，野夫终不久龙场！""阴极阳回知不远，兰芽行见发春尖。"② 等诗句中即可见之。

　　阳明悟后起修，修以证悟，一心开二门，即本体即工夫，即工夫即本体。"即体而言用在体，即用而言体在用，是谓体用一源。"③ 一方面他要置身于社会历史文化的创造活动之中，振人心，砺风气，对人生和宇宙承担责任，完成使命，使万物得其理，万事得其位，这体现了阳明之"仁"，此即本体即工夫也；另一方面，在世上做事功的同时，他又能超越于一切贵贱、荣辱、是非、得失、成败之外，一切尘染皆不足以累其心，情顺万物而无情，应无所住而生其心，极高明而道中庸，不离微近纤曲而盛德存焉。诚如阳明所说："盖吾良知之体，本自聪明睿知，……本无富贵之可慕，本无贫贱之可忧，本无得丧之可欣戚、爱憎之可取舍。……故凡有道之士，其于慕富贵，忧贫贱，欣戚得丧而取舍爱憎也，若洗目中之尘而拔耳中之楔。其于富贵、贫贱、得丧、爱憎之相，值若飘风浮霭之往来变化于太虚，而太虚之体，固常廓然其无碍也。"④ 阳明遭受"百死千难"而龙场悟道，最终觉悟圣人之道吾性自足，其后虽经宁濠之乱，张、许之难而毫不动摇，反而在艰难困苦之际，生死存亡之间，更加体验到自己的本心良知这个本体，从而能主宰万物，不惧

---

① 《王阳明全集》第702－713页。
② 《王阳明全集》第703－707页。
③ 《传习录》上，《王阳明全集》第31页。
④ 《答南元善》，《王阳明全集》第211页。

权势，不为富贵名利、贫贱得失所动，这体现了阳明之"智"，此即工夫即本体也。

阳明悟后起修而落实于事，归位儒者而尽其心，"于是有纪纲政事之设焉，有礼乐教化之施焉，凡以裁成辅相，成己成物，而求尽吾心焉耳。"① 是时阳明未在政位，只能做"礼乐教化之施"，故虽冒天下之非难而遑遑然不忘讲学弘道，以使龙场乡民复归心体之同然。阳明《何陋轩记》云：

> 嗟夫！诸夏之盛，其典章礼乐，历圣修而传之，夷不能有也，则谓之陋固宜。于后蔑道德而专法令，搜抉钩繁之术穷，而狡匿谲诈无所不至，浑朴尽矣。夷之民方若未琢之璞，未绳之木，虽粗砺顽梗，而椎斧尚有施也，安可以陋之？斯孔子所谓欲居也欤？虽然，典章文物则亦胡可以无讲！今夷之俗，崇巫而事鬼，渎礼而任情，不中不节，卒未免于陋之名，则亦不讲于是耳。然此无损于其质也。诚有君子而居焉，其化之也盖易。②

阳明"居夷"三年，龙场少数民族在食、住、行等方面给予他无私的援助，他们内心的朴实善良和嫉恶如仇的耿直性格，给阳明留下深刻印象。龙场"夷民"这种淳朴善良的民风，与朝中士大夫那种尔虞我诈、勾心斗角的恶习相比，形成了鲜明的对照。正因为龙场"夷民"有此"淳庞质素"，所以如果对他们施以教化，"其化之也盖易"。后来阳明回忆说："吾始居龙场，乡民言语不通，所可与言者乃中土亡命之流耳。与之言知行之说，莫不忻忻有入。久之，并夷人亦翕然相向。及出与士大夫言，则纷纷同异，反多扞格不入。何也？意见先入也。"③ 中原士大夫有很多先入为主的"意见"、成见、思想观念，反而遮蔽了他们的良知，而黔中龙场乡民之心并无乱七八糟、先入为主的"意见"，反而容易教化，能得到心学真谛。基于以上观点，阳明对龙场少数民族抱以亲善友好、诱导教化的态度，并不因来自"上国"（京城）而自以为是，也不因身为朝廷命官而傲视龙场乡民，更不因是大汉民族而轻视黔中少数民族，相反，他与龙场苗、彝诸少数民族朝夕相处而不以为陋。

---

① 《重修山阴县学记》，《全王阳明集》第257页。
② 《王阳明全集》第891页。
③ 引自钱德洪《刻文录叙说》，《王阳明全集》第1574－1575页。

阳明500年前的这一观点对于当时贵州少数民族群众解放思想，使之认识自己的力量，发扬人的主体精神，的确是起到了巨大的鼓动和催化作用。

果然阳明弘道的因缘很快就来到了。为报答当地苗彝乡民对他生活上的帮助和照顾，阳明在龙场创建龙冈书院，不知疲倦地"讲学化夷"，深得当地"夷民"及诸生的敬服，一时各地士类感慕者云集听讲，苗彝乡民环聚而观如堵，遂使落后闭塞的龙场书声朗朗，礼仪顿开，成为士人诸生向往的儒学圣地。阳明龙场讲学，声名大振。贵州按察司宪副兼提学副使毛科书请阳明至府城贵阳讲学，他以病婉辞。正德四年（1509）四月，毛科致仕归里，席书调任贵州提学副使，再次恳请阳明出山来贵阳文明书院讲学。阳明见席书敦请恳切，乃欣然应聘，于正德四年暮春来到贵阳，主讲于文明书院，首倡"知行合一"之说，"诸生环而观听者以数百，自是贵人士始知有心性之学。"[①] 孟子云："夫君子所过者化，所存者神，上下与天地同流。"[②] 圣人所经过的地方无人不教化，心所主处，神妙莫测，其功德可与天地之化共同运行，此是圣人的功业与境界，此语正可誉之于阳明黔中弘道也。

纵观阳明龙场悟道之三时，可以清楚地看到，前悟道之苦难时，是阳明悟道的外部条件；悟道之体悟时，是阳明悟道的关键时段，此时他的思想发生了质的飞跃，因而在龙场悟道之三时中，占有举足轻重的地位；悟后起修之受用时，则既是阳明悟道后的结果，又是阳明弘道的开始。总而言之，前悟道之苦难时、悟道之体悟时和悟后起修之受用时这三个时段既相互区别，又相互联系，由此构成了阳明龙场悟道全部完整的过程。

四、王阳明"龙场悟道"的人生启示

公元1508年（明正德三年），在中国边远偏僻的贵州龙场驿，发生了中国思想文化史上的一件重大事件：龙场悟道。这标志着阳明心学的诞生，自此阳明心学从政治文化边缘的贵州走向全国，走向东亚，走向世界，为中国儒家文化注入了新的内在活力。今天，王阳明"龙场悟道"对我们还有意义吗？我认为，500年来，阳明心学不仅对贵州、对中国乃至对东亚和全世界都产生了重大影响，而且作为一种思想文化资源，未来仍将对人类社会发挥积

[①] 道光《贵阳府志》卷五十六。
[②] 《孟子·尽心上》。

极作用，特别是阳明龙场悟道所焕发出来的大智大勇精神，对我们寻求生命意义的现代人来说，仍然具有深刻的启示，值得我们去学习、去弘扬。

1. 良知是人类最后的希望：人间正道"致良知"

阳明弟子王龙溪说其师："居夷三载，动忍增益，始超然有悟于良知之旨。"① 阳明"龙场悟道"所体悟到的"良知"，不但解决了他本人个体生命的人生意义和生命存在的生死危机，而且开出了儒佛道三教兼容的心学一脉。政统之不正，正是由于道统之失传，人间之正道只能从天下之大本开出，而天下之大本即存在于人人心中所固有的良知，故"致良知"为道统的根本，"致良知"为圣人经世致用的源头活水。阳明认为，良知是人之本心，是人之所以为人的本体论存在根据，人人心中皆具有良知，自圣人以至凡人，自一人之心以达四海之远，自千古之前至于万代之后，无有不同。所以良知既是人心之大本，也是天下之大本。以良知为本体的大机大用，成己成物使我们的生命获得自由，使我们的人生本真存在，使我们的世界充满光明。而当今社会，人心之良知被物欲遮蔽，心灵无法得到安顿，精神不能得到提升，功利主义至上，假冒伪劣横行，人性的扭曲、变态、癫狂已是普遍的社会现象。当代人类所面临的最大危机，实际上既不是社会的经济危机，也不是社会的政治危机，而是人心的危机，信仰的危机。例如婴儿奶粉里添加了三聚氰胺，咸鸭蛋里添加了苏丹红，等等，这些层出不穷的食品安全问题，表面看是监管制度出了问题，其实这是人心出了问题，这是良知缺失！良知泯灭！当今社会，物欲遮蔽了人们的良知，功利污染了人们的心灵，以至于人们道德沦丧，良知泯灭，干出了这些伤天害理的罪大恶极之事！因而，今天我们要解决的问题，就不仅仅是监管制度缺失的问题，而更重要的是要重新找回被我们丢弃的良知。当今世界，人类如何走出困难，敢问路在何方？答曰：良知是人类最后的希望，是我们的信心和力量所在，致良知是拯救人类社会的康庄大道！每个人的良知时常会呈现在日常生活中，决无一人一生永远不呈现其良知，除非他死亡。因而作为人类人性光辉的良知是真实的存在于人们的心中，并会真实的呈现出来。我们相信，人人心中的良知终会冲破物欲的遮蔽，清除功利的污染，朗现出它的光芒，不仅照亮自己，而且照亮世界，由之使我们的社会变得和谐，使我们的世界变得美好！

---

① 《刻阳明先生年谱序》，《王阳明全集》第 1360 页。

2. 榜样的力量是无穷的：厄运和苦难压不倒英雄豪杰

阳明在龙场面临五大苦难，陷入无所依傍的深渊，彻底孤独，空前焦虑，而龙场不相信眼泪！在天地之间，除自己这颗本心，还有什么是最后的依据？在深悲大戚之中，他能不屈不挠地坚持下来，靠的是什么？靠的就是"心之力"，靠的就是那一股敢于承担的伟人精神，靠的就是一不怕苦二不怕死的英雄气概。阳明心学的最大智慧，就是能化一切不利因素为有利因素，能在逆境中生存发展：君子友我，小人资我，艰难困苦玉成我，我大死一番而后大活，我置诸死地而后生，即使在荒无人烟的地方，我的生命种子也能生根、发芽、开花、结果。在非洲的戈壁滩上，这种地方根本不适合花的生长，但是有一种叫依米的小花，花呈四瓣，每一瓣自成一种颜色：红、白、黄、蓝。它的根深入地底深处，通常它要花费5年时间来完成根的穿插工作，然后一点一点地积蓄养份，一节一节地顽强生长，在第6年春天，它才能开出美丽夺目的四色花朵，用6年的时间来换取一次美丽、一次辉煌。阳明身处逆境反能心顺，成就了一番伟大事业。林则徐曾要求其家族人学习王阳明这种在逆境中以成大器的敢于担当的大丈夫气概，他有诗云："海到无边天作岸，山登绝顶我为峰。"任何艰难困苦对于志在成圣成贤的英雄豪杰来说，无非都只是培训进修的功课。对阳明来说，有龙场苦难这碗酒垫底，以后什么样的人生苦难都足以应付，可以"随处风波只宴然"[①] 了。

3. 先立乎其大者：高举理想主义大旗

孟子说："先立乎其大者，则其小者不能夺也。"[②] 即先确立本心、自存本心，则其他无关此宏旨的名闻利养都不足以夺其志。当今社会，是知识经济的时代，故今日之商场并非你死我活之战场，大家都想"人文环保"和"双赢互惠"。知识经济不仅包括我们的思维理念、知识结构、信息资源，而且包括我们的价值观念、道德理想、人生情趣。有人性才有人心，有人心才有人才，有人才有创新，有创新才能引导世界新潮流。世界上的事情都是人做的，故人心之志向遂成为事情成败之关键，没有内在志向的人是不可能获得真正成功的。

王阳明12岁就问读书是为了什么？老师说是为了科举考上进士，他却说这不是第一等事，第一等事是学成圣人。他经过25年的冥思苦想而终于龙场

---

① 《赠刘侍御二首》，《王阳明全集》第712页。

② 《孟子·告子上》。

悟道。王阳明12岁就立志要成圣成贤，而不走读书人"学成文武艺，卖予帝王家"的老路。什么叫做成圣成贤呢？这是儒家的理想人格，圣贤的人生理想就是："为天地立心，为生民立命，为往圣继绝学，为万世开太平。"（张载语）以后阳明一生的大事业都发端于其12岁惊天动地的这一问！贯穿阳明心学体系的基本红线，就是这个"生命意识"。苏格拉底说过，未经思考的人生是不值得过的。有志向的人都不愿意人生白活一场，不愿意乱七八糟的活，稀里糊涂的死。王阳明什么都能容忍，就是不能容忍自己平庸的生、平庸的死。故阳明说："志不立，天下无可成之事。"① 又说："人惟患无志，不患无功。"② 我们如欲将自己的生命渗入人类的史籍中去，则当我们站在千万事功之歧路的总枢纽当中，决定自己脚步之时，便要打定主意，选择最适于我们生命之发展的人生旅途。阳明的成功，启示我们，一个人心中必须树立一个远大志向而朝夕向往之，圣贤人人可做，故秉赋平凡者，大可不必自卑，只要自己能站稳脚跟，首先有一个理想追求，志向一定，不迁不易，百折不回，一往无前，全力赴之，按照自己的目标，抱"一息尚存，此志不容稍懈"之精神，埋头做去，自有可成。故阳明的先立乎其大者，高举理想主义大旗，以良知统摄知行，体立用行，就是以四两拨千斤，以简驭繁，执一统万，如木之有根，水之有源。如果立得正志，具有理想，听从内在良知的声音，就不会被日常生活中的琐事以及名闻利养夺其志，相反在日常生活中的"洒扫应对，便是精意入神也"③。

4. 自由选择：环境的不可选择性与行为的可选择性

阳明认为我们的"心"永远都是最能动的，最生生不息的，是我们走出困境的唯一依靠和力量源泉。在既定的环境中，我们却可以自由选择不断地行动、创造，使我们的行为获得新的意义，从而达到不仅改变我们自己，而且最终改变我们周围的世界。500年前，阳明谪官到龙场面临五大苦难：一是环境艰险，二是居无定所，三是生活无着，四是疾病缠身，五是官吏迫害。这是他所处环境的不可选择性，也无法逃避。但阳明同样采取了五大态度和行动，证明了行为的可选择性：一是接受，二是承受，三是忍受，四是抗争，五是超克。最终取得了震惊中外的"龙场悟道"的伟大成果。

---

① 《教条示龙场诸生》，《王阳明全集》第974页。
② 黄绾：《阳明先生行状》，《王阳明全集》第1409页。
③ 《与辰中诸生》，《王阳明全集》第144页。

在王质事件中，差人诬告阳明不服从当地政府管教，还聚众闹事，面对这种不可选择的环境，阳明的自由选择是：一、致书当局，澄清真相；二、讲明不能谢罪的大道理；三、为捍卫君子之道，视死如归，不动于心。这种有理、有利、有节的行为，终于使他又一次化险为夷，遇难呈祥。这也是王阳明情能尽性、用能得体、道术一体的心学运用。

再比如，龙场处于万山丛中，周围"夷民"没有文化，不通中原语言，这是阳明谪官龙场不能选择的环境。一般人如果被流放到这样的环境中，没有文化交流，没有情感互动，可能会郁闷而死。但是阳明的自由选择是创办龙冈书院，传播儒家文化。结果自己有了很多学生，有了文化交流的平台，有了寓教于乐的情趣，同时也使封闭落后的龙场成为闻名四方的王学圣地。光绪年间日本国东宫侍讲文学博士三岛毅有诗赞云："忆昔阳明讲学堂，震天动地活机藏。龙冈山上一轮月，仰见良知千古光。"由此可见，阳明的英雄主义魅力，就在于在不可选择的环境中自由选择自己的态度和行为，从我做起，从现在做起，从身边事做起，从小事做起。人通过自己的行动成就自己，通过自己的选择创造自己。

5. 舍得一切的大无畏精神：凤凰涅槃获新生

所谓舍得一切而后才能得到一切。在阳明那里是经过一层层的舍，直至舍无可舍、退无可退的生死之地才出现了奇迹：凤凰涅槃重获新生。阳明冒死上疏营救言官，舍掉了畏惧心，舍掉了名利心；被廷杖四十，死而复苏，舍掉了荣辱心，舍掉了得失心；打入死牢，在高墙之内舍掉了贵贱心，舍掉了有无心；贬官龙场，被刺客追杀，钱塘江投水死里逃生，赴谪途中险象环生，舍掉了畏死心，舍掉了退缩心。在龙场，面对五大苦难的深渊境遇，他最终舍掉了生死心，因为在这之前他的死亡是偶然的，而在龙场"横逆之加，无月无有"，一日而有"三死"焉，故其之死亡几乎是必然的，活着几乎是在等死。于是他"唯俟命而已！"由此他打通了生死观，生死两忘，生不足喜，死不足悲。如如不动的心体是"蓬苦不戚，得乐不欣"。凤凰涅槃反获新生，艰难困苦反玉成于我。由此他焕发出舍得一切的大无畏精神，有了这种精神，阳明不再患得患失，一切艰难困苦都能坦然面对，欣然接受，并且能在苦中作乐，寻找意义。阳明在《瘗旅文》中说："历瘴毒而苟能自全，以吾未尝一日之戚戚也。"对苦难厄运，阳明曾这样说："蹇以反身，困以遂志。今日患难，正阁下受用处也。"① 坎坷不幸的厄运，正是修炼自身道德的好时机；艰难困苦的环境，正是成就圣贤品格的好地方。

6. 悟道行道：开启人生之路，塑造理想人格

儒学认为，人生的价值在于悟道行道，故孔子有云："朝闻道，夕死可矣。"阳明亦作如是观。所谓悟道，就是找到了本源，找到了正路，洞见了心物之间的根本关系，看透了人生的内在本质和全部过程。只有悟道，我们才能找到安身立命之学，找到人生意义的终极关怀，找到自己的为己之学，由此才能得到大智慧、大受用，才能变化我们的气质，转化我们的精神，提升我们的境界；只有悟道才能开启我们的人生之路，才能塑造我们的理想人格；只有悟道才能使我们内心敞亮，心体澄明，具有圣人气象，才能医大病，解大难，谋大事，成大道。可见"能通于道，则一通百通"，能悟道的人才是一个真正的人。

阳明在龙场，龙场的山山水水，陶冶了阳明的情操，调整了他的心态："山泉足游憩，鹿麋能友予。"② 龙场淳朴善良的苗彝乡民慰藉了他的心灵创伤，激发了他的哲学思考和悟道灵感。他收拾精神，庄严静坐，心游万仞，神骛八极。在中国文化中，悟道的重要方式是静坐。一般来说，佛老的静坐为大家所知，而儒家的静坐却少有与闻。其实儒家也讲静坐，孟子有"收其放心"，即把我们放逐之心，即求名求利之心收回来，找回心无亏欠的沛然状态。如此才能体用一原、动静一如，否则便是体用分离、知行不一。《大学》云："知止而后有定，定而后能静，静而后能安，安而后能虑，虑而后能得。"周濂溪《通书》中说："寂然不动者，诚也；感而遂通者，神也；动而未形，有无之间者，几也。"只有寂然不动，默坐澄心，才能找到我们的本来面目，终极意义之本来面目的心体找到，就会不欺自心，这就是诚；静而生动，感而遂通天下万物，天下万物皆得其理，这就是神，这就是静虚动直，静虚则明，动直则公。反之凡是不能从心体而发之言行，皆是自私自利的伪言伪行。静坐能增加定力，顶住诱惑，开启智慧。濂溪之后的程颐也提出半日静坐半日读书之说。阳明上接孟、周、程一派的静坐体悟之法，目的就在于自明心体，以正念克服杂念，而不是通常民间意义上的打坐，只是玩弄光景，搞形式主义。

---

① 《赠刘侍御二首》，《王阳明全集》第712页。
② 《赠黄太守澍》，《王阳明全集》第701页。

悟道之后以行道，你就能获得新的人生，即把自觉地改造自己与自觉地改造社会结合起来，使之一体化，生命由此创新成长，生生不息，每一天都不白活，每一刻都有意义，内而独善其身，外而兼济天下，既可上九天揽月，又可下五洋捉鳖。并且善于在毫无意义的世界中找出意义，为自己的生命存在找出理由，从而创造自己的世界，创造自己的人生，此即谓之行道。如阳明在龙场把乡人给他建的一个简陋房子，取名为"阿陋轩"，并写下《阿陋轩记》，就是用孔子"君子居之，阿陋之有"的典故，意即用孔子之道去教化百姓。这就是从一个具体而微小的事情中找到君子在朝美政在野美俗的宏大意义。再比如阳明在阿陋轩之前，又营构了一个小亭子，四周种上竹子，名之曰"君子亭"。松、竹、梅是象征君子之风的"三友"，阳明用竹子来象征自己的理想人格。为此他又写下《君子亭记》，认为竹子有君子之德、操、时、容四种品格：中虚而静、通而有间是为德；外节而直、遇难不慑是为操；在朝应时而出、在野遇伏而隐是为时（时中，任何时候都恰到好处）；挺拔独立、不屈不挠、意态闲闲是为容。

天下事虽千变万化，但人的反应总不外乎喜怒哀乐这四种心态，练出好的心态就是从我心做起，历事炼心，事上磨炼，智慧并且快乐着，这是阳明心学教给我们的生活，生活的质量在于我们的心境。

7. 尽人事而待天命：忍耐必有希望，坚持就是胜利

龙场五大苦难的境遇，使阳明"百难备尝"，不再怨天尤人，不再忧心忡忡，乃是尽人事而待天命：首先，他必须接受现实；其次他必须承受苦难；再次他必须忍受痛苦；而后他必须奋起抗争；最后他必须刻期证道，超越生死。这其中最艰难的就是受忍痛苦。五大苦难如魔鬼似的撕裂着他的神经，啃噬着他的意志，使他遭受炼狱般的痛苦却无法解脱，承受惨烈的折磨却无法逃遁，唯一的只能是在其中忍受！在其中挣扎！在其中奋然前行！在其中动心忍性！最不好的结果就是死在龙场，所以他连石椁都做好了，"吾惟俟命而已！"阳明深知忍耐就有希望，坚持就是胜利。栋梁之材必出于幽谷，经历风雨才能见彩虹。其实这种尽人事而待天命的思想是孔子"知其不可而为之"精神的沿继。没有粮食，他自己种；没有房子，他住山洞；疾病缠身、瘴疠蛊毒，他泰然处之；没有资料，他却凭记忆写了《五经臆说》；龙场没有文化，他却创建了龙冈书院。他知其不可而为之，坚持就是胜利，他坚信他的人生一定会否极泰来，阴极阳回，并且不久他将会离开龙场，这从其《居夷诗》中的"寄语峰头双白鹤，野夫终不久龙场！""阴极阳回知不远，兰芽行

见发春尖"① 等诗句中即可见之。人就是这样，只有要希望，哪怕是一点点希望，一切都可以忍受，因为希望给人以信心，希望给人以勇气，希望给人以力量。曾几何时，阳明的抗争是那样的悲壮，他的努力是那样的绝望，他的行为是那样的无奈，但是他还是在坚持！一直坚持！怀着哪怕只有百分之一的希望，他也要以百分之百的努力去行动！行动！再行动！法国 17 世纪思想家帕斯卡尔说，人是世界上最脆弱的一颗芦苇草，但又是最强大的，因为人有思想智慧。阳明心学从某种意义上说，就是一种希望哲学、行动哲学，是阳明经过百死千难而锤炼出来的自救救人的智慧学。

总之，王阳明龙场悟道的经历，就是一个人如何从困境中崛起的历程，也是一个人如何"致良知"的过程。从王阳明身上，我们能感悟的东西很多很多，如果我们不知道如何去"致良知"，如何去自我完善，如何去修炼自己的内心，读一读王阳明，并到王学圣地龙场（今修文）的阳明洞、玩易窝去体验一下，是会有很大启示的。

---

① 《王阳明全集》第 703－707 页。

第三章　王阳明在贵阳的"知行合一"说

王阳明在贵阳提出的"知行合一"说，与在龙场提出的"心即理"、"心外无物"、"致知格物"一起构成了阳明心学体系的主要内容，因而"知行合一"说的提出，标志着阳明心学体系的诞生。王阳明的"知行合一"说在中国哲学史上独树一帜，影响深远，占有十分突出的地位。过去我国哲学史界多有将阳明的"知行合一"学说作为一种认识论去评析，因而多首肯王夫之对阳明"知行合一"说的批评："以知为行"，"销行以归知"。① 而事实上阳明的"知行合一"说主要是为了解决道德伦理问题，其宗旨是为了纠正人们在道德伦理上"知而不行"的偏向，因而阳明"知行合一"说主要是为了建立他的道德伦理学说的，其"知行合一"说的出发点和归宿点都是道德论而非知识论的，都是价值论而非认识论的。如果仅仅从传统认识论的角度去解析，难免方枘圆凿，两不相接，终不能明其底蕴。因此，如何正确分析和评价"知行合一"说，以及它对我们现代有何意义，这个问题的确是我国哲学史研究中的一个重要课题，值得我们进一步探讨。

一、"知行合一"说的思想渊源

在哲学路线上，阳明心学是直接承袭陆九渊的，但陆九渊并没有提出过"知行合一"的思想。因此，在知行问题上，阳明不是渊源于陆九渊。相反，它倒和程朱学派有一定的渊源关系。程朱学派在知行问题上是"知先行后"说，而王阳明的"知行合一"说恰是针对程朱立论的。他的"知行合一"说是程朱"知先行后"说的扬弃，从前者向后者的转化有其思想上的必然联系：一方面是从儒家理学向儒家心学的转化；另一方面阳明的"知行合一"说又是作为程朱的"知先行后"说的对立物而产生的，它是对后者的否定。

程朱理学，在知行观上，是重知轻行，知先行后，这是他们的基本观点

---

① 王夫之《尚书引义》卷三《说命中二》。

和大前提。但在具体论述上，程朱都在不同程度上肯定了知行不能截然分开，知行是统一的。

程颐认为，行是依赖于知的，行总是和知联系在一起的。他以知为本，行次之，反对离开知来谈行，强调只要有知，自然就会见诸于行，不知不能行。他说："知而不能行，只是知得浅。"① 这就是说知而不能行，只是未真知。由此可见程颐在强调："知先行后"的前提下，也主张把知与行统一起来，这实际上已发"知行合一"之端。

朱熹是"知先行后"说的最积极的推行者，也是这一学说的集大成者。但在具体讲到知行关系时，他却说："知行常相须，如目无足不行，足无目不见。"② 这就是说，朱熹也认为，知同行是分不开的。

阳明所处的时代，正是程朱理学在思想上、政治上占绝对统治的时代，因此，阳明对程朱在知行问题上的上述看法是熟悉的，他的"知行合一"正是在吸收发展了这些思想的基础上提出的。从程朱的"知先行后"说到阳明的"知行合一"说，中间并没有一条绝对不可逾越的鸿沟。

第一，"知行合一"说是对"知先行后"说的剔除。程朱理学从"理"出发，导致了知行关系的脱节。程颐说："须是知了，方行得。若不致知，……怎生得行？勉强行者，安能持久？"③ 可见，在程颐的心目中，知是主，行为次；知在先，行在后；知为因，行为果。这种知行观为以后的朱熹所承接并加以发展和完备。朱子认为，只有先明理，然后才能行事，"义理不明，如何践履？"④ 由此他说："夫泛论知行之理，而就一事中以观之，则知之为先，行之为后，无可疑者。"⑤ 不论是程颐或朱熹，都认为知决定行，行从属于知，知先行后，把知行割裂，分作两截。阳明抓住了程朱的错误，奋力疾攻，他的"知行合一"说正面靶子就是"知先行后"论。他说："知行合一之说，专为近世学者分知行为两事，必欲先用知之之功而后行，遂致终身不行，故不得已而为此补偏救弊之言。"⑥ 他抨击"知先行后"是一种"偏说"，通过对之不断地指斥，阳明把程朱之偏剔除了。

---

① 《二程遗书》卷十五。
② 《朱子语类》卷九。
③ 《二程遗书》卷十八。
④ 《朱子语类》卷九。
⑤ 《朱子文集》卷四二《答吴晦叔》。
⑥ 《答周冲书五通》，《王阳明全集》第1207页。

第二，"知行合一"说是对程朱知行观的吸取。阳明的"知行合一"说在对程朱的"知先行后"论的剔除中，改造了这一学说，对它的某些内容加以继承。程朱的知行观并非绝对的割裂知和行的关系，在具体论述上，程朱都程度不同地肯定了知和行的联系。程颐说："人谓要力行，亦只是浅近语。人既有知见，岂有不能行？"① 朱子说得更明确："方其知之而行未及之，则知尚浅。既亲历其域，则知之益明，非前日之意味。"② 将程朱这些话概括起来无非是说：（一）不知不能行，知是行的根据；（二）能知就能行，行是知的体现；（三）行重于知，知而不行只是未知。

总之，程朱认为知和行不仅有先后之分，而且有相互依赖的一面。正是这后一面，阳明把它加以吸取，继承过来，并将其发挥得更明确具体、更全面系统，从而构筑成他的"知行合一"说。显然，阳明的"知行合一"说乃是对程朱知行观的改造，改造中有剔除，也有吸取；有继承，也有创新。

二、"知行合一"说的理论基础

阳明明确提出，"知行合一"说的理论基础是"心即理"。换言之，"心即理"是他的"知行合一"说的本体论根据。阳明指出朱子将知行分为两事，是根源于他"析心与理为二"的思想。将心与理分而为二，在外界的事物上求理，则理与心割裂，就与作为主体的人没有直接联系，自然不要求主体的人立即行动，将知与行也就分离为二了。所以他说："外心以求理，此知行之所以二也。求理于吾心，此圣门知行合一之教，吾子又何疑乎！"③ 阳明分析了朱子"知先行后"的本体论根据是以"心理为二"，而他的"知行合一"的本体论根据则是以"心理为一"，即"心即理。"所谓"心即理"是说"心"与"理"合而为一，不可分离。"理"是"心"之理，在"心"之中，而"心"则包含万"理"，与"理"不离，无"心"之理与无"理"之心都是不可思议的。"心"与"理"无分内外，浑然一体，那么，在现实生活中心与理又怎么会分裂为二呢？

阳明所谓的"心"，是指没有受私欲遮蔽的心，谓之本心，阳明所谓的

---

① 《二程遗书》卷十七。
② 《朱子语类》卷九。
③ 《传习录》中，《王阳明全集》第43页。

"理",是指具有先验性和普遍性的道德伦理,谓之天理,人在本然存在的意义上是本心与天理不可分割的,心与理是一而二、二而一的,心的本体就是天理,所以阳明说:"心之体,性也,性即理也。"① 本心的显现也就是天理的发用,发用在事父上便是孝,发用在事君上便是忠,发用在交友治民上便是信与仁。然而在现实生活中人们的心往往受私欲的遮蔽,这就隔断人心天理的自然显现,就会失去心即理之本体。受私欲遮蔽的心是不会表现出道德意志、发而为道德行为的。于是就需要人们的修养功夫,只要排除和减去外界对本心的干扰和污染,消灭了一已的私欲,恢复人的本心,就可发现原来心与理不可分割、浑然一体,心即是理,心外无理。正是由于本心与天理是不可分割、浑然一体的,人的本心才是无善无恶的,或者说是至善的,故阳明才说"无善无恶心之体"②,"至善者,心之本体。"③ 心的无善无恶,即指它超越善恶,因为相对的善恶不能说明本体之心,故只能用超越善恶的绝对"至善"来说明。当本心显现发用时,自然"廓然而大公,物来而顺应",非莫天理之至善。后来阳明将此本心称之为良知。他说:"不思善不思恶时认本来面目,此佛氏为未识本来面目者设此方便。本来面目,即吾圣门所谓良知。"④ 人只要自存本心,任何妄念都能扫除;只要进行照察,任何昏塞都会消失。因而人经过修养功夫,回归到本心天理的本来状态,自然会使本心显现发用,自然会把天理贯之于万事万物之中,自然会以天地万物为一体,自然会视天下如一家、中国犹一人。

阳明的"知行合一"说正是在"心即理"的基础上构置起来的。他认为知行是无分内外,不可分离,并把这一性质规定为知行的本体。他说:"知行工夫,本不可离,只为后世学者分作两截用功,失却知行本体,故有合一并进之说。"⑤ 这就是说,知行尽管可以分为两个方面去说,但不能"分作两截"去做,知不离行,行不离知,两者互为表里,不可分离,如果把知行看作是两个,那就是"私意隔断",失却了"知行本体",不是陷入"冥行妄作",就是溺入"揣摩影响",都是有违圣教的大"病痛"。阳明肯定知行的统一,把知行说成是不可分离的"一个工夫"。

---

① 《传习录》中,《王阳明全集》第42页。
② 《传习录》下,《王阳明全集》第117页。
③ 《传习录》下,《王阳明全集》第197页。
④ 《传习录》中,《王阳明全集》第67页。
⑤ 《传习录》中,《王阳明全集》第42页。

第三章 王阳明在贵阳的"知行合一"说

阳明"知行合一"说的立论根基,是"心即理"的"心"本论,心是唯一的本体。心外无物,心外无事,心外无理,心外无义,心外无善,当然知行也自然在人心天理的发用流行中合而为一。正是由于阳明把伦理主体归结为与天理合一之本心,并将此之本心视为本体,使之在宇宙中据有不可替代的主导性地位,它不仅统摄了天地万物,而且也是衡量世间一切事物的价值尺度,人之本心才能自觉地建构一个伦理的目的王国,赋予世界以价值意义。"心之本体无所不该,原是一个天。只为私欲障碍,则天之本体失了。"① 阳明认为心就其本体而言,本来具有天理,因而本来就广大深远,统摄万物,如果能把遮蔽本心的种种私欲去除净尽,使心回复到本来的真实状态,它自然就会成为人的道德准则和天地万物价值意义的不尽源泉。因此,知是知此心,行是行此心,知行本是一个功夫,这与传统的认识论将主体与客体分而为二,然后主体再去认识客观对象是根本不同的。既然心与理无分内外,合而为一,那么人要获得对它的认识当然就不需要再将主客体分而为二,将心与理分裂开来,而是首先要向里寻求,到心中去体认,通过反观内省的功夫,就可以把心中的理发挥出来,然后天理人心自然向外发用流行,有是知必有是行,知与行就合二为一了。阳明说:"知是心之本体,心自然会知。……此便是良知,不假外求。"② 知是知此心,行是行此心。离却了心之本体,知行便没有着落。既然知行都从本心良知而来,"知行合一"便不证自明。所以他说:"知行本体即是良知良能。"③ 到晚年阳明进一步把"知行合一"说成是"致良知"。根据阳明的思想,致良知之"致"包含有恢复、扩充、躬行、格物和实现的意思。这实际上包含了致良知的一体两面:内转的复明、返本、扩充与外推的躬行、格物和实现,前者是明其体,后者是行其用;前者是知善知恶之知,后者是为善去恶之行;前者是尊德性,后者是道问学,两者的关系是一而二、二而一,如鸟之双翼,车之两轮,缺一则致良知不能成立,缺一则知行合一不能成立。王学末流,或高谈其体而忽略其用,或执著其用而失却其体,皆成巨谬。本心天理的合一即是良知,知者,知此良知也,因为良知既是公共的本体存在和普遍的道德理性,又是个体的道德自觉和道德冲动;行者,行此良知也,因为人在现实生活中的道德选择和为学之道只能

---

① 《传习录》下,《王阳明全集》第 95 – 95 页。
② 《传习录》上,《王阳明全集》第 6 页。
③ 《传习录》中,《王阳明全集》第 69 页。

依此良知而开出，此谓之"致良知"，良知之致，知行合一，人的道德实践就会随感而应，率性而为，自然能达到"动容周旋而中礼，从心所欲而不逾"①的程度，皆合乎良知至善。

三、"知行合一"说的实质

阳明"知行合一"说是其心学体系重要组成部分之一，是阳明于明正德四年（1509）在贵阳文明书院讲学期间首先提出来的。阳明为何要提出"知行合一"说，他说："逮其后世，功利之说，日浸以盛，不复知有明德亲民之实。士皆巧文博词以饰诈，相规以伪，相轧以利，外冠裳而内禽兽，而犹或自以为从事于圣贤之学。如是而欲挽而复之三代，呜呼其难哉！吾为此惧，揭知行合一之说，订致知格物之谬，思有以正人心，息邪说，以求明先圣之学。"②由于当时一般士人言行不一，知行分离，甚至发展到衣冠禽兽的地步，并且公然宣扬功利之说，导致道德沦丧，世风日下。阳明提出"知行合一"的学说，正是为了纠正这种状况，以"正人心，息邪说"。可见阳明的"知行合一"说主要是为了解决道德的修养功夫而提出的，它主要是一个伦理道德问题，而非知识论和认识论问题。

在阳明的"知行合一"说中，"知"主要有两类，一是"知食"、"知饮"等；二是"知孝"、"知悌"等。前一类指人的生理本能，并非阳明论题的重点；后一类是指人对伦理道德的认识和修养，这是阳明要解决的主要问题。阳明认为，"知孝"、"知悌"如同"知食"、"知饮"一样，是每个人天赋就有的，是先验的。"见父自然知孝，见兄自然知弟，见孺子入井自然知恻隐，此便是良知。"③可见，"知行合一"中的"知"，即指的是"良知"，它既不是平时知识论上所说的"知识技能"，也不是通常认识论意义上的"见闻之知"，因为阳明认为："圣人之学所以至易至简，……正以大端惟在复心体之同然，而知识技能非所与论也。"④"良知不由见闻而有，而见闻莫非良知之用"。⑤这就是说，良知既不同于知识，也不能与知觉认识混同，阳明要强调

---

① 《文录》二，《王阳明全集》第190页。
② 《文录》五，《书林司训卷》，《王阳明全集》第282页。
③ 《传习录》上，《王阳明全集》第6页。
④ 《传习录》中，《王阳明全集》第55页。
⑤ 《传习录》中，《王阳明全集》第71页。

的是道德意识和道德伦理的优先性,即要用良知来统率知识、转化知识。如果失去了良知"头脑",滞于见闻觉知,囿于知识技能,则反而造成"知识愈广而人欲愈滋,才力愈多而天理愈蔽。"① 因而在阳明那里,道德伦理是知识论的前提,知识论以道德伦理为条件;价值论是认识论的基础,认识论是价值论的发用。

在"知行合一"说中,阳明讲的"行",亦有两层含义:一是指人心头的意念活动。在他看来,"良知"向外发动、显现以及发动时产生的意念、感情、动机,都可以叫做行,他说:"一念发动处便即是行了。"② 不一定非要有主观见之于客观的实践活动。意念作为道德实践的开始,规定着"行"的走向,而人之善恶行为,往往就取决于当下的一念之差,把一念发动处之意念当作行,就是要在人的善恶意念方萌未萌之际,依据良知本体痛下诚意正心的自省功夫,从而保证道德活动从初始到完成的全部正确性,保证道德事件从因到果的全部纯正性。二是指道德实践,即"致良知"的功夫。他说:"凡谓之行者,只是着实去做这件事,若着实做学问思辨的工夫,则学问思辨亦便是行矣。"③"就如称某人知孝,某人知弟,必是其人已曾行孝、行弟。"④ 这两层含义的"行"实际上都是连为一体的,都是良知的流行发用。

阳明"知行合一"中的"一",就是"本体",即"心"、"良知"、"天理"、"性"、"至善"等等的同义词。他说:"一也,皆所谓心也,性也,命也"。⑤ "一"是最高的本体,是宇宙万物价值意义的最初根源。他说:"若只知主一,不知一即是理,有事时便是逐物,无事时便是着空。"⑥ 这就是说:"一"就是良知,如果不知道"知行合一"的"一"字就是"良知"(天理),不是跌进朱熹的"心外有物"的"逐物"哲学,就是陷入禅宗佛教的遁世主义空无哲学(按:阳明对禅宗佛教有误读,在此不论)。

阳明"知行合一"说中的"合"则有四层含义:其一,谓之"同":即"知行本体同一",如人见到美色就是知,感到喜欢就是行,闻到恶臭就是知,感到恶臭就是行,故"见好色"与"好好色"、"闻恶臭"与"恶恶臭"是同

---

① 《传习录》上,《王阳明全集》第28页。
② 《传习录》下,《王阳明全集》第96页。
③ 《答友人问》,《王阳明全集》第208页。
④ 《传习录》上,《王阳明全集》第4页。
⑤ 《文录》四,《王阳明全集》第254页。
⑥ 《传习录》上,《王阳明全集》第33页。

时发生的,这就是所谓"知行本体同一"。其二,谓之"复","合一"即是"复那本体"。他说:"圣贤教人知行,正是安复那本体。"①"知行合一"就是在"良知"的发用流行中,复明那被"私欲"隔断的"良知"之体。其三,谓之"贯",即是"一以贯之"的"贯"。他说:"一如树之根本,贯如树之枝叶。未种根,何树叶之可得?"② 就是说"良知"在发用流行中,要时时处处和时时刻刻的贯穿着良知之体。其四,谓之"契","契"有"契合"或"符合"之意。他说:"众皆以为是,苟求之于心而未合焉,未敢以为是也;众皆以为非,苟求之心而有契焉,未敢以为非也。"③ "知行合一"就是"良知"发用流行所产生的事事物物,要与"一"即良知之"体"即"心"相契合、符合。

阳明认为,人心中本来具备的良知就是知,使它显露出来,就是行,做到了这些,就是"知行合一"。在符合良知的"一念"下,可以说知就是行,行就是知。显然,阳明所论在知识论那里是说不通的,以知识论视之,这就是混淆知与行的界限,以知代行,销行归知,后来王夫之正是从这一立场抨击阳明的。而过去我国哲学史界批评阳明亦多由王夫之的抨击立论,并进而认为王阳明的"知行合一"说是主观唯心主义的唯我论。而事实上,阳明在此是从伦理学和道德论的立场出发的。阳明早年亭前格竹的失败,乃是企图在客观外界事物中去寻求道德伦理,后来他谪官贵州龙场,居夷处困,经过百死千难,"乃知天下之物本无可格者。其格物之功,只在身心上做,决然以圣人为人人可到,便自有担当了。"④ 知识论所求之理是概念知识,它是客观外界事物中的实然之理,是客观对象之理,是客观事物之间的必然关系在人心中的反映;而阳明伦理学和道德论所求之理,则是人心自觉自悟的结果,离开了本心,离开了道德主体,离开了道德意识的自觉性,就无法说明道德伦理的产生,就无法说明事由己出的道德行为,所以阳明才说:"夫物理不外于吾心,外吾心而求物理,无物理矣;遗物理而求吾心,吾心又何物邪?"⑤ 这就是说,人们的道德意识和道德行为只是人本心的显示和实现,而不是一种概念知识,它并不是一种外界的实然之理,而是一种当然之理。而这种当

---

① 《传习录》上,《王阳明全集》第4页。
② 《传习录》上,《王阳明全集》第32页。
③ 《外集》三,《王阳明全集》第809页。
④ 《传习录》下,《王阳明全集》第120页。
⑤ 《传习录》中,《王阳明全集》第42页。

然之理，借用西方哲学的概念说，它又是一种先验之理，它与先验主体之心是合而为一的，它决不因人而异、因时而异、因地而异，因而它不仅是先验的，而且是普遍的。从逻辑上说，只有先验之理与先验主体的存在，才能使经验之理和经验主体成为可能。而阳明知行学说与西方哲学不同，其之道德意识不能停留在自我意识的状态中，不能局限于先验自我的圈子里，不能仅仅立足于先验之理的预设中，它必须把普遍的本心良知变成具体当下的道德行为，流行发用，在事事物物中显现，在客观外界对象中实现，离开了事事物物，离开了客观外界对象，道德意识就不能显现，道德行为也无由形成，先验之天理也就不可能在经验之存在上实现，先验主体之心也就不能够在经验主体身上落实，这即是阳明所说的："遗物理而求吾心，吾心又何物邪？"可见阳明所讲的主体既不是西方哲学的先验主体，也不是传统认识论上的认识主体，而是与存在本体论意义所蕴涵的主体性统贯在一起的具体存在，是本心良知生生不息而发用流行的道德存在，因此从这一意义上说，阳明所讲的"吾心"并不是自我封闭主义的，把王阳明的"知行合一"说成是主观唯心主义的唯我论并不恰当。

四、"知行合一"说的内容

阳明的"知行合一"说，总的说来，知行是一件事情的两个方面，二者不能分离，也没有先后，阳明从以下三句话分不同的角度来说明"知行合一"的内容。

第一句话："知是行的主意，行是知的功夫。"① 这是从知行与主体的关系说的。主体的主意、打算、动机就是知，主体的功夫、尽力、成就就是行；知是行的指导，行是知的成就，整个是一个意向性构成，说的都只是一件事。

第二句话："知是行之始，行是知之成。"② 这是从一个有目的的活动过程来说的。在这一过程中，知与行总是统一的，总是结合在一起的，二者不能割裂，不能分开，一个活动过程的开始，主要是知，但已经包含了行；一个活动过程的终结，主要是行，也已经包含了知。故阳明说："只说一个知已

---

① 《传习录》上，《王阳明全集》第4页。
② 《传习录》上，《王阳明全集》第4页。

有行在，只说一个行已有知在。"① 因此知是行的发端，所知者即是行；行是知的致极，所行者即是知。由此，阳明把人的"一念发动处"，也看作"便即是行了"，"见好色属知，好好色属行。只见那好色时已自好了，不是见了后又立个心去好。闻恶臭属知，恶恶臭属行。只闻那恶臭时已自恶了，不是闻了后别立个心去恶。……知行如何分得开?"② "见好色"作为一种知觉、感觉被阳明划入"知"，而"好好色"阳明认为已是"行"了。在这里，阳明似乎用"好"这一主观感情和心理活动行为作为客观行为了，但体会阳明之意所谓"好"，实际上就是指"好"的行为而言，并非仅仅局限在"好"的主观感情和心理活动行为之中，只是文字的表达不够明确而已。

第三句话："知之真切笃实处即是行，行之明觉精察处即是知。"③ 这是从知行的性质来说的。知行的性质相互联系、相互贯通、相互渗透、相互包含，知中有行，行中有知。一个道德活动就其具有清晰的自觉和透彻的识别性质来说就是知，就其具有真实和确切的实效状况来说就是行。由于本心良知的意向性作用，王阳明把必行作为"知"的一种自然而然的先天属性，这即是"知而必行"的思想。他说："知是心之本体，心自然会知，见父自然知孝，见兄自然知弟，见孺子入井自然知恻隐，此便是良知，不假外求。"④ 这就是说，知行合一的知是心之本体的良知，它不假外求，知是知非，知善知恶，人皆有之。但常人往往受私意的障碍，良知不得显现，不能知而必行。扫除私意的障碍，良知就得以发用流行，发用而为客观具体的道德行为，这就是良能，故知而必行，所以他说："知行本体，即是良知良能。"⑤ 正是在这一意义上，阳明又称心之本体的知为真知，他说："真知即所以为行，不行不足谓之知。"⑥ 当然，与行分裂的知也是存在的，但这样的知没有意义、没有价值，它不是真知，只是一种"妄想"，归根结底不能称做"知"。故云："知而不行，只是未知。"⑦ 知的本体必然包含着行，先天的必然发用，具有意向，不能著空，自然会发出一股巨大的力量，自动鞭策人们致良知于事事

---

① 《传习录》上，《王阳明全集》第4页。
② 《传习录》上，《王阳明全集》第4页。
③ 《传习录》中，《王阳明全集》42页。
④ 《传习录》上，《王阳明全集》第6页。
⑤ 《传习录》中，《王阳明全集》第69页。
⑥ 《传习录》中，《王阳明全集》第42页。
⑦ 《传习录》上，《王阳明全集》第4页。

物物中。故知中有行，知而自然行。所以他说："知犹水也，人心知无不知，犹水之无不就下也。决而行之，无有不就下者。决而行之者，致知之谓也，此吾所谓知行合一者也。"① 在他看来，"心"是生生不息的，就像流动不停的水一样，如果不是私意或私欲隔断，必然要贯彻到事事物物中去，即必然要表现为行。他反对知先行后的说法，主张知而必行，如水就下，知了即去行，"不行不足谓之知"。故他说："人须在事上磨炼做功夫"②，认为"离了事物为学，却是著空"。③ 这里讲的"行"，显然具有主观见之于客观的意义，把这种"行"规定为"知"的自然而然的属性，把能否"行"视为是否"真知"的条件，表现了阳明对"行"的重视。"不行不足谓之知"的思想，在反对只说不做的时弊时，无疑具有非常积极的意义。

在阳明的整个"知行合一"说中，的确还包含有认识论意义上的"行而后知"的思想。因此，他主张在"日用事为间体究践履，实地用功"④，譬如他说："食味之美恶，必待入口而后知，岂有不待入口而已先知食味之美恶者邪？……路歧之险夷，必待身亲履历而后知，岂有不待身亲履历而已先知路歧之险夷者邪？"⑤ "哑子吃苦瓜，与你说不得；你要知此苦，还须你自吃。"⑥ 又说："我何尝教尔离了簿书讼狱，悬空去讲学？尔既有官司之事上，便从官司的事上为学，才是真格物。……若离了事物为学，却是著空。"⑦ 他又说："夫学问、思、辩、行，皆所以为学，未有学而不行者也。如言学孝，则必服劳奉养，躬行孝道，然后谓之学，岂徒悬空口耳讲说，而遂可以谓之学孝乎？学射，则必张弓挟矢，引满中的。学书则必伸纸执笔，操觚染翰。尽天下之学，无有不行而可以言学者，则学之始，固已即是行矣。笃者敦实笃厚之意，已行矣，而敦笃其行，不息其功之谓尔。"⑧ 阳明所举的这些例子，本是为了论证知行不可分离，而事实上，这些例子恰恰证明了"行而后知"、"行"是知的源泉这一朴素唯物主义认识论的道理。用这些千百次的被人们的生活实践所证明的经验事实，去反驳朱熹等人的"知先行后"说，当然是很有力的。

---

① 《书朱守谐》，《王阳明全集》第277页。
② 《传习录》下，《王阳明全集》第92页。
③ 《传习录》下，《王阳明全集》第95页。
④ 《传习录》中，《王阳明全集》第41页。
⑤ 《传习录》中，《王阳明全集》第42页。
⑥ 《传习录》上，《王阳明全集》第37页。
⑦ 《传习录》下，《王阳明全集》第95页。
⑧ 《传习录》中，《王阳明全集》第45页。

虽然我们说阳明的"知行合一"说的出发点和归宿点都是道德论而非知识论的，都是价值论而非认识论的，但这并不是说它的内容不涉及知识论和认识论，并不是说它取消认识论意义上的知识，只不过阳明在言说知识论和认识论时，其微言大义仍紧守"心即理"之矩矱，主张道德伦理是知识论的前提，知识论以道德伦理为条件，认为价值论是认识论的基础，认识论是价值论的发用。所以他说："圣人无所不知，只是知个天理；无所不能，只是能个天理。圣人本体明白，故事事知个天理所在，便去尽个天理。不是本体明后，却于天下事物都便知得，便做得来也。"① 道德天理是本心良知本来就有的，是先验的，圣人只是知这个道德天理，而关于天下万物的具体知识却并不是先验的，而必须通过见闻之知和实地用功的实践才能获得。他强调道德，但并不是取消知识，只是坚持将道德视为圣门功夫的第一义，是一切见闻之知的前提、条件和基础，道德相对知识来说更具有优先性。因此他说："德性之良知非由于见闻耳。若曰，多闻择其善者而从之，多见而识之，则是专诸见闻之末而已，落在第二义矣。故曰知之次也。夫以见闻之知为次，则所谓知之上者果安所指乎？是可以窥圣门致知用力之地矣。"② 这就是说，德性之知为良知，良知是"知之上者"，为第一义，见闻之知是"知之次者"。所谓致知，所谓知行合一，即是指在良知上用力，即所谓致良知。德性之良知（道德）与见闻之知（知识），虽然来源不同，性质也不一样，但在运用时，二者是可以统一的，它们都是统一在良知的基础上。阳明的"知行合一"说主要是为了建立他的伦理学，这是阳明知行论的本意。

五、"知行合一"说的影响和意义

在中国哲学思想发展史上，王阳明的"知行合一"说，曾产生过很大的影响。阳明"知行合一"说强调在先验良知指导下的力行，强调在实际行动中去努力实现自己的主观信仰。这在明朝中晚期，曾激励了很多士大夫的积极奋起。它对于反对程朱理学空谈"性命"，脱离实际的学风，起过积极的作用。在近代，阳明这一思想，又被一些进步思想家所接受，用来作为维新变法、救国图强的思想武器，对中国近代资产阶级推翻封建统治的革命起过良

---

① 《传习录》下，《王阳明全集》第97页。
② 《传习录》中，《王阳明全集》第51页。

好的作用。

阳明的"知行合一"说，是在批判程朱"知先行后"说中，创立和发展起来的。他对程朱"知先行后"说的揭露与批判，暴露了程朱理学的内在矛盾，大大开扩了思想界的眼界，活跃了那时的学术空气，动摇了元明以来程朱理学作为官方正统哲学的地位，客观上启发了明末清初整整一代的启蒙思想家，使阳明"心学"成为中国哲学由宋明理学向明末清初的唯物主义高潮转变的中介。

中国哲学步入近代以后，不同时期的资产阶级思想家在为独立自强的政治方案作论证或构筑其思辨体系的过程中，一方面不断将目光投向西方，另一方面又频频地向传统回顾。而王学则以其不同于正统理学的独特面目，受到近代思想家的注重，除了严复等对王学有所批评之外，从魏源到康有为、谭嗣同、梁启超、章太炎，再到梁漱溟、熊十力、贺麟等，几乎无不推崇王学。可以说，王学在近代形成了复兴之势，它与东渐的各种西方思潮彼此交织，对产生或接受某些近代的观念、思想，客观上起到了一定的引发或触媒作用，而它所包含的若干积极因素，也在这一过程中逐渐融合于其间。

在中国哲学的发展史上，王阳明"知行合一"说的意义是不可低估的。首先，自先秦以来，不少思想家对知行问题作过许多探讨，但往往对知行的对立和矛盾方面的问题探讨较多，对知行统一这方面的问题论述较少。阳明第一次明确地提出并论述了"知行合一"的问题，肯定了知行之间不可分离的统一关系，为中国理论思维的发展，提供了有价值的思想资源，这不能不说是一个有益的贡献。其次，阳明重视行，主张"在事上磨炼"，反对"著空"的思想，给后来进步的思想家和革命家以不小的影响。再次，更应该看到，阳明的"知行合一"说对我们今天仍有重要的借鉴意义。

第一，它对于开启主体道德意识的自觉性，塑造我们的理想人格有积极意义。现代工业社会出现的一个负面结果，是主体道德意识日渐丧失，作为异化的存在，现代人没有理想，没有信念，人云亦云，随波逐流，日益被物化而成为非人。如何重新开启主体的自觉性，塑造理想人格，唤起人的道德意识，避免人的物化，这是值得现代人深思的问题，而阳明的"知行合一"说所倡导的从"心即理"到"知行合一"的价值追求，为我们提供了有益的启示。阳明认为人的道德意识本来存在我们的心中，是先验的本然，正因为人具有了这种意识，便能知是知非，为善去恶，表现出道德价值判断的能力。而现实社会中很多人是非颠倒、善恶不分，只是由于他们的心被遮蔽了，就像镜子一样，本来能照物，被尘土遮盖，就不能照物。只有扫除尘土以后，镜子才能照见事物。因此人心也只有除去了遮蔽，本然的良知之心才能显现，道德意识才能发挥为善去恶的作用。既然道德意识是先验本然就存在于我们的心中，自本自根，人人自有，自然具足，那么我们每一个人只要能够自觉意识到我们的本心良知，自修自悟，自我教育，变化气质，我们就能够在现实生活中去做辨别是非、为善去恶的功夫，由之塑造我们的理想人格。

第二，它对于现代人挺立本心良知的主宰性，彰显人的价值和意义有振聋发聩的作用。当今的知识分子面临来自工业化、全球化和功利化的世风的挑战与压力，很多知识分子越来越丧失人文关怀的精神，越来越失去自由选择的意向及理性批判的精神。他们不是因熏染功利世风而变得俗不可耐，就是因丧失本心良知而变得麻木不仁。诚如今人郭齐勇先生所说，今天许多大学教授已不是公共知识分子，不代表社会良心，没有反省与批判精神，只是官家与大众文化的跟屁虫，为了一己之私利，成天只知拉关系、走门子、巧钻营。① 他们的所作所为，几与阳明抨击的明代学人成为一路货色："外假仁义之名，而内以行其自私自利之实，诡辞以阿俗，矫行以干誉，掩人之善而袭以为己长，讦人之私而窃以为己直，忿以相胜而犹谓之徇义，险以相倾而犹谓之疾恶，妒贤嫉能犹自以为公是非，恣情纵欲而犹自以为同好恶。"② 对于阳明来说，本心良知具有主宰性，它为主不为客，物物而不物于物，所以它又是自由的，它有自由选择的意志自由。他说："身之主宰便是心，心之所发便是意，意之本体便是知，意之所在便是物。"③ 每一道德的事件和意之所在之物，都是由主体根据本心良知的自由意志建立的，而不是由外界环境和权威所决定的，故阳明具体指出："盖吾良知之体，……本无富贵之可慕，本无贫贱之可忧，本无得丧之可欣戚、爱憎之可取舍。……故凡慕富贵、忧贫贱、欣戚得丧、爱憎取舍之类，皆足以蔽吾聪明睿知之体，而窒吾渊泉时出之用。"④ 阳明这种"知行合一"的主宰精神正是陈寅恪先生在《王观堂先生纪念碑铭》中推许的"独立之精神，自由之思想"。而这种主宰意识和批判精神，恰恰是今天知识分子普遍缺乏的。相反，浮躁的学界，泡沫的学术，媚

---

① 参见郭齐勇《被遮蔽的人文精神教育》，载《社会科学报》2008年5月8日第8版。
② 《语录》二，《王阳明全集》第80页。
③ 《传习录》上，《王阳明全集》第6页。
④ 《文录》三，《王阳明全集》第211页。

官的学者,却随处可见。现在我们真的是到了要挺立阳明所主张的本心良知主宰性的时候了。王阳明以本心良知为本体的"知行合一"说,对于今天日益失去自己的精神家园而沉沦为"物化"存在的人们,对于陷溺于权、钱、势三毒中不能自拔的现代知识分子,对于激发当代学人坚持"独立之精神,自由之思想"的学术勇气,仍具有当头棒喝、振聋发聩的作用和意义。

第三,它对于当前构建生态文明社会具有积极的启迪意义。现代工业社会中,以功利主义为标识的工具理性急速发展,创造出了数百倍于历史上任何时代的物质财富,也同时带来了比以往任何时期更多、更大、更集中、破坏性更大的生态危机。人们在功利主义的驱使下,一味强调工具理性的力量,对自然界,人们主要考虑的是如何征服自然、战胜自然,甚至竭泽而渔,破坏自然。结果,环境污染、疫病流行、能源枯竭、土地沙化、温室效应、水资源短缺、臭氧层空洞、酸雨侵蚀、森林剧减、生物多样性生态系统遭到破坏,由此导致了全球性的人类生存危机。阳明以良知为本体的"知行合一"说尤为关注人心与天理如何合一,关注人类与自然如何持久的和谐共存,关注个人与社会如何健康互动。在阳明那里,本体论、伦理学、认识论、存在论和价值论是融而为一的"大学问",如果我们对其之领悟不是全而观之,而是只及一端,不是立体洞察,而是平面解析,则难免方枘圆凿,成为巨谬。阳明所讲的本心良知由于生生不息的意向性作用,它必然地要指向外物,必然地要知而必行,必然地要将天理贯彻到事事物物中去,这种由本心良知不断发出本然的道德冲动和道德行为,生生不息,无穷无尽,横空展布,遍润一切存在,若决江河,沛然莫之能御。由之使万物得其理,万事得其位,天地万物不逃于吾仁爱之心的照射之外,天地间无有一物遗之以成其为物,这是阳明本心良知的"自在目的"(康德语)。由此不仅实现了本体论上的人的自我存在,而且实现了伦理学和价值论上的价值信念和终极关怀,这就是视天下如一家、中国犹一人的"万物一体之仁"。阳明这种知而必行的"知行合一"说包含了伟大的仁爱精神和深刻的思想智慧,可以为当代生态伦理学和全球化的普世伦理的构建提供有益的思想文化资源,对于当前我们构建生态文明社会具有积极的启迪意义。

从1869年德国人海克尔提出生态学概念,发展到今天的生态伦理学已经有近140年的时间了。生态伦理学认为,善就是保存和促进生命,恶就是阻碍和毁灭生命。所以人不仅要关心人,还要关心动物甚至植物,关心所有的生命,关心生态圈本身,人应该超越对待世界的功利主义态度,与其他生命友好相处。而生态文明的核心理念就是"人与自然协调发展",即人与自然、人与人和谐共生、全面发展、持续繁荣。这实际上与阳明所要达到"万物一体"的终极关怀是一致的。阳明认为,通过心学的修养功夫,还原人之本心,既可朗现心之本体使心回复到本真情态,又可致良知于万事万物中,但达到本心时并非已经成圣成贤,还必须在伦理实践的"知行合一"功夫中保任提撕,不要使它再受污染,以之克服程朱的支离,反对佛老的虚玄和管商的功利,阳明所谓"必有事焉","勿忘勿助",即功夫即本体,即知即行,即体即用,都是指的这个意思。因此阳明以本心良知为枢纽而展开的内转与外推,便是一个辩证的循环运动过程:时时刻刻在返本的内转中净化复明自己的本心,克除不善的意念,又层层外推以致良知于万事万物中;时时刻刻在外推的致良知中勇猛精进,尚扬仁爱,又返本归真以防检习心,提撕良知。这种一复一往、一往一复的不断运动,知行合一,实地用功,身体实践,事上磨炼,使人自觉自主地不断改造自我,完善自我,超越自我,最后实现圣人、大人"万物一体之仁"的崇高理想,视天下如一家、中国犹一人。这种天人合一的"万物一体",乃是心本体就是本然如此的,在道德境界上就是应然如此的,在存在状态上就是实然如此的。故吾心良知之发不为形骸之私所隔,不偏于一隅,不限于一事一物,而是充量之极地明于天下,通乎上下,弥贯宇宙,使天地万物含章定位,一一统摄于至善之仁。由此而展示出心物一体,人我相亲、天人合一之广大和谐的整体世界。

十八大报告中提出生态文明建设,只有建设生态文明才能落实科学发展观;只有实现了生态良好,全面建设小康社会才有坚实的基础;只有人与自然和谐,社会和谐才能得以实现。在生态文明建设中我们可以吸取阳明知而必行的"知行合一"的思想智慧,一方面要具有生态文明的意识,即对生态文明的良知,它包括生态观念、生态心理、生态道德以及体现人与自然平等、和谐的价值取向,在这种良知意识中,要有生态危机意识,要及时客观的揭示面临的生态危机现状,提醒人们摒弃以牺牲环境为代价来换取经济暂时繁荣的经济发展模式,说明这种发展模式是不文明、不科学和不合理的。我们不但要注重当代人的生存发展,而且也要考虑到子孙后代的生存发展;不但要改造自然、利用自然、开发自然,而且也要尊重自然、保护自然、善待自然。生态文明所追求的目标是人民群众福祉的最大化。要清醒的意识到对于贵州这样的"欠发达、欠开发"省份,建设生态文明和生态现代化是实现贵州经济社会发展历史性跨越的根本途径。因为"两欠"的特殊省情,蕴藏着贵州保存良好的自然环境和原生态文化，具有建设生态文明的潜力优势，需要我们切实把保持良好的生态环境作为最突出的竞争优势，努力实现贵州发展的后来居上。因此要在思想意识上，正确认识保护生态环境与经济发展的关系，加快实现省委省政府提出的"三个转变"：即从重经济增长轻保护生态转变为保护生态与经济增长并重；从生态保护滞后于经济发展转变为生态保护和经济增长同步；从主要用行政办法保护生态转变为综合运用法律、经济、技术和必要的行政办法解决生态问题。另一方面，要强化落实生态文明实践，知而必行，知行合一，在正确的生态文明观念意识的指导下，大力营造全社会推进生态文明建设的良好氛围，着重在生产活动、科学活动、社会活动和宣传教育活动实践生态文明理念，使生态文明理念深入人心，使建设生态家园成为人人参与的自觉行动。由于历史的辩证法，在经济社会的发展中一定会出现人与自然不和谐的问题，这就需要我们用生态文明的观念和智慧，一边发展一边解决，时时在发展，时时在解决，知中有行，行中有知，知而必行，知行合一，实地用功，事上磨炼。所以，生态文明建设是一个长期的战略，只有在发展中谈生态文明，以历史的实践的态度去发展经济和进行生态保护，在发展的具体过程中建设生态文明，才有现实意义。

第四章 王阳明与贵州文化

一、王阳明与贵州明代书院

王阴明谪居贵州期间，在修文创办龙岗书院，又受聘主讲贵阳文明书院，首开黔中书院讲学之风，培育了一批弟子。其后，王阳明诸弟子、私淑以及王门后学在黔中陆继创办了阳明、正学、为仁、学孔、南皋等书院，传播王学。在其影响下，终明之世，贵州建有书院20余所，书院讲学之风盛于中原，俊杰之士，比于中州。本节试撮聚史志文献记载以及实地考察的结果，对王阳明及其门人后学在贵州创办和主讲的书院，作一系列考述。

（一）王阳明创建龙岗书院

龙岗书院是王阳明亲手创建的第一个书院，又是王学最早的阐发讲坛，当时为我国著名书院之一。书院在贵州修文县城东三里处的龙岗山上，明嘉靖时改为阴明祠，清乾隆后为王文成公祠。现存四合院式建筑为清代重建，是龙岗山整个古迹中规模最大的建筑。

最初，王阳明在龙场讲学授徒，是在龙岗山半的阳明洞中，后当地苗彝乡民见阳明洞阴暗潮湿，便帮助他在龙岗山顶创建了龙岗书院。王阳明《龙岗新构》写道："诸夷以予穴居颇阴湿，请构小庐，欣然趋事，不月而成。诸生闻之，亦皆来集，请名龙岗书院。"[1] 关于王阳明在龙岗书院讲学的盛况，据史料记载："居职之暇，训诲诸夷。士类感慕者，云集听讲，居民环聚而观如堵焉。"[2] 当时到龙岗书院听讲的学生，除附近苗彝乡民外，还有远至贵阳、龙里等周围府县的人士。王阳明这一时期所收的弟子中，最著名的有陈宗鲁（一名文学）、汤𬯎（字伯元）和叶梧三人。叶梧事迹不传。《黔诗记略》说："陈宗鲁、汤伯元亲炙文成，以开黔南学业。"据《黔记》记载，陈、汤二人

---

[1]《王阳明全集》第697页。
[2] 嘉靖《贵州通志》。

一同从贵阳负籍去龙场向阳明请学，共读于龙岗书院，"宗鲁得文成之和并擅词章，伯元得文成之正，具有吏治。"还有许多私淑弟子，"王文成与龙场诸生问答莫著其姓名"，故阳明在龙场的门生弟子，名姓大多不可考。

龙岗书院在王阳明讲学龙场时盛极一时，但王阳明于正德五年离开龙场后不久即废。此后，虽经阳明弟子陈宗鲁一再奔走呼号，试图重修，终未如愿。明嘉靖三十年（1551）巡按贵州监察御使赵锦，在书院原址创建阳明祠，阳明门人罗洪先还为祠堂写了《龙场龙岗书院祠碑记》。《阳明年谱》附录载："龙场旧有龙岗书院，师所手植也。至是锦建祠，三楹于书院北，旁翼两序，前为门，仍题'龙岗书院'周垣缭之，奠师位于中堂，巡抚都御史张鹗翼、廉使张尧年、参政万虞恺、提学副使谢东山，共举祠祀。"① 明末阳明祠倾圮。清乾隆十年，布政使陈德荣、学政邹一桂、知县王旨毅又在原址重建王文成公祠。道光二十六年，巡抚乔用迁令知县许大纶刻王阳明诗文于石，嵌入祠内。次年知县甘雨施修葺，并增置祭田。以后经过多次增修，龙场王文成公祠才具规模，形成一四合院，包括正殿、东西配殿、元气亭等，一直保存至今。

王文成公祠门口有清道光年间贵州布政使罗绕典所题石刻门联两副，其一："三载栖迟，洞古山深含至乐；一宵觉悟，文经武纬是全才。"其二："十三郡人文，此为根本；五百年道统，得所师承。"门厅内壁嵌有后人书录的王阳明居夷诗作石刻六块。祠内正殿卷棚下悬挂有"象山并峙"、"派启姚江"、"化启西南"、"化超退陬"四块金字巨匾。壁间立有王阳明亲书的《客座私祝》四块紫杉雕屏，系王阳明于嘉靖七年（1527）在绍兴书撰，全文凡169字。此手迹系清光绪间传入贵州，其中第一面已毁失。殿内原有4米多高的王阳明香樟木雕像及精巧木龛，均毁于"文化大革命"时期。现在的阳明塑像是根据余姚《王氏家谱》的画像重塑的。正殿对面为元气亭，内有清光绪间临武李崇畯书写的"培养元气"大匾悬挂。左右两厢是二层楼的配殿。右侧楼上厢房，为抗日战争时期（1938年11月至1941年5月）张学良将军被软禁之处。配殿边有一石碑《龙岗书院讲堂题额后跋》，其中云："黔中之有书院，自龙岗始也；龙岗之有书院，自王阳明先生始也。"考诸史籍，贵州的书院，建立最早的，是南宋绍兴年间（1131—1162）在思南所辖之沿河司创建的銮塘、竹溪二书院，后废，元代又有贵阳的文明书院。但其影响和名气

---

① 《王阳明全集》第1341页。

均不如龙岗书院，故石碑之言有一定道理。

（二）王阳明在贵阳文明书院讲学

明正德三年，王阳明在龙岗书院讲学，声名大振。贵州按察司宪副兼提学副使毛科（字应奎，号拙庵）与阳明同籍浙江余姚，故笃交谊。阳明始至龙场，时巡抚贵州的都御史王质遣人侮阳明，又赖毛科从中斡旋。同年秋毛科书请阳明至府城讲学，阳明写了《答毛拙庵见招书院》一诗："野夫病卧成疏懒，书卷长抛旧学荒。岂有威仪堪法象？实惭文檄过称扬。移居正拟投医肆，虚席仍烦避讲堂。范我定应无所获，空令多士笑王良。"① 阳明因病婉辞，未赴省城。正德四年（1509）四月毛科致仕归里，席书调任贵州提学副使。席书，字文同，号元山，谥文襄，四川遂宁人，正德四年三月至五年十一月任贵州提学副使，后升任湖广巡抚、礼部尚书加英武殿大学士。席书一向研治宋代理学，醉心程朱之学。闻王阴明在龙岗书院阐扬陆九渊"心学"微旨，便同他讨论朱陆之学的异同。王阳明以"知行本体"为例，证明自己所悟之学。通过往复数次的讨论，席书豁然大悟，谓"圣人之学复睹于今日；朱陆异同，各有得失，无事辩诘，求之吾性本自明也"②。对阳明衷心敬服。为此，席书特地写了一封书信，敦请阳明来省城文明书院讲学。信中对王阳明的教学内容和德业并进的作法推崇备至，说："今之教者，能本之圣贤之学以从事于举业之学，亦何相妨！执事早以文学进于道理，晚以道理发为文章，倘无厌弃尘学。因进讲之间，悟以性中之道义举业之内，进以古人之德业，是执事一举而诸生两有所益矣。"③ 阳明见席书信情词恳切，欣然应聘，于正德四年十一月初赴省城，主讲于文明书院。席书遂挑选各州、县成绩优秀的生员来书院受业。"文成既入文明书院，公暇则就书院论学，或至夜分，诸生环而观听以百数。"④

据《阳明年谱》载："正德四年己巳，先生三十八岁，在贵阳。提学副使席书聘主贵阳书院，是年先生始论知行合一。始席元山书提督学政，问朱陆同异之辨。先生不语朱陆之学，而告之以其所悟。书怀疑而去。明日复来，

---

① 《王阳明全集》第703页。
② 《王阳明全集》第1229页。
③ 郭子章《黔记》卷三十九《宦贤列传六》。
④ 郭子章《黔记》卷三十九《宦贤列传六》。

举知行本体证之《五经》诸子,渐有省。往复数四,豁然大悟。……遂与毛宪副修葺书院,身率贵阳诸生,以所事师礼事之。"① 所谓贵阳书院,即指文明书院。对此《贵阳府志》卷五十六记载更为明确:"时守仁谪龙场驿丞,(席)书择州县子弟入文明书院,而以书敦请守仁主之,……守仁既就书院,书公余则往见论学,或至夜分,诸生环而观听者以数百。自是贵人士始知有心性之学。"

据明弘治《贵州图经新志》载:文明书院"在治城内忠烈桥西,即元顺路儒学故址,皇庆间教授何成禄建,今废。"皇庆为元仁宗年号,在位仅两年(1312—1313)。贵阳地区元顺元路,于元成宗元贞元年(1295)始建顺元路儒学。忠烈桥,即今之市府桥,在今市府路东段,元顺元路儒学馆在此桥之西,今贵阳市人民政府所在地即为其旧址。文明书院在此故址上修建,后废置。至明弘治中沈庠修《贵州图经新志》时,尚未修复。迨至弘治十八年(1505)毛科来任提学,始行重建。据嘉靖《贵州通志》载:文明书院"在治城内忠烈桥西,即元顺元路儒学故址,本弘治提学副使毛科建。嘉靖间,提学副使蒋信重建。中为敬宽堂,左右为斋舍,后为厨。"毛科所撰《创建提学道公署记》亦言之甚详:"弘治十五年,科由滇南调式兹臬……以思所仰副德意于万一……尤以学校的人才为本……必得广阔之所,方可以甄别人才,次第高下,若非分司,其何为哉?不得已因白诸都宪洪公、巡按绣衣王公,咸以为是。惟忠烈桥酉胡指挥废宅,洎四旁民家薄产易得,爰授以值得之,先以左偏创文明书院,以陶熔士子矣。右偏乃建提学分司……平拓庭址,忽得古断碑,埋没土中,启视之,为《重修元顺元路儒学记》。"所谓都宪洪公即弘治十八年来任贵州巡抚的洪钟,巡按王公即王绍。在书院的修建过程中,还掘得元代《重修元顺元路儒学记》的残碑一通,说明新建文明书院确系建于元代文明书院旧址。书院建成后,毛科请郡人进士徐节为之记。徐节《新建文明书院记》中言文明书院的工程始于弘治十八年十月,讫于正德元年(1506)七月。"书院成,前有大门,门之内有文会堂,为师生习礼讲解之地。堂之后有四斋:曰颜乐、曰曾唯、曰思忧、曰孟辩。盖欲诸生企慕乎群贤,进修践履,而不为他歧之惑也。斋之上戟门,门之内有左右庑,上有先圣庙,庙后设师文、学孔二斋。盖欲诸生取法乎一圣,操存涵养,而不为利禄之所动也。墙垣门宇,焕然一新。选聪俊诸生,及各儒学生员之有志者二百余人,

---

① 《王阳明全集》第 1229 页。

择五经教读六人，分斋教诲。斋之上有乐育轩，公（毛科）亦时登此轩，诱掖奖劝，而督率之，务底有成，以续斯道之传。仍以文明揭匾，盖因旧而不易也。"① 由此可见当时文明书院的规模宏大，生员之众。徐节因之还将毛科所修复的文明书院与朱熹重修白鹿洞书院、周敦颐建濂溪书院相提并论，以示赞誉。正德四年三月，席书至黔与毛科再次修葺文明书院，十一月还请阳明主讲于书院中，并率州县诸生以师礼事阳明。阳明十分感激席书的竭诚相待，与之结为至交。嘉靖六年（1527）席书卒，阳明以感恩之笔写下《祭元山席尚书文》，其文曰："忆往年与公论学于贵州，受公之知实深。近年以来，觉稍有所进，思得与公一面，少叙其愚以来质正，斯亦千古之一快，而公今复已矣！呜呼痛哉！闻公之讣，不能奔哭，千里设位，一恸割心。"② 深切缅怀席书在他居夷处困的逆境中，身冒时谤，请他至贵阳文明书院讲学，使得"知行合一"之说倡明于贵州，闻名于当世。

王阳明于正德五年离黔后，文明书院未久即废。嘉靖二十年（1541），王阳明的弟子蒋信（字卿实，号道林，湖南常德人）来贵州任提学副使，见文明书院的残破之状，决意修复。他在《重建文明书院记》说："贵学宪公署左，有旧文明书院荒址焉，诘所从始，正德间，督学毛公既辟公署，即置馆于此，以育蒙士。今书院之前门暨过堂，尚其遗址也。额为'文明'非自公始。公得古刻石碑土壤中，篆迹云云，故公因之，其地实公以值易诸居人，意者或即古书院费，可考也。自公调去，蒙师遂散。其公暑则时借为往来停骖之馆，最后乃易题为清军参院。其兹斋楹，则争取为诸衙别舍；敝不可取，则或听其毁撤而为薪。予始至，从署窥之，自过堂以后，惟败瓦残石，颠倒隐伏于乱莽丛棘之间。"于是蒋信征集募捐，"得金百两有奇，即故址而高而卑，而堂而舍，凡六月而功告成。"③

蒋信在修复文明书院后，大讲阳明心学，其"施教不形喜怒，惟规规焉以礼法自求，而士皆潜移默化，有甚于劝督者"④。由是贵州人文风教又为之一振。其后黔中士子来事学者日众，文明书院已不能容，蒋信遂决定在紧靠文明书院的右侧新建正学书院以宏讲授。嘉靖《贵州通志》载："正学书院，

---

① 嘉靖《贵州通志》。
② 《王阳明全集》第963页。
③ 嘉靖《贵州通志》。
④ 民国《贵州通志·蒋信传》。

在提学道署右，嘉靖二十一年，提学副使蒋信建。并文明书院俱置器物等，以为诸讲肄，扁其堂曰'止善'。"蒋信《新建正学书院落成记》言之甚详。为何建之和取名"正学"，蒋信说："曰正学，何为者也？正学者，心学也，尧舜禹汤文武周公孔子之所谓学也，譬之正路然。自夫此学弗讲，士惟旁溪曲径之趋；甚者蹈荆棘，赴坑堑，莫有极也。贵之士朴野尚权存焉，可无望于此乎？是正学之所以名也。道林子视学政凡三月，诸郡卫士，日裹粮从焉，于是谋复文明，比其久也，从者日加众，文明弗能居。顾公署右有隙地焉，右隆起而后下陷，度其宽深，正与文明相准，将视力而营其左。巡台方崖公曰：孰与大营之，以纪文明。于是……隆起者损，下陷者益，制高卑，列堂舍。……视文明有加焉。道休子叹：吾之始相兹土也，莽然一丘陵尔。今兹为弦诵讲肄之所，有伟彦俊髦，彦俊髦，雍雍秩秩，将唐虞三代希也，岂其偶然欤！昔吾阳明子，尝居此矣。金声玉振，不可得闻，要其随才接引多矣。越兹三十年，吾得从事于此，续大雅之音于久旷之后，岂其偶然欤！"不仅如此，蒋信还在文明书院中建祠以奉祀阳明。《黔诗纪略》中《马心庵先生传证》有"道林以副使提学贵州，重整旧祀阳明之文明"等语可证。因阳明之殁，弟子多建祠院以祀之。蒋信曾受业于阳明，而文明书院又属阳明教泽旧址，则其恢复书院后，建祠奉祀自属当然。

　　文明、正学二书院至明隆庆中复废，原址即建官衙，后一直如是。隆庆五年（1571）浙江慈溪人冯成能出任贵州按察使，见二书院毁废状，甚为感慨，在其《改建阳明祠记》中云："隆庆辛未，余自里中赴贵阳廉访，及抵贵，谒先生祠，芜陋特甚。盖先生旧有祠院二所，自□□迁入，一为郡治，一为庠，故废堕至此。"冯成能所谓一为庠者，即指王杏所建、后又由王学益改建的阳明书院，一为郡治，即指文明书院，因其中原有阳明祠，冯以阳明祠称之。考《明史·地理志》："贵阳军民府本程番府，成化十二年（1476）七月，分贵州宣慰司地置，治程番长官司。隆庆二年（1568）六月，移入布政司城，与宣慰司同治，三年三月，改府名贵阳。"故程番府原在今惠水县，隆庆二年迁至省，始名贵阳。《贵阳府志》谓："贵阳知府署在府城内西南隅，隆庆四年建。"辛未乃隆庆五年（1571），即废祠建署之次年，故冯成能有废堕之叹。自此以后，文明、正学二书院原址一直建为官衙，辟明、清之贵阳府署，民国废府，以为贵阳县置。

（三）阳明后学弟子所建书院

王阳明在贵州的时间虽然短暂，书院教学活动的地方也只有贵阳、修文两地，但在贵州却培育了大批弟子，开创了一代学风，其后贵州书院的建立，大都受了王阳明的影响。在贵阳地区除文明、正学二书院外，与王阳明及其后学有关的还有著名的阳明书院。阳明书院，嘉靖《贵州通志》云："在治城东，嘉靖间巡抚监察史王杏建。"《王阳明全集》卷三十五《阳明年谱》附录云："嘉靖十三年（1534）五月，巡按贵州监察御史王杏建王公祠于贵阳。师昔居龙场，诲抚诸夷，久之，夷人皆式崇尊信。提学副使席书延至贵阳，主教书院。士类咸德，翕然向风。是年杏按贵阳，闻里巷歌声，蔼蔼如越音；又见士民岁时走龙场致奠，亦有遥拜而祀于家者；始知师教入人之深若此。门人汤冔、叶梧、陈文学等数十人请建祠以慰士民之怀。乃为赎白云庵旧址立祠，置膳田以供祀事。杏立石作《碑记》。"在我国封建时代自宋迄清，书院之制，除聚徒讲授外，最重要的，为崇祀先圣先贤，以示楷模。故阳明之殁，其门人弟子建祠院奉祀者尤众。王杏，字少坛，浙江奉化人，嘉靖十三年任贵州巡按，其历来崇奉阳明心学，虽不亲及阳明之门，但为其私淑弟子。王杏按黔时，非常关心贵州教化，"每行部闻歌声，蔼蔼如越音，"问之，士民皆曰"龙场王夫子遗化"，王杏深为感动。加之王阳明在龙场的及门弟子汤冔、叶梧、陈文学等数十人反复恳请为王阳明立祠，于是王杏决计建阳明书院，训迪黔中士民并崇祀王阳明，故史亦多以阳明祠言阳明书院。考是时毛科、席书已去，蒋信未来，文明书院又正值荒废中落，则汤冔等之请另建书院，实属必要。

嘉靖十三年，王杏得到贵州左布政使周忠、按察使韩士英的赞助，在府城白云庵旧址创建了阳明书院。王杏亲作《新建阳明书院记》，言之诚切："赎白云庵旧基，给助之以工料之费，供事踊跃，庶民子来，逾月祠成。门庑堂室五座凡十三楹，祭田仪式亦备。……今日立祠之意为诸君告。诸君之请立祠，欲追崇先生也，立祠足以追崇先生乎？构堂以为宅，设位以为依，陈俎豆以为享祀，似矣。"① 所谓白云庵旧址，今已无考。

嘉靖二十五年（1546）贵州巡抚王学益（字虞卿，江西安福人）改建阳明书院于宣慰使司学右侧。贵州宣慰使司学，明洪武二十六年建，其地即今

---

① 嘉靖《贵州通志》。

贵阳市内东北忠烈街贵阳幼儿师范学校。阳明书院改建之由，史志未详。嘉靖中，阳明弟子胡尧时任贵州巡抚，"又新阳明书院，刊守仁所著书于贵州，令学徒知所景仰。士风为之大变。"① 隆庆三年省城程番府更名贵阳府，建贵阳府学，遂把阳明书院改为贵阳府学明伦堂。

隆庆五年（1571）贵州巡抚阮文中（字用和，江西南昌人）、按察使冯成能见阳明书院已为贵阳府学，遂与贵州左布政使蔡文、贵阳知府李濮等将阳明书院迁建于城东抚署左侧，今省府路贵山饭店斜对面。冯成能《改建阳明祠记》言，是时阳明书院已废堕，"余复为怆然茫然，即檄有司更新计。既而得地于郡城东，风气明秀，冠于黔中，若天故作之以待今日者。于是请于抚君，而诸僚大夫咸协厥议，遂各捐资鸠工，凡文武吏士，莫不翕然子来，不数月落成。"阮文中《阳明书院碑记》言之更详："昔阳明先生纠论逆瑾，谪居贵阳之龙场者三年。始至，居岩箐，与彝伈犵狑为伍。于是屏徒侣，绝书丹，尽弃昔时仙佛之见，昼体而夕思之。已而忽悟吾心本来之体，与古圣贤无殊，中夜跃然，不自知其手足之舞蹈，身之在彝落也。而道德之奥，经纶之业，咸于是乎基焉。贵阳旧有祠与书院祀先生，既而迁徙靡常，僻在委巷中。予奉命抚兹地，抵祠下，叹曰：此岂所以受先生灵者哉？檄司府为改建之。于是方伯蔡君文、宪使冯君成能协其议，命知府李濮等董其役。择军门前左空基为之，而增以民居，出赎锾以佐其费。前为享堂，后为讲堂，俱六楹。前后为左右房各四楹，前为二门，又前为大门，树桌楔于通衢，扁曰'阳明书院'，未几工告成。"冯、阮二人和提学副使万士和遂延请王阳明的再传弟子贵阳名士马廷锡（字朝笏，号心庵）出任阳明书院讲席，一时听其课者达数百人，讲学之盛，响于黔中。

明末，阳明书院被战火所毁。至清康熙十二年（1673）贵州巡抚曹申吉（字锡余，号淡余，山东安丘人）捐资在原址重建阳明书院，置图书千余卷于其中。二十一年（1682）巡抚扬雍建（浙江海宁人）易山斗堂为后堂，并建前两庑十二楹以课士。二十八年巡抚田雯（字纶霞，号山薑，山东德州人）重修，别建合一亭、传习轩五楹，集孝廉诸生读书其中。三十一年巡抚卫既齐增修学舍，躬为训课。四十五年巡抚陈诜增修，课士于中。雍正六年（1728）巡抚祖秉圭修葺。同年奉敕各省建龙神祠，巡抚何世璂（山东新城人）改阳明书院为神龙祠，七年巡抚沈廷正上书请徙龙神祠于他所，诏许之，

---

① 《贵阳府志》卷五十六。

书院又复其旧。

雍正十一年（1733）旨命各省会城设立书院，赐帑千两，赡给师生膏火。贵州巡抚元展成奉旨发帑添建学舍五十间，延师课士，置田以资膏火，并购书千卷贮书院中，遂将阳明书院改名贵山书院。《贵阳府志》载：阳明书院"自元展成重修后，遂改称贵山书院"。自此，贵山书院成为贵州最大的书院，山长多由皇帝直接任命，生员均在百人以上。乾隆年间，贵州儒学大师陈法曾主讲于书院，前后凡二十年。乾隆四十五年（1780）巡抚舒常、粮储道德隆又拓建书院。嘉庆二十五年（1820）粮储道倭臣布捐资重葺。同治八年（1869）巡抚曹璧光重修。光绪六年（1880）再加丹雘，时贵州巡抚岑毓英题书院门联云："大任从劳苦得来，愿诸君皆以天下为己任；酬知在居恒造就，效曩哲勿忘性内之良知。"

光绪二十年（1898）廷议变法，诏各省书院一律改设学堂，二十七年复下诏敦促实行，贵山书院遂废。明年贵州巡抚邓华熙设贵州大学堂其中。三十年巡抚曹鸿勋改设贵州高等学堂。三十一年巡抚林绍年将学堂改名为高等预备科，三十二年巡抚岑春蓂改设简易师范学堂。宣统元年（1909）改建贵州官立矿业中学堂。民国初，矿业学堂废，昔藏书均散佚。新中国成立前，该旧址一部分为电报局，一部分为驻军之所，新中国成立后则一直是宿舍。今原祠堂、殿房均已不存。除贵阳地区外，黔中王门后学还在贵州各地大量建设书院，从事讲学活动，传播光大阳明心学。

李渭，字湜之，号同野，明贵州思南人，王阳明的再传弟子。嘉靖年间在乡里建"为仁堂"以讲学，四方学子负笈而从，一时云集思南。嘉靖末，思南知府田稔于"为仁堂"故地建为仁书院，成为黔中又一阐扬王学的基地，开黔东北一地之学风。以后思南书院建设不断，隆庆间建斗坤节院，万历间又建大中书院，追本溯源，功在李渭。明神宗御赐联曰："南国躬行君子，中朝理学名臣。"可见李谓与为仁书院传播王学的巨大影响。

孙应鳌，字山甫，号淮海，贵州清平（今凯里炉山）人，王阳明再传弟子，黔中名巨大儒。隆庆年间于故里建学孔书院，后又建山甫书院，万历五年又筑学孔精舍，集一生学问，全力讲学，阐扬心学，始终不移弘传王学要旨。

江右王门大师邹元标（号南皋）于万历五年（1577）谪居都匀，主讲都匀鹤楼书院。邹元标去后，万历二十二（1594）邹元标在都匀的弟子陈尚象、吴铤等恳请提学徐秉正，建南皋书院以纪念恩师，使之成为黔南传播王学的中心。

另据地方史料记载，明代作为边远省份的贵州，共建有书院20余所，除以上所述之外，还有：（1）石壁书院，在平越（今福泉）府城内敬一亭后。嘉靖七年（1528）签事朱佩建。(2)中峰书院，在平越府旧卫治旁。嘉靖十三年（1534）谪驿丞陈邦敷修建。（3）南山书院，在偏桥（今施秉）卫治南。嘉靖十五年知县王溥建。（4）兴文书院，在施秉县治右，知县张月建。（5）明德书院，在石阡学宫后，隆庆六年（1572）知府京维京制建。（6）魁山书院，在贵定旧县城南，指挥使叶风邑捐建。（7）青螺书院，在毕节青螺山，万历中兵备陈性学建。（8）铜江书院，在铜仁殷家凸，弘治年间毛科建。（9）紫阳书院，在镇远府治东，嘉靖中郡守黄希英建。（10）月潭书院，在兴隆卫（今黄平县）月潭寺中，嘉靖年间建。（11）天香书院，在黎平南皋山天香阁，正德、嘉靖年间郡人何志清等建。(12)天柱的风山书院（又名天仙书院），等等。这些书院绝大部分都是在王阳明于黔中建书院讲学后创建的，且大部分都与王门有关，或建置，或讲学，或祭祀，特别是教学，大部分都以王学为宗，以心学为教，为黔中化民成俗，培育人才都作过突出的贡献。正是在这种书院氛围中，培育了汤呷、陈文学、马廷锡、李渭、孙应鳌、陈尚象等一批名流学者，他们从书院中的讲学而得王学之旨，后多又从事传播王学的学术和书院的建设与讲学活动，在国内特别是在贵州产生了很大影响。

二、王阳明与水西少数民族

根据《王阳明年谱》记载，明武宗正德元年（1506），王阳明在京师，刘瑾窃取权柄，胡作非为，矫旨将戴铣、薄彦徽等朝臣20余人逮捕入狱。年仅35岁的王阳明，目睹了刘瑾的骄横，对官场的黑暗极为不满，他不畏强权和艰险，上抗疏引救戴铣、薄彦徽等人。其文云："君仁臣直，铣等以言为责，其言如善，自宜嘉纳，如其未善，亦宜包容，以开忠谠之路。乃今赫然下念，远事拘囚，在陛下不过少示惩创，非有意怒绝之也。下民无知，妄生疑惧，臣切惜之。自是而后，虽有上关宗社危疑不制之事，陛下孰从而闻之？陛下聪明超绝，苟念及此，宁不寒心？伏愿追收前旨，使铣等仍旧供职，扩大公无我之仁，明改过不吝之勇，圣德昭布，远尔人民胥悦，岂不休哉。"王阳明的这篇疏章，义正词严，矛头直指当权派刘瑾等人，王阳明因此遭到了刘瑾等人的残酷迫害，先是被投入狱，后又被廷杖四十，几乎绝命，再后是谪官贵州龙场驿，他在赴谪途中，受尽折磨，几近于死。王阳明因得罪权贵而被贬谪到贵州龙场，在《明史》中也有记载，《明史》卷一百九十五载，"王守仁，字伯安，余姚人。正德元年冬，刘瑾逮南京给事中御史戴铣等二十余人。守仁抗章救。瑾怒，廷杖四十，谪贵州龙场驿丞。"可见，正是明代中期发生的这场政治事件，使王阳明与贵州结下了难解的奇缘。

（一）王阳明与水西少数民族的友好关系

王阳明谪所龙场驿在今贵阳市西北40公里的修文县城内，开建于明洪武十九年（1386年），为水西彝族土司奢香夫人所设。值王阳明来时，其地仍处于万山丛中，蛇虺遍地，瘴疠流行，环境异常险恶，属贵州水西彝族土司安贵荣宣慰使的辖区。王阳明到达龙场之后，驿内无法居住，就在不远的草棘丛中搭了一间极为简陋的草庵栖身。阳明在《初至龙场无所止结草庵居之》诗中对此曾描述："草庵不及肩，旅倦体方适。开棘自成篱，土阶漫无级。迎风亦萧疏，漏雨易补辑。灵濑响朝湍，深林凝暮色。"① 不久，阳明又在驿站东北3里许的龙冈山腰上，发现一个原名"东洞"的古洞。洞较宽敞明亮，遂迁居其间，改洞名为"阳明小洞天"。

正德三年（1508）春，安贵荣闻王阳明远道从中原而至，在龙场生活非常艰苦，遂主动"使廪人馈粟，庖人馈肉，园人代薪水之劳"，以尽地主之谊。阳明以"凤闻使君之高谊"，"惟罪人何可以辱守土之大夫，惧不敢当"答之，以礼谢辞。这使安贵荣对王阳明更加敬慕，故又派人送来金帛、鞍马、柴、米、炭、鸡、鹅等物，"礼益隆，'情益至"，使阳明深为感动。看到盛情难却，王阳明接受了两石米和柴、炭、鸡、鹅等物，而将金帛、鞍马等悉数退回，并写了一封热情洋溢的回信，表示感谢。② 由此开始了王阳明与安贵荣的深厚交谊。从此以后，安贵荣视王阳明为师长挚友，凡遇大事都主动求教于王阳明。

正德三年，安贵荣曾从征香炉山（在今贵州凯里市西30里），平定了苗民叛乱，被朝廷加封为昭勇将军，复升为贵州布政司右参政，但他嫌官小而怏怏不乐，欲上书朝廷请赏升职，而又犹豫不决。加之先前明朝廷在水西设

---

① 《王阳明全集》第1227页。
② 《王阳明全集》第694页。

军驿,安贵荣恶其居水西腹地,欲撤除之,但对此事亦无把握。闻王阳明在京任过兵部主事,遂于正德三年遣人至龙场以这两件事请教王阳明。王阳明为此写了《与安宣慰》第二书。信中强调:"凡朝廷制度,定自祖宗;后世守之,不可以擅改。在朝廷则谓之变乱,况诸侯乎!纵朝廷不见罪,有司者将执法以绳之,使君必且无益。纵幸免于一时,或五六年,或八九年,虽远至二三十年矣,当事者犹得持典章而议其后。若是则使君何利焉?"他指出,设军驿是朝廷制度,并非专门针对安氏而来,并以严肃的态度分析了减驿的利害得失:"不然,使君之土地人民富且盛矣,朝廷悉取而郡县之,其谁以为不可?夫驿可减也,亦可增也;驿可改也,宣慰司亦可革也。由此言之,殆甚有害,使君其未之思耶?"同时又指明了安贵荣希望奏功升职的愿望也是错误的,如再升迁,变成流官,对他没有什么好处:"所云奏功升职事,意亦如此。……夫宣慰守土之官,故得以世有其土地人民;若参政,则流官矣,东西南北,惟天子所使。朝廷下方尺之檄,委使君以一职,或闽或蜀,其敢弗行乎?则方命之诛不旋踵而至,捧檄从事,千百年之土地人民非复使君有矣。由此言之,虽今日之参政,使君将恐辞去之不速,其又可再乎!"[①] 王阳明的信分析中肯,利害分明,遂使安贵荣放弃了减驿之议和奏功之举。

同年,贵州宣慰同知宋然所辖水东的苗民酋长阿贾、阿札、阿麻在乖西(今开阳县)聚众两万,署名立号,围困红边(今贵阳市郊乌当区),袭击宋然所居之大羊场,宋然仅以身免。贵州督府命安贵荣出兵平乱,安贵荣却拥兵观望,督府三檄催促,安贵荣才勉强出兵,解红边之围后又撤兵私归,致使叛兵又重新集结,使乱事三月不息。阳明知道此事后,遂写了《与安宣慰》第三书。在信中先晓以大义:"使君与宋氏同守土,而使君为之长。地方变乱,皆守土者之罪,使君能独委之宋氏乎?"又斥其私归的错误,示之利害祸福:"使君称疾归卧,诸军以次潜回,其间分屯寨堡者,不闻擒斩以宣国威,惟增剽掠以重民怨,……朝廷下片纸于杨爱诸人使各自为战,共分安氏之所有,盖朝令而夕无安氏矣。"最后力劝安贵荣迅速出兵平乱:"使君宜速出军,平定反侧,破众谗之口,息多端之议,弭方兴之变,绝难测之祸,补既往之愆,要将来之福。"[②] 结果安贵荣从其言,再次出兵平息了这场叛乱,保护了贵阳及周边地区的安宁,此事史称"尺牍止乱"。

---

① 《与安宣慰书》,《王阳明全集》第 802 页。
② 《与安宣慰第三书》,《王阳明全集》第 804 – 805 页。

王阳明三致安贵荣书，反映了阳明与龙场少数民族首领之间的友好关系，说明了作为少数民族首领的安贵荣对王阳明的尊重和敬佩。王阳明通过书信，表达了他对少数民族上层人士安贵荣的真诚友情，促进了民族的团结和进步，同时也维护了明王朝的统一以及边疆民族地区的稳定。

王阳明谪居龙场期间，与水西少数民族不论是其首领，还是一般群众，其相处关系都是友好的、和谐的，交往都极为密切，友情也十分深厚。王阳明到达龙场时，正值山中春意盎然，当地少数民族好客而又热情，见王阳明远道而来，都扶老携幼前来探视，阳明亦以礼待之。尽管双方服饰不同，语言不通，习俗各异，但是当地少数民族纯朴真诚的民风，粗犷豪爽的性格，却给阳明留下了深刻的印象。他在《居夷诗》中对此作了很多描述："群獠环聚讯，语庞意颇质。…夷居虽异俗，野朴意所眷。…寥落荒村灯事赊，蛮奴试巧剪春纱。""田翁开野教新犊，溪女分流浴种蚕。"在从者生病时，明阳亲自采蕨、砍柴、汲水、煮饭、浇园，直至请学于农，种田南山。其《居夷诗》写道："夷俗多火耕，仿习亦颇便。""下田既宜月余，高田亦宜稷。种蔬须土疏，种蓻须土湿。…去草不厌频，耘禾不厌密。…即是参赞功，毋为轻稼穑!…'采蕨西山下，扳援陟崔鬼。""薪水良独劳，不愧食吾力。"从这些诗句，可以看出王明阳亲自参加了各种生产劳动，向当地少数民族群众学习农业生产技术。通过平凡的劳动，艰苦的生活，王阳明与当地"夷民"日益接近，同时亦因王阳明为人谦虚，性情诚挚，态度和蔼，当地"夷民"争相与之亲近，在生活、劳动各方面给予王阳明很多帮助，双方逐渐建立了深厚的感情。

是时，都御史王质巡抚贵州，借口王阳明傲视朝廷地方官府，遣人至龙场凌侮王阳明，不料却引起当地苗彝诸乡民的公愤，他们把差人围困起来羞辱并痛打之，最后将差人赶出龙场。差人向王质告状，王质大怒，要王阳明认错谢罪，王阳明不畏强权，根本不予理睬。后赖王阳明的同乡时任贵州按察副使的毛科从中调解方罢。《王阳明年谱》载其事："思州守遣人至驿侮先生，诸夷不平，共殴辱之。守守大怒，言诸当道。毛宪副科令先生请谢，且喻以祸福，先生致书复之，守惭服。"[①] 王阳明在《答毛宪副》书中大义凛然，剀切陈辞："废逐小臣，所守以待死者，忠信礼义而已，……某之居此，盖瘴疠蛊毒之与处，魑魅魍魉之与游，日有三死焉；然而居之泰然，未尝以

[①] 《王阳明全集》第1228页。

动其中者，诚知生死之有命，不以一朝之患而忘其终身之忧也。太府苟欲加害，……则亦瘴疠而已尔，蛊毒而已尔，魑魅魍魉而已尔，吾岂以是而动吾心哉！"① 王阳明决心置生死于度外，拒不向权贵屈服，表现了他刚直不阿，坚持正义的大无畏精神。而王质慑于公论民心，未敢加害王阳明。这场冲突中，龙场苗彝诸乡民见义勇为，很好地保护了王明阳的人身安全。通过这件事，王阳明更深深地感到当地少数民族内心的朴实善良和嫉恶如仇的耿直性格，而当地少数民族也更加敬佩王阳明的刚正骨气和光明磊落的英雄气概，双方愈加相互理解、相互信任、相互支持，彼此诚心相与，肝胆相交。数月之后，当地苗彝诸乡民看到王阳明仍居住在阴暗潮湿的龙冈山石洞中，遂砍树伐木，不到一月，即为王明明构筑了几幢木屋，王阳明喜出望外，分别把木屋命名为"何陋轩"、"君子亭"、"宾阳堂"和"龙冈书院"。《王阳明年谱》载："（阳明先生于洞中）居久，夷人亦日来亲狎，以所居湫湿，乃伐木构龙冈书院及寅宾堂、何陋轩、君子亭、玩易窝以居之。"② 由此可见，当地少数民族的确在食、住、行等方面给予了王阳明以巨大的帮助，使王阳明深为感动，心情逐步坦然愉快。他与当地苗彝诸乡民，时而一起郊游，时而一起聚谈，时而一起饮酒："宴适岂专予，来者得同憩。""起来步间谣，晚酌檐下设。尽醉即草铺，忘与邻翁别。""村翁或招饮，洞客偕探幽。"足见王阳明与当地少数民族亲密无间的友好关系。从他的"夷居信何陋，恬淡意方在。""蛮乡虽瘴毒，逐客犹安居。""山泉足游憩，麋鹿能友予。…投荒万里入炎州，却喜官卑得自由。地无医药凭书卷，身处蛮夷亦故山"等诗句，足见王阳明对当地"夷民"和那里的山山水水产生了眷恋之情，以至他于正德五年初离开龙场时，心中还恋恋不舍，"远客天涯又岁除，孤航随处亦吾庐。也知世上风波满，还恋山中木石居。"③ 他离黔所写的这首《舟中除夕》诗就真切地流露了对龙场山居的怀恋之情。

（二）王阳明开教水西与心学初步传播

总的来说，王阳明虽然受到少数民族淳朴心态和耿直性格的感染，但是他毕竟更多的是接受传统汉文化影响。这样，王阳明对少数民族的态度也就

---

① 《王阳明全集》第 801－802 页。
② 《王阳明全集》第 1228 页。
③ 以上诗句，见《王阳明全集》第 697、702－704 页。

变得十分复杂，呈现出两种不同的侧面。一方面，在思想观念上仍有明显的所谓华夷之分，在其诗文中对少数民族仍沿用传统汉文化的称谓，如"蛮貊"、"群獠"、"蛮夷"等；在一些重大的社会问题如边疆少数民族起义造反之类，更多的是站在明王朝的立场，视之为祸端加以斥责，诸如在龙场时写信给安贵荣，叫他平定了水东苗民的造反。但仔细分析，亦可看出，这其中既有华夷之辨的传统意识，也有一些特殊情况。主张安贵荣出兵平息水东苗民的造反，主要还是从维护贵州的安定，防止民族分裂的愿望出发的。

另一方面，在当时具有更为重要意义的是，王阳明在龙场从其儒家心学"性善论"出发，提出"人性之善，天下无不可化之人"①的观点。他认为"心即理"，人之本心即是至善，此心此理人人皆有，故圣贤与凡夫之间并不存在一条不可逾越的鸿沟，区别仅在于修炼程度和本心复明程度的不同，只要"在身心上做，决然以圣人为人人可做"②。因此他在《何陋轩记》中，深刻剖析了龙场少数民族的内在本质，批驳了那种"居夷鄙陋"和"蛮夷不可化"的谬论，认为对苗彝诸少数民族只要通过教化，诱导他们认识本心，都可以成圣成贤。所以他并不因为龙场苗彝诸土民"结题鸟言，山栖羝服，无轩裳宫室之观，文仪揖让之缛"，"崇巫而事鬼，渎礼而任情，不中不节"而有所嫌弃，而认为他们"犹淳庞质素之遗焉"，"其好言恶詈，直情率遂"，"方若未琢之璞，未绳之木，虽粗砺顽梗，而椎斧尚有施也，安可以陋之？"正因为他们有此"淳庞质素"，所以如果对他们施以教作，"其化之也盖易"。③基于以上观点，王阳明对少数民族抱以亲善友好、诱导教化的态度，并不因来自"上国"（京城）而自以为是，也不因身为朝廷命官而傲视龙场乡民，更不因是大汉民族而轻视黔中少数民族，相反，他与龙场苗、彝诸少数民族朝夕相处而不以为陋。王阳明的这一观点对于当时贵州少民族群众解放思想，使之认识自己的力量，发扬人的主体精神，的确是起到了巨大的鼓动和催化作用。

王阳明在龙场悟道之后，旋即在当地传道讲学。他的足迹几乎遍及今修文县全境，留下了草庵、阳明小洞天、南山、龙冈书院、君子亭、玩易窝、天生桥和六广驿等遗迹和遗址，特别是他修建的"何陋轩"、"君子亭"、"龙

---

① 《王阳明全集》第894页
② 《王阳明全集》第120页
③ 《王阳明全集》第891页

冈书院"等，向人们讲授心学，成为了贵州十分重要的阳明文化遗迹。龙场驿始建于明洪武年间，从未有过学舍。为报达当地"夷民"的厚爱，王阳明在龙场创建龙冈书院，不知疲倦地"讲学化夷"，深得当地"夷民"及其诸生的敬服。王阳明离开龙场后，当地苗彝诸乡民对他非常怀念，把龙冈山奉为圣地，相约不在山上放牧采樵。故今龙冈山树木茂盛青翠，似象征着王明阳与龙场少数民族的友情万古长青。此外，王阳明在龙场还应安贵荣之请，欣然为水西苗彝人民崇奉的象祠（位置在今黔西县东 30 余公里的麟角山上）写了著名的《象祠记》，表明了他对当地少数民族风俗习惯的尊重。这篇名作既表达了他对当地少数民族的真挚感情，也是他与当地少数民族友好关系的历史见证。明隆庆年间，水西彝族安氏第七十八世，贵州宣慰使安国亨（彝名"宝锡斐糯"），代表当地各族人民的愿望，在王明阳居住过的龙冈山阳明洞的石壁上镌刻了字径盈尺的"阳明先生遗爱处"七个大字，并于洞内石壁刻下诗文："驻马空林下，耽幽此地偏。有星天下夜，无雨昼飞泉。云鹤青天杳，溪欧白日眠。苍苔封古字，踪迹羡前贤。"深深表达了他对王阳明的仰慕之意和怀念之情，同时也证明了王阳明在龙场撒下了民族友爱的种子。

　　王阳明在龙场利用书院讲学授徒，以进行其心学启蒙教育。王阳明到达龙场不久，即在当地苗彝诸乡民的帮助下创建了龙冈书院，遂使落后闭塞的龙场书声朗朗，礼仪顿开，风气为之一变。王阳明在龙冈书院讲学，弘扬了孔子"有教无类"的教育主张，吸收了很多苗、彝、布依、仡佬等少数民族子弟进入书院攻读，对他们一视同仁，耳提面命，谆谆教诲，使他们得以接受心学思想的教化，从而大大提高了他们的文化素质和思想素质。

　　王阳明在教育方法上亦有独到之处，他不像一般教习沉溺于经书讲解、词章记诵，而是着重道德修养，使生员先立必为圣人之志。他在龙冈书院所写的《教条示龙场诸生》一文中，提出了"立志、勤学、改过、责善"的治学方法，把"立志"置于为学之先，指出："志不立，天下无可成之事。……故立志而圣，则圣矣；立志而贤，则贤矣。"[1] 这种先树立人生奋斗目标，从德育入手，进而加强智育的方法，对于以往少受教育、文化落后的贵州诸生，尤其是少数民族子弟来说，无疑是一种很大的鼓舞。同时王阳明的教学形式也生动活泼，多姿多彩，即使在课余与诸生闲坐、聚饮或郊游时，也不忘对他们施以心学教育。这在他的《居夷诗》中多有反映："门生颇群集，樽罍亦

---

[1] 《王阳明全集》第 974 页

时展。""林行或沿涧，洞游还陟巘。月榭坐鸣琴，云窗卧披卷。淡泊生道真，旷达匪荒宴。岂必鹿门栖，自得乃高跣。""分席夜堂坐，绎蜡清樽浮。鸣琴复散帙，壶矢交觥筹。夜弄溪上月，晚陟林问丘。""讲习有真乐，谈笑无俗流。缅怀风沂兴，千载相为谋。""富贵犹尘沙，浮名亦飞絮。磋我二三子，吾道有真趣。""坐起咏歌俱实学，毫厘须遣认教真。"① 王阳明讲授心学不拘形式，唯求道真、道合，与诸生共谋圣贤之道，便有"真乐"、"真趣"，"散帙"、"披卷"、"讲习"、"记问"、"谈笑"是如此，"浮樽"、"投壶"、"漫游"、"鸣琴"、"歌咏"亦皆然。王阳明这种先立本心之大者及其生动活泼的心学教育方法，恰恰适应了贵州苗彝地区人士朴质少文的文化水平，这是阳明心学在黔中广泛传播和影响的重要原因。

王明阳在贵州不仅利用书院对诸生进行心学启蒙教育，还很重视对当地少数民族士民的"化导"和"训诲"。在王阳明去世后第六年，其私淑弟子、巡按贵州监察御史王杏在《新建阳明书院记》一文中对此有很生动的记载："（阳明）先生抵龙场，履若中土，居职之暇，训诲诸夷。士类感慕者，云集听讲，居民环聚而观如堵焉，士习用变。意者文教将暨遐方，天假先生行以振起之乎？嘉靖甲午（1534年），予奉圣天子命出按贵州，每行都闻歌声，蔼蔼如越音。予问之士民，对曰'龙场王夫子遗化也。'且谓夫子教化深入人心，今虽往矣，岁时思慕，有亲到龙场奉祀者。"② 可见阳明对当地少数民族不乏"训诲"、"化导"，使之了解做人的道理，知道如何改变不良风尚和陈规陋习。此外，王阳明还重视对少数民族士民的"乐教"和"礼教"，以乐教作为陶冶情操的手段，以礼教移风易俗，认为"其栽培涵养之方，则宜诱之歌诗以发其志意，导之习礼以肃其威仪"。王阳明乐教的方法是以歌诗教少数民族反复吟唱，以此形式既克服了双方语言不通的障碍，又易懂、易记、易诵。由于王阳明是浙江人，他教唱的歌诗带有乡音，故王杏来到贵州听到士民唱的歌诗是"蔼蔼如越音"。至于王阳明在黔中以礼教化俗之功，明隆庆间，贵州巡抚阮文中在《阳明书院碑记》中言之甚明："始贵人士未知学，先生与群弟子日诵良知之旨，听者勃勃感触，日革其浇漓之俗而还诸淳。迩者衣冠济济，与齐鲁并，先生倡导之德，至今不衰。"由此可见，王阳明在龙场传道化俗，教化士民的献身精神，的确是值得称道的。

---

① 《王阳明全集》第697-713页
② 嘉靖《贵州通志》。

王阳明在龙场悟道并讲学，名声大振，慕名前来贵州龙场聆听王阳明讲学的人，既有龙场本地人，也有外地乃至外省人；既有汉族人，也有很多少数民族人士；既有地方官员，也有普通百姓。例如，湖南人蒋信、冀元亨、刘秉鉴等不远千里，前来龙场求教，大有所得而归。当地乡民前来聆听王阳明讲学的人也越来越多，贵州诸生前往龙场求学于阳明门下，学有所成的人很多，主要有陈文学、汤𫐄、叶梧等人。王阳明在龙场的学生，成为贵州王阳明后学的第一代弟子，也是贵州阳明文化的第一批传播者，通过阳明及其首批弟子的努力，阳明心学首先在贵州龙场得到了传播

（三）王阳明与象祠

王阳明《象祠记》全文云：

灵博之山有象祠焉，其下诸苗夷之居者，咸神而事之。宣慰安君因诸苗夷之请，新其祠屋，而请记于予。予曰："毁之乎？其新之也？"曰："新之。""新之也，何居乎？"曰："斯祠之肇也，盖莫知其原。然吾诸蛮夷之居是者，自吾父吾祖溯曾高而上，皆尊奉而礼祀焉，举之而不敢废也。"予曰："胡然乎？有庳之祠，唐之人盖尝毁之。象之道，以为子则不孝，以为弟则傲。斥于唐而犹存于今，毁于有庳而犹盛于兹土也，胡然乎？我知之矣，君子之爱若人也，推及于其屋之乌，而况于圣人之弟乎哉？然则祀者为舜，非为象也。意象之死，其在干羽既格之后乎？不然，古之骜桀者岂少哉？而象之祠独延于世，吾于是益有以见舜德之至，入人之深，而流泽之远且久也。象之不仁，盖其始焉尔，又乌知其终不见化于舜也？《书》不云乎：'克谐以孝，烝烝乂，又不格奸，瞽瞍亦允若'，则已化而为慈父。象犹不弟，不可以为谐。进治于善，则不至于恶；不抵于奸，则必入于善。信乎，象盖已化于舜矣！孟子曰：'天子使吏治其国，象不得以有为也。'斯盖舜爱象之深而虑之详，所以扶持辅导之者之周也。不然，周公之圣，而管、蔡不免焉。斯可以见象之既化于舜，故能任贤使能而安于其位，泽加于其民，既死而人怀之也。诸侯之卿，命于天子，盖周官之制。其殆仿于舜之封象欤？吾于是益有以信人性之善，天下无不可化之人也。然则唐人之毁之也，据象之始也；今之诸夷之奉之也，承象之终也。斯义也，吾将以表于

世，使知人之不善，虽若象焉，犹可以改；而君子之修德，及其至也，虽若象之不仁，而犹可以化之也。"①

王阳明《象祠记》中所指的"象祠"到底在什么地方？王阳明当时并没有具体说明，因而历来一直扑朔迷离、众说纷纭：湖南人民出版社1982年出版的《古文观止》、岳麓书社2002年出版的《古文观止》和北京市中国书店1982年出版的《古文观止》在《象祠记》注释中都称："灵博山：二山名，即灵鹫山、博南山，均在云南境内。"而吉林人民出版社1981年出版的《古文观止译注》、安徽教育出版社1984年出版的《古文观止全注》、海南国际新闻出版中心1995年出版的《古文观止》和中国言实出版社2002年出版的《古文观止》，在《象祠记》的注释中皆谓：灵博山在贵州省黔西县。那么，象祠到底在哪里呢？根据我多年（从1995年至今）的考证，象祠就在今贵州省黔西县素朴镇的九龙山上。

王阳明谪居龙场期间，于正德三年（1508）曾应当时贵州宣慰使、水西彝族土司安贵荣之请而作著名的《象祠记》。象是何人？何为象祠？象是古虞舜的同父异母兄弟傲象，象祠是奉祀象的祠庙，当地人称"水西安氏祠堂"。

为什么建象祠奉祀象？象初时不仁，其瞽子父亲冥顽不明是非，象母愚蠢而又狠毒，象则骄横险恶，曾数次谋害舜，舜都死里逃生。据《史记·五帝本纪》记载，一次象"使舜上涂廪，瞽叟从下纵火焚廪，舜乃两笠自扞而下去，得不死"。又一次，"又使舜穿井……舜既入深，瞽叟与象共下土实井，舜从匿空出去"。如是者再三，而舜从不予计较，对象非常宽容。据广为流传的《蒙学十篇·二十四孝》记载："虞舜，瞽瞍之子，性至孝。父顽，母嚚，弟象傲。舜耕于历山，有象为之耕，鸟为之耘。其孝感如此。帝尧闻之，事以九男，妻以二女，遂以天下让焉！"尧禅位舜后，舜封象于有鼻（又称"有庳"，在今湖南道县北）国君（诸侯），还派官吏帮助他治理。经舜以德感化，象痛改前非，判若两人，"故能任贤使能而安于其位，泽加于其民，既死而人怀之。"据史志记载，古代建祠庙以奉祀象，除黔西象祠外，还有两处。据《括地志》载，今湖南道县北建有"鼻神亭"。《舆地志》载，湖南零陵郡应阳县东建有"象庙"。今"鼻神亭"和"象庙"均已不存于世。王阳明指出："然则祀者为舜，非为象也。"这就是说，祭祀象实质上是祭祀舜。

---

① 《王阳明全集》第893—894页

王阳明以渊博的历史知识，揭示了对待象及象祠的两种完全不同的态度："有庳（鼻）之祠，唐之人盖尝毁之"。这从唐代文学家柳宗元作的《道州毁鼻亭神记》中可找到依据，那里的鼻神亭早在唐代中期就已"撤其屋，墟其地，沉其主于江"。与毁鼻神亭相反，黔西灵博山象祠却久祀不衰，保存时间最长。王阳明深刻地分析了其中的原因，"唐人之毁之也，据象之始也；今之诸夷之奉之也，承象之终也"。唐代人毁象庙，是根据象的前期表现；水西苗彝之民尊崇象，并建祠奉祀，是根据象功大于过的后期表现，王阳明高度赞扬和充分肯定水西人民保护象祠的举动和奉祀傲象的文化意义。他的这种历史文化观，对于我们辩证地评价历史人物，正确地对待有价值的历史文物仍有现实的指导意义。

　　象祠究竟建于何时，因年代远，难以稽考，正如安贵荣对王阳明所说："斯祠之肇也，盖莫知其原。然吾诸蛮夷之居是者，自吾父吾祖溯曾高而上，皆尊奉而祠祀焉，举之而不敢废也"。象既为舜之同父异母弟，他生活的年代最迟应是公元前21世纪之末，至今至少也有4000年的历史。按象之"既死而人怀之"，建祠供奉的推论，则祀象之俗至今亦有4000年左右。又按《象祠记》中有鼻（庳）之象庙曾为"唐之人盖尝毁之"的论述，则该庙当建在唐代之前。

　　那么，水西象祠当始建于何时呢？据今编《黔西县志》记载，象祠约建于隋至明初①，而根据我的考证和推断至少应在蜀汉时期。据史书记载，水西安氏为彝族六祖默部德施氏的后裔，入主水西并世长其土已有1400余年，直至明初归附中央朝廷后才赐安姓。据道光《大定府志》等史志记载：水西安氏自东汉初年即已进入贵州水西地区居住。其一世始祖为"彝族六祖"之一的默部慕齐齐，至其十二世德阿施使部落称雄滇东北，故后世以其名"德施"称系。汉光武帝中晚年（36—57年），其二十世勿阿纳率部由云南会泽迁入贵州水西。至蜀汉建兴三年（225）诸葛亮南征孟获，其二十五世妥阿哲，汉文志书称为"济火"或"火济"者，"通道积粮以迎武侯"，"武侯封为罗甸国王"。明洪武年间，其六十六世霭翠及夫人奢香归附明朝，被封为贵州宣慰使，为武职，从三品，明太祖赐其子阿期陇的安姓，史称安的，水西安姓由此始。奢香死，霭翠子安的立，子孙遂以安为姓。传至七十四世安贵荣（彝名"布局直罢"）袭任贵州宣慰使职，乃将象祠修葺一新，并请王阳明作

---

① 见《黔西县志》第610页，贵州人民出版社1990年版。

《象祠记》。根据彝族崇拜祖先的宗教习俗,则黔西麟角山象祠的修建当在彝族进入水西地区之后,就从蜀汉时期算起,至今已有 1780 多年。明代安贵荣重修象祠,正是远古彝族宗教习俗的继承和延续。

象祠位于今贵州黔西的麟角山主峰上。《象祠记》开篇句是"灵博之山,有象祠焉。"据《皇朝通典》记述,灵博山,在黔西。清道光《大定府志》载"当在水西境内"。据考,黔西地方在明代只有"麟角山",没有"灵博山"。殆因"麟角"与"灵博"近音而误。至今当地寨老还有"银角山"、"云鹤山"之忆。

麟角山,在今贵州黔西县东 30 公里素朴镇(原牛场乡)九龙村,这里是黔西北通往贵阳的要道,处于"龙场九驿"的六广驿和谷里驿站中间,各距 30 里左右。"山势若龙,角目宛然",松柏苍翠、秀丽非凡,明代的"龙场九驿"道路由此通过,该山在起伏众山之中,有一峭壁峥嵘的山峰耸立,形似"麒麟角",故名"麟角山",海拔 1299 米。主峰峭壁之下,有一天然洞穴,气候变化时洞穴吐雾吞云,人称"龙嘴"。洞前开阔草地两端,对称各有一根独立挺拔的石笋,相距约 28 米,石笋高约 12 米,周长 10 米左右,人称"麟角"或"龙角",惜右边石笋于民国 22 年(1933)农历四月八日晚被雷击断。两根石笋下有井,水质清洌,常年不竭,称为"龙眼"。整个主峰形象"龙头"。"龙头"之后蜿蜒起伏的山峰活像"龙身"。加上四周的起伏众山,大有一峰翘首,八山相从,宛若九龙腾飞,故又称为"九龙山"。灵博山曾经以其山形奇特,树古林幽,楼阁重叠,远近闻名,被誉为"黔邑挺秀佳景,水西拔萃奇观"。清光绪年间黔西诗人白启钫(黔西素朴人,号世熙,笔名眠叟,长期在郡中宏济书院讲学)有《九龙山赋——赋得"龙盘虎踞,地灵人杰"》赞曰:

地处八寨,山号九龙。夸气势之磅礴,瞰秀色之葱茏。首昂昂而棱触霄汉,角峥峥而锷犯太空。日露电而光闪烁,鼻聚瑞而雾蒙浓。姿蜿蜒形张七曲,势盘旋态奋九重。喜鳞甲之栉比,欣爪尾之蒙茸。长居地维,巧夺天工。得风云之际会,必九五于苍穹。致若:龟伏狮啸,凤舞龙蟠,象峰驼岭,鹤岫蛟峦。雄独峙于中级,列朝拱于八瑞。大营坡,似将帅而待卫;歪嘴山,如宰辅把令传。田拱镜于当门,水环抱于各弯。林送青于绿野,云铺锦于碧阁。牛心如茗香之宝鼎,天马似系辔之雕鞍。若抱金钝,水绕玉环。为黔邑挺秀佳景,是水西拔萃奇观。欣赏:琅苑琼宫,梵都佛府,麟角凤毛,鹤汀凫渚。建樟刹于是乡,拓祇园于斯土。依山作柱,傍石为础。倚危岩以架栏,随奇峰而竖堵。修灵霄之危巅,造楼台于险埔。辟鸟道于右侧,陈玉阶于左股。廊腰缦廻,簷牙高吐。覆道行空,龙翔凤舞。细凿精雕,神工鬼斧。梵音扬东海之波,佛号慑南山之虎。群鸟下而不飞,诸兽闻而不舞。红袖青衫,接踵相睹。

佳哉!擎天立地,励山带河。草木畅茂,覆盖龙山。云霞秀丽,卷舒麟角。耳泉涛之淙淙,听松声之謇謇。蜂喋琴管,鹊鸟笙歌。山如碧浪,禾似青波。鼓鸣蛙颡,瑟韵蟋蟀。雪压寒山,莽莽银龙飞玉岫;月移翠岭,对对青蜺走金梭。寻芳有挺秀之美景,览胜具天然之幽壑。问之:梁州外徼,禹贡边地。史误三苗之区,签有南夷之誉。鬼方耀武于殷时,牂柯雄于周季,为鳖国之故都,是夜郎之辖宇。追卢国于周王,建鳖县于秦帝。郡置犍为,汉武帝之雄才,国封罗甸,济济火之忠义。隋并牂州之域,唐为龚州之御。国罗施于宋末,司顺元于蒙起。夸四八土目之雄,统百二蛮裔之巨。喜九驿之开拓,隆四省之联系。肇鼻祠于明期,辟梵宫于清季。水西授首,府州新缔。阅历代之兴亡,感沧桑之变异。巍然!危岩一拳,傑阁三层。景夺黔郡,势冠百城。阁称玉皇,庙号观音。大殿列十八罗汉,莲台坐丈六金身。擎宝杵之韦驮,捧净瓶之慈尊。或帝或玉,雕琢精萃;或佛或圣,塑造逼真。汉寿亭侯,蚕眉凤眼;惠珉大帝,俊俏威灵。看三皇之遗像古老,睹四王之面貌狰狞。蕴藻藏玄,神牵隐士之癖;连苍接翠,景销骚客之魂。

余闻之:既钟灵秀,必有奇人。莫谓南蛮鴂舌,必毓命世豪英。建夜郎之竹王,拓文化之舍人。续礼乐之付宝,播教化之尹真。佐汉兴之济火,开明鼎之沐英。普贵纳统一之土,何珂造题书之文。僕夜建罗施之国,阿纳创卢鹿之勋。奢节抗刘口之暴,阿画佐元帝之能。霭翠权口水,显独立之范;奢香拓九驿,辟文化之津。嘉忠义之万镒,赞虚怀之贵荣。服仇胜祖,御侮安坤。官居言路之御史,权握中枢之恭勤。且多乡土之士,更有外隅之人。杨慎有水西之咏,守仁有象祠之文。写香苏之兰雪,咏蛮娃之余君。设三桂之将迹,文彪归隐;恭山川之壮丽,洪安翰金。旖欤休哉!徉徜宇宙,历世千百。山川不改,文物增色。烟景迷弥于长空,楼阁争辉于地口。

栏花口口，沐口四季之风；暮鼓晨钟，敲残八口之月。闲闻诗咏，静听佛偈。饱久渴之眼福，阔胸襟之气魄。心醉口口之美，口口古今之设。既有感于兰亭，忽惊心于梓泽。雄具虎跃龙蟠之势，更显形奇景美之节。非九五之飞龙，罗百中之奇特。谁织拔天之资，而行山灵之侧。有风云之聚会，必升腾于天阙。

又白启钫《游九龙山》诗云：

携朋再访九龙山，磅礴崔嵬甚状观。依岫楼台上下出，参天松柏远近连。灵山象祠留青史，隐士高僧结白莲。睁眼昂头窥霄汉，风雷凭借欲飞天。

晚清郡人李玉泉《咏九龙山》诗云：

久涉名山景，黔中甲九龙。挺身陪知己，畅游碧芳丛。举足历近壑，缓步阅群峰。拔地龙姿健，刺天锷势雄。松苍缘罗黛，草翠碧蒙茸。阁高云似鹤，山秀石幡龙。好景观不尽，披扇笑春风。

在明代，这里就有热闹的牛场街，日销猪牛肉5案。街的四周乡间，有8个寨子和同知衙院，街上寨内多居住彝族。麟角山主峰处建有象祠，每年有许多苗彝群众上山朝拜，香火不断。明正德初年，安贵荣将其翻新，王阳明的《象祠记》即为此而作。这是古代名人对灵博山象祠最权威的考察和记叙。这篇记文，使后人对象及象祠有所了解。

清康熙四年（1665）吴三桂"剿水西"，象祠被毁，牛场街和8个寨子被夷为平地，战死和被大量屠杀的苗彝乡民，埋成12座"万人坟"。吴三桂手下武将傅文彪看破红尘，隐居此山中。同年，水西城改置黔西府治，二十三年（1684）降府为州治。其后黔西当政者倡导修建寺庙，牛场地方人民遂积资在象祠遗址新修庙宇，取名"玉皇阁"，将麟角山改名"九龙山"。乾隆《贵州通志·古迹》载黔西州学正钱霖《黔西古迹考》云："九龙山在州东南五十里，山势若龙，角目宛然。一龙昂首，状甚峥嵘，上有古庙，传为明初建。八龙下伏，若俯首听命，松柏苍翠，秀丽宛然。水西之山，实甲于此。"自乾隆时起，人们在山上先后增建佛寺，招留和尚住持，晨钟暮鼓，香火兴旺。咸同年间，寺庙又毁于战乱。民国 6 年（1917），川人邓洪安倾资重修庙宇，塑佛像百余尊，恢复香火，自己于此出家当住持和尚。当时寺庙共有殿堂 39 间，占地约 900 余平方米，从山下至山上共有四重：地藏殿、大雄宝殿、观音殿、玉皇阁，整个寺庙金碧辉煌，每逢庙会，善男信女，络绎不绝，佛教极一时之盛。抗日战争时期，当政者在象祠遗址后二级阶处修建一方角亭，供孙中山像和抗战阵亡将士牌位。其后和尚还俗，佛像被毁，香火冷落。由于无人管理，树林被伐，山石裸露，殿宇垮塌，木料被拆，这一具有很高人文价值的古麟角山的秀丽风景逐渐消失。

至于王阳明是否亲自去过地属水西境内的麟角山，因无史料记载，至今未有定论。从王阳明《象祠记》中"灵博之山有象祠焉，其下诸苗夷之居者，咸神而祠之"的语句来看，阳明似乎去过麟角山。王阳明谪居龙场期间，曾经过陆广河到达黔西，其《陆广晓发》一诗可以证之：

　　　　初日瞳瞳似晓霞，雨痕新霁渡头沙。
　　　　溪深几曲云藏峡，树老千年雪作花。
　　　　白鸟去边回驿路，青崖缺处见人家。
　　　　遍行奇胜才经此，江上无劳羡九华。

诗中描写了陆广河畔初日晓霞、老树残雪、白鸟驿路、青崖人家的优美景色，赞美其景色不次于佛教圣地九华山。六（陆）广位于修文县西北 50 里的鸭池河畔，古设六广驿，是龙场驿去水西的必经通道。今在阳明先生当年的陆广晓发处建有渡口，渡口上塑有巨型阳明先生石像一座，像旁建有独具民族风格的休闲旅游建筑，陆广河峡谷旅游今已成为省内著名的旅游热线。从六广渡口上游的白马滩至下游的黄沙渡，河段全长 30 余公里，有自然和人文景观 40 余处，有"七峡四十景"之称誉。

六广驿在明代属于"龙场九驿"之一。《明史·土司传》云："（奢香）开偏桥、水东以达乌蒙、乌撒及容山、草塘诸境，立龙场九驿。"奢香（1358—1396），彝名舍兹，明洪武年间贵州彝族默部水西（今黔西北）君长、贵州宣慰使霭翠之妻。洪武十四年（1381）霭翠病逝，因其子年幼不能承袭父职，由奢香代袭贵州宣慰使一职。明廷驻贵州都指挥使马烨，企图消灭水西地方势力，代以流官，郡县其地，以达到邀功朝廷并专横贵州的目的，于洪武十六年（1383）编造借口将奢香抓到贵阳，叫军士扒开奢香的衣服当众鞭打她的后背，这就是有名的"裸香衣而笞其背"事件，妄图以此激怒奢香，使她率彝族48部反明，那样，他就可以师出有名，对水西大动干戈了。水西48部兵甲得知此事，一片反声，誓为奢香雪耻，战争一触即发。但奢香深明大义，强压怒火，阻止了这场战争，避免了水西人民的空前灾难。奢香骑马进京面圣，揭露了马烨的阴谋。朱元璋大怒，立即召回马烨，将其下狱，而对奢香给以国礼待之。奢香为报朝廷恩泽，回贵州后乃修"龙场九驿"，开拓了贵州的交通。洪武二十三年（1390）奢香将独子阿期陇的派到南京入京师太学读书。两年后，阿期陇的学成回黔，朱元璋赐之三品朝服和袭衣金带，并赐姓为"安"，汉名"安的"，洪武二十九年（1396）奢香病逝，时年38岁，明廷派使臣到水西参加其葬礼，朱元璋加谥奢香为"大明顺德夫人"。

"龙场九驿"是指龙场驿（今修文县城）、六广驿（明水西三大渡口之一）、谷里驿（今黔西县谷里镇）、水西驿（今黔西县城）、奢香驿（今黔西与大方县交界的西溪河畔，故又名西溪驿，因纪念奢香开创之功而称奢香驿）、金鸡驿（在奢香驿之西35里，因其地有金鸡山而得名，在今大方境内）、阁鸦驿（在今大方城西15里许）、归化驿（在大方县与毕节县毗连的归化河边）、毕节驿（龙场九驿的终点）。龙场九驿打通了川滇通道，北可通达四川，南可经乌撒而达云南。明万历《贵州通志》第二十四卷《艺文》载阳明诗18首，其中有4首为今版《王阳明全集》未收，而其中2首则与龙场九驿中之谷里、金鸡二驿有关：《宿谷里》诗云：

石门风高千树愁，白云猛触群峰流。
有客驱驰暮未休，山守五月仍披裘。
饥鸟拉沓抢驿楼，迎人山鬼声啾啾。
残月炯炯明吴钩，竹床天眼起自讴。

谷里驿，距今黔西县城17公里，明初为"龙场九驿"之一，明崇祯八年（1635）建谷里堡。清属黔西州崇善里，清末为川盐"仁岸"运输要站。民国十六年（1927）建谷里镇。从此诗来看，当时王阳明到达谷里驿，时值春夏之交的五月间，但当地仍然寒气逼人，以至人要"仍披裘"。阳明《饭金鸡驿》诗云：

金鸡山头金鸡驿，空庭芳草平如席。

瘴雨蛮云天杳杳，莫怪金鸡不知晓。
问君远游将抵为？脱粟之饭香如饴。

从以上两诗来看，阳明应是经陆广驿，到谷里驿，再到金鸡驿的，金鸡驿在今大方县境内。由此可证王阳明是到过黔西，并从东向西通过水西古驿道，经过黔西全境而到达大方境内的金鸡驿。显然，王阳明的行走路线是从六广驿出发，进入黔西境内，途经牛场（今素朴）、谷里、水西（今黔西县城）、西溪而至大方境内的金鸡驿。从王阳明《陆广晓发》、《宿谷里》、《饭金鸡驿》等诗的内容来看，王阳明应是由陆广西行渡过鸭池河去水西。而麟角山距陆广仅有30里，一水之隔，且又在驿道之上，王阳明渡过鸭池河去水西之麟角山，完全是有可能的。

《象祠记》从水西苗、彝民翻新象祠谈起，引经据典地论述象被苗、彝民尊奉的原因。王阳明根据儒家的性善论，提出了君子修德以感化恶人的主张："吾于是益有以信人性之善，天下无不可化之人也。然则唐人之毁之也，据象之始也；今之诸夷之奉之也，承象之终也。斯义也，吾将以表于世，使知人之不善，虽若象焉，犹可以改；而君子之修德，及其至也，虽若象之不仁，而犹可以化之也。"这是鼓励君子应该坚信人性本善，只有功夫到家，坚持不懈，锲而不舍，就是如象这样的大恶之人，还是可以教化过来的。这就是王阳明后来一直倡行不逾的"致良知"，即自己坚定不移地以良知为出发点，同时也竭其所能促使他人致良知。王阳明在斯文中启迪人之良知，引导人之为善，可谓用心良苦。

《象祠记》因被收入《古文观止》中而被广为传播，被视为古文典范。象祠作为《象祠记》的缘起，在文化旅游上很有价值，这一方面在于《象祠记》的影响，另一方面，就其文化内涵而言，也有利于一方教化，导人从善修德，树立良好的社会风尚，大大有裨于世道人心。这对于维护各民族的团结和国家的统一，保持社会的长治久安，起着积极的促进作用。象祠，是水西地区最古老的民族文物，是水西地区民族历史和民族文化的瑰宝，是水西各族人民世代团结、和睦相处，兴衰与共，共同发展的历史象征。根据考察了解，迄今为止，象祠不仅在贵州、西南乃至全国，都是独一无二、绝无仅有的历史文物和民族瑰宝。

如今，在改革开放的历史大潮中，当地政府和各族群众热切要求恢复象祠，这是一件恢复民族文物、弘扬民族文化、增进民族团结、振奋民族精神的千秋之业。按黔西素朴镇九龙山的地理位置和交通条件,恢复象祠,对于开发贵州西线旅游事业,增加黔西旅游景点,振兴地方民族经济,打造贵州阳明文化旅游圈,以及对沟通和发展西南彝族地区的经济文化等,都将产生不可估量的作用。今天这一古建筑正在修建恢复之中,愿得到天下所有关心象祠的人们助缘,共襄胜举。

(四) 黔西阳明祠:水西人民永远的纪念

阳明祠在黔西城东东山。为纪念王阳明开教水西之功,水西各族人民在康熙年间于黔西城东一里的东山开元寺内修建了王公(阳明)祠(遗址在今黔西师范学校处)。开元寺为嵩目禅师在知州王命来、总兵李如碧的支持下,于康熙五年(1666)创建。其后当地人民为了表达对王阳明的景仰之情,便在东山开元寺内修建了王公祠,遂使东山成为奉祀王阳明的圣地。乾隆四十五年(1780),黔西人兵部尚书李世杰又重修东山开元寺,培葺王公祠。知州赫霖泰有《重修东山开元寺记》叙其事云:"黔西于古为牂牁,郡邑自魏唐而下迄于元明代,皆弃为鬼方,归于苗地,山川风景无足纪焉……城之东有东山,有寺曰开元,前总戎李公、郡邑守王公所创建,猊床花座,金碧灿如,远临鸭池之河……近揖狮子之山岩……夫何岁月推迁,风雨剥蚀,檐牙耸而毁落,廊腰折而欹颓,琉璃半锁于游云,甃甋久埋于荒草,寺之废也,非一日矣。今湖南大中丞李公先抚粤西,以读礼归,时一往过目击,心恻思以新之。于是务工师庀材石,阅数月而告成,琳宫宝刹,灿耀依然,金容月相,圆满如昔。"

道光十年(1830),江西东乡人吴嵩梁(1766—1834年,字兰雪)任黔西知州,特在开元寺内创建阳明书院,并重建寺内阳明祠。吴嵩梁公余则去东山开寺中的阳明书院和阳明祠,与诸生讲学论道,祭祀王阳明。他在《八月二十六日还任黔西》诗之三写道:"阳明书院即祠堂,讲学平生执瓣香。旷世勋名推性理,诸罗俎豆始文章。千峰绕槛堆寒黛,十柏参天对老苍。我本山中猿鹤侣,归依犹认旧门墙。"诗中深深表达了他对王阳明先生的怀念,高度赞扬了王阳明教化水西"诸罗"的开启之功。

黔西东山的阳明书院秉承阳明遗训,德业与学业并重,书院因之享誉黔中,黔中著名诗人张琚(字子佩,黔西人,开泰教谕)、郑珍、莫友芝纷纷前往拜门请业。道光二十七年(1847),黔西知州俞汝本在黔西东山开元寺内的阳明祠中举行盛大的祀奠仪式,纪念王阳明诞辰375周年,贵州名儒郑珍、莫友芝等人躬逢其盛，还应邀写了诗文。郑珍《阳明祠观释奠记丁未》云：

> 余以丁未九月二十九至黔西治谒新昌俞先生。诘旦，适为明王文成公生日，先生偕校官师及州之士释奠于东山阳明祠。祠盖刱自前牧东乡吴公，至是实肇修祀事。事竣，遂燕于祠下十柏山房。先生倡四诗纪盛，州之士咸咏而和之。余不敏，沐浴文成公之教泽，又幸获观诸君子从州大夫雍容进退之美，则岂宜以言不文默默者。夫徒祠焉而不知所以祀之，此有司之澜也；祀焉而不思何以祀之，抑吾侪之惧也。人之俎豆前哲，与尝其祖宗等耳，秋豚冬雁，岂诚畏其馁哉？祖宗贤而子孙苟不肖，虽日荐三牲，鬼吐之矣，何论前哲？我文成公之讲学，陈清澜、张武承、陆稼书诸先生详辩矣，此严别学术则尔，至其操持践履之高，勋业文章之盛，即不谪龙场，吾侪犹将师之，矧肇我西南文教也。今吾黔莫不震服阳明之名，而黔西与遵义，于龙场仅隔一延江，其希向之念，宜愈于远隔大贤之居者。俞先生鼓舞是邦而儌斯举，殆所云因而导之为势易欤？然余窃谓人于前哲，当无徒震服其名，而贵致思乎其学，致思而得其人之真，跃跃然神与之游，古人且将引弟子为友者，如是乃为能师其人而尽其学。程子敬邵子者也，而不甚重其说《易》；朱子敬张子者也，而不尽醇其《正蒙》——斯程朱之所以为程朱欤？文成公殆张、邵之亚欤？当日既不以吾黔为荒徼而陋之，夫岂不殷殷后世之有学为程朱者欤？吾既欲报文成公之德，其竭志尽力当于乎在，若仅拜而酒脯之曰：吾后生小子之忠敬已至也，是则文成公所不屑吐矣，又岂俞先生今日此举之意哉？愿与诸君子其勖之，诸君子必更以绳楚余也，退，因书以为记。

文中盛赞王阳明和心学思想、精神风貌和品格情操，不仅对贵州文教影响深巨，而且辉耀于古代西南边陲。莫友芝《寄俞氏和韵》诗中有"良知所到还坛坫，异代何人不藻苹（指祭祀）。况是水西开手处，可容无地肃冠巾"之句，认为水西是王阳明教化"蛮夷"的"开手处"，故对阳明先生理应永祀不忘，水西人士亦理应将阳明心学发扬光大。惜祠今已不存。

由于王阳明心学思想的潜移默化，水西文教持续发展，自明清以来，在当政者和有识之士的倡导下，水西地方多设有书院、府学、州学、义学，儒家文化发展极一时之盛。民国时期，在水西的学堂、学校中，除学习古代、近代文化科学知识外，还选学王阳明的著作。王阳明儒家心学无论是对古代水西办学崇文的兴起和发展，还是对今天黔西文化教育事业的发展都有着积极的推动作用。

三、贵阳扶风山阳明祠考

阳明祠在今贵阳市区东新路后面的扶风山麓，祀我国明代著名思想家王阳明。王阳明曾于明正德三年（1508）至五年（1510）谪官贵州龙场（修文），在贵州传播心学，对贵州文化教育影响深巨。故贵州人士在贵阳、修文等地都建有阳明祠，以示对王阳明的纪念，而其中最为著名的当属始建于清嘉庆十九年（1814）的贵阳扶风山阳明祠。

扶风山，一称芙峰山，又名螺丝山，俗名尖山。在建阳明祠之前，此山早在清初已被佛教徒开辟，建有扶风山寺。《贵阳府志·祠宇副记》云："扶风寺，在东门外螺蛳山麓……秀峰骨立，石骨螺旋。左拱栖霞，右环相宝……腹有寺，建自国初。"《贵阳府志·山水副记》云："螺蛳山，一名扶风山……去城一里，俗以其石为螺旋故名。"据《黔南识略》记载："扶风山，本名螺丝山，在贵阳城东，乾隆五十九年（1794）改今名，梵宇清幽，颇称名胜。"故其山因寺而得名。贵筑知县王湛恩在《字冢记》中亦云："何鹤川（名何锦，何素园之祖，贵阳举人）曾于乾隆二十年（1755）建清椒阁于山麓，戒乡人采石，因改名扶风山。"

据传，山上寺宇虽建，但还是窄狭与粗陋，未被人们所重视。时至嘉庆四年（1799），贵筑知县王湛恩偕郡人何泌（字素园，一字邺夫，进士）、翟翔时（字审庵，号悦山，贵阳府教授）等人拓其基，新殿宇，磊假山，掘水池，增建仓圣楼、惜字院、字冢等建筑群，方招来游客。嘉庆十九年贵州巡抚庆保又重修，遂成为"奇秀独絕"的游览胜地。《贵阳府志·祠宇副记》载庆保《重修扶风山寺记》云："黔中跬步皆山，形如聚米，蜂攒蚕列，荦确而为蹄撤之妨，行役者恒苦之。……嘉庆甲戌夏，予奉命来抚戕柯，未半载，政事粗理，群黎百职咸乐予之简，而谅予之诚。因于秋日高爽，循行阡陌，远度林峦，见螺峰一山，奇秀独绝。山之巅有寺曰扶风，复廊涌翠，飞阁流丹，如天际郎环，列岫拱而相向。询之，知主僧慧先从峨眉来，始终茅其上。……惟版筑位置稍有未宜，楹桷亦渐朽剥，遂解俸为之葺治，匝月讫工，弥增清旷。窃愿此邦之人，亦如兹山之荟萃奋兴，英华迭起，以成观国之光，岂不盛欤"。

　　同年，庆保因纪念王阳明而在扶风山之南新建阳明祠，后因事中辍。在庆保建祠之前，其基址已为郡中人士所创始。张澍《阳明祠记》云："是役也，都人士创基于始，黔抚庆公定谋于继；乃因雀角微嫌，半途而废。"待至嘉庆二十四年（1819），贵州提学使张澍，始与贵山书院院长王晓亭、正本书院院长贺今甫、正习书院院长傅小泉，将扶风山未完成的阳明祠续建完成。竣工后，虽然规模狭隘，但殿则"巍然焕然"，像则"冕服赫奕"，张澍亲撰《阳明祠》刻石于祠中。祠中旁配的还有伊珍（字道真，汉氏牂牁毋敛人）木主。

　　是时阳明祠中有王阳明大小二画像，其来历始末郑珍《阳明遗像册跋》中言之甚详：

　　　　王阳明先生燕坐小像册，曩为先生裔孙兰陔藏，兰陔自其父久客湖南，遂为善化诸生。后携此册游黔，以存臬使唐镜海处，而食于他所。镜海调官去，留之巡抚贺耦耕长龄。道光甲辰，耦耕遂以藏行省东廓外扶风山先生祠中，令祠祝世守。山阴王上舍个峰介臣，为先生疏属裔，与余言本末如此。余据袁简斋题识所称无锡县典史王裕猷者，不知为兰陔何人，以知册由裕猷始传至兰陔父子，其言不能强也。祠中别藏侯服大像，幅高大七尺许，上书封新建侯敕，亦不能详其传授。贵筑黄观察琴坞言：'自嘉庆初建祠，时有敖艻坪从云贵督百菊溪所乞弃于祠'，后失去。道光中，为同里王观察梦湘购得，仍奉归之，自是祠有大小二画像。咸丰乙卯十一月初八日，余与琴坞子编修子寿、独山莫孝廉子偲谒祠下，肃观册幅，心向往久之。个峰家藏有张陶庵三不朽图赞，陶庵，南轩先生后，著述满家。此图皆其沿门恳求遗像仿成，故皆逼真，先生侯服侧面像居其首，以视祠中大像，须眉权颧，神貌合一，益信陶庵精仿，而大像为尤肖也。余观此册像后龙溪、绪山四公赞一纸，都一手书，盖后人自他祯移录者，因例此为录陶庵赞，以补所不备，益记所闻，俾有考云。

　　由此可见，阳明祠中原有王阳明大小二画像。大像为王阳明身着新建侯爵服像。（明隆庆元年穆宗下诏追封阳明为新建候，谥文成，万历十二年从祀文庙），画像幅七尺许。自嘉庆间建祠时，有人从当时的贵州布政使兼云贵总督百龄（字子颐，号菊溪）处求得大像，藏于祠中，后失去。至道光年间，又由郡人进士王玥（字梦湘）购得，"仍奉归之"。咸丰五年（1855）十一月郑珍与莫友芝、黄彭年（字子寿，官编修）来拜谒阳明祠，还看见祠中王阳明侯服大像神貌合一，形态逼真。因为郑珍曾在其友人王介臣（字个峰，浙江山阴人）家看见大画师张岱（字陶庵，浙江钱塘人）仿王阳明遗像画成的阳明画像。小像为王阳明坐像。昔为阳明先生裔孙王兰陔藏，道光年间携之入黔，将此像存于贵州按察使唐鉴（字镜海）处。唐调官离黔，将此像留给同乡贵州巡抚贺长龄（字耦耕，号西涯，晚号耐庵，湖南善化人）。道光二十四年（1844）贺长龄将此像奉之于阳明祠中。从此祠中有阳明大小二像。当时著名学者何绍基（字子贞，号东洲，一号蝯叟）来贵州任乡试副考官，见到王阳明像，感而写下《题阳明遗像》长诗：

  我行龙标越龙溪，龙场更在龙溪西。阳明洞天早梦到，日星万古开荒迷。我行黄坪月潭寺，千仞悬崖读碑记。螭蟠猱攫鹏鹄翔，想见看云此游憩。中丞丈人方抚黔，示我遗像虔拜瞻。英风道气见温肃，鹤骨瘦立松苍鬐。当时一疏貂珰悚，万里投荒狎蛮种。山窝玩易通神明，石廓观天豁尘壅。吾性洞澈夜气真，立约设教诸生亲。奇哉胆落安贵荣！责以减驿促出军。罗施宣慰慑且感，萘革摧枯何不敢！擒王胜算非足惊，任道余力随所揽。先生经义先穷研，性天顿悟空蹄筌。后儒师学有偏废，超崖走棘多危颠。丈人有道莅兹久，考礼修文涤顽垢。庋藏遗像扶风山，风教扶持意何厚。学术孰始开黔陬，许君弟子严荆州。图书业成授乡里，千载坠绪悬悠悠。先生施教遥与继，礼乐须明典章制。黔士无徒仰止劳，欲悟良知先六艺。①

咸丰年间，郑珍、莫友芝拜谒阳明祠，见到阳明画像，亦均有诗赞。郑珍《偕邰亭、子寿游芙峰山观王阳明先生大小二画像》诗曰："乾悉漫自慰，且止看松行。焚香礼阳明，中感复帐触。一丞落酋胆，三使国日蹙。古今不

---

① 《阳阳祠碑刻》。

相及，生齿付鱼肉。"① 莫友芝《过扶风山拜阳明画像》诗曰："即在投荒日，狂酋竟革心。生徒来稍稍，文武并骎骎。道废储材乏，时危望古深。空山拜遗像，回道一沾襟。"② 阳明小像，后以祠祝屡易，恐失遗，改藏郡人某所，每岁祭祠，则出陈之。民国年间贵阳文通书局曾以付石印，如《阳明遗像册》。其中收有王阳明的门生王畿（字汝中，浙江山阴人，世称龙溪先生）、邹守益（字谦文，江西安福人，世称东廓先生）、钱德洪（名宽，以字行世，改字洪甫，浙江余姚人，世称绪山先生）及其经王正思等人的像赞，和袁枚（号简斋）、秦瀛（号遂庵）等清代著名文人诗作及郑珍的跋。至于王阳明侯服大像在同治年间便未详所在。同治年间贵州大书法家袁思韡（字稚岩，号锡臣）在阳明祠正殿中镌刻石碣二：右为王阳明侯服大像，左为明隆庆初追赠侯爵敕。袁思韡所画的王阳明侯服大像很可能是依据原画大像而为之者。

同治以后，阳明祠"久益荒落，祠门倚僧厨左厢，窘于圭窦，院落经丈许，不容于马。祠左屋二楹；限于址，楮木虚其下，若危楼。祠宇五楹，户牖不具，承尘摇落，惊角敧衮。右偏夹室，山僧穴通庖屋，规其中为谷藏，春臼簸箕，皆在其宇下。嚣具尘上，泥尸木主，鸟鼠栖焉。"③ 光绪五年（1879），云南巡抚唐炯（字鄂生，遵义人）、云南道员罗文彬（字质庵，贵阳人）重修祠宇，并摹遗像及题词佳者镌诸石，砌置壁面，二人各为之记。唐炯《重修王阳明先生祠堂记》云："贵阳城东扶风山麓，故有阳明先生祠堂，创始于嘉庆中，规模狭隘，岁久益倾圮。丁丑春，偕罗质庵展谒，质庵谓余：'此吾侪责也'。余曰：然。"于是唐炯到四川谋于四川总督丁宝桢，丁、唐二人共捐银近六千两，"集资寄质庵，主其事，经始愕巳卯夏四月，迄十一月落成。"罗文彬《阳明先生祠碑阴记》云：

先是阶下地低窝而前狭，垒石又不固，悉改拓，增十三四。旧有屋数楹，负祠立寺，僧所谓祖堂者介其间。右偏曲室达僧房，颇幽暗，其外侧方丈地。予究度形势，为移方丈祖堂于宅所，即就方丈屋为祠门，余悉毁之。别建斤事三楹，为春秋报祀公集所，其他即前曲堂也。阶以降式廊而界石阑马，即前负祠屋及祖室也。惟祠

---

① 《巢经巢遗诗》。
② 《邵亭遗诗》。
③ 罗文彬《阳明先生祠碑阴记》。

堂五楹仍旧址，而易桷易瓦，易其柱之弱者蠹者腐者，与夫垣墉之圮者，盖十八九。前与左方，则甬以长廊，又得旧刻先生家书，与复罗整庵先生书遗迹。泊祠堂旧藏小像诸题识，勾摹上石，嵌壁间。经始巳卯夏四月，迄冬十月而毕。

并重新将王大像摹刻于石，树之于正殿中，将明追封阳明新建侯敕刻为二石，树大像左右。同时，移尹公（伊珍）祠于惜字所，取其名为"敬业楼"。

经此修整扩建以后，阳明祠更加蜚声载誉，百余年来，不少文人雅士，到此咏诗作赋，留下不少佳作。这些作品，不仅书法艺术高超，石刻工艺精湛，而且具有高度的历史学术价值。光绪三十年（1904），日本清宫宗亲偕日本驻中国武官高山、金子等到贵州阳明洞访问，并请日本东官侍讲文学博士三岛毅赋诗并书碑。原文如下：

　　忆昔阳明讲学堂，震天动地活机藏。龙岗山上一轮月，仰见良知千古光。
　　明治癸犯岁，门入清宫宗亲，从高山、金子两武官访贵州阳明洞，遂登龙岗山观月，有记寄示余，因赋此诗。顷两武官与宗亲等谋，欲刻之石，以建洞中，远问余之诗虽甚恶，亦足以表海外景仰之意，则不辞，书此以赠。
　　　　　　大日本国东宫诗讲文学博士三岛毅
　　同人即获博士诗，即拟在修文县阳明洞中勒石。惟其地去省稍远，至自吾国者追攀不易，爰就省垣绅士于君德楷一再商之，遂改建于扶风山之阳明先生祠，是固非始念所及也。然竖碑遗像之旁，则追随素愿，已足伸于贵山富水间矣。
　　　　　　明治三十七年九月
　　　　　　光绪三十年八月
　　高山公通　　爱甲猪之助　　水藤武彦
　　金子新太郎　冈山源六　　　岩原大三清宫
　　宗亲同建

三岛毅（1830—1919），字中洲，日本仓市中岛村人。早年丧父，家境贫寒，体弱多病，受母亲影响，崇奉佛教。他是明治维新时期最重要的教育家和思想家。他创立的二松学舍大学至今已有 140 多年的历史。该校以王阳明的"知行合一"作为校训，并有阳明学研究所和《阳明学》杂志。① 原石碑高三米余，下有龟形石座。当年日本高山等人准备在修文阳明洞中勒石，因其地交通不便，遂改建碑于扶风山阳明祠中。此碑原竖于祠内正殿中王阳明像侧，十年动乱，碑被打断作石阶，今残体尚存于祠内。

民国五年（1916）郡人乃于扶风山寺北雹神祠废址，建严公祠（道真祠），而以孙应鳌、李渭等贵州著名学者 14 人配享殿五楹，翼以长廊，移贵山书院德隆碑二，陈法、陶廷杰石刻各一，张广泗、洪亮吉题额各一于其中。道真祠与阳明祠隔寺相望，两祠一寺，融为一体，组成扶风山麓一派古朴典雅、清静幽美的古建筑群，整个古建殿堂建筑面积的总和，为 4000 多平方米，是贵州享有盛誉，较为完整而又具有文化、教育意义的古建文物。

新中国成立前，两祠一寺多被占用，寺宇遭到极大破坏。新中国成立后，在党和人民政府的关怀下，曾先后多次加以维修，1962 年被列为省级文物保护单位。然而十年动乱，两祠一寺古建群体遭到严重破坏，面目全非，1972 年贵阳市歌舞团进驻阳明祠，而扶风寺、尹道真祠则均被改为宿舍。1982 年两祠一寺被列为省级重点文物保护单位，从 1988 年起，贵阳市人民政府、省文化厅，先后拨出专款 80 万元对两祠一寺进行清理和修复。

现存阳明祠的主体结构尚属完整。祠以正殿（五楹）为主，座北向南，东碑廊，西客厅，南游廊组合成一大型四合庭院。院内植有百年桂花树二株，每当秋高气爽花开时节，芳香四溢，故称"桂花厅"。阳明祠修复的主体工程为桂花厅、知客堂及游廊。门窗一色生漆油漆，光可鉴人。整个建筑保持了古建筑的风格及民族特色。装饰朴素典雅。游廊上，在桂花厅中，摆设了各种各类的盆花，有长春藤、竹节海棠、四季桂、春兰、多花兰、银桂、寒兰、春鹃、夏鹃、文竹、凤尾柏、罗汉松、茉莉、鸳鸯茉莉、棕竹、腊梅等，争奇斗艳，花香全祠。桂花厅为合朋石铺地，百年古桂仍枝繁叶茂，把整个阳明祠的正殿（亦称享堂）衬托得更加清幽宜人。知客堂上，有著名书法家萧娴女士书写的"王阳明先生祠"作为祠名题额。正殿前的柱子上，刻有一幅金色草书联："壮思风飞冲情云上，和光春霭爽气秋高"。撰书均是王阳明先生，字迹潇洒自如，为书法之精品。殿堂中，塑有王阳明像，左边是袁思韠

---

① 见余怀彦：《王阳明五百年》第 145 页，贵州教育出版社 2009 年版。

书的敕文碑刻拓片,右为王阳明朝服大像石刻碑。石碑之旁有日本东宫侍讲文学博士三岛毅所书诗碑拓片。三块碑拓片均高 2 米以上。大殿两壁也挂满碑文拓片,右壁为王阳明的《训士四条》和《客座私视》,左壁为王阳明《论俗四条》。正殿前两边的游廊,同样挂满了碑文拓牌,右为王阳明诗文手迹,左为历代咏赞王阳明的诗词,其次还有捐资修建阳明祠的人员名单,其中捐资最多的是四川总督丁宝桢,捐银三千两。这些原石碑刻,在"文化大革命"中均遭到破坏,而今装进正殿两侧长廊间镜框的碑刻,系 1989 年贵阳市阳明祠古建维领导小组办公室派员到省博物馆,索取珍藏的拓片复制而成的。尽管如此,仍不减当年韵味,堪称艺术珍品荟萃之地。

四、黔中王门:贵州文化阳明文化学派的形成

阳明文化具有世界性的影响,阳明文化在贵州文化史上的地位更是独树一帜,绝无仅有。王阳明被贬为贵州龙场驿丞后,在贵州生活了近三个年头,并在龙场悟道,使举世闻名的心学诞生于贵州,这是贵州阳明文化学派的缘起。其后他创办龙冈书院,主讲贵州文明书院,为贵州培养了一大批心学弟子,再通过其几代弟子的大力宏扬、发展,从而使贵州阳明文化学派逐渐形成,并影响海内外。

(一) 黔中王门的特点

黔中王门是王门后学中重要的一支,然《明儒学案》里面未曾提及,故而长期为世人所不知。从时间上说,黔中王门是阳明龙场悟道后而形成的一个学派,在王门后学系统中最早学习和传播阳明心学的就是黔中王门。故黄宗羲云:"姚江(阳明)之教,自近而远,其最初学者,不过郡邑之士耳。龙场而后,四方弟子始益进焉。"[①]

王门后学系统的分类,有按地域分布、社会政治和学术思想三种不同的分类法。黄宗羲的《明儒学案》按人物出身地域分布分类,将王门后学系统分为浙中、江右、南中、楚中、北方、粤闽、泰州七大体系;嵇文甫的《左派王学》以社会政治分类,把王门后学划分为左右两派,有以浙中王门的王畿和泰州王门的王艮、颜农山、罗近溪、何心隐、李贽等为代表的"左派",

---

① 黄宗羲《浙中王门学案一》,《明儒学案》第 220 页,中华书局 1985 年版。

趋向狂禅派；有以江右王门邹守益、罗洪先为代表的"右派"，主张笃守师说，偏重主静；日本学者冈田武彦的《王阳明与明末儒学》从学术思想分类，把王门后学分成现成派、归寂派和修证派三大类，现成派以浙中王门王畿和泰州王门王艮为代表，认为良知是心本体中的现成东西，而"致良知"则是直接悟得良知本体，简单明快，当下体认，当下现成；归寂派以江右王门聂双江、罗念庵为代表，主张体主用从，复归寂体；修正派以浙中王门钱德江、江右王门邹守益、欧阳德为代表，他们继承师说，力辟现成派的禅机有可能导致"认欲为理"，又批评归寂派的主静有可能导致抹杀良知生生不已的生命力，主张道德实践，做实地工夫。然而不管是哪一种分类法，都遗漏了黔中王门后学系统。"黔中王门"具有以下特点：

第一，贵州是阳明心学形成的原点，在时间上，"黔中王门"最早学习和传播阳明心学。贵州是阳明心学的发源地，王阳明在贵州龙场悟道，不仅创立了心学，还在龙场创办龙岗书院，讲学贵阳文明书院。当时他在贵阳讲学的规模，据徐节《新建文明书院记》记载："各儒学生员之有志者二百余人。"道光《贵阳府志》卷五十六云："诸生环而观听者以数百，自是贵人士始知有心性之学。"是时受到王阳明亲授心学的嫡传弟子有数百人，据王阳明离黔时写的《镇远旅邸书札》记载，其在黔门生有陈宗鲁、汤伯元、叶子苍等数十位。由此可见，贵州是王学的诞生地，王阳明悟道的龙场又被历代学者视为"王学圣地"，许多黔中王学弟子也学识精湛，其讲学、著作享誉海内外。因此，王门后学理应有"黔中王门"的一席之地。

第二，"黔中王门"有众多著名学者，颇具一定规模，且影响一方。黔中王门的代表人物有贵阳的马廷锡，清平的孙应鳌、蒋见岳，都匀的陈尚象、余显凤、吴铤，思南的李渭、冉宗孔、胡学礼等人，可谓人才辈出，群星灿烂，其中以孙应鳌、马廷锡、李渭三人为之最。

第三，它具有贵州本土色彩，在思想上颇有共同的特点。一曰不执门户之见，颇具海纳百川之风。这点尤以孙应鳌最为突出。他利用在外省做官之机，广泛接触各地王门后学的学者，通过与浙中王门的王宗沐、泰州王门的徐樾、赵贞吉、罗汝芳、耿定向，江右王门的邹守益父子、罗洪先、胡直、邹元标，南中王门的徐阶，楚中王门的蒋信等王门弟子的广泛交往，相互切磋，对各派理论学习理解，消化吸收，发展创新，从而形成了自己的心学理论体系。① 二曰以求仁为宗，直揭知行本体。王阳明在贵阳始论"知行合一"说，使黔中王门弟子深受教诲和启发，从而将仁德作为知行本体，着力躬行实践。如李渭之学就是以求仁为宗，以毋意为功，力倡先行，而孙应鳌之学则主张即仁是心，知行合一，经世致用，恰可与李渭相互印证。三曰以经证心，勇于创新。例如孙应鳌在解读四书五经时，往往是"以经证心，以心证悟"，不拘于传统的训律，不死抠书本，常常是随己发挥，从心学的角度去解释诸经的内容。清初学者戴嗣方序孙应鳌《四书近语》云："（孙应鳌）于四子书能融会贯通，详说反约，著《四书近语》，务得圣贤大旨所存，不拘拘一章一句训诂。"又清代《四库全书总目提要》云："《淮海易谈》四卷，两淮盐政采进本，明孙应鳌撰。是书谓天地万物，在在皆有易理，在乎人心之能明，故其说虽以离数谈理为非，又以程子不取卦变为未合，而实则借易以讲学，纵横曼衍，于《易》义若离若合，务主于自畅其说而止，非若诸儒之传，惟主于释经者也。自《说卦》乾坤六子以下，即置而不言，盖以八卦取象之类，无可假借发挥。其宗旨可知矣。"孙应鳌在晚明思想解放的潮流中，不趋人脚步，不墨守成规，其解释四书五经敢于冲破程朱思想的束缚，敢于反对传统思想，标新立异，这在当时有发挥人的主体意识、摆脱经书的束缚、启迪人们积极思维的进步作用。

第四，它影响时间长，分布地域广。黔中王门主要有四代弟子，从明代中期一直持续到明末，影响长盛不衰。当时，它以贵阳、清平、都匀、思南等地为王学重镇，围绕所创办的书院开展心学的交流和传播活动。在贵阳有马廷锡执教的"阳明书院"，在清平有孙应鳌创办的"学孔书院"，在都匀有陈尚象、余显凤等人兴建的"南皋书院"，在思南有李渭讲学的"中和书院"，等等。本书以下所要论述的黔中王门后学弟子，不仅包括了黔籍的士人，而且还包括了客籍王门弟子在贵州为官，教化黔中、传播阳明心学的士人。因而本书"黔中王门"的概念并不是从严格的学术学案传统意义上来讲的，② 而主要是为了便于说明贵州阳明文化学派中的人物，是从地域文化这个

---

① 参见王路平等著《明代黔中王门大师孙应鳌思想研究》，群言出版社2007年版。
② 学案之兴源于唐宗禅宗佛教之《灯录》，儒家朱熹《伊洛渊源录》、黄宗羲《明儒学案》等，皆仿此体而作。故其肇始于南宋初叶，完善定型于清康熙初叶。这一特殊体裁的史书，以学者论学资料的辑录为主，合其生平传略及学术总论为一堂，据以反映一个学者、一个学派乃至一个时代的学术风貌，从而具备了晚近学术史的意义（参见陈祖武；《阳明学与学案史》，载蒋希文、吴雁南主编：《王阳明国际学术讨论会论文集》，贵州教育出版社1997年版）。

角度来陈述的。

(二) 黔中王门后学第一代弟子

王阳明在贵州讲学，贵州人士始知有心性之学，以致出现"士类感慕者，云集听讲，居民环聚而观如堵"（嘉靖《贵州通志》）的盛况。估计在贵州聆听过王阳明讲课的学生有数百人之多，在这数百听讲者中，其著名者有席书、刘秉鉴、王杏、蒋信、胡尧时、冀元亨、陈宗鲁、汤伯元、叶子苍、钱凤翔等人，他们是最早在贵州传播阳明心学的学者。

1. 席书

席书（1461—1527），字文同，号元山，谥文襄，四川遂宁人。弘治三年进士，授郯城知县，入为工部主事，移户部，进员外郎、河南佥事。正德四年（1509）三月至五年（1510）十一月任贵州提学副使，累迁福建左布政使，后官至湖广巡抚、礼部尚书，加武英殿大学士。提学贵州时，对省城贵阳文明书院进行了修葺，并特聘请王阳明至书院讲学，席书身率贵州诸生 200 余人，以师礼事阳明。他多次到文明书院与阳明讨论心性之学，常至夜分，"诸生环而观听者以数百，自是贵人士始知有心性之学。"《年谱》记载："是年先生始论知行合一。始席元山书提督学政，问朱陆同异之辨。先生不语朱陆之学，而告之以其所悟，书怀疑而去。明日复来，举知行本体证之五经诸子，渐有省。往复数四，豁然大悟，谓'圣人之学复睹于今日，朱陆异同，各有得失，无事辩诘，求之吾性本自明也。'"（《王阳明全集》第 1229 页，上海古籍出版社 1992 年版，以下简称《全集》）除此之外，嘉靖《贵州通志》卷十一载有《席书送别王守仁序》和王阳明《又答友人》两文，《又答友人》中"友人"即指席书。该文写于正德三年（1508 年），说明两人讨论早在阳明谪居龙场时就已开始。嘉靖六年（1527）席书卒，阳明以感恩之笔写下《祭元山席尚书文》，深切缅怀席书在他居夷处困的逆境中，身冒时谤，请他至文明书院讲学，使得"知行合一"之说倡明于贵州，闻名于当世。

2. 刘秉鉴

刘秉鉴，字遵教，号印山，江西安福人，正德三年（1508）登进士第。历刑部主事，署员外郎，出为河南佥事，迁大名兵备副使。为官清正廉明，以忤宦官，逮系诏狱。得不死，谪判韶州，量移贰潮州，知临安府，未至而卒，卒时年未满五十。刘三五评之曰："先辈有言，名节一变而至道，印山早励名节，烈烈不挫，至临死生靡惑，宜其变而至道无难也。"（《江右王门学案四》,《明儒学案》第444页)刘秉鉴初学于甘泉,而尤笃志于阳明,闻阳明龙场授学,远道至龙场师焉,后为江右王门大师。故莫友芝《黔诗纪略》卷三云:"国朝(清)毛奇龄《王文成传》本谓(阳明)贵州门人有刘秉鉴,正德中进士。"即此人。

3. 王杏

王杏,字少坛,浙江奉化人,嘉靖十三年(1534)任贵州巡按使,其历来崇奉阳明心学,虽不亲及阳明之门,但为其私淑弟子。王杏按黔时,非常关心贵州教育,"每行步闻歌声,蔼蔼如越音",问之,士民皆曰"龙场王夫子遗化",(嘉靖《贵州通志》)使王杏深为感动。是时阳明在龙场的弟子汤伯元、叶子苍、陈宗鲁等数十人反复恳请为王阳明立祠,于是王杏乃建阳明书院,训迪黔中士民,并崇祀王阳明,故史亦多以阳明祠言阳明书院。嘉靖十三年,王杏得到贵州左布政使周忠、按察使韩士英的赞助,在省城白云庵旧址创建了阳明书院。王杏亲作《新建阳明书院记》,使贵阳成为传播阳明心学的中心。先是贵州虽设布、按二司,而乡试仍就云南,应诺诸生艰于跋涉,恒以为苦。王杏因以上疏礼部,请开科贵州,得俞旨,乃于贵阳城西南隅营建贡院。十六年(1537),贵州遂专试诸生。由是促进了贵州文化教育的发展兴盛。

4. 蒋信

蒋信,字卿实,号道林,湖南常德人。闻阳明龙场讲学,与同邑冀元亨往而师焉,"阳明在龙场,见先生之诗而称之,先生遂与闇斋师事焉"①。莫友芝论曰:"王文成守仁之谪龙场驿丞也,见武陵(今常德)蒋信道林之诗而称之。时道林方为诸生,与冀元亨闇斋证'大学知止'是'识仁体'。闇斋跃曰,然则定静安虑,即是以诚敬存之矣。而皆未敢遽是。相携走龙场,受业文成之门。居久之,大有所得而去。"②嘉靖初(1522),应贡入京,又师事湛甘泉,其学又多得于甘泉。嘉靖十一年(1532)中进士,授户部主事,转兵部员外郎,出为四川佥事。嘉靖二十年至二十三年(1541—1544)任贵州提学副使。在黔期间,"尝以默坐澄心、体认天理训士,一时士习不变。信施教不形喜怒,惟规规焉以礼法自求,而士皆潜移默化,有甚于劝督者。"③

---

① 见《明儒学案》第628页。
② 《黔诗纪略》卷四。
③ 道光《贵阳府志》卷五十七。

他又对龙场阳明祠进行修缮，并给置祠田，以永其香火。文明书院在阳明离黔后未久即废，残破不堪，蒋信见此，决意修复。文明书院修复后，蒋信在其中大讲阳明心学，其后黔中士子来事学者日众，文明书院已不能容，于是他决定在紧靠文明书院的右侧新建正学书院，以宏讲授。又择黔中优秀学子于其间，亲临书院讲学，黔中心学复为之振。

5. 冀元亨

冀元亨，字惟乾，号闇斋，湖南常德人，阳明谪龙场，与同乡蒋信同往师焉。学成而归，与蒋信一起遂开楚中王门。《明儒学案》卷二十八记载："阳明谪龙场，先生与蒋道林往师焉，从之之庐陵，踰年而归。正德十一年，湖广乡试，有司以'格物致知'发策，先生不从朱注，以所闻于阳明者为对，主司奇而录之。阳明在赣，先生又从之，主教濂溪书院。宸濠致书问学，阳明使先生往答之。……忌阳明者，欲借先生以陷之。逮至京师，榜掠不服，科道交章颂冤，出狱五日而卒。在狱与诸囚讲说，使囚能忘其苦。先生常谓道林曰：'赣中诸子，颇能静坐，苟无见于仁体，槁坐何益？'"从冀元亨自己不挫志于艰危，可以看出其不愧为阳明心学的传人。

6. 胡尧时

胡尧时（1499—1588），字子中，号仰斋，江西泰和人，嘉靖中任贵州按察使。尝师事阳明，学以躬行为本。其官贵州按察使，谓职虽专任刑名，然必有教化在先，而后刑名可用，遂与提学副使奖励士流，又重修阳明书院，刊阳明所著书于贵州，令学徒知所景仰，黔中士风为之大变。

7. 陈文学

陈文学，字宗鲁，贵州宣慰司（今贵阳）人，自号五栗山人。年十余即能诗文，阳明在龙场时，他就由省城负笈求学，后又随阳明到省城受教。正德十一年（1516）举于乡，累官耀州知州，因改简挂冠，回贵阳杜门不预世事，终日静坐，精究学业，证以师说，悠然自得。卒时年66岁，尝自为《五栗先生墓志铭》以待尽。其著作有《耀归存稿》、《馀生续稿》、《孂簃录》，其门人统编之为《陈耀州诗集》（又名《五栗山人集》）二卷，贵州普安人、嘉靖间四川按察金事邵元善为之序，惜其集不传。阳明对宗鲁非常器重，与之感情亦深，在《居夷集》中有《示陈宗鲁诗》，就是指陈文学。阳明还专门写了一首诗《赠陈宗鲁》。阳明逝世后，他与同窗汤伯元、叶子苍等联名上书给当时巡按贵州的监察御史王杏，请求为阳明先生在贵阳立祠，经再三奔走后，于嘉靖十三年（1534年）建成贵阳阳明祠堂。此外，陈宗鲁还为龙冈书院何陋轩碑作歌,为惠水中峰书院作记,对阳明心学在贵州的传播贡献很大。

8. 汤冔

汤冔,字伯元,贵州宣慰司人,祖籍淮北清河县赤鲤湖,明初祖上流寓贵阳。其父汤轸曾任贵州儒学训导,伯元为其长子。正德十一年(1516)举乡试,正德十六年(1521)中进士,历官南京户部员外郎和潮州知府。后因潮州势家流言,罢官而归故里。伯元14岁丧母,继母韩氏性乖僻凶悍,其弟汤邦、汤鼎皆不能忍受而离家出走,惟伯元事以孝,感动继母,性情为之变慈,郡中士大夫莫不称之。阳明谪龙场,伯元前往师事之,得知行合一之学。郭子章《黔记》云:"宗鲁得文成之和并擅词章,伯元得文成之正,具有吏治。"阳明龙场弟子得其传者首推宗鲁与伯元,莫友芝于《黔诗纪略》卷三评曰:"两先生承良知之派以开黔学。"伯元为官以阳明为榜样,清正严明,政事裁决如流,监税租不一染指,曾写有"肠断九回情独苦,仕逾十载养全贫"之句,以表心迹,受到当地人民的称赞。暮年家居以诗文自娱,所著有《逸老闲录》、《续录》,卒年81岁。

9. 叶梧

叶梧,字子苍,贵州宣慰司人,正德八年(1513)举人,官至镇安知县,著有《凯还歌》等诗。其事迹不传,仅知参与校刊《阳明先生文录续编》,阳明有《寄叶子苍》一书,存该书中黔刻本《阳明先生文录续编》全三卷,由贵州都司赵昌龄、耀州知州门人陈文学、镇安县知县门人叶梧三人校刊,全书最后有王杏撰于嘉靖十四年(1535)的《书文录续编后》。①

10. 钱凤翔

钱凤翔,施秉人,得阳明军事之学,并在其参与的许多战役中,累立战功。民国《贵州通志·人物志》记载:"钱凤翔,正德中年,王守仁过偏,翔方幼,慕其学,执贽请为弟子,守仁深器之。嘉靖年间,袭指挥世职,招抚播州叛苗吴平章、老木皮等三千二百八十余名,推升洞庭守备,转福建都司。隆庆二年(1568),升广西浔梧参将,征府江东崖,克破古擢、黄河、濡洞等地,加升都督。"可见他受益于阳明,从而具有很高的军事才能。

---

① 参见钱明:《王阳明散逸诗文续补考—兼论黔版<阳明文录续编>的史料价值》,载《中华传统文化与贵州地域文化研究论丛(二)》,巴蜀书社2008年版)。

11. 朱光霁

朱光霁（1495—1570），字克明，号方茅，云南蒙化府人。其父朱恒斋任贵州宪长，适阳明谪居龙场，于是让他与其兄从学于阳明。正德八年（1513）中举，嘉靖十一年（1532）授重庆府通判，十五年（1536）迁知绵州，后改任西安府同知。历官十余年后辞官归里，与杨慎、李元阳诸滇中名士以诗唱和，又授徒讲学不辍，并主持编纂《蒙化府志》，对滇中王学有相当影响。[①]黔中王门后学第一代弟子，除汤伯元、陈宗鲁、叶子苍、钱凤翔四人外，阳明亲传黔中弟子还有很多，据阳明《镇远旅邸书札》及嘉靖《贵州通志·阳明书院记》考订，其门生还有：张时裕、向子佩、越文实、邹近仁、范希夷、郝升之、汪原铭、陈良丞、易辅之、詹良丞、王世丞、袁邦彦、李良丞、李惟善（字秋元）、高鸣凤、何廷远、陈寿宁、阎真士以及朱氏兄弟[②]等20人，惜这些人的生平事迹皆不传。

（三）黔中王门后学第二代弟子

马廷锡、李渭、徐樾、蒋世魁等为黔中王门第二代弟子中最著名者。

1. 马廷锡

马廷锡，字朝宠，号心庵，贵州宣慰司人，生卒年月不详，大致与孙应鳌、李渭同时。嘉靖十九年（1540）中举人，其祖父、父亲、子、孙皆为举人，是为五世举人之家。是时蒋信提学贵州，马廷锡从其学，是为阳明再传弟子。马廷锡中举后，选为四川什邡县教谕。其"教士以敦伦为重，立品为先，身先董率，终始不替"（《四川通志》引《什邡县志》）的做法，很受什邡人的好评。后张东河中丞以"有翰苑才"荐之，升为内江县知县。不久闻蒋信大讲心学于桃冈，顾自以心性之学未澈，履任仅二年，乃弃之而奔湖南常德桃冈书院蒋信门下，受学数年，心有所悟，乃返贵阳，与清平孙应鳌等为性命交。于贵阳南明河渔矶之旁构筑栖云亭，静坐其中三十余年，潜心研究心学，日夜在其中大讲阳明心学，悠然自得。嘉靖二十六年（1547），贵州巡抚王学益疏荐于朝，已而王学益被贬官，其事遂寝。而马廷锡由此声名大振，四方学者益宗仰之，以致南方学者争相负笈请学于渔矶、栖云之间，黔中阳明心学再为之振。隆庆五年（1571年），贵州巡抚阮文中、贵州按察使

[①] 参见钱明《王阳明及其学派论考第页》第358－359页，人民出版社2009年版。
[②] 见《王阳明全集》第1202－1203页。

冯成能择城东隅新建阳明祠一座，名为"阳明书院"，请马廷锡主讲其间。听课者常有数百人，冯成能亦常亲临听课，贵州人士尽师其教，咸知有心性之真。

2. 李渭

李渭（约 1514—1588），子湜之，号同野，贵州思南人。嘉靖十三年（1534）举于乡。历任四川华阳（今成都）知县，安徽和州（今和县）知州和广东高州府（今茂名市）同知。隆庆年间，调任云南左参政。万历元年，升应天府（治所在今南京）中南户部郎。万历二年，调任广东韶州（今曲江县）知府。晚年归思南，在城东北中和山中普济亭讲学，前后居乡讲学达20年之久，卒年74岁。后葬于思南城东万胜山麓，万历年间建专祠奉祀，明神宗亲赐御联曰："南国躬行君子，中朝理学名臣。"泰州王门耿定向铭墓碑曰："明好学君子之墓"，其弟耿定力撰有《李同野先生墓铭》。李渭为蒋信的弟子，在蒋信任贵州提学副使时，他就对蒋信非常仰慕，便前往拜谒，虚心学习，深得王学真传，从而成为黔中王门的重要代表之一。李渭在家乡思南讲学，闻名遐迩。各地儒子士人慕名前来求学，其中最出名的有：赖嘉谟、徐云从、胡学礼、冉宗孔、田惟安等。门人萧重望誉之为："贵筑之学倡自龙场。思南之学倡自先生，自先生出而黔人士始矍然悚然知俗学之为非矣。"[①] 李渭一生勤奋好学，著述甚多，主要有：《先行录问答》三卷，《毋意篇》合《大学》、《中庸》、《易问》为一卷，《简寄》二卷，《杂著》一卷，《诗文》三卷，凡十卷；《家乘》十二卷，《大儒治规》三卷。

3. 徐樾

徐樾，字子直，号波石，江西贵溪人。嘉靖十一年（1522年）举进士。历官部郎，出任臬藩，三十一年，升云南左布政使。后在一次与元江土酋那鉴的战事中，溺死于云南元江。是王阳明在南昌的及门弟子。笃信乃师"人皆可以为尧舜"的训语。后拜泰州学派创始人王艮为师，在学案上属于阳明再传弟子，为泰州王门大师。嘉靖二十三年（1544年）继蒋信之后来贵州任提学副使，大讲阳明心学，以致"苗民率化"。嘉靖《贵州通志》卷九记载他讲学的情况："嘉靖间任提学，讲明心学，陶熔士类，取夷民子弟而衣冠之，训迪谆谆，假以色笑。盖信此心此理，无古今无夷夏，苟有以与起之，无不可化而入者，非迂也。"

[①] 《黔诗纪略》卷十一。

4. 蒋世魁

蒋世魁，字道陵，号见岳，清平人。少能诗，有俊逸才，十举不第，应岁荐授同州训导，卒于官。潜心王学，初谒蒋信，知万物一体为圣门宗旨。既又谒甘泉。归玩易读书，借宅蜗居，安贫乐道。著有诗集《蒋见岳初稿》，孙应鳌为之序。

（四）黔中王门后学第三代弟子

在黔中王门第三代弟子中最著名的当数：孙应鳌、邹元标、萧重望、赖嘉谟、徐云从、李廷谦、冉宗孔、胡学礼、田惟安、郭子章。

1. 孙应鳌

孙应鳌（1527—1584），字山甫，号淮海，贵州清平（今凯里市炉山镇）人，祖籍江苏如皋。先后任江西按察佥事、陕西提学副使、四川右参政。隆庆元年（1567）以佥都御史，巡抚郧阳（今湖北郧阳），三年（1569年）遭谤，遂辞官归里。万历初年（1573）起任原官，次年升大理寺卿。其后任户部右侍郎，礼部右侍郎，充经筵讲官，掌国子监祭酒，起刑部右侍郎，直至晋南京工部尚书。58岁卒于故里，御赐祭葬，赠太子太保，赐谥文恭，立祠于清平城内，后人尊之为孙文恭先生。嘉靖二十四年（1545），徐樾来贵州任提学副使，亲自为贵州生员讲课，孙应鳌有缘聆听，徐樾见应鳌而大奇之，许以"必冠多士"，孙应鳌遂以徐樾为师。次年，应鳌果然中乡试第一名。应鳌中举后，曾赴武陵桃冈精舍，拜阳明弟子蒋道林为师，朝夕听讲问难，学业精进。由此可知，孙应鳌亦可视为阳明再传弟子。孙应鳌学识渊博，著作宏富，流传至今的有：《四书近语》六卷、《淮海易谈》四卷、《教秦绪言》一卷、《幽心瑶草》一卷、《督学文集》四卷、《学孔精舍诗钞》等。孙应鳌"为贵州开省以来人物冠"，与当时江西的罗汝芳、四川的赵贞吉、湖北的耿定向一起被时人许为"心学四大名士"，海内群以"名臣大儒"推之。隆庆、万历年间，孙应鳌在家乡筑学孔书院、山甫书院、学孔精舍，集一生学问，全力讲学，阐扬心学，一时名满天下，为黔中王门大师。[①]

2. 邹元标

邹元标，字尔瞻，号南皋，江西吉水人，万历五年（1577）进士，官至左都御使，谥忠介，师事邓以赞，为江右王门大师。明万历五年（1577）因

---

① 详见王路平等《黔中王门大师孙应鳌思想研究》，群言出版社2007年版。

弹劾首辅张居正居丧不敬事，被廷杖八十后，谪戍贵州都匀卫。在贬谪期间，与孙应鳌、马廷锡、李渭经常交往，相与论学，切磋心学，砥砺名节，其《愿学集》内屡屡称道三人，还曾为李渭著的《先行录》一书写序。万历十一年（1583）召还，授吏科给事中。邹元标谪居都匀六年，在都匀鹤楼书院主讲阳明"致良知"之学，并培养出一批黔南心学名士，如陈尚象、余显凤、吴铤和艾氏三兄弟等。清康熙年间贵州巡抚田雯亦云："盖自王文成、邹尔瞻讲学明道，人知向学，故黔之士能望的而趋，握瑾以售，正不乏人。"① 把邹元标都匀讲学，提到和王阳明贵州办学同等的高度，认为他们共同把贵州引向了人才辈出的时代。万历二十二年（1594）贵州提学副使徐秉正为纪念邹元标在都匀讲学之功，邀约黔中邹门弟子陈尚象、余显凤、吴铤等人，在邹元标讲学处创建"南皋书院"，贵州巡抚江东之特为此作《南皋书院记》。

3. 萧重望

萧重望，字剑斗，思南人。万历十三年（1585）乡试第一，次年中进士。授知河南阌乡县，后官至云南道监察御史、都察院佥都御史。李渭之徒。有《同野先生祠下作》诗云："我读先生录，为儒始有程。治规悬典则，王道在诚明。天日光常满，风云态自更。滔滔德江水，终古见澄清。"②

4. 赖嘉谟

赖嘉谟，江西万安人。父赖洁，选思南府幕，嘉谟随之入思南，从李渭游，好学不倦，日夜与同门交相切劘。后数年归里，成进士，官四川左参政。

5. 徐云从

徐云从，字时际，江西人。少即从江右王门罗念庵、南中王门唐荆川游。闻李渭兴学黔中思南，负笈远从，终身不忘。归江西，每与朋友讲学，多所规益，时吐危论，以直谅见重一时。

6. 李廷谦

李廷谦，字仲吉，思南人，李渭之子。万历十三年（1581）举人，初授真定具教谕，迁国子监助教。答诸生问难，辨博无滞，一时服其淹通，官至副使。

7. 冉宗孔

冉宗孔，安化（今思南）人，万历间贡生，任略阳令，操守廉洁。归里，

---

① 田雯《黔书》。
② 《黔诗纪略》卷十二。

阐扬心学，继李渭而起，名重一时。其子冉鉴，亦能传父学。

8. 胡学礼

胡学礼，务川人，廪生。素精邵子象数之学，志向清洁，不求仕进，有古隐士风。《黔诗纪略》卷三载，胡学礼曾持李渭之书问学于邹元标。元标赠其诗曰："圣学本无言，言者即不知。贫贱信所遭，富贵亦有时。鹍鹏元万里，鹪鹩自一枝。万里元非远，一枝亦非卑。嗟嗟寰中士，扰扰意何为！踌蹰一生耳，徒令达者嗤。置身五行外，庶不负男儿。君更勿念我，久矣玩庖牺。"由此可知胡学礼的学术造诣。

9. 田惟安

田惟安，思南人，郡庠生。性纯孝，有学识，应袭世官，因父爱少子惟臣，惟安遂让弟袭。笃志好学，游郡人李渭之门，后卒，李渭哭之以文。

10. 郭子章

郭子章，字相奎，号青螺，又号蠙衣生，江西泰和人，江右王门大师胡直门人。隆庆五年（1571）进士，万历二十七年（1599）以右副都御史巡抚贵州，三十二年（1604）进右都御史兼兵部右侍郎，三十七年，子章请离黔终养亲，许之。四十年（1612）晋兵部尚书兼都察院右副都御史。子章莅贵州十年，平定播州，奖拔士类，既去，贵州人士为建生祠七所。万历三十一年（1603）子章著《黔记》六十卷，贵州掌故赖之以存。陈尚象序之曰："大中丞郭公抚黔之癸卯（1603）岁，出所著《黔记》示余。……《记》成，当与黔并永，不特海内幡然改观，因知孔子'何陋'之言，与阳明先生名轩之意，俱得公而益信也。"① 郭子章曾为孙应鳌祠作《孙文恭公祠碑记》。

（五）黔中王门后学第四代弟子

陈尚象、余显凤、吴铤和艾氏三兄弟、陆氏两兄弟等皆为邹元标弟子，为黔中王门第四代弟子。

1. 陈尚象

陈尚象，字心易，号见羲，都匀卫人，邹元标谪戍都匀，一见许为伟器，即以心学相期勉，故自幼即得师事元标。万历七年（1579）举人，八年（1580）中进士，官至刑部给事中。万历二十年（1592）被削官为民，返回故里。二十五年（1597）编修完成万历《贵州通志》，邹元标为之序曰："元标

---

① 道光《贵州府志》卷五十。

一别兹土，荏苒凡二十年。忆承名儒，如少宗伯淮海孙公（孙应鳌）、参知同野李公（李渭）及诸士陈公（陈尚象）等，以圣贤之学相切靡朝夕，盖其报君主万一，乃戍则亡一矢一镞之劳，仕则谙小心翼翼之恭，负圣皇解网之恩，孤并州父老之望。五溪云山，用想为劳。抚兹志，悠悠我思矣！"四十一年（1613），陈尚象赋诗谈笑而卒，天启初赠光禄寺少卿。邹元标有《刑科右给事中见羲陈君墓志铭》悼文。陈尚象弟子有独山州的袁肇鼎等。其著作有《疏草》四卷（邹元标为之《序》）、《诗文集》若干卷。

2. 余显凤

余显凤，字德鬵，独山州人。当时未设州学，即寄都匀府学，为诸生。邹元标谪都匀，即与陈尚象同师事焉。与陈尚象又同中万历七年（公元1579年）举人。见羲通籍，德鬵下第归。复与吴铤同事忠介。忠介居匀六年，从学何啻百数，而闻道者首推尚象、显凤、吴铤三人，而显凤又从最久，所得尤深。后官某县教谕，升知河南巩县。独山州人讲明心学，自德鬵始。

3. 吴铤

吴铤，字金廷，都匀卫人，其父母早丧，在其伯父家长大，学习非常勤奋，常中夜独坐，每坐必至鸡鸣，书声达旦。邹元标谪都匀，见其试卷，目之为"黔第一士"，谓其文"不作经生口吻，神知常溢笔端"。其后从元标学习心学，进步很快。其卒，元标为其作《墓志铭》。

4. 艾氏三兄弟：艾友芝、艾友兰、艾友芸

艾氏三兄弟：艾友芝（字野史，万历中举人，授潊县知县，升知广西横州）、艾友兰（字幽谷，万历中由选贡授郧阳府竹山知县）、艾友芸（字桂阁，万历中选贡，崇祯初官至云南府云南县知县），麻哈州（今麻江）人。邹元标谪黔，与其父艾世美（字尊五，号桂楼，祖籍江西新建。隆庆末，由选贡为马湖训导，升卢陵教谕，后知湖广松滋县，见直道不行，自辞官归乡）为友，常至麻哈住其家，兄弟三人遂得以受业，成为心学传人。

5. 陆氏两兄弟：陆从龙、陆德龙

陆从龙，都匀人，万历十六年（1588）中举人，任湖广新化知县，致仕归。陆德龙，字钟阳，从龙之弟。举万历二十八年（1600）乡试，授新化知县，治术媲古儒吏。后致仕家居。天启间安邦彦叛，围省城，抚、按以蜡书招援省，陆氏兄弟罄资募兵，皆督征阵亡。事闻皆赠光禄寺卿。邹元标谪戍都匀，兄弟二人同师事焉，元标许以道器。

综上所述，王阳明谪居贵州，龙场悟道，使举世闻名的心学诞生于贵州，

同时，他创办龙冈书院，主讲贵阳文明书院，首开黔中书院讲学之风，培养了一大批黔中弟子。王阳明离黔后，王门的黔籍和外籍弟子在黔中南北分化，继续弘扬师说，大振阳明心学，讲学之风，盛极一时，使阳明心学遍播全省，贵州人文蔚为大观。继王阳明于龙场创办龙冈书院后，其弟子和再传弟子中也有许多人在贵州少数民族地区建书院、讲心学。王阳明谪黔成就了黔中人文的大事因缘，为贵州培养了一大批心学弟子，再通过其亲传弟子、再传弟子、三传弟子、四传弟子等的大力宏传、发展，至晚明时期遂形成独特的黔中王门系统，即贵州阳明文化学派。

五、贵州阳明文化旅游圈的开发

在旅游业日益成为一个国家或一个地区的重要经济支柱产业的今天，文化在旅游业中的经济意义已经越来越凸现其魅力，特别是富有深厚底蕴和历史积淀的区域性特征的文化，对旅游业可持续发展的深层影响已经越来越引起业内人士的关注。随着现代旅游业的快速发展，文化旅游日益成为现代人旅游的热点。所谓文化旅游，简单地说，就是通过旅游行为，让旅游者去感知、了解和体察某一文化的内容。阳明文化旅游是贵州旅游业的一个新亮点。阳明文化在中华传统文化中的地位以及在国际上的影响，举世瞩目。阳明文化形成于贵州，"龙场悟道"是其形成的原点，具有区域的特殊性、历史性和唯一性特征。阳明及其阳明后学在贵州传播阳明文化的过程中，以现今贵州的行政区划看，形成了一个以大贵阳为中心的、涉及8个地区20个县市的文化圈。贵州阳明文化圈作为贵州本土文化的重要组成部分和宝贵财富，从自然地理的角度看，几乎遍及全省；从文化演进的角度说，它是中华主流文化与贵州本土文化互动的结果，具有深厚的历史积淀；从区域文化上讲，阳明文化圈的人文资源往往与贵州的自然景观密不可分。如何最大化地利用贵州的阳明文化品牌，把贵州阳明文化旅游圈的人文资源开发出来，并展示其迷人的魅力，使贵州旅游业在了解自身文化传统的基础上回应时代的挑战，这是值得深入研究的课题。

（一）贵州阳明文化圈的形成

王阳明（1472—1528），我国明代著名的哲学家、教育家、思想家、军事家。明武宗正德元年（1506），时任兵部主事的王阳明被谪官为贵州龙场（今修文）驿丞。王阳明在贵州生活了近三个年头，并于龙场悟道，使举世闻名的心学诞生于贵州，这是贵州阳明文化圈的缘起。其后他又创办龙冈书院，主讲贵阳文明书院。王阳明离黔后，王门弟子在黔中南北分化，继续弘扬师说，大振阳明心学，讲学之风，盛极一时，使阳明心学遍播全省，贵州人文蔚为大观。王阳明谪黔成就了黔中人文的大事因缘，为贵州培养了一大批心学弟子。阳明文化通过其亲传弟子、再传弟子、三传弟子、四传弟子等的大力弘传、发展，至晚明时期遂形成贵州阳明文化圈。

黔中王门的第一代弟子著名者有席书、刘秉鉴、王杏、蒋信、胡尧时、冀元亨、陈宗鲁、汤伯元、叶子苍、钱凤翔等人，他们是最早在贵州传播阳明心学的学者。黔中王门第二代弟子有马廷锡、李渭、万士和、徐樾等。在黔中王门第三代弟子中最著名的当数孙应鳌、邹元标。黔中王门第四代弟子为陈尚象、余显凤、吴铤和艾友芝（字野史）、艾友兰（字幽谷）、艾友芸（字桂阁）三兄弟。黔中王门中的蒋信、席书、王杏、胡尧时、刘秉鉴、冀元亨、万士和、徐樾、邹元标等人，从严格的学术、学案传统意义上来讲都不属于黔中王门，但如果从大文化意义上和贵州文化旅游角度来讲，我们可以把他们视为黔中王门后学，因为他们或在贵州做官，或在贵州办书院、讲心学，或来贵州听王阳明讲心学，他们的思想对当时贵州阳明文化的传播和发展起到了积极的促进作用，所以，在这种意义上我们把他们列入黔中王门后学系统。

大学者黄宗羲（1610—1695）于清康熙十五年（1676年）著《明儒学案》，按照地理人文将阳明后学分为浙中（浙江）、江右（江西）、南中（江苏）、楚中（湖南）、北方（河南、山东等中原地区）、粤闽（广东、福建）和泰州七大体系。然而由于贵州当时交通闭塞，远在边鄙，过去很少有人论及，从而使之漏载最早传播王学、开拓一方文明、颇具一定规模和造就了众多著名学者的黔中王门后学，致使黔中王门后学长期鲜为人知，被冷落忽略达数百年之久。贵州是王学的诞生地，王阳明悟道的龙场又被历代学者视为"王学圣地"，许多黔中王学弟子也学识精湛，其讲学、著作享誉海内外。因此，王门后学理应有"黔中王门"的一席之地。"黔中王门"具有以下特点：第一、贵州是阳明文化形成的原点，在时间上，"黔中王门"最早学习和传播阳明心学。第二、"黔中王门"有众多著名学者，颇具一定规模，且影响一方。第三、它具有贵州本土色彩。第四、它分布地域广。客观地看，贵州地区自王阳明后就存在着一个相对独立的，由王阳明及其弟子和王学传人组成的，具有鲜明的地域性特征的"贵州阳明文化圈"。其地理范围和辐射面积几乎包括今天的贵州全境，具体而言，涉及贵阳、安顺、毕节、黔南、黔东南、黔西南、铜仁、遵义 8 个地区的 20 个县市，它们是：贵阳、修文、镇宁、黔西、都匀、独山、惠水、龙里、贵定、福泉、凯里、麻江、黄平、施秉、镇远、玉屏、思南、务川、兴义、普安。贵州阳明文化圈中的王阳明及其后学弟子在贵州留下的遗迹（包括其办学、讲学的地方，题咏、游历和生活过的地方，以及他们的墓、祠等），对于今天贵州的文化旅游来说，是一个重要的人文旅游资源，值得大力挖掘、开发。

（二）贵州阳明文化旅游圈的内容

王阳明从正德三年（1508 年）三月到贵州，到正德五年（1510 年）年初离开贵州，在谪居贵州跨三个年头近两年时间里，留下了很多行踪遗迹和大量的诗文题记，这些行踪遗迹和诗文题记所描述和题咏的自然对象，在今天从旅游的视角来看，具有极大的旅游开发价值。阳明离黔后，以王杏、蒋信、孙应鳌、李渭、马廷锡、邹元标、陈尚象等为代表的黔中王门弟子，或在贵州为官之时，或在退隐林泉之后，或在仕宦之闲，继续在贵州建书院、讲心学，极大地促进了阳明心学在贵州的传播和繁荣，推动了贵州文教事业的进步。在闲暇之余，他们还在黔中探奇访胜，题咏山水，留下了众多遗迹。黔中王门弟子留下的众多的、富含文化底蕴的遗迹，对今天我们贵州的旅游开发而言，同阳明遗迹一样，也是不可多得的重要资源。

阳明及黔中王门弟子留下的遗迹，形态多样、点多面广，涉及贵州 8 个地区的 20 个县市。这些遗迹有的已开发，有的未开发，有的保存完整，有的有待修葺。它们在总体上，依靠现代发达的交通旅游线路的连接，已经初步具备了以阳明文化为核心内涵的文化旅游圈的雏形。一个文化旅游圈的形成至少应当具备以下三个条件：其一，具有众多的具有观赏价值的景点或景区，这些景点或景区具有共同的文化内涵且又具有自身独具的特点和旅游优势。其二，具有连接这些旅游景点或景区的清楚明晰的旅游线路。其三，这些旅游景点或景区在整体布局上具有相对封闭的圈状特征。其中，数目众多的旅游景观是文化旅游圈的最重要的构成部分。阳明文化旅游圈的内容和特色主要是通过阳明文化旅游的各种景观来体现的。蕴涵文化的遗迹是旅游景点长青的生命，文化名人的游踪是旅游景点永恒的魅力。阳明文化旅游圈的各类景观具有深厚的文化底蕴和巨大的旅游开发价值。

1. 阳明遗迹的内容。王阳明在贵州谪居的两年时间里，凡为其足迹所到之处，诗文题咏之地，传道讲学之所，都是他为贵州留下的宝贵的文化旅游遗产，这些丰富的文化遗产今天正日益成为贵州旅游开发的重要资源。王阳明奔赴龙场沿途的遗迹：玉屏城北的玉屏山和城东五里的钟鼓洞、镇远旅邸、黄平的月潭寺和飞云崖、平越（今福泉）七盘岭。王阳明在龙场的遗迹：草庵和玩易窝，龙冈山王文成公祠、何陋轩、君子亭、宾阳堂，阳明桥、三人坟、天生桥、木阁山、陆广河。王阳明在黔西的遗迹：象祠。王阳明在贵阳的遗迹：文明书院、来仙洞（今仙人洞）、南庵、南霁云祠、太子桥、二桥、三桥等。

2. 黔中王门后学遗迹的内容。王门弟子建造、讲学的书院：贵阳的文明书院、正学书院和阳明书院、清平的学孔书院、山甫书院、学孔精舍、黄平的草亭书院、思南的为仁书院、中和书院、都匀的鹤楼书院、南皋书院、贵阳南明河鱼矶的栖云亭、麻江的静晖寺。王门弟子生活、游历、题咏之地：凯里的云溪洞（大风洞）、宾阳洞、圣寿寺、紫霞宫、太玄亭、小华山，镇宁的双明洞，思南的点易洞、中和山、普济亭、三台山、万圣山、龙洞，都匀的便河、东山、龙山、龙潭、观音寺。麻江的宝珠堂、江水桥、鹭塘、惠民桥、贵人山、碧波桥，普安碧云洞、贵阳东山寺、玉屏獭崖、秋榜山。有关王门弟子的石刻碑墓：李渭曾经撰《修观音阁碑记》，今镶于思南中和山观音阁右壁。万历十六年李渭卒后，朝廷准于郡中建祠，神宗赐联曰："南国躬行君子，中朝理学名臣。"李渭墓在思南万圣山麓，兵部侍郎耿楚侗为墓碑题词："明好学君子之墓"。邹元标给其弟子陈尚象和吴铤都写有《墓志铭》。孙应鳌墓位于今凯里炉山镇驻地1.5公里，碑正面阴刻"明工部尚书谥文恭孙公淮海之墓"。明贵州巡抚郭子章有《孙文恭祠碑记》。凯里宗伯桥，孙文恭读书于此。宗伯桥侧石壁上刻有孙应鳌所书"云晴天影阔，山静水声幽"联。

3. 后代纪念阳明及王门弟子的各种建筑。著名者有贵阳阳明祠、修文阳明祠、修文阳明园、黔西阳明祠、思南李先生祠、凯里孙文恭公祠、都匀邹元标祠、兴义阳明洞建筑、龙里莲峰书院、二贤祠等。

（三）贵州阳明文化旅游圈的特色

1. 形态多样的地缘特征。贵州的阳明文化旅游圈，必然带有贵州的地缘特征，打上贵州山水风光的总体印记。贵州地处西南云贵高原，大山的阻隔造就了这里多民族的原始古朴的民风民俗，温和湿润的气候培育了这里丰富多彩的原始生态，占全省总面积 73％的喀斯特地貌孕育了这里无数的奇山秀水、峡谷溶洞和涌泉飞瀑。阳明文化旅游景观在很大程度上是贵州旅游景观的一个缩影。

（1）奇异的灵山秀水。贵州的山水素以灵秀著称，王阳明、邹元标等心学大师贬谪贵州后，对这里的山水非常喜爱，贵州秀丽的山光水色，慰藉了他们的心灵创伤，孕育了他们的思想智慧，激发了他们的创作灵感。黔中王门学者更是热爱家乡山水，他们在其间讲学、游憩、观览、居住，留下了大量诗文。这些留下了王阳明及其王门学者足迹的灵山秀水，是贵州阳明文化旅游圈中的一个重要组成部分。从山来说，王阳明曾在修文龙冈山传道，在木阁山观野烧，为黔西麟角山写《象祠记》，上贵阳栖霞山访来仙古洞，咏诗黄平诸山，攀登福泉七盘岭；邹元标游憩麻江城南贵人山，探访都匀城西龙山（莽山）；孙应鳌讲学清平韦拔山（于山中建学孔书院）；李渭讲学、居住、题名思南城西中和山，咏歌思南城东万圣山、城南三台山等等。从水来说，王阳明曾在修文览六广河之秀，在贵阳观南明河、小车河之美，他也曾停息镇远，此地有潕阳河兼漓江之秀、三峡之险；孙应鳌咏诗黄平重安江；李渭在思南有德江之咏，白泉、嵇公泉之赞；陈尚象在都匀游剑江龙潭，有《便河诗并序》诗文唱其秀美，曾作《麻哈州惠民桥碑记》，叙麻江城南摆地河之险峻。游览这些山山水水，不仅能领略到黔中山水的灵秀、壮美、幽险、神奇，而且还能识其心学文化之渊源，赏其心学文化之艺术，的确别具一格，具有巨大的文化旅游价值。

（2）著名的岩崖洞穴。贵州号称"万洞之省"，因而阳明文化旅游景观亦具备此一形态。具有划时代历史意义的阳明龙场悟道便是在修文玩易窝洞中发生的。有关王阳明的，如修文的阳明洞、贵阳的栖霞山来仙洞、白龙洞（太子桥附近）、黄平的飞云崖（又名飞云洞）等；有关王门弟子的，如思南的点易洞、凯里的云溪洞、镇宁的双明洞、兴义的阳明洞等。这些岩崖洞穴，形态各异，大者可容千人，小者仅容数人，深者数百米，浅者二三米，有穿山之洞，有落地之穴，有孤洞直入，有层层洞群，有主洞，有支洞，洞洞相通，曲畅勾连，有的洞钟乳、石笋琳琅满目，有的洞玄奥迷离，神奇莫测，有的洞刻石累累，闪耀出历史人文的光芒。自古以来，这些岩崖洞穴皆为探奇觅幽者所乐道，叹为绝景。

（3）多彩的祠观庙宇。在贵州的阳明文化旅游圈中，有很多阳明及王门学者游观、咏歌、讲学、建造的祠观庙宇，它们多姿多彩，使人叹为观止。就祠而言，如贵阳的南霁云祠、黔西的阳明祠及其牛场乡境内的麟角山上的象祠、修文的王文成公祠（前身为阳明所建的龙冈书院）、思南的李先生（李渭）祠、清平的孙应鳌祠、都匀的邹元标祠等。就寺而言，如贵阳的南庵、黄平的月潭寺、都匀的观音寺、麻江的静晖寺等，这些祠观庙宇仍然具有贵州山水的总体特征，它们或在山顶，或处水边，或居闹市，游人观此，既可凭吊先贤，亦可上敬菩萨，还可闹中求静，这些地方，从来都是旅游者游山玩水、调整心态的良好场所。

（4）精美的古代建筑。贵州阳明文化旅游景观中不乏古建筑，它们或构于平地，或居于闹市，或立于山巅，或临于溪涧，或嵌于崖壁，飞檐翘角，雕梁画栋，典雅精美，保留着明清时南方古建筑的风貌。其中最典型的如修文的阳明洞建筑群、贵阳阳明祠建筑群、黄平的月潭寺飞云崖建筑群等，它们几经沧桑，都保留了下来，成为贵州珍贵的古代建筑精品，它们不仅保存和丰富了贵州的古代建筑，而且也使游人充分体验到了阳明文化的浓厚氛围。

（5）独特的石林石桥。贵州地处云贵高原，岩溶分布极广，故其石林石桥甚多。阳明文化旅游圈中独特的石林石桥，就反映了贵州岩溶地区特有的自然风光。如修文县场坝乡境内的天生桥就很有特点，王阳明有《过天生桥》诗赞其奇险壮丽。修文县城西80余里的六广镇回水村旁的狮子垭西坡上，有千亩之地的石林，其石一般都高达10余米，怪石嶙峋，似剑刺苍穹，有"贵州石林"之称，王阳明曾经到过它附近的六广河畔游访。

（6）奇绝的岩溶地貌。阳明文化旅游圈中，无论是石林石桥，奇山秀水，还是岩崖洞穴，总体上都具有贵州喀斯特地貌的特征。尤其象黄平的飞云崖、贵阳的仙人洞，修文的阳明洞、玩易窝、天生桥、六广河峡谷，镇宁的双明洞，兴义的阳明洞等，更是属于典型的喀斯特地貌。这些景点大多奇异怪险，很具有观赏价值。

2. 寓意丰富的民族情缘。贵州是个多民族聚居地区，自古以来，其疆域上就生活着苗、彝、侗、布依、仡佬等少数民族。阳明文化旅游景观同贵州的少数民族风情、习俗和生活有着或明或暗，或多或少的联系。这些景观见证了王阳明和当时贵州少数民族之间的友好交往和深厚感情。

王阳明在龙场写作的许多诗文最能体现阳明及阳明遗迹与当地少数民族之间的密切关系。如《谪居绝粮请学于农将田南山永言寄怀》、《观稼》、《采蕨》、《西园》、《龙冈新构》、《采薪二首》等诗表明了阳明当时在龙场已参加了各种生产劳动,与当地"夷民"相处和睦,双方建立了深厚感情,"宴适岂专予,来者得同憩"、"起来步间摇,晚酌檐下设。尽醉即草铺,忘与邻翁别"、"村翁或招饮,洞客偕探幽"、"污搏映瓦豆,尽醉不知夕"等诗句表明阳明在龙场不久便融入了当地少数民族的生活中,产生了"夷居信何陋,恬淡意方在"的心灵感受。当地"夷民"也很关心他,在农事上教导他,并且直接帮助他修造龙冈书院、何陋轩等建筑。在《何陋轩记》中,阳明十分称道当地少数民族淳朴自然的民风和粗犷豪放的性格,表明阳明乐于与当地的少数民族相处而不以之为陋,对其抱以亲善友好的态度,视其为"斧尚有施"的能够雕琢导化的对象。

王阳明与当时少数民族彝族土司安贵荣也建立了很好的关系。阳明初到,安氏即派人送米送肉,十分关照。王阳明写给安氏的三封信,对于维护民族团结,起到了积极作用。阳明在龙场还应安贵荣之请,欣然为水西苗彝人民崇奉的象祠,写了著名的《象祠记》。整篇《象祠记》表现出王阳明与当地苗彝少数民族的真挚感情,也是他与少数民族友好关系的历史见证。在明隆庆年间,当时的彝族贵州宣慰使安国亨,在阳明住过的龙冈山阳明洞的石壁上刻下了"阳明先生遗爱处"七个大字,并于洞内石壁刻下诗文:"驻马空林下,耽幽此地偏。有星天下夜,无雨昼飞泉。云鹤青天杳,溪鸥白日眠。苍苔封古字,踪迹羡前贤。"以表达他对阳明的仰慕怀念之情。

3. 人文和自然景观的浑然一体。时下国内旅游兴旺,山水游、风情游、生态游、文化游等,层出不穷,各领风骚。然究其景观内涵而言,大体可分为自然和人文两类。有重于自然者,如三峡、五岳、张家界等;有重于人文者,如故宫、长城、兵马俑等。贵州旅游总体上以自然景观见长,尤以山水取胜,游览贵州山水,可以达到"鸢飞戾天者,望峰息心;经纶世务者,窥谷忘返"①的境界。贵州的阳明文化旅游景观中的很大部分是在原有的优美的自然山水景观的基础上,注入阳明文化的内涵后形成的。经阳明及其弟子题咏后,原有的自然景观影响大增,更具有开发价值,以后逐渐在其基础上新建或扩建了大量的人文建筑。自然景观与阳明文化景观在历史演进中相互交融、相互促进、相得益彰。自然景观成为传播阳明文化的有效载体,同时也因阳明文化的广为传播而享誉海内外。

贵州优美的自然景观和特殊的地理环境是促成阳明心学思想在贵州初步

---

① 吴均《与朱元思书》。

形成的重要因素。如阳明在龙场的生活环境（就景观而言即是阳明遗迹）直接促成了其心学思想的诞生。龙场悟道使其从郁结中求得心路通达，从逆境中迸出思想火花，从百死千难中获得新生。玩易窝使其"视险若夷，而不知其夷之为厄也"，阳明洞使其"夷居信何陋，恬淡意方在"，这都表明龙场的环境对调整阳明当时的心态，改变其思想，促成其悟道，发挥了重要作用。

贵州的许多山水景观同时也受惠于阳明文化的注入和传播。修文的阳明洞，本是"天巧谢雕凿"的天然洞穴，阳明在此居住传道后，便成为众多的文人雅士景仰之地，成为享誉海内外的"王学圣地"。黄平的飞云崖，为阳明"天下之山聚于云贵，云贵之秀萃于斯崖"的名句称道后，原有景观更是锦上添花，声名远播。其他的阳明文化旅游景观，如仙人洞、六广河等，也莫不如此。

4. 底蕴深厚的文化内涵。贵州的阳明文化旅游景观因为阳明及其弟子的生活、游踪、题咏，一句话因为阳明文化的注入和赋予才能存在。阳明遗迹中，修文的龙冈山主要是阳明生活治学之处，此地留下的大量诗文是阳明文化的最重要部分，故此地的旅游景观也就具有了丰富的阳明文化内涵。据统计阳明洞的摩崖约计有43处之多，其中著名的有明万历己丑季春吉日，贵州宣慰使龙源安国亨书的"阳明先生遗爱处"；道光十年春岭南庞霖书的"奇境"；道光十一年秋番禺梁作舟题的"幽光"；第三次重游阳明洞，蒋中正题的"知行合一"等大字。阳明洞碑刻的数量也较多。目前的统计有67通（含已毁）。它们分别嵌于何陋轩、王文成公祠内墙壁间以及正殿前廊两侧、宾阳堂前以及竖于阳明洞洞口和新建的阳明碑苑处。这些碑刻是研究阳明洞历史沿革的宝贵资料。上述的摩崖碑刻既体现了后人景仰先贤的心声，也体现了此地阳明文化内涵的深厚。

5. 数目众多的书院道场。阳明文化旅游景观中的书院直接就是阳明及其弟子当年创办或讲学的场所。这些场所数目众多，成为阳明文化旅游景观的一大特色。王阳明创办龙冈书院并在贵阳文明书院讲学，首开风气，以后代有传承，可谓长流远播，遗泽深远。阳明走后，受其影响，贵州办学之风盛极一时，书院由原来的四五所，一下子增加到近40所。这些书院与王门弟子直接有关的有正学书院、阳明书院、为仁书院、中和书院、学孔书院、鹤楼书院、南皋书院等。其余书院的建立，也绝大部分与王门有关，其之建置、祭祀，特别是教学，大都以王学为宗，以心学为教。

6. 散中有聚的景观布局。阳明文化旅游景观在布局分布上具有整体分散而又局部集中的特点。就"阳明文化圈"而言，地理范围和辐射面积几乎包括今天的贵州全境，据粗略的不完全统计，阳明遗迹和王门遗迹一共有 70 余个。这些遗迹中，有少部分是当今对其遗址无考的，有少部分是仍然保存较好或已经恢复的，绝大部分都是有待进一步发掘考证和恢复开发的。阳明和王门遗迹中，尤以贵阳和修文的有关阳明的遗迹，凯里的有关孙应鳌的遗迹，都匀的有关邹元标和陈尚象的遗迹，思南的有关李渭的遗迹，麻江的有关邹元标、陈尚象和艾氏三兄弟的遗迹，贵阳的有关马廷锡、王杏、蒋信的遗迹等，最具有旅游开发价值。

贵州的阳明文化旅游景观大体可分为四个层次。其中，贵阳和修文是阳明文化旅游景观最集中、最具有影响力、最具有开发条件和开发价值的地方，近几年两地政府在开发方面也的确作出了巨大努力。其次是凯里、都匀、思南、黄平、黔西，再次是兴义、镇远、镇宁和麻江，其余各地的景观，或是景观单一、或是文化含量不高、或是旅游价值不大、或是交通不便、或是开发难度较大，只能在其他景观的带动下附带开发。

（四）贵州明阳文化旅游圈的开发

现在的国际国内环境是贵州发展旅游的大好时机。在这一背景下，全面深入的发掘和整理阳明文化旅游资源，努力实现其资源的产品化、精品化，开发以大贵阳为中心、范围涉及我省 8 个地区 20 个县市的阳明文化旅游圈，对于带动我省的文化旅游，打造我省文化旅游精品，实现与周边省区的旅游对接，让贵州文化旅游走向全国，走向世界，都具有十分重要的意义。

1. 开发的必要性和可行性。贵州阳明文化旅游资源的独特性和吸引力是开发必要性的基础。阳明文化旅游的跨地域特征亦有利于带动我省的文化旅游，树立自己的文化旅游品牌，实现与周边地区的有效衔接，带来规模效益。贵州阳明文化旅游圈的开发，从文化的角度而言，有利于推介贵州的历史文化，有利于人们更多的认识贵州，了解贵州。现在的国际国内及地区环境给我省阳明文化旅游圈的开发提供了机会。

2. 开发的基本现状。贵阳和修文是阳明文化旅游景观相对集中的地方，在政府的高度重视下，两地的旅游景观得到了很大程度的恢复和一定程度的开发。总体上，我省的阳明文化旅游资源的开发还处于起步阶段，阳明文化旅游圈中的绝大部分景观还处于研究、发掘、考证和宣传论证当中。

3. 开发中存在的主要问题。（1）恢复保护为主，缺乏开发深度。（2）融资渠道单一,开发资金短缺。(3)多头行政管理,造成开发阻碍。(4)人员素质偏低,服务项目单一。(5)局限于静态的旅游服务,缺乏有创意的文化活动。

4. 开发面临的主要难点。(1)如何兼顾文物保护和旅游开发需要,处理好二者之间的关系,使现有阳明文化旅游景观中的文物资源发挥它最大的旅游价值,这是贵州阳明文化旅游开发面临的一个难点。(2)一部分内涵单一的阳明文化旅游景观,因其对现代旅游市场需求的适应性差,难以取得可观的经济效益,对其开发具有很大困难。(3)如何筹集大量资金投资开发面临一定困难。(4)如何实施阳明文化圈的整体协调开发具有一定的难度。

5. 开发的基本原则。贵州阳明文化旅游圈的开发必须立足创新,以现有的旅游资源为基础,以经济、社会和环境的综合效益为目标,走可持续发展道路。(1)立足创新。(2)走可持续发展的生态开发道路。(3)以旅游资源为基础。(4)以客源市场为导向。(5)以开发环境为依托。(6)以政府为主导。(7)综合开发。(8)层次推进。(9)兼顾保护与开发。

6. 开发的主要措施。贵州阳明文化旅游业刚刚起步,尚未形成规模,其旅游潜力远远没有被开发出来。如何进一步开发利用这一丰富而独特的文化旅游资源,促进贵州旅游业的发展,我们提出如下的开发建设措施:(1)建立"贵州阳明文化旅游圈"的宣传论坛。(2)成立"贵州阳明文化旅游圈"的协作机构。(3)制订"贵州阳明文化旅游圈"的旅游规划。(4)建立"贵州阳明文化旅游圈"的创新机制。(5)设立"贵州阳明文化旅游圈"的旅游基金会。(6)开辟贵州阳明文化旅游专线。(7)建设以大贵阳为中心的"贵州阳明文化旅游圈"。

鉴于贵州阳明文化保存的现状和其分布特点,我们认为应首先选择以大贵阳(包括修文)作为贵州阳明文化旅游圈的中心投资建设。这是因为:其一,贵阳和修文是贵州阳明文化古迹保存较为完好的地区,与其他地方相比较,又具有时间较早、数量较多和相对集中的特点。其二,王阳明当年谪居贵州,主要活动地点便是在修文、贵阳两地,故史有"悟道于龙场(修文),传道于贵阳"之说,因而把大贵阳作为贵州阳明文化旅游的中心是以历史的客观存在为依据。其三,大贵阳作为贵州的省城地区,是贵州的心脏,是贵州政治、经济和文化的中心,它交通方便、信息灵通、客流量大,在这里建设贵州阳明文化旅游圈的中心(如建立王阳明展览馆、心学文化博物馆、阳明文化图书馆等),必将投资小,见效快。这样,以大贵阳为中心,以贵黄公路、贵遵公路、贵毕公路、贵新公路以及湘黔铁路和黔桂铁路为纽带，连接安顺、黔东南、铜仁和黔南地区，便可以构成一个近似圆圈形的贵州阳明文化旅游开发圈，从而带动全局的发展。贵州阳明文化旅游圈的开发，对贵州旅游业的发展将是一个有力的推动，贵州必将成为 21 世纪中国阳明文化旅游的中心。

中篇　佛学与贵州文化

第一章 大乘佛学思想系统

从整个大乘佛学而言，其宗旨本是一致的，但从其发展趋向的系统而言，则又是有差别的。日本佛学家荻原云来，将大乘佛学分成两大宗：由小乘大众部发展而来的龙树的无相皆空论，即空宗；由小乘上座部发展而来的无著的阿赖耶识缘起论，即有宗。但实际上大乘佛学尚有净心缘起的一系。因此太虚大师又分大乘佛学为三期三系：一曰空慧宗摄三论；二曰唯识宗摄唯识及戒律；三曰真如宗摄禅宗、天台、贤首、真如、净土等中国宗派。后来，太虚大师又将三系改为：一法性空慧宗；二法相唯识宗；三法界圆觉宗。中国诸大宗无不进入此第三宗的范围。① 太虚高弟当代佛学大师印顺长老根据太虚大师的启示，再仔细分析整个大乘佛学的发展过程及其思想体系，从大处着眼，科学地将整个大乘佛学分为三大系统或三大学派，又称三大论：一曰性空唯名论，是以龙树为首的初期大乘佛学；二曰虚妄唯识论，是以无著为首的中期大乘佛学；三曰真常唯心论，是以中国大乘各宗派为主的后期大乘佛学。② 本书依印顺之说而详论此大乘佛学之三大系统。

一、大乘佛学的三大系统及其关系

（一）大乘佛学的三大系统

1. 性空唯名论（中观之学）

所谓性空唯名学，即是指中观之学，又称空宗，依《般若》等经及龙树、提婆、清辩、月称等人之论而安立。依这一系统，一切法无自性，缘起性空，为最根本的核心。离开性空，而讲生灭无常，不外是断见。性空，并非绝对空无之义。依中观学，证诸法空性，虽都无所取，而实不破坏一切。所以"毕竟空中不碍生死"，"不坏假名而说实相"。性空，不但不破坏一切法，反

---

① 参见《太虚大师全书》第331、第523–525页。
② 参见印顺：《成佛之道》。

而性空由一切法而成立，此为中观学的特点。因为诸法无自性，所以从缘而起；如有自性，即不成缘起。从缘起而论，是缘起性空的。缘起是没有自性（空）的缘起，也就是假名的缘起。因众生无始以来，无明所蔽，不了达缘起的假名即空，执著自性有，自相有，我有，便是生死根本。如依缘起假名而达无自性空即得解脱。佛所说法为众生善巧安立，并不与自性空矛盾（绝对的空无论者，即顽空论者，龙树称之为"方广道人"）。从性空而言，是性空缘起的。性空是不碍缘起的，缘起的即是假名，无有自性。假名，梵语本为假施设义，无有自性自相而有，依于因缘，现为如幻如化的假有。假名有，并非说实有此名，而是说绝无自性但有假施设，它在世谛法中法相条然。假名所成立的世俗有，从胜义谛观察，一切是无有自性而不能安立的，而非从真如实相去成立一切。色心、染净、世出世之"法"，都是世俗假施设的，都是从缘而起的假名有，自性空，无一法可以安立。依缘起，则一切法都可以成立，行善得善报，作恶得恶报，迷著则流转生死，悟证则得解脱。故"不动真际，建立诸法"。故中观学是空有无碍的。缘起有不碍自性空，自性空不碍缘起有，是空假无碍，二谛无碍的"中道义"。其他大乘学派，除假名有外，别有自相和自性有，才依以成立一切，唯有中观学，在诸法性空的基点上，说一切但有假名，故名"性空唯名"。

2. 虚妄唯识论（唯识学）

所谓虚妄唯识学，即指唯识学，又称有宗。玄奘大师所创立的唯识宗，最能表达这一学的意趣。中观依《般若经》的胜义（了义）开出，但依《解深密经》以了义与不了义（深密）相对论，说得显明易了是了义，说得深隐微密是不了义。依佛说的《解深密经》去理解胜义法空性，故有深密与了义之分，是根机的问题。根机深的有证了义的能力，根机浅的则认为中观法门深而又深，为难解之密。故佛要说《解深密经》，依三种自性，密意说明一切诸法皆无自性。弥勒、无著、世亲等人所立的瑜伽法门，依《解深密经》的深密说认为，一切法无自性，一切假有，这等于说什么都没有，是不能成立一切法的，所以应有假有无自性和实有自性两类，要"依实立假"才对。所以这一学的根本立场，或是无自性的假有，叫做假说自性，即遍计所执性；或是自相有的实有唯识，叫做离言自性，即依他起性。因缘生法是自相有的，是一切法的缘起自性。这个自性有就是有漏的识。识有八种，但为一切法所知依的是阿赖耶识，唯识学是依阿赖耶识有而立一切法的。由此立三性说。着重依他起性，说依他起是实有唯识。依他是自相有，不是假名有；假名有是无自性的,这是遍计所执性,这不是因果法,不能安立世出世间因果。依他起性是有为生灭（无常）的,不是无为真常法；圆成实性是空性,是不生灭的无为性,不能依此而立染净因果。所以唯有为生灭的依他起性,才能成立染净因果的可能,没有它就一切都不成立。故依他起性是染净依,是虚妄分别的心和心所法。依他起有,故内识有；遍计性空,故外境无,唯识无境与三性有空一致。外境是空无自性的,故假必依实,自相有即为一切假所依的心识（按中观学心识亦空无）。按唯识学,如心识也没有自性,那就一切法都不能成立了。识固然是虚妄的,但是自相有的。由于无始以来,心境相应,熏习成种子,故识从自种子生时,那以识为性的境相种子,也就生现行,而现行能起分别,所分境相好像是独立的,其实境不离识,以心识为性,识外的境相虽没有,而不离心识的境相也是有的,是从种子生的（称为性境）。所以依他起的一切因果,都能成立,不过一切以识为性罢了,故又不可说是空无自性的。故依虚妄分别之识为本,才能安立染净因果。故名之"虚妄唯识"。众生不明外境唯识,颠倒错乱,成我法二执,因之起烦恼造业,这都熏习在阿赖耶识里,业种成熟时,随业受报,阿赖耶识就名为异熟识,成为生死轮回的主体。反之,能了达外境是唯识所现而立的,就能于依他起而知遍计所执空。如境相空不可得,虚妄分别的识也就因失去对象而不生。境无所得,识亦无所得,转识成智（无漏识）,就能证悟心识（虚妄分别的妄识）的实性和真相是空相。真实性是依他起自性离执所显,不能说是空的,故识通于不虚妄,依他通于清净。

3. 真常唯心论（真常学）

所谓真常唯心学,主要是指依《如来藏经》、《法鼓经》、《大涅槃经》、《楞伽经》、《圆觉经》及《大乘起信论》等大乘经论为本而立,又称性宗。所谓真常心,它的名目可有很多,法性、如来藏、圆觉、佛性、常住真心、自性清净心、菩提心、大涅槃、法身等,它本净真性,总持于心性,以此真常心为依而有生死、涅槃事,为流转和还灭的主体,它是在凡不灭,在圣不增,无分于圣凡的真常心体,故称之"真常唯心论"。它与中观学不同,中观依彻底的我法无自性说,认为一切都是空无自性的,真常唯心论认为这是不可依据而成立染净因果的。它又与唯识学不同,唯识学认为一切法是生灭无常的,识是生灭无常的,种子亦然,在种子六义中,第一义就是"刹那生灭",依真常唯心论,这也不能成立染净因果,总之无常无我既不能成立轮回,也不能成立解脱,故唯有依如来藏,真常诸净才有可能成立："如来藏是依，是持，是建立。依如来藏故有生死，依如来藏证得涅槃。"如来藏，含摄了如来的一切无漏功德，真常本净，为涅槃依；但无始以来为一切烦恼杂染所覆藏。换言之，即有与如来藏不相合的有为杂染熏习，无始以来依如来藏而现杂染生死，故如来藏又为生死依。成佛，也就是如来藏出缠，无漏净能的圆满显发而已。离烦恼，如来藏即名法身。故在本质上，众生与佛，平等无差别，都具有此佛性。依如来藏，成立生死与涅槃、众生与佛，故云"是善不善因"，即是为不善的生死杂染之因，亦为善的清净涅槃之因。这里要注明的是，"依"为依止义，非产生义。善与不善，依如来藏而有，而不是以如来藏为体，从如来藏产生出来的。如来藏之所以能为善与不善之因（依、持、建立），就是因为是常住不变的。尽管轮回诸趣，解脱涅槃，如来藏是常住不变的，为这一切所依止的。譬如太阳与乌云依止虚空而有，与虚空不相离，但二者并不以虚空为体，也并非从虚空产生出来的，如来藏为生死涅槃之因，与之同理。如来藏是自性清净的，但"无始"以来，就为虚妄杂染的戏论"习气"所"熏染"，这就名阿赖耶识，如太空为浮云所蔽，成为不明净的天空一样。故阿赖耶识的内容有真相（如来藏）与业相（戏论熏习），二者的和合就是阿赖耶识。由于阿赖耶识有真相（如来藏），所以能厌生死，欣涅槃，发心修行，破烦恼而证得涅槃。如彻底离一切妄染，成就一切清净功德，那就是如来藏出缠，名为法身，也不再叫做阿赖耶识了。就如来藏的本性来说，是空寂的，这是它与神我的区别，因为本性空寂的如来藏、真常心（真我、大我）本来是清净圆明、不生不灭、无烦恼污染的，故说其空，因其常住不变、自性清净的法体为生死与涅槃的所依，故又说其为有。

（二）大乘佛学三大系统的关系

1. 从归元与方便看

从大乘三系来看，虽个个不同，但在本质上归趣诸法空性却无二无别，正所谓"方便有多门，归元无二路"。从归元说，中观即以现观诸法空性为目的，空即不生不灭的法性，因缘起而使空性可染可净，净则回归空净的实相，染则生死流转。如人明其万法本空的实相，停止追逐，烦恼便不会生起，即是涅槃解脱。然而此空性实相绝非概念分别、逻辑推论可证知，只有离诸戏论、超越主客对立的认识方式，才能证见。唯识虽广论法相，而说到修证，则先以识有遣境无，然后以境无识亦无，这才达到心境都无所得，即自性空，证知圆成实性。《大乘庄严论》卷2云："心外无有物，物无心亦无，以解二无故，善住真法界。"因为说依他有自相，所以离执所显空性，息种种妄执，最后转识成智，归入无自性的现观。其焦点在解释万法如何从心识生起，中观则不强调心识生起世界，而直说万法当体即空。真常学修持次第，亦先观外境非实有性，进达我法二空而不生妄想（识），等到般若现前，则于诸法皆空，诸法自性称为如来藏、真如、佛性等。因此其归宿点还是性空无我。由此可见，大乘三系的最终结论均同趋一轨，皆说实相性空，性空无我。

从方便论，中观学，能于毕竟空中立一切法，立"性空缘起论"。《中论》云："以有空性故，一切法得成。"然又破除本体，以空立宗，以超本体论而不安立名言，故其无自性空，不仅有为法空，无为法亦空，空亦复空，无一法不空。唯识学以"依实立假"为方便，说依他自相有，立"阿赖耶识缘起论"。它以众生个个具有的心王阿赖耶识为经验世界的本体，以真如为万法本具的理性，即唯识实性，谓真如只是事中之理，并非形而上学的本体。其现象学是以阿赖耶识为本体而展开的。真常唯心学，不于无常无我立一切法，乃立"如来藏缘起论"，又名"真如缘起论"，说一切众生皆有如来藏、清净心，此心为宇宙万有之体，世间与出世间一切诸法，皆是此一真心体上所现的相用，由是建立了万法唯心（真心）的体用论。通观三学，都以缘起性空为真如实相，中观、唯识主要从客观方面下手，以真如实相为本然之理，须离却妄念分别去体证；真常学则主要从主观方面下手，以真如实相为绝对的真心，为真空的妙有。实际上，从根本上说，三家所说的真如（理）与真心，本是一体。若从方便来说，三学中以真常论为最胜。但方便是手段，不是目的，不能执著方便，忘记真实。

2. 从历史时期看

从历史发展时期而论，中观学为初期大乘，属空宗，唯识学为中期大乘，为有宗，真常学为后期大乘，为性宗，尤以中国大乘佛学的天台、华严、禅宗三宗最为典型。从系统而言，除台、贤、禅三宗外，密宗也属于真常一系。而净土和律宗按太虚大师的思路似乎也应属于真常一系。而实际上，无论是三论还是唯识以及台、贤、禅诸宗都要同时修习律宗和净土。律宗为各宗所必修，净土宗在隋唐以后则多融合到教禅各宗中，故有教净合一、禅净合一之说，发展至近现代更是如此。而中观和唯识二学在中国的表现形式则分别是三论宗和唯识宗，二者主要是继承了印度的中观和唯识之学。真常学则借衬于思想的演变而散见于中国台、贤、禅、密诸宗派中，并未单独自己形成宗派，但却是中印文化交融而形成的中国大乘佛学的代表。真常唯心学所依经论有《华严经》、《大法鼓经》、《央掘魔罗经》、《胜鬘经》、《大方等如来藏经》、《大般涅槃经》、《楞伽经》、《楞严经》、《究竟一乘宝性论》、《佛性论》、《大乘法界无差别论》、《大乘起信论》等。此外《大法云经》、《大哀经》、《宝职三昧文殊师利菩萨问法身经》、《圆觉经》、《法华经》等，亦对真常论有所阐发。

3. 从逻辑发展看

从逻辑发展上说，三学在逻辑上是次第发展的。中观学是由于批判小乘一切有部以及大乘方广部的思想而创立的。小乘一切有部虽然表面上同意原始佛教的"无我论"，但却主张"法体恒有"和"三世实有"。"法体恒有"论认为人的五蕴皆空是"分析"出来的，称"分析空"，五蕴构成的整体人，由于是无常和无主体的，因而是"空"，强调整体人本身无永恒的主宰体，是变化无常的，但五蕴中的各个要素色、受、想、行、识诸法以及色法、心法、心所法、心不相应法等本身则是实在的，均有实体。"三世实有"论认为，过去、现在和未来这三世法都是实有的。由此可见，小乘一切有部的思想无论在我空还是法空上，都是不彻底的，这是一种"常见"。而大乘方广部则是附属于大乘的外道，其恶执大乘方广之空理，把"空"说成是一种"空无所有"，完全割断了"空"与缘起法的联系，背离了原始佛教教理的"空观"，是一种恶取空，是一种极端的"断见"。中观学则既反对小乘的"常见"，又反对大乘方广部的"断见"，主张"缘起性空"、"性空缘起"。其之"毕竟空"的"空"有三种含义：第一，没有宇宙存在之前的虚无，宇宙万法在总体上是不生不灭的存在，诸法不会从绝对不存在的状态生出，也不会从存在状态变为绝对不存在状态的虚无。所谓万法的生灭，指的是因缘的变化，离开因缘变化的生灭是不存在的。故没有第一因，没有第一推动者，万法互为因果，没有一法是能置于因缘之外自生自起自动自现的。故色即是空，空即是色，无色则无空，无空则无色，"因色故有无色处，无色处名虚空相"（《中论》）。第二，空是诸法实相毕竟空，即万法体性空寂，无生无灭，清净湛明，周遍法界，妙色圆融。故云"色不异空，空不异色"（《心经》）。万法是自性空，当体即空、毕竟空，不用分析，宛然显现处即毕竟空寂，毕竟空寂处即宛然显现。故"空"不是虚空，虚空是顽空、恶取空。第三，以上是从客观上看，从主观上看，"空"即为空灭或空掉一切妄感业见或诸妄执，一切妄感妄执不过是人主观意识中的假象，不过是人对事物的虚假不实的分别。若认识到世间生死，本质上当体即空，则世间即是出世间，生死即是涅槃。

由此可见，中观学的空观是当体即空，这样的空不是另外承认有不空的存在，这是空宗与有宗差别的关键所在。后来印度大乘空宗的典籍经过鸠摩罗什等人的传译，而在中国流传，始则在晋代形成了以僧肇为代表的般若学，终则发展成隋唐时期的三论宗。这些学派和宗派对印度空宗的理论有所发展，但发展有限，主要是承袭，故不久即绝传。在佛教史上有的学者把印度中观学和中国的三论宗称为法性宗，简称性宗与唯识学相宗（相宗）相对。认为中观法门的毕竟空为诸法的法性，广破一切差别相，从而显示现象有的自性空（在佛教史上还有的学者将真常系的诸宗称为法性宗，认为"性"是指一切现象的自体、体性，即法性，与真如、佛性、如来藏的意义相通，因主张法性为一切诸性的本体而得名，简称性宗，它与相宗一起构成中国佛教的有宗。本书采取此说）。

从主题看，中观与唯识的基本立场是一致的，都是以无自性的立场来发挥佛陀的思想，但两者的教法重点不一。空宗直接强调空的义理，而有宗则强调事物或现象是由心识而生起，现象界是没有自性的。而性宗（真常学）则是以如来藏或佛性为主题，论及人成佛的基础或可能性。如来藏，即是佛性、自体、法身、法界、自性清净，这是如来的境界，是涅槃的常乐我净。人人皆有如来之藏，藏有自体清净的如来，只为客尘的烦恼所染污而出现种种非清净的杂染相。因此性宗认为自体清净的如来藏是如实不空的，空宗的空有空去一切其中包括佛性的危险，在真空妙有的最终根据上说明不足；而且在世界人生如何形成，如何缘起的理论根据上亦说明不足。依有宗，则外境与内心二者的根源都归于识，于是自我与世界、见分与相分便都透过识而有共同的立足地。唯识以识为体，自我和世界是现象（自我现象指心理上的现象，即心理上的感受，如喜怒哀乐等），由此打消了二者的分隔。然而唯识学在理论上亦有其不足，这主要是其转依说。转识成智即是将虚妄的心识转化成清净的智慧。转识成智要靠熏习，最有效的莫过于正闻熏习。正闻主要有两种，即善知识说法与读经。但这并没有必然性和普遍性。因为善知识可遇不可求，且善知识要觉悟亦要另依一个善知识，由此推溯，会陷入无穷推溯的困境。读经亦未必能使人必然开悟，故这两种正闻熏习都是外在的、偶然的和经验的。因此，相宗在关于众生成佛的心理及其理论根据上说明不足，出现很大的理论困难。要疏解这个理论困难，则觉悟的动力不能由外来说明，而必须从人的生命内部来说明。由此性宗乃以如来藏自性清净心作为觉悟的动力，这个动力来自生命内部，是每个众生的生命中本有的，它不是外在的东西，强调众生生命本来就有一种成佛的可能性或可能的基础，只要将它发挥出来就行，而并不需要外求。如来藏又称为法界、法身。法界是觉悟的圣者看到的世界真相，是真理的世界。如来藏即法界藏，即它是法界的储藏之所，或法界所来自的地方，因为当如来藏显发出来时，人就可以彻底了解宇宙人生的真理。法身，就是觉悟者的精神性的身体，与一般的色身不同，是一种觉悟的证得真理的主体性，即所谓精神身体。它在隐伏状态时就是如来藏，所谓在缠为如来藏；它显现出来就称为法身，所谓出缠即为法身。法身为烦恼所缠，生灭流转名众生，永除烦恼而出缠离垢，清净住法性名如来，故如来藏人人本有，生佛不异，只是因其缠与出缠而有分位的差异。如来藏思想的兴起解决了众生成佛的理论难题。

第一，为众生成佛确立了一种形而上的根据。形而上是指超越方面的意思。如来藏不是经验界的东西，经验的东西有相对性，时空性，没有普遍性和必然性。如来藏则是众生成佛的一种潜能，具有普遍性和必然性。因而从形上方面来说，众生都同等地拥有如来藏，一切众生皆有佛性，在成佛的潜能上，每一个众生都是平等的。

第二，从哲学上说，如来藏是一种超越的主体性，即所谓真心、清净心等。它与经验的主体不同，经验的主体是一种心理状态的主体，受时空的限制，只有相对性；而超越的主体是超越一切时空条件的，具有绝对的意义。唯识学重视经验方面，所以重视认识论，把主体看作心理学上和认识论上的心识；而如来藏思想则重视超越的方面，所以重视形上学和本体论。如来藏作为主体是最高的实在，它超越一切主客对待的关系，是绝对的实在。但它并不是神我，因为它并不是一个实体，它只是实在。实体的东西是现象背后不动的、固定的东西。而如来藏作为绝对的主体性是就能力、活动说，它是活动的，它不是实体的我，神我，它与佛陀的"无我"思想并不矛盾。"无我"中所说之我，是个别自我，是私欲、私念的我，是烦恼的根源。如来藏不是这"无我"中所说之我，而是证取无我真理的主体性，它能起用，发而为智慧，照见生命的无我实相。故它是超越之我、是超越的主体性。《大乘庄严经论》称它为"大我"，此"大我"实以"无我"为本性（自性），即是说"大我"实已冲破私欲、私念的我所张起的种种罗网，而直证此种我体的本性为空，不再对之执著。《大般涅槃经》将此"大我"概括为六个特点："诸法无我，实非无我，何者是我？若法是实，是真，是常，是主，是依，性不变易者，是名为我"。即它有实（实在）、真（不虚妄）、常（常住性）、主

(自主性)、依(为诸法的依据)和不变易(指普遍地存在众生之中)的六种特点。

第三,如来藏思想基本上代表了中国大乘佛学的思想,与印度中观、唯识的大乘佛学既有联系又有重大区别,这区别就是印度大乘佛学讲的是心性本寂论,中国大乘佛学讲的是心性本觉论。从逻辑上来说,如来藏既是成佛的基础,而成佛是以觉悟来说的,觉悟则为心的悟,是心上事,因为心能活动,能发动行为,使人舍染转净,故如来藏是心能,是主体性,是觉悟的所依,一切觉悟行为都从如来藏发出。如来藏的现起,是自缘现起,而非他缘现起,即他自己本身就能提供一种因素,令自己从潜存状态变成实现的状态,使自己在内部熏习自己,使自己产生成佛念头,这就克服了唯识学的他缘(正闻熏习)的理论困难。所以如来藏思想是大乘佛学发展的成熟阶段,它以中国大乘佛学为代表。

当代中国佛学家吕先生认为,中国大乘佛学是吸取了印度大乘佛学,又不同于印度大乘佛学的一种新佛学。印度大乘佛学以心性本寂来立论,中国大乘佛学以心性本觉来推演,印度的心性本净是自性涅槃的心性本寂,不同于中国大乘佛学根据《大乘起信论》而来的心性本觉的自性菩提思想。印度大乘佛学将心性看成和一般法性一样,只有空寂的意义,因为法性的实相不为烦恼所嚣动变化,故法性本来寂净,而中国的大乘佛学则区别了心性和法性的不同,即心性是有智的、本觉的,而法性则无知、不觉。故中印大乘佛学虽同说心性而意义不同。"印度佛学对于心性明净的理解是侧重于心性之不与烦恼同业。它以为烦恼的性质嚣动不安,乃是偶然发生的,与心性不相顺的,因此形容心性为寂灭、寂静。这一种说法可称为'性寂'之说。中国佛学用本觉的意义来理解心性明净,则可称为'性觉'之说。从性寂上说人心明净,只就其'可能的''当然的'方面而言;至于从性觉上说来,则等同'现实的''已然的'一般。这一切都是中印佛学有关心性的思想所有的重要区别。"(《吕集》,中国社会科学出版社1995年版,第150页)如果从体用来说,印度的大乘佛学言心性本寂偏重于从体说,而中国的大乘佛学言心性本觉则偏重于从用说。寂以觉生而显,觉以障去而生,障以修积而净,净纤悉细障,生无上大觉,显全体大寂。寂固无为,不生,仗觉之有为智之发生以为显,故此寂与觉,体用一如,须臾不离。依《大乘起信论》,本觉指本来就有的觉悟潜能,它本来就存在于我们的生命里,它有一种无漏功德或清净的功德,它能表现一种熏习的力量,自己熏习自己,故名自体相熏习。《大乘起信论》云："自体相熏习者，从无始以来，具无漏法，备有不思议业，作境界之性。依此二义，恒常熏习，以有力故，能令众生厌生死苦，乐求涅槃，自信已心有真如法，发心修行。"意即自体相熏习，指在无始以来，在生命中就具足的无漏法及不思议业，引领众生如来藏心在生命存在内部自己熏习自己，使自己厌苦羡寂，因而发心修行，最后成佛得解脱，这种力量是人人平等的，当然由于后天气质上、无明上的差别，就令众生在觉悟上有迟速的分别。正如《大乘起信论》中所云："无量无边无明，从本以来，自性差别，厚薄不同。故过恒沙等上烦恼，依无明起差别，我见、爱、染烦恼，依无明起差别。"意即每一众生从久远以前就已经是这样，即禀有一些无量无边无明的质素，无明程度不同，使各人的领悟程度不同。如果无明的质素是厚（多），则难以达到觉悟，如果无明是薄（少），就容易觉悟。无明多者，气质上属于昏浊；无明少者，气质上属于清纯。依据禀受无明程度的多少，各人就有不同的烦恼，起种种差别。不过，原则上每个众生都具足成佛的可能性，能具足自体相熏习，最后都能觉悟成佛。

总之，大乘佛学三学中，真常学的如来藏思想，与佛陀的无上圣智要由自证得来，涅槃解脱要依自力而不纯仗他力的精神，是最相符合的，因而最能代表大乘佛学的真正精神。

二、中国禅宗的缘起与嬗变

在中国大乘佛教中，禅宗最具中国特色，它不像其他中国大乘佛教宗派那样有直接明确崇奉的印度佛教流派或经典，如三论宗对中观派，唯识宗对瑜伽行派，天台宗对《法华经》，华严宗对《华严经》等，而主要是以中国传统文化为背景，以民族的自信自觉为基础。又由于自唐代会昌法难之后，直至明清，中国大江南北的佛教寺院多归属禅门，禅宗在佛教界占据了主要地位，成为中国佛教史上流传最久、最广，影响最深、最大的宗派，以至成为中国佛教的主流和代表。因此，探讨中国禅宗缘起与嬗变的方式和特点，对于佛教如何中国化以及佛教如何最终成为中国文化重要组成部分的研究来说，无疑是具有意义的。

（一）原始禅宗

据禅典记载，灵山会中，如来拈花，迦叶微笑，即付之正法眼藏，迦叶遂为印度禅宗初祖。自迦叶以至达摩，"师资相承"，二十八代，即"西天二十八代"祖师。二十八代说，最早见于元魏西域沙门吉迦夜等译的《付法藏因缘传》（另有宝云、昙曜二译，又称为《付法藏传》，或《付法藏经》），以后唐代智炬《宝林传》乃以迦叶传至达摩为二十八世，此说为五代的《祖堂集》、《宗镜录》，宋代的《景德传灯录》所依用。以《景德传灯录》流行最广，遂成定论。

印度佛教，不论大小乘各派，甚至佛教以外的宗教，都很注意禅定的宗教修养方法，但在印度没有相当于中国禅宗的宗派，禅宗纯粹是中国佛教的产物。印度大乘佛教中的所谓禅定只是六度之一，它随着佛家的典籍从汉末就传入中国。其之流行，远在东晋罗什、佛陀跋陀罗之时，他们译出《坐禅三昧经》、《达摩多罗禅经》等，介绍了各种方法，尤其是"念佛法门"。至南朝刘宋求那跋陀罗翻译《楞伽经》，以如来禅为止观的最高层，契合于"如来藏心"的攀缘如禅作它的阶梯，这样直接指示佛家实践的究竟和源头，便启发了当时讲究禅法的人去另辟途径。中国禅宗的思想即导源于此。

至梁普通年中，中土禅宗初祖菩提达摩自南印度航海入境，提出了一种新的禅定方法，即"二入（理入、行入）四行（报怨行、随缘行、无所求行、称法行）"的禅法，它与印度的禅法有所不同。其特点是一切众生同一佛性，籍教悟宗，修心如壁，舍妄归真，称性（真如本性）而行，离言说相，在禅定的形式下进行思想意识的锻炼，把印度输入的复杂繁难的坐禅方法改为较为简易的修行方法。达摩的禅法教理虽说离言说相，但仍以《楞伽经》为据，所谓"二入四行"亦是逐步深入的修行法，故为渐修法。后世以"教外别传，不立文字"为达摩禅法的标志，因为他直以究明佛心为参禅的最后目的，故又称之为"佛心宗"，又因为达摩专以《楞伽经》授人以为参禅印证，因而称它为"楞伽宗"。但达摩的禅法并非后世的"以心传心"的祖师禅，而是教理与禅观并行的如来禅，它需要经过持戒、坐禅、读经这样的勤修苦练而逐渐成功。而祖师禅只需体证到真如本性即可得到解脱，强调的是顿悟法门。

自达摩授徒以《楞伽经》后，其徒孙慧可、僧璨等乃以《楞伽经》作为籍教悟宗的经典，世称楞伽师。托名三祖僧璨所作的《信心铭》，提倡万法一如，复其本然，万法齐观，不用求真，唯须息见，任性合道，逍遥绝恼。这些都与庄子齐物逍遥的思想相通，所以后来禅宗有向道家发展的倾向，并不足为怪。

至四祖道信的禅法，给传统的楞伽师学风带来很大变化：第一，改头陀行为定住山林。这是后来南宗马祖、百丈等于深山幽谷建立丛林，实行农禅生活的指导思想。第二，乱传法而讲心之体用。4卷本的《楞伽经》以《一切佛语心第一》作为品名，这个"心"是"枢要"、"中心"、"核心"之意，即是说本经乃是佛所说的核心，并非人心之心。但道信则把心讲成人心之心，要求学人专向内心用功夫，从此把心分成心体与心用。第三，修道五方便法门，即知心体；知心用；常觉不停；常观身空寂；守一不移，动静常住，能令学者明见佛性，并且讲求色心平等，我法二空，由《楞伽经》逐渐转向《金刚经》。第四，自耕自食，面向基层，改庙堂佛教为山林佛教，显然这与唯识、法相诸宗不同。

五祖弘忍的东山法门，虽然大体继承了道信以心为宗和一行三昧的设施，但却以《金刚经》印心。这是因为：一方面，由于当时《楞枷经》的传习已经偏重文句的疏解，不免名相支离，失却指导实践的精神，不能不另求简要的典据；另一方面，也由于当时有了无著的《金刚经论》（隋达摩崛多译）这一新注被译家介绍至中土，改变了禅家一向对于禅的看法，而将禅的意义扩大了，即不一定要静心敛心才算禅，就在平日的语默动静里，都可以和禅打成一片。此外，此一转变也与地域环境条件有关。原来达摩以至于三祖都在北方，北方地论派盛行，故用大乘有宗的《楞伽经》适宜。而道信、弘忍都在南方，南方是三论宗流行的地方，而《金刚经》又是三论宗的主要依据，故东山法门以大乘空宗的《金刚经》印心是与其环境相适应的。

（二）禅宗形成

中国禅宗的正式形成，是在五祖弘忍之后，当时形成了神秀的北宗系统和慧能的南宗系统，世人称为"南能北秀"。其后南宗势力逐渐扩大，最终代替北宗取得主导地位，而成为禅宗的正宗。因而一般中国大乘佛教所指称的禅宗都是指南宗而言。据此，可以说慧能乃是禅宗真正的创立者，禅宗的实际形成是在慧能之后。在他之前，严格地说存在的只是"禅学"。这些禅学或偏向小乘的数息守意，或侧重大乘的静坐冥观，都是以"禅"为手段以达到出世间的涅槃境界。这种情况到了慧能禅学才有了根本的变化，形成了严格意义上的禅宗。

中国禅宗北派的开创者神秀，在唐代曾做过"两京（长安、洛阳）法主，三帝（武后、中宗、睿宗）国师"，其学因之亦盛极一时。其禅学思想特点主要有二：第一，"心体清净，体与佛同"。神秀继承道信、弘忍以心为宗的禅法，仍奉《楞伽经》为心要。他的弟子普寂将其禅法概括为十六字诀："凝心入定，住心看净，起心外照，摄心内证。"由此可见，神秀的禅法，不外是静坐观心，实际上走的仍是一般止观由定生慧的路子。不过神秀禅法所观之心，是心体清净的真如本心，与空宗所论有所不同。因此神秀主张体用道法，空非灭觉。第二，"拂尘看净，方便通经"。宗密在《圆觉经大疏钞》卷3中以此来概括北宗禅学的特点，说明北宗是渐修法门。所谓"拂尘看净"即是"看净观心"，它不是直证心源，而是观妄心之为幻，以磨垢而去妄，最后才达到安静以明照。故张说《唐玉泉寺大通禅师碑》说神秀禅法为"尽不离定，空非灭觉"。"看净"就是看心净，而要做到守净，则必须先经常拂拭心垢，保持本心的明净。后来《坛经》记神秀所作偈云："身是菩提树，心如明镜台。时时勤拂拭，莫使有尘埃。"其思想就是"拂尘看净"。所谓"方便通经"，是指北宗禅法将其"五方便门"与佛教经论会通起来，而对经论的理解，又是根据自己的体会自由地解释，与一般拘泥于文字者也不同。北宗禅法的五方便门是：一曰总彰佛体门，亦名离念门，依《起信论》（即会通《起信》）说心体离念。一心有真如与生灭二门，从真知门说就是本觉，由觉的方面来表示心体，离却生灭妄念就可恢复到本觉心体，故所谓彰体，就是恢复到"离念之本觉"。其下四种方便门，则是讲用的，也是显示出神秀一系关于体用相即的说法。二曰开智慧门，亦称不动门，依《法华经》说，开示悟入佛之知见。虽有视听，但不动于身心，即名之为"开"。因为不动而后定，定而后发生智慧，所以说"从定发慧"。三曰显示不思议解脱门，依《维摩经》说无思无想为解脱，把解脱理解为不起心。四曰明诸法正性门，依《思益经》说心不起离自性为正性。"不离自性"是心不起，"离欲际"是识不生，此即为诸法正性。五曰了无异自然无碍解脱门，依《华严经》说诸法无异，自然无碍。采用华严宗的"圆融无碍"的思想，认为一切无碍的最后归之于禅法的一切皆如，一切平等。

　　神秀一系的北宗禅法也说悟在须臾，又说一念顿超，等等，似乎也同样取法顿悟，但却被南宗说成"法门是渐"。这南、北二宗有何不同？南宗的顿悟走的是单刀直入，直了见性的路子；而北宗教人则可用种种的方便，不但广引经论，而且着意分疏。由这样的点滴领会最后得到恍然大悟，尽管那一悟也像是顿超，但从源头上说，依旧是逐渐贯通的一类，因此南宗指斥它为渐悟法门。后来由于南宗比北宗更适应当时佛徒舍繁趋简的要求，日见其盛，神秀一系北宗门庭日益寂寞。唐武宗灭法后，北宗遂一蹶不振，终至完全衰落。

早期禅宗，自达摩至道信，都以《楞伽经》印心，至弘忍改以《金刚经》印心，而慧能以后则为《坛经》。依据《坛经》，慧能禅宗的特点，可概括为四点：第一，顿悟为宗。抓住众生成佛的关键问题，强调精神领悟，见性成佛，提倡单刀直入，直指人心的顿悟，为佛教开辟了一条最简易最快速的新的成佛途径。这时禅宗所讲的"禅"已不再是原来意义的静坐思虑，而变成了"智慧观照"，把原来《楞伽》所主张的"自性清净"的思想，发展为"自性本觉"的思想，把渐悟引向顿悟。首先主张自悟，顿悟自性本来清净。敦煌本《坛经》记慧能廊下偈云："心是菩提树，身为明镜台。明镜本清溪，何处染尘埃。"这就不同于北宗的"住心看净"，认为那样是将心境分成两截，不能直契自性而生智慧。其次是顿悟，当下成佛。顿悟成佛论，是东晋竺道生所创立的，但至慧能则加以大大发展了。道生的顿悟论，主要还只是就悟解方面而言，而慧能的顿悟论，则包括了解行两个方面，不仅在理上悟，而且在事上行。在行的实践上，主张当下一念觉悟快速成佛："一念若悟，众生即佛。"再次是全悟，一悟即得全体。故一悟一切悟，一圆一切圆，"譬如，一灯能除千年暗，一智能灭万年愚。"只有这样才能主客一体，能所为一，智境冥合。第二，明心见性为旨。一切众生皆有佛性，皆有此觉悟之性，故心即是性，性即是佛，明心即可成佛。既能随缘应物，体用不二，"一真一切真，万法自如如"，又能随时保任，常不迷失。"于一时中，念念自见"，"烦恼尘劳不能染"。第三，无念无相无住为本。无念即"于念而无念"，"见一切法，不著一切法；遍一切处，不著一切处，常净自性。"无相即"于相而离相"，"外离相即禅，内不乱即定"。无住即"于诸法上，念念不住，即无缚也"。无念、无相、无住三者虽侧重面不同，其根本趣旨则是共同的，都是在于定慧一体，故"举手投足，皆是道场，是心是性，同归性海。"这样，慧能禅宗把传统佛教的禅定（止观）从单纯的坐禅修炼方法提升到了定慧一体的智慧学。第四，不著不舍世间为用。慧能认为："佛法在世间，不离世间觉；离世觅菩提，恰如求兔角。"佛法只有在世间里才能呈现，菩提只有在烦恼中才能具有。

达摩从印度传来的如来禅，本是少数人的修学，至道信与弘忍在"一行三昧"的融合下，念佛长坐，使门庭扩大起来，引入甚深法门。但东山法门大启，不免流于北宗"住心吞净，不动不起"的方便。到慧能，将楞伽如来禅的核心，在普遍化的基础上，不拘于方便，而直接的、简易的以"顿悟"法门弘扬起来，在日常的行住坐卧、语默动静和举手投足中著力，直下无念无相无住，见自本性，活泼泼的触处都是自在解脱，使佛教更加具有兼容性、简易性和平民性，从而真正创立了中国大乘佛教的禅宗。佛陀当年于菩提树下独坐冥思，就是依自己的智慧而成就了无上正觉。应该说慧能禅宗是比较接近于佛陀说教的原意，更多地保留了佛陀的遗教。因此，慧能所创立的禅宗，不仅在中国大乘佛教中占有重要的地位，在世界佛教思想中亦有它独特的价值。

（三）南宗三系

《景德传灯录》载慧能的弟子43人，著名者有青原行思、南岳怀让、荷泽神会、南阳慧忠、永嘉玄觉等10余人。其中州泽神会立荷泽宗，将南宗传播到北方，取北宗而代之，被尊为禅宗七祖；南岳怀让立洪州宗，青原行思创立青原系，由此二系乃开出尔后禅宗五家七宗，此三人之功可谓不在禹下。

荷泽宗创始人神会（长住东都洛阳荷泽寺），于唐开元年间在滑台（今河南滑县）大云寺开无遮大会，与北宗诸师大开辩论。认为北宗"师承是傍，法门是渐"，又明示禅宗所传之心是"寂知指体"，这种空寂之知谓之灵知，即心灵而不昧，它是与佛智相等的知，心本来就具有此知。本寂之体上有此本知（本智），本智能证知本体空寂，故真空为体，妙有为用。由此建立了南宗顿教宗旨。在神会之前，禅宗的"以心传心"，都是"默传密付"，所指之心，就不免各有领会，故这种传法不仅模糊，还有误入歧途的危险。而神会明确指出此心是"以知为体"，就使心的含义异常清楚，这是神会的大贡献。故被宗密在《禅源诸诠集都序》中誉之为"知之一字，众妙之门"。

南岳（衡山般若寺）的怀让、慧能曾预言他门下将出一马驹"踏杀天下人"。此人即怀让入室弟子马祖道一，他后住洪州钟陵（今江西南昌）开元寺，由此创立洪州宗，代表江西禅。其法嗣有百丈怀海、西堂智藏等139人，后各为一方宗主，散布天下。洪州宗的特点有三：第一，触类是道。人的起心动念，扬眉瞬目，一举一动，都是佛性全体之用。据此要求，在实践上要张任运自在，一切皆真。第二，道不用修，但莫污染，平常心是道。平常心即是本来具足的圣心，悟得此心，则日常行事、行住坐卧、应机接物都是道，只须护持不染，更无别样修持，故云"触类是道而任心"。显然这是把老庄自然无为的思想融入了禅宗。第三，即心即佛，机锋峻峭。在接机方式上，道一和慧能有所不同。慧能作风平实，处处透露真谛，而道一则机锋峻峭，变化无方，卷舒擒纵，杀活自如。他的作为有打、画地、竖佛、喝及踢等，不外乎随事截断学人的情解，子湖捉贼等，而使之悟得即心即佛。以后道一的弟子百丈下堂、归宗杀蛇、南泉斩猫、道一的再传赵州放火下湖捉贼等，这些如狮子狂吼、慑人心魄的作风竟成为洪州宗的主流，后来发展成为临济宗的家风。

青原行思长住江西吉州青原山净居寺，开青原一系。门下大弟子石头希迁在曹溪已有证悟，至青原山见行思时，行思问他从曹溪那里带着什么来了，他说，未到曹溪以前，原未曾失落过什么。行思再问，那么为何要到曹溪去，他说若不到曹溪，怎知不失。《五灯会元》卷5载，希迁说自己的法门"不论禅定精进，唯达佛之知见。即心即佛，心佛众生，菩提烦恼，各异体一。汝等当知，自己心灵，体离断常，性非垢净，湛然圆满，凡圣齐同。应用无方，离心意识。三界六道，唯心自现。水月镜像，岂有生灭？汝能知之，无所不备。"又载，人问佛法大意，希迁答云："长空不碍白云飞。"暗示悟入以后，机境可以无限开拓，自在运用。希迁因读《肇论》，对僧肇所说的"法身不隔自他，圆镜体现万象"之旨深有契会，于是乃作《参同契》，以发挥他以"回互"为眼目的禅法。所谓"参"是指万殊诸法各守其位，互不相犯，所谓"同"意即诸法虽万殊而统一于一元，以见个别并非孤立地存在。而他所创倡的"回互"，则指见于万殊诸法间的互不相犯而又相涉相入的关系。禅者领会此旨，于行事上证验，灵照不昧，是谓之"契"。能这样体认一切事象，自然事存理应，举足知路，而达"即事而真"之境。其禅法运用之妙，圆转无碍，如环无端，故马祖道一常以"石头路滑"之说以赞希迁，于此可见希迁禅法的作风特点。应该指出，希迁禅法与马祖道一的大机大用不同，其之禅法是静态的，带有哲学的思索，并深受华严宗理事无碍学说的影响。

（四）五家七宗

六祖慧能以后，禅宗的承传制度，有两大变革：一是因衣钵争夺剧烈，遂传法而不传衣钵，称师而不称祖；二是因单传的限制，过于狭窄，致使法雨不能遍施，由是乃打破单传的传统，改为广传。六祖的传法弟子，见于记载者有43人。而南岳怀让门下的马祖道一，其传法弟子竟达130余人。至百丈怀海后，遂分出沩仰和临济二家。青原行思一系后来亦分化出曹洞、云门和法眼三家，加上沩仰、临济二家，是为五家。临济宗之下至石霜楚圆，又分出黄龙、杨岐二派，共五家七宗。由此可见南宗的传承之盛。

高度的发展必然造成宗派分歧的情形，五宗也是如此。到了唐末五代，五宗各自成立完备，宗法大盛，此时北宗禅早已式微，南宗禅则跃居鼎沸的局面。五宗的思想，大致说来相差不多，因为源自祖师而来的心法，即其基本精神是一致的，只不过各宗各派自有其独特的接引手法，由于门庭设施的门风各自不同，才形成不同的宗眼，故禅门谓为"一花五叶"。五家中比较后出的法眼宗，其祖师清凉文益在《宗门十规论》中曾明确指出其余四家的宗风是："曹洞则敲唱为用，临济则互换为机，韶阳（云门）则函盖截流，沩仰则方圆默契。"尔后不断有人来总结和概括五家宗风，如杨岐五祖法演说临济如"五逆闻雷"，云门如"红旗闪烁"，沩仰如"断碑古路"，曹洞如"驰书不到家"，法眼如"巡人犯夜"。天如惟则作《宗乘要义》云："临济痛快，沩仰谨严，曹洞细密，法眼简明，云门高古。"

临济宗的宗风，大机大用，机锋峻烈，自古有"临济将军，曹洞士民"之称。其宗风如铁锤之击石，现火光闪闪之机用，似五雷之相惊，震裂心胆，犹若指挥千军万马之将军。该宗以迅雷不及掩耳的手段或言句，棒喝齐施，呵佛骂祖，剿绝情识，使学人忽然省悟，实为其特色。接引学人的门庭设施，即三玄三要、四料简、四照用、四宾主，种种方法都体现了临济宗机锋峻烈、卷舒纵擒、杀活自在的宗风。

曹洞宗的宗风，不似临济那样机锋峻烈，棒喝齐施，而犹如精耕细作的老农，其方式比较温和，绵密回互，妙用亲切。故《人天眼目》称云："家风细密，言行相应，随机利物，就语接人。"其门庭设施为五位之说，五位分为正偏、功勋、君臣、王子四种关系，每一对互相配合而构成五种形式，其中以偏正五位为基础，因而有敲有唱。

云门宗的宗风，孤危险峻，简洁明快，其接引学人多不绕舌，片言只语，藏无限旨趣，无尽锋芒，言语高古，常出人意表，无从理解，奔流突止，扫除情见。故《五家宗旨纂要》云："云门宗风，出语高古，迥异寻常，北斗藏身。"云门三句："函盖乾坤，截断众流，随波逐浪。"就代表了云门宗风。"金风露体，三句可辨。一镞辽空，超脱意言，不留情见，以无伴为宗，或一字或多语，随机拈示明之。"

沩仰宗的宗风，审细密切，颇类曹洞，师资唱和，事理并行，方圆默契，体用双彰。故《人天眼目》云："沩仰宗者，父慈子孝，上令下从。你欲吃饭，我便捧羹；你欲渡江，我便撑船。隔山见烟，便知是火；隔墙见角，便知是牛。"

法眼宗的宗风,简明处似云门,隐秘处类曹洞,其接化学人言句看似平凡,而句下实自藏机锋,有言下便见,当机便透,使学人转凡入圣者。故《五家宗旨纂要》云:"法眼宗风,则闻声悟道,见色明心。句里藏锋,言中有响。三界唯心为宗,拂子明之。"吕澂先生在《中国佛学源流略讲》中则以"一切现成"来概括法眼宗风。法眼宗还主张引华严入禅宗,强调禅教不二,籍教悟宗。至永明延寿,又以禅来融摄净土法门,开后世禅净合一之风,尤为中国佛教从教禅竞弘转入诸宗融合的一个重要的转折点。

清凉文益在《宗门十规论》特别指出,五家宗风虽然不同,但其之差别只是表现形式的不同,门庭设施的不同,在本质上,五家皆直承慧能南宗禅而来,事理圆融是五家禅口共通的宗旨。元代中峰明本禅师在《天目中峰和尚广录》卷11中指出:"达摩单传直指之道,为何分为五家宗派?所谓五家宗派者,五家其人,非五其道,亦非宗旨不同,持大同而小异。"此所谓异的部分是指风趣与手腕的不同,而五家同出于慧能南宗心传,就是五家彼此之间的最大同者。

无可讳言,五家禅风与慧能禅风已有很大变化。慧能之禅,朴质无华,不加文饰,径直倡导"明心见性",亦即所谓"直指人心","见性成佛"。五家宗风不同,门庭各异,"机锋"、"棒喝"之类,取代了慧能朴质的"直指人心",禅风于是为之一变。南宗经过南岳、青原一、二传以后,便将禅意渗透在日常生活里,构成一种随缘任运的态度。本来南宗主张定慧等学,不分先后,又说外离相即禅,内不乱即定,这样早已较原始禅学扩大了禅定范围。而南岳怀让启发马祖,以磨砖不能成镜来形容坐禅无从作佛,就更不再拘泥平常所说的静坐习禅的工夫了。但是禅宗一切行为的动机,始终探求生死不染,去住自由的境界,并且不肯去走迂回曲折的道路,而要直截了当把握到成佛的根源,这个根源即人的本心。说心似嫌空灵,于是从本心所表现的各方面即言语举动而讲禅,而体现这种禅境却有两种不同的见解,后来由是发展成为五宗的宗风:第一种是"触目而真",即"触类是道",即要从全体(理)上显现出个别(事)来。这是从主观方面来体会理事关系,由理而事,由体而用。故日常生活中之得道禅人见者无不是道。南岳——马祖——临济宗传宗之旨正属此种,故临济宗棒喝峻烈,即要人明此"触类是道"。而沩仰宗用全体显现大用来作修道的宗旨,也是依据的这种见解。第二种是"即事而真",即要从个别(事)上显现出全体(理)。这是从客观方面出发,由个别的事上体会理,由事而理。这一派由青原而到石头希迁的"即事而真",到云岩昙晟的"宝镜三昧",以至洞山良价的"只遮个是",曹山本寂的"即相即真"——曹洞宗,从事相各别的交涉关系上建立偏正回互,五位功勋等等,都是依据的这种见解。而石头另传的天皇道悟门下几代的云门文偃——云门宗,法眼文益——法眼宗则看重"一切现成",这都和"即事而真"的意思一脉贯通。由于这两种不同的见解,而使五家的两大系统的修证法门各自不尽相同,使它们在具体的主张方面起了相异之处。虽然两系最后的立场都是理事圆融,体用相即,然而形成临济、沩仰两宗的南岳一系的体用论却是建立在"理上见事"的基础上,形成曹洞、云门、法眼三宗的青原系的体用论则是建立在"事上见理"的基础上。

此外,五家在唐末五代共举形成禅宗的盛况,但后来的发展并不均衡:提倡禅教合一的法眼宗,在二传至永明延寿后开始式微;沩仰宗在仰山慧寂下传四代,也告结束;云门宗在北方的势力强盛,传承较长直至南宋而衰;曹洞宗初由曹山本寂下传,其后为洞山良价的另一系云居道膺继承,至南宋势力转盛,至明清尚不绝如缕;临济宗流传到宋朝时,分为杨歧方会和黄龙慧南两支。方会在袁州杨歧山(今江西萍乡县北)举扬临济、云门两家宗风,深无圭角,创杨歧派,人谓其宗风如龙;慧南在隆兴黄龙山(今江西修水县西)举扬一家宗风,参用云门宗风,门庭严峻,人谓其宗风如虎。后杨歧派又恢复临济旧称,弘盛天下以至于明清。

(五) 晚期变化

就慧能南宗的嬗变而言,大致可分为三大时期。第一个时期,是以六祖为代表的祖师禅代替原始禅宗的如来禅时期,它是南宗禅的形成与初传时期。第二个时期,是晚唐五代的分灯禅时期,这时出现的五家七宗门庭各异,宗风不同,从而表现出不同于祖师禅的某些特点。第三个时期,是南宗禅在两宋时期的发展,风气又为之一变,形成了某些不同于分灯禅的特点:即出现了文字禅、看话禅和默照禅,这是五家禅宗晚期的变化。

两宋时期,南宗禅从不立文字发展到不离文字,一些有文化的禅师走上了从文字上追求禅意的道路。他们通过对古代公案的注解、诠释乃至繁琐的考证,使学人仅仅从文字上就能解悟禅理,而不必从事直观体验性的参禅实践,这便是文字禅。文字禅的主要表现形式有三类:一是"语录"的大量出现,二是"灯录"的编纂,三是对古代"公案"的诠释。这样禅宗就从"不能说"发展到"绕路说",并在文字技巧上用功夫,走向了浮华、文藻的道路。开文字禅风气之先的是,临济宗存奖一系的第四传汾阳善昭,继之者有云门宗的雪窦重显,曹洞宗的投子义青、丹霞子淳,杨岐宗的圆悟克勤等名禅。

圆悟克勤的入室弟子大慧宗杲针对文字禅不明根本,专尚语言文字的弊病,反其道而行之,提出了看话禅。主张以公案中的某些语句作为"话头"(题目)来进行一种内省式的参究,这就叫做"看话头"或曰"看话禅"。

与看话禅相反,曹洞宗的宏智正觉则主张静坐看心,提倡"默照禅"。因此被大慧宗杲指责为达摩禅。事实上,默照禅在某种程度上的确是在向达摩禅复归,然而它并不是简单地回到达摩禅,仅仅停留在凝住壁观上,实际上,默照禅是融摄了慧能南宗般若空观的禅学思想,故从谱系上来说派属南宗,因而其禅学思想仍以南宗禅为宗。

看话禅与默照禅的对立实源于唐末临济与曹洞的不同宗风。如前所述,临济主机锋峻烈,曹洞尚知见稳实;临济倡直接,曹洞贵婉转;临济似严父,曹洞像慈母;临济如将军,曹洞如士民。流衍至宋代,遂由临济与曹洞的不同宗风,一变而为大慧宗杲的看话禅与宏智正觉的默照禅,形成正相对立的禅风。二者虽振宗风于一时,然又落入套式,渐失禅宗"随处解缚"的活泼机用。

宋代以后,禅林中衰,至元明清各代,禅宗衰颓更是江河日下,其主要流派仅有临济、曹洞二宗,虽然仍在勉强维持其门庭,间或亦有一二大德保持唐宋遗风,但大多在步前人后尘,拾古人余唾,陈陈相因,每况愈下,终而至于由禅入净,徒有禅名。

三、慧能禅学思想的特点

慧能(638—713),俗姓卢,祖籍范阳(今河北昌平、房山一带),生于岭南新州(今广东新兴县),幼年丧父,移居南海(今广州),后出家从弘忍得禅法,回岭南创立禅宗,在广州制旨寺(今光孝寺)、曹溪(今广东曲江)宝林寺(今南华寺)、韶州(今韶关)大梵寺、新州国恩寺大弘禅宗,人称"曹溪大师",门下有著名弟子40余人,允许诸弟子各立门户,开宗传教,76岁圆寂,唐宪宗时赠以"大鉴禅师"谥号。慧能其人其事其书其学,学术界多有专著介绍和论述,故本书对此不展开论述,仅就其禅学的特点作一述论。

早期禅宗，自达摩至道信，都以《楞伽经》印心，至弘忍改以《金刚经》印心，而慧能以后则为《坛经》。《坛经》是慧能在大梵寺为僧尼道俗千人所说的法语，由其门人编录成经，代表了慧能禅宗的思想。共有四个本子。一、敦煌本，即唐代法海本，约1.2万字，是英国人斯坦因从敦煌窃走，由日本人矢吹庆辉从大英博物馆影印公布的。二、惠昕本（唐末宋初），最早发现于日本京都崛川兴圣寺，故称兴圣本，约1.4万字，为北宋初年邕川（今广西南宁）罗秀山惠进禅院沙门惠昕所编定。三、契嵩本（北宋），有3卷，约2万字，为北宋沙门契嵩（1007—1072）所刊。四、宗宝本（元代），是元代至元年间沙门宗宝根据以上三种本子而重新编定的，约2.4万字。慧能禅宗的特点，可概括为四句话：以顿悟为宗，明心见性为旨，无念无相无住为本，不著不舍世间为用。

（一）顿悟为宗

慧能禅宗排除一切显密二教繁琐的理论和实践，抓住佛学理论的核心和众生成佛的关键问题，强调精神的领悟，直指人心，见性成佛，提倡单刀直入的顿悟，为佛教开辟了一条最简易快速的新的成佛途径。这时禅宗所讲的"禅"已不再是原来意义的静坐、思虑，而变成了"智慧观照"，即般若波罗密（通过智慧达到彼岸）。它扬弃了佛教传统的修行方法，强调要由智慧去觉悟一切皆空的道理，而把原来《楞伽经》所主张的"自性清净"的思想，发展为"自性本觉"的思想，把渐悟引向顿悟。

第一，自悟：顿悟自性本来清净

慧能认为人的本性原来清净，具备菩提之心，般若之知："一切万法，尽在自心中，何不从于自心顿现真如本性！"[①] 只缘众生一向迷妄颠倒，不能自悟。如得善知识启发，修习念念不着法相的"般若行"，一旦妄念俱灭（这是"无念"的极致），真智发露，自会内外明彻，识自本心，而成"般若三昧"，也就是"识心见性，自成佛道"。从此以后，于境无染，自在解脱，虽仍不废修行，但既已悟得自性具足万法，无欠无余，所以再有修习，也于体上增不得一分，只是随事体验，充实德用而已。

慧能认为觉性本有，烦恼本无。直接契证觉性，便是顿悟。他认为自心既不攀缘善恶，也不可说是空守寂，故不以静坐敛心才称是禅，就是一切时

[①]《坛经》，本节以下引文皆出此经。

中行住坐卧里，也可体会禅的境界，"若于一切处行住坐卧，纯一直心，不动道场，真成净土，此名一行三昧。"因此强调定慧一体的禅法。这就不同于北宗的"住心看净"，以为那样将心境分成两截，不能直契自性而生智慧。因此针对神秀"身是菩提树，心如明镜台。时时勤拂拭，莫使有尘埃。"的廊下偈，而说："心是菩提树，身为明镜台，明镜本清净，何处染尘埃。"① 当下无念无相，自能心性清净，尘埃不染，根本用不着住心看净，籍教悟宗的渐悟（"时时勤拂拭"）。因此《坛经》云："自性常清净，日月常明，只为云盖覆，上明下暗，不能了见日月星辰。忽遇惠风吹散，卷尽云雾，万象森罗，一时皆现。世人性净，犹如清天，慧如日，智如月，智慧常明。于外著境，妄念浮云盖覆，自性不能明，故遇善知识开真法，吹却迷妄，内外明彻，于自性中，万法皆现。一切法在自性，名为清净法身。"即世人的本性原本清净，具有常明的智慧，只是因为一向被妄念的浮云所盖覆，不能自我证悟。如遇善知识开导，即能顿见真如本性，内外明彻，自能成佛。这是强调人人具有清净的佛性，人人只要对这种自身具有的本性有所觉悟就可以成佛。"自心归依自性，是归依真佛。"

达摩从印度传来的如来禅，本是少数人的修学，道信与弘忍在"一行三昧"的融合下，念佛长坐，使门庭扩大起来，引入甚深法门。但东山法门大启，不免流于"住心看净，不动不起"的方便。到慧能，将楞伽如来禅的核心，在普遍化的基础上，不拘于方便，而直接的、简易的以"顿悟"法门弘扬起来，从而真正创立了中国大乘佛教的禅宗。佛陀当年于菩提树下独坐冥思，就是依自己的主观精神而成就了无上正觉。应该说慧能的禅宗是比较接近于佛陀说教的原意，更多地保留了佛陀的遗教。因此，慧能所创立的禅宗不仅在中国大乘佛学中占有重要的地位，在世界佛学思想中亦有它独特的价值。

第二，顿悟：当下成佛

顿悟成佛论，是东晋竺道生所创立的，但至慧能则加以大大发展了。道生的顿悟论，主要还只是就悟解方面而言，并不包括实践，而慧能的顿悟论则包括了解与行两个方面，不仅在理上悟，而且在事上行。在行的实践上，

---

① 敦煌本《坛经》除此偈外还记有一偈："菩提本无树，明镜亦无台，佛性常清争，何处有尘埃。"但惠昕本却改为"菩提本元树，明镜亦非台，本来无一物，何处有尘埃"四句偈，显然惠昕本改偈不合慧能系属真常唯心论的思想，故不取。

主张当下一念快速成佛:"一念若悟,众生即佛","一念修行,自身等佛。善知识,凡夫即佛,烦恼即菩提,前念迷即凡夫,后念悟即佛,前念着境即烦恼,后念离境即菩提。……若识自性,一悟即至佛地。"迷悟,即对佛性是觉悟还是不觉悟,是凡(众生)圣(佛)的唯一区别。人人先天具有成佛的智慧,只要一念相应,证悟自己的本心,当下就可成佛。这样,佛与众生只是一念之间、一刹那间,觉与不觉只是一心之转,"悟则刹那间","到如弹指",没有渐次,快速无比。"自性自悟,顿悟顿修,亦无渐次。"

第三,全悟:一悟即得全体

在对本性的体悟上,慧能反对借助理性、运用逻辑的从个别到一般的思维方式,亦不主张渐修渐悟的方式,因为前者只能使人产生妄见,与明心见性背道而驰;后者是逐步深入的线性次第序列的修证,这与其所要修证的本性觉体圆明是相悖的,本性本无二,是一觉体圆明,是个不可分割的整体,不能分为部分逐渐得之。"譬如,一灯能除千年暗,一智能灭万年愚。莫思向前,已过不可得;常思于后,念念圆明,自见本性。善恶虽殊,本性无二;无二之性,名为实性。于实性中不染善恶,此名圆满报身佛。"故要证得全体佛性,只能一悟,即用智慧观照成佛,得即全体。因此就顿悟的广度上说,要么就整体得到,要么就没有,不可能从个别到一般,从局部到整体;就顿悟的深度上说,只能是突破性的飞跃,刹那间的大彻大悟,一悟一切悟,一圆一切圆,要么一次性彻底得到,要么什么也得不到,不可能逐步得到,所以要立即的、全部的、绝对的把握自性整体,只能是采用超理性的顿悟方法。只有这样,才能主客一体,能所为一,智境冥合。

(二) 明心见性为旨

慧能禅宗认为一切众生的本觉真性,即是佛性,故"说一切法,莫离自性","识自本心,见自本性",故心即性,性即佛,明心即可成佛。"佛者,觉也。""自性觉,即是佛。"正因为人人都有此觉悟之性,所以"愚人智人,佛性无差别。""菩提般若之智,世人本自有之,只缘心迷,不能自悟。""般若无形相,智慧心即是。"菩提,即觉悟,般若,即智慧,觉悟智慧乃众生先天本性中就已具有,不是后天从外面学习得来,因众生"被妄念浮云盖覆自性,不得明朗"而不能明心见性。"我心自有佛","自性若悟,众生是佛",故"即心即佛","佛向性中作,莫向身外求","但用此心,直了成佛"。如要见佛,不能到身外去求,只能向自己的内心去找,明心即能见性,见性即能成佛。

同时，真正的明心见性，还需一方面能随缘应物，体用不二；一方面能随时保任，常不迷失。随缘应物，体用不二，即是说见性之时，心心念念，都能成为真如（性体）之用，所谓"一真一切真，万法自如如"。不妨随缘应物，办事用心，乃至日理万机，都看作自己真心的显现。随时保任，常不迷失，即是说真见性当随时保任，念念不迷失。达到"于一切时中，念念自见"，"烦恼尘劳不能染"的境地。

（三）无念无相无住为本

怎样达到明心见性，顿悟成佛呢？慧能禅宗认为唯一的方法就是以"无念为宗，无相为体，无住为本"。无念、无相、无住三者虽侧重面不同，其根本趣旨则是共同的，都是在于定慧一体。"定无所入，慧无所依"①，二者是灯照与灯光的关系，从定而论是光，从慧来看是照，二者不是先有定而后有慧，而是合为一体的。故只要心不散，行住坐卧都是定。这样，禅宗把传统佛学的定（止）从单纯的坐禅修炼方法提升到定慧一体的智慧学，认为禅定不在于坐禅，"住心观静，是病非禅"，既然禅定的意义在于静心，因此，应该"见本性不乱为禅"，"内不乱曰定"。这样一方面，"外离相即禅，内不乱即定"，无相无住，另一方面要"无念"，即"见一切法，不着一切法；遍一切处，下着一切处，常净自性。"由此就能"即凡成圣"，达到"举手投足，皆是道场，是心是性，同归性海。"

所谓"无念为宗"。《坛经》云："无念者，于念而无念。""于诸境上心不染，曰无念，于自念上，常离诸境，不于境上生心。""云何立无念为宗？只缘口说见性迷人，于境上有念，念上便起邪见。一切尘劳妄想，从此而生。自性本无一法可得，若有所得，妄说祸福，即是尘劳邪见。故此法门立无念为宗。"可见，"无念"即是心不染著万法诸境，"于念而无念"，并不是绝念，"若只百物不思，念尽除却，一念绝即死"。无念者，无世俗观念，无语言名相念，"用即遍一切处，亦不着一切处"，"无者无二相，无诸尘劳之心，念者念真如本体。真如自性起念，非眼耳鼻舌能念。"无念，即顿除妄念，悟"无所得"，无所得，心就净了。净心就是不染尘劳，无有烦恼，唯念真如本体。如此"但净本心，使六识，出六门，于六尘中，无染无杂，来去自由，

---

① 王维：《六祖能禅师碑铭》。

通用无滞，即是般若三昧，自在解脱，名无念行。"念是真如的用，真如（自性）是念的体，从自性起念，本来自在。只为心随境转，才有妄念，只要无妄念，虽还是见闻觉知，因其是自性的妙用（正念），故其不受外境的污染和干扰，性自空寂而念念解脱自在。

所谓"无相为体"，《坛经》云："无相者，于相而离相。""外离一切相，名为无相。能离一切相，则法体清净，此是以无相为体。"相即外在事物的相状。执著外目则心必乱，"外若著相，内心即乱，外若离相，心即不乱。"无相与无念密不可分，因人起妄念，也就是对外相的执著，有执著则有烦恼，无法解脱。

所谓"无住为本"，《坛经》云："无住者，人之本性，于世间善恶好丑，乃至冤之与亲，言语触刺欺争之时，并将为空，不思酬害。念念之中，不思前境。若前念后念，念念相续不断，名为系缚。于诸法上，念念不住，即无缚也。此是以无住为本。"这种无住，显然与无念和无相是一致的，即不执著于诸法，不生关于外境的妄念。实际上，若能做到无念和无相，也就能实现无住了。

以上无念、无相、无住都是以明心见性为归趣。明心见性却是见自性，无相是性体清静（体）；无住是本性无缚，心无所住（相）；无念是真如起用，不染万境（用），从此悟入自性，就是"明心见性，见性成佛"。如果能明心见性，则行住坐卧，语默动静，都是解脱法门。坐禅仅为修炼身心之一途，终有出定之时，然身心之修炼则无一息之顷与道相违，故时时刻刻明心见性，无念无相无住，方为真正的解脱之道。

（四）不著不舍世间为用

慧能认为："佛法在世间，不离世间觉；离世觅菩提，恰如求兔角。"佛法只存在世间才能体现出来。菩提只有在烦恼中才能具有，涅槃的彼岸世界只有在生死的此岸世界中才能呈现。只要无念无相无住，心中不执著一物，世俗生活也就是宗教生活，宗教生活也就是世俗生活，故成佛者既不舍弃世俗生活又不执著世俗生活，不著不舍，心无挂碍，自由自在。"心平何劳持戒，行直何用修禅。恩则孝养父母，义则上下相怜，让则尊卑和睦，忍则众恶无喧。""听说依此修行，西方只在目前。"慧能的曹溪禅，是在日常的行住坐卧、动静语默和举手投足中著力。直下无念无相无住，见自性，活泼泼的触处都自在解脱。这与"住心看净"的北宗禅法，确是非常不同的。

四、大乘佛学的般若智慧及其现代意义

大乘佛学所说的"般若"乃梵文的音译，意为最高的智慧，无上的智慧。它并非平常世俗所说的聪明智慧，而是一种可以引导人们成圣成佛的特殊智慧、无漏智慧、大智慧，是"成佛法门"。为简别故用音译，或意译作"般若智"，或云"般若智慧"。《大智度论》云："般若是一法，佛说种种名，随诸众类，为之立名字。"故般若乃有不同的种类。按般若的性质划分，般若分成共般若和不共般若两大类。共般若是声闻、缘觉和菩萨三乘所共同具有的。它是由实相般若、文字般若和观照般若三种般若构成的，通称三乘般若。

（一）大乘佛学的三乘般若

实相般若，乃是为观照般若之智所正观的宇宙人生的真实状态，即诸法实相。在此它偏重从客观方面说能观之智与所观之境合而为一，能所不分，智境合一。

文字般若，是佛陀和历代祖师开示学人而使之产生般若之智的文字。由于佛教三藏经典，是佛陀和历代祖师根据自己所证得的实相之法而作出的方便开示，能够令所化的有情众生得到解脱，故而它们都是文字般若的典范。具体而论，唯有当某一种文字经典契合了某种机缘的时候，即契理契机合而为一，因人而异达到对治的效果时，它才能成为文字般若，否则只能称作文字或者佛经。观照般若，指能透显实相的能观之智，是对诸法实相所进行的甚深观察与思考。一种观照能否成为般若，关键在于这种观照是不是符合文字般若，是不是以实相为自己观照的对象。在此它偏重从主观方面说明能观之智与所观之境合而为一，能所不分，智境合一。它是无所取而又无所不取，无所得而又无所不得，无所知而又无所不知的。观照般若与实相般若、文字般若的关系即是一心。明代蕅益大师在《心经释要》云：实相般若"达此观前一念即实相"。观照般若"照此现前一念即实相"。文字般若"显此现前一念即实相"。"是故此心即三般若，三般若只是一心。"此说精妙绝伦。

所谓不共般若是相对于共般若而言的，它只归属于菩萨乘，为大乘六度之一。因为一般来说三乘人般若智的产生各有自己的侧重点：声闻乘般若智多是从听闻佛法（闻）而来，辟支乘般若智多是从如理作意（思）中来，而诸佛菩萨之般若智则是从如法修行（修）中来。故菩萨乘具备前二乘的闻思

般若，而前二乘则不具有菩萨乘的修般若。大乘菩萨的修般若乃是以利生为事业，以弘法为家务，以成就诸佛菩提为最终目标的无上智慧。

大乘菩萨的般若智从能观来讲，分别有三智：一切智、道种智和一切种智。一切智指修习般若而达到的笼统地知一切法空如性（平等性）即总相的智慧。道种智指修习般若而分别地知各种法门之差别相（现象差别之相）的智慧。一切种智指修习般若而达到圆实地知一切法之实相无相，同时知一切法的总相和差别相。分别而言，一切智观空，知平等性之总相，是小乘；道种智观假，知各种法门之差别相，是菩萨乘；一切种智观中道，知总相与差别相，此即是佛乘。对佛来说三观为一观，一观是三观，三智为一智，一智是三智，一切智即道种智即一切种智，三智层层递进，只是表明修行次第，实则只是一实智即一切种智，这是修习般若的最终和最高目标，即成就无上菩提（阿耨多罗三藐三菩提）。此一心三智为天台宗所本并有所发展。

在唯识学那里，将一切智称为根本智，将道种智和一切种智称为后得智。

根本智，又称实智，是一种没有任何分别观念存在的对于诸法空性的现观，是产生一切后得智和方便行的根本。因为它的最大特征就是没有对诸法差别之相的分别，因而又被称为无分别智；又因为它所观照的诸法空性是诸法的平等之性，故它又被称作平等性智。只有当人们拥有这种平等智后，才能对诸法总相进行如实的反映，正是在此意义上，它又称为如实智。在小乘中只要证得了根本智，就意味着道业的完成，就可以断一切烦恼而获得解脱。而在大乘则在证得根本智之后，还要以方便般若在实践中普渡众生，从而真正完成对般若度的修习。

后得智，又称方便智、权智，是大乘菩萨修习方便般若时所必需的用来分别诸法别相的智慧。即在根本智证得了之后才得的智慧。由于后得智即是在得根本智以后依根本智又起如理分别，故称为后得无分别智，以区别于没有根本智作基础的一般分别。在这里无分别和有分别二者之间并不矛盾。这里所证的无分别，正是无分别中融贯着种种分别，而种种的分别就是从这个无分别来的。无分别是根本智，是体。由体起用而作分别，有所不为才能有所为，即从有到空，又由空到有，故在根本智后立后得智。但若未得根本智，则所谓的分别全是识而非智，不得称之为后得智。在五位修证中，根本智是言语道断，无话可说，悟入唯识性，即真如（圆成实性），属通达位（见道位）；后得智属于修道位，为悟后的分别，悟入唯识之相，悟后起修，修十地位：欢喜、离垢、发光、焰慧、难胜、现前、远行、不动、善慧、法云十地。

由十地开始层层深入，断一分无明，证一分真如，最终转识成智。第六识转妙观察智；第七识转平等性智；第八识转大圆镜智；前五识转成所作智。由此彻底破除我法二执，我法二执破，则万物一体、天地一家、自他不二、众生平等，转山河大地归自己，转自己归山河大地。转得四智就得了菩提果。因为四智是智慧，是有为法，是所有的功德无不具备，故名菩提果。在究竟位，则因菩提而得涅槃果，涅槃果是所有的烦恼永远寂灭，是无为法。大乘菩萨是在生死中证得涅槃，但又既不住生死又不乐涅槃，利乐有情而悲愿无尽。故只有修道位的菩萨与究竟位的诸佛才能全部具备实、权之智。

　　大乘佛学的方便般若是以菩提心为出发点和落脚点的。所谓方便，指在一定条件下，根据一定的原则和实际情况，善于采用一些最为简单明了的措施、手段和方法，以最小的代价来换取最大的成功，实现自己或别人的某种目的或愿望。小乘之人但求自我解脱，不需要去广度众生；而凡夫贤人虽有度生的良好愿望，却因为没有那样的能力，缺乏必要的方便智慧，而力不从心。因此只有大乘菩萨与十方诸佛，才能真正具有广度众生的方便智慧，因而他们能够做到备省群机而广演权实之教，悲智双运而大开方便之门。从转八识成四智说，转第八识成大圆镜智，能摄藏无漏种子，能现自受用身土；转七识成平等性智，于内证诸法平等之理性，于外现诸法及自他平等，无有高下，常与大慈大悲恒对相应，随十地菩萨所乐所欲而变现他受用土；转第六识成妙观察智，则能善能观察诸法自相共相的差别，善于运转利用无碍的辩才，善能觉悟一切的有情，利乐一切的众生，于诸大会中，转大法轮，敲大法鼓，施种种方便，断诸有情之疑网，令得妙乐之安乐；转前五识成所作智，则是示现一切身土，以应众生之机，成佛果中的大菩提，以大菩提摄尽一切功德，佛用此菩提能尽未来际绕益一切有情。

　　在这里要注意的是，讲"慈悲为本，方便为门"时，一方面一定要以菩提慈悲之心为方便智慧之本，随时随地挺立自己的菩提心；另一方面生菩提慈悲之心时，又要以方便智慧为用，否则极易异化成"慈悲生祸害，方便出下流"。如果没有智慧做前提，无原则的慈悲，无原则的方便，不仅难于实现利生的心愿，而且还会走入既有祸害又是下流一途；如果没有慈悲，虽有智慧，亦难用于利生之事。如果达不到菩萨的水平，信心不足，定力不深，辩才不行，慧解不够，而又去随便度众，则极易发生这种实践层面上的宗教异化。在强大世俗化社会面前，这种宗教异化有时几乎是势所必至的。然而虽然有时是势所必至的，然则并非理所当然，即"势所必至"并不能逻辑地推导出"理所当然",关键在于坚定信愿,长养慈悲,悲智双运,福慧并施。

(二)大乘佛学般若智慧的现代意义

以上我们简略地探讨了大乘佛学般若智慧的种类和作用,那么大乘佛学般若智慧的现代意义是什么呢?

第一,深切的终极关怀构成了大乘佛学般若智慧的主要特征和内容,这给现代人提供了可资操作的改变旧生命系统而获取崭新人生的一整套的完备理论。大乘佛学认为人人皆可以成佛,成就伟大的人格,达到真善美统一的生命存在境界,其内在根据便是人人皆有本觉的般若智慧。《菩提等藏经》云:"一切众生,虽在恶趣,烦恼身中有如来藏,德相具足,与佛无异……信乐此法,专心修学,等是解脱,成等正觉。"大乘佛学认为,真如是诸法体性,顺理成章也就是众生的心性,众生心性的本质就是真如,只不过它在诸法中称名为法性,在人心性中称名为佛性、真心、如来藏。从体上说,真如本质上是空性,此空性是诸法不变的本性,因而它是超越生灭、时空、主客、善恶、染净、动静的,故云不生不灭,不垢不净;故云本来寂静(空寂),本来清净,不会被烦恼所污染而变质,烦恼虽能遮盖心体,然而由于烦恼亦是缘起性空、生灭无常的,为同一真如本体所现起(真如为烦恼的自性),故无自己本具的实体,非心之自性,由此也可以说烦恼的本性亦净,故云心性本净,心性本寂。故云烦恼即是菩提,生死即是涅槃。有其体即有其用,反之亦然。《宗镜录》卷40云:"夫真心无相,云何知有不空常住湛然之体?答:以事验知,因用可辨,事能显理,用能彰体。"故云心性本觉。一切众生心性本觉(心性本明),即众生心之体性本然具有照明觉知、与真如实相相应的功能(体用合而为一),这种本来不迷的觉悟(了知)便是般若智慧,这是每一个众生都本然具有的"自然智",即自然离我法二执的绝对自主心,它本然具足一切智慧德相,与佛无异,只因众生妄想执著,不能证得。大乘佛学号召众生以自己本有的般若智慧去除自己的妄想执著,化解生命存在的障蔽和偏见,使自己从迷到悟,从染到净,转识成智,自己解放自己,在般若澄明境界中证悟宇宙人生的如实之相,透视生命存在的真实相状,展现全幅生命的终极意义,进入至真至善至美的圆满的价值主体世界。毫无疑问,这种终极关怀,对寻求终极觉悟的现代人具有深刻的启示和巨大的魅力。

第二,大乘佛学的般若智慧是在西方理性主义认识论之外开辟的一条新的认识路线,它既克服了通常主客体对立的二元论,又避免了类似康德的不可知论。大乘佛学认为这种体证实相真如的般若智慧，每一个人都先天具有，不过是被名相分别的通常认识活动所遮盖而不得显现，一旦以禅定调心，离却概念分别及主客二元论的认识活动，便可以本具的般若智慧体证真如实相。在这种体证中，真如实相不是被作为客观对象被认识，而是能知之智慧与所知之真如契合无间。因为这种证知真如的体验为通常认识论所无，故无法用从通常认识论中抽象出来的名言概念予以表达。强欲表达，也只能用遮诠之法，如说"不生不死，不垢不净，不增不减"；"实相无相而无不相"；"真如自性，非有相，非无相，非非有相，非非无相，非有无俱相，非一相，非异相，非非一相，非非异相，非一异俱相"等等，这样对没有内在真如体验的众生来说，还是难以表达出真如实相，故大乘经论中常说真如实相是"超四句，绝百非"，"心行言语断"，"说似一物即不中"的。欲知真如实相，只有在止观法的修行中，以超常的般若智慧去体证。因此大乘佛学以禅定门和般若门的大智慧建立的是一种实践的形上学，这使它与纯粹由思辨建立的西方哲学有重大的区别。大乘佛学的这种实践的形上学，既克服了主客分离的二元论，又避免了康德似的不可知论，从而对现代哲学来说，极具挑战性，对现代人来说亦具有永恒的吸引力。无论大乘佛学的禅定与般若如何玄妙神秘，这种由定慧一体的实践修持而体证宇宙人生实相的路向，是应予肯定的，是值得我们认真的研究的。

第三，大乘佛学以方便般若，架构了超本体论和本体论，使根本智与后得智，胜义谛与世俗谛，乃至宗教与哲学、道德与科学，能在高低不同层次各显其功能，相辅相成而不彼此排除，使返本和开出、归元与方便以般若智慧为依托，从而使大乘佛学在世界宗教哲学中独具魅力，这就是它既是超科学的而又不反科学，是超理性的而又不反理性，是超逻辑的而又不反逻辑，是超语言概念的而又不反语言概念。因此在它的方便般若中，就蕴含有认真的科学分析精神，冷静的理性批判精神，严密的逻辑思辨精神，细密的论辩驳难精神等。

把以上这些精神发挥得淋漓尽致的典型代表便是大乘唯识学。大乘般若智慧在根本智的高层次上转化为后得智的分别智，是既超逻辑超理性的，因为它根本彻悟了宇宙人生的形上意义和终极意义，同时又不反对逻辑和理性，不否认分别智在世俗世界中的作用和价值。大乘佛学的般若智慧与世俗社会的认识活动是完全不同的。般若智慧的目标是通过证悟而契入整个宇宙人生之至真至善至美圆融无碍的存在境域，它是生命存在的最高智慧形式，与世俗社会所说的"智慧",不在同一个档次,故《大智度论》云:"般若甚深,智不足称。"因而般若有别于向外寻求的理性分析或逻辑推演,亦不同于主客二元关系的认知活动。故大乘佛学称它为"无漏智",以与世间的"有漏智"相对,说明它是超理性、超逻辑的直观智慧,是宗教解脱意义上的了生死智慧,是人性净化、生命升华的大智慧。它的深邃幽远的意义并非一般"知识"、"认识"甚至"科学"所能囊括。当达到根本智而获得出世间涅槃的圣域后,再回到世间而开出后得智,成就方便般若,为普度众生而广学五明(声明、因明、医方明、工巧明、内明),尽一切学,得一切知,使体用一如,理事圆融,出世间与世间,形上与形下,打成一片。以菩萨的四无畏精神:即以能持无所畏(能记诵解说佛法的自信)、知根无所畏(能分别众生根机而说法的自信)、决疑无所畏(能断众生一切疑难的自信)、答报无所畏(能对答众生的种种问难的自信)承担庄严国土,利乐有情,普度众生,共享涅槃的神圣重任,完成上求下化的终极承诺的庄严使命。

在历史上,大乘佛学以严密的逻辑思辨精神,条分缕析的分析归纳方法,推理入微的辩论驳难方式以及科学的因明学的输入,给中国文化肌体中注入了新鲜血液,对中华传统文化产生了重大影响,使中华民族文化具备了多方面的内涵。可惜,由于中国本土文化,特别是儒家文化固有的缺乏逻辑思辨的传统堕性力量太大,使大乘佛学重智重学以及重逻辑思辨的优点在中国未能得到根本的继承和弘扬。近世东西方学者多将中国未能及早产生发达的自然科学的原因归诸于中国文化缺乏西方的逻辑思辨的传统,这在某种意义上来说是不可否认的,然而却不应归咎于外来的佛教。外来的佛教在中国经过600年的传播和发展,终于在隋唐时期形成具有中国气派的大乘佛教八大宗,成为世界大乘佛教的典型形态,成为中华传统文化的一个方面军。因此,中华传统文化中实际上并不缺少逻辑思辨的精神,只不过是我们未能注意提炼,加以弘扬罢了。今天,我们应该全面发扬大乘佛学的这一精神,将其与现代科学接轨,由之促进现代科学技术的进步和发展。

第二章 存在与诗境
——诗意地安居如何可能

德国著名诗人荷尔德林（1770—1843）的著名诗句："人充满劳绩，但还诗意地安居于这块大地之上"，经过德国著名存在主义大师海德格尔（1889—1976）深刻的哲学诠释，使之"义海宏深，微言浩瀚"，从而竟为寻求终极觉悟的现代人提供了丰富的精神资粮，这或许是荷尔德林本人料想不到的。德文"Wohnenlassen"，意为安居、栖居、居住之意。"诗意地安居"是生命的终极意义的问题，对此问题只能追问"到底如何可能？"而不能问"到底是什么？"因为它不是逻辑理性上的"某物是什么？"的问题，而是意味着它如何被直接理解，达到再也没有什么可想的透彻自明，当场实现出来。从前者的立场上来看，它是不可思议的，因为它不是一种现成者和现成状态；但从后者的立场看，它却是可以领悟的，因为它是一种缘构成状态，处在"日日新，又日新"的动态的纯构成状态之中，这是一种非现成的识度，它是既非创造论的，亦不是决定论的，而是缘起的。同时"终极"的问题，其含义亦不像概念哲学家们讲的那样，是最终不变的实体，而是意味着发生着的本源。本源无论如何是不能被现成化为认识对象的，而只能在直接的体验中被当场纯构成地揭示出来，这是一种缘在展现的境界，是存在论解释学的视域。因此本书试图从这一视域，结合海德格尔的诠释和中国大乘禅宗佛学的识度予以初步的探讨。实际上，晚期海德格尔在诠释这一诗句时，其思想已经非常接近中国大乘禅宗佛学了。

一、海德格尔的哲学诠释

荷尔德林是海德格尔最为推崇的伟大诗人，并对他的"人充满劳绩，但还诗意地安居于这块大地上"这一诗句津津乐道。早在1936年海氏就在罗马作过《荷尔德林和诗的本质》的演说。在演说中，他将荷氏的这一诗句作为五个中心诗句之一。1951年海氏干脆以《人诗意地安居》为题，作了一场专门演讲。为什么海氏如此挚爱荷尔德林而不是别人的诗呢？对此海氏解释说：

"诗人思入那由存在之澄明所决定的处所。作为自我完成的西方形而上学之领域，存在之澄明已达乎其印记。荷尔德林的运思之诗也一起给这一诗性的思之领域打上了烙印。荷尔德林的作诗活动如此亲密地居于这一处所之中，在他那个时代里任何别的诗人都不能与之一较轩轾。荷尔德林所到达的处所乃是存在的敞开状态，这个敞开状态本身属于存在之命运，并且从存在之命运而来才为诗人所思。"[①] 由此可见，海氏认为荷尔德林的诗实是诗意地思了存在之真理（澄明），在这一点上，历史上别的诗人是无法与之相比的。在《人诗意地安居》中，海德格尔引荷尔德林关于"诗意地安居"诗云：

> 如果人生纯属辛劳，人就会
> 仰天而问：难道我
> 所求太多以至无法生存？是的。只要良善
> 和纯真尚与人心为伴，他就会欣喜地拿神性
> 来度测自己。神莫测而不可知？
> 神湛若青天？我宁愿相信后者。
> 这是人的尺规。
> 人充满劳绩，但还
> 诗意地安居于这块大地之上。我真想证明，
> 就连璀璨的星空也不比人纯洁，
> 人被称作神明的形象。
> 大地之上可有尺规？
> 绝无。
> ……

接着海德格尔解释说：

> 人只能在纯属辛劳的境地为了他的"劳绩"历尽艰难困苦。在纯属辛劳的境地中，他为自己挣得许多劳绩。但正是在这同时，在这纯属辛劳的境地中，人被允许抽身而出，透过艰辛，仰望神明。人的仰视直薄云天，立足之处仍在尘寰。人的仰视跨越天地。天地

[①] 海德格尔：《林中路》第 277 页，上海译文出版社 1997 年版。

之距是为人的安居算出的。我们可称因此而标出的距离为尺度。安居之度不是从天地相对的事实中产生。应该说，天地相对这一事实本身乃取决于这个度。这个度也非通常所理解的空间的广延；因为任何在空间中存在的东西，作为空间概念为之设立的事物，本身就需要这个度，即被准许进这个度。

度的本质是给出这个之间——它是澄明的因此也是可以跨越的——上穷碧落，下临大地。度的本质，今暂付诸无名。按照荷尔德林的话，人通过在神明面前被度测（measuring）从而跨越此一度（dimension）。人并非随兴所至，偶尔进行此一跨越；人之为人，就仅仅在于他始终处于此一跨越之境中。[1]

依海德格尔的诠释，荷尔德林的这首诗中，所指的人是一种实存主体，这在海氏那里称为 Dasein。Dasein 在学术界有诸如"此在"、"亲在"、"纯在"、"缘在"、"现存在"、"本是"等多种译名，本文依张祥龙先生之说，译为"缘在"，因为 Dasein 不仅有人的自我觉悟、自我意识、在世界之中的领悟（非反思的方式）的含义，而且还有缘起性空、性空缘起的含义，即人是一种能够领悟自己和世界的因缘而起的存在。[2] 海德格尔指出："荷尔德林谈到安居时，是把人的此在的基本特征摆在自己面前的。他是从同这种本质地理解的安居的关系上来看待'诗的'东西的。"[3] 主体，即是人的主体性存在兼摄了人的现实存在与本身存在双重含义。按照海德格尔的观点，实存主体介入到社会中的过程就是人异化的过程，这是人必经的阶段，人的生存可能性只能在人的实际生存过程中才能得到显现。但是一旦当人积极展开自己的生存活动时，最终却会发现自己在这种活动中并不是本真存在的展现，而是处在一种非本真的存在状态之中。这种异化的根源就在于人自身的存在结构之中，即"存在于世界之中"，在这种状态中并无"诗意"可言。

海氏在《人·诗意地安居》中说："我们今天栖居也由于劳作而备受折磨，由于趋功逐利而不得安宁，由于娱乐活动和消遣活动而迷迷惑惑。而如

---

[1] 《人·诗意地安居——海德格尔语要》第 93 - 94 页，上海远东出版社 1995 年版（以下简称《诗意地安居》，只注页码）。

[2] 参见张祥龙：《海德格尔思想与中国天道——终极视域的开启与交融》三联书店 1996 版、《海德格尔传》河北人民出版社 1998 年版。

[3] 《人·诗意地安居》第 89 页。

果说在今天的栖居中，人们也还为诗意留下了空间，省下了一些时间的话，那么，顶多也就是从事某种文艺性的活动，或是书面文艺或是音视文艺。诗歌或者被当作玩物丧志的矫情和不着边际的空想而遭否弃，被当作遁世的梦幻而遭否定；或者人们就把诗看作文学的一部分。"① 在现代工业社会中，人日益被物化，成了工具化、零件化、技术化的人，整个世界亦越来越成为一架巨大的控制人的机器，生存于其中的"单相度的人"（马尔库塞语）的行为，是一种以功利为目的"剧场化行为"（哈贝马斯语），这种人就是现实存在的非本真状态的人。这种人处在自我与他人之间的游离状态中，与世沉浮，随波逐流，人云亦云，鹦鹉学舌，没有灵性，没有创造性，是平均化和平板化的人，是"生活世界的殖民化"（哈贝马斯语）的"在者"（海德格尔语）。在这里海德格尔表达了一种宗教性的终极关怀，因为他"看到了存在于每一个特殊状况中的关于人类一般困境的真理"②。他说："这纯属辛劳的境地中，人被抽身而出，透过艰辛，仰望神明。"③ 这即是他终极关怀的表述。

在此终极关怀中，缘在处于烦、畏、死的临界状态（雅斯贝尔斯语，又译成"边缘处境"、"极限状态"等），把沉沦于世的人唤醒，回归本真存在。这其中最具震撼力的是死亡。在这里，死亡不是生物学、生理学、心理学和神学意义上的死亡，而是存在论意义上本真的死亡。这种死亡的内涵和意义是：第一，死亡是缘在本真的存在，每个人的死亡是不可代替的，本真存在的人是"为死而在"，因为人的存在是一种根本的有限性，因此死亡并不是一个事件，而是一种须从生命存在意义上加以领会的现象。在死亡面前，一切社会关系和社会地位乃至功名利禄全都失效，对死亡的沉思乃使人探求生命存在的终极意义，由终极意义的探求而有终极意义的体认，而有终极存在的追求，终极意义与终极存在乃是一体之两面。第二，由于本真意义上的死亡，使本真存在在世界深处向我们召唤。死亡开显了人之存在的"空性"，使人的存在面临无底的深渊，顿觉整个生命根基的动摇，存在的晕眩，内心的不安。由此，死亡逼迫人们以时刻牵挂的方式去回答终极生死的可能性问题，这种回答使本真存在之光透过非本真世界的痛苦和人生烦恼的茫茫迷雾，而不断地展露自己，因而这种回答最具有终极关怀解释学的意义。第三，人通过死

---

① 《海德格尔选集》上，第463－464页，三联书店1996年版。
② 蒂利希：《文化神学》第237页，工人出版社1988年版。
③ 《人·诗意地安居》第94页。

亡而领悟生命的意义和价值，使非本真存在向本真存在回归。非本真存在的人，虽然活着，但却没有意义，他不是他周遭世界的意义承担者，周遭世界也不是他的意义承担者。因此非本真存在的人，既没有终极关怀的呼唤，又没有终极意义的探求，更不用说有终极存在的体认了。而死亡却把这种迷梦惊醒，把这种隔绝打破，使本真世界显现出来，成为诗化的世界，每一个人都是诗人，都是哲学家，因为他们都是本真的缘在，他们"诗意地安居"乃成为可能。由于这种诗意盎然的澄明境域是我们本真存在的回归和实现，因而对我们来讲就有着最切身的可理解性和感召力。

这里值得注意的是，本真存在与非本真存在并非是两个不同的存在，而是同一存在发生的不同变化，即从遮蔽的存在状态变成敞开的存在状态，即是从非本真到本真存在，它们是同一缘在的一体之两面。因此，非本真存在与本真存在一样亦具有本源的发生和缘构性，同样具有存在论的意义。本真存在之所以会从非本真存在中发生，关键在于人的本性中不甘沉沦的良知的呼唤，在于临界状态中人的本心的觉醒（觉悟），从而自己拯救自己，使非本真的旧的污染的生命系统彻底转变成本真的新的清净的生命系统。正是在这个意义上海德格尔引用荷尔德林的诗云："哪里有危险，哪里就有拯救的力量！"海氏解释说："也许任何不是从危险所在之处而来的其它的拯救都还无救。用无论多么好的补救方法来进行的任何拯救，对于本质上遭受危害的人，从其命运的长远处看来，都是一种不耐久的假象。拯救必须从终有一死的人的本质攸关之处而来。"[①] 因此，在死亡中觉悟是一个存在论或本体论意义上的现象，危险的世界正是意义境域的来源，痛苦的人生中根植着拯救！

二、"诗境"在于一心之转

死亡的逼迫之所以能使生命有可能进入本真存在的"诗境"，关键在于人能够在死亡中觉悟。故从非本真存在的无诗意进入本真存在的"诗境"，关键在于一心之转，即转迷为悟，前念迷则为非本真，后念悟则为本真。故"诗意地安居"之所以可能，乃是由于在死亡逼迫中觉悟使然，"人之为人，就仅仅在于他始终处于此一跨越之境中。"

死亡的逼迫使人觉悟到自己是先行到死亡中的存在。首先，死亡使人的

---

① 《海德格尔选集》上，第436页，三联书店1996年版。

存在成为不断脱离在者（自在）而单独奔向前方的可能性，这种可能性贯穿着人的一生，只有面对死亡，意识到死亡，才使我们领悟到人是先行到死亡中的存在。随着先行到死亡之中去的可能性的揭示，人便能从多方面领会自己的本真状态，领会到只有它才是最宝贵的、最有价值的。死亡之光将人的存在照亮，使人看清楚原来自己就是本真去死的可能性，一切的一切无非都是出于这种可能性的可能性，除了依本真的可能性去展开自己的存在外，其余均不足道！其次，人是先行到死亡中的存在，还把人的存在当作整体展示出来，先行的可能性不是退避死亡，而是自由地为死而在，死亡是不可超越的可能性，因为这种可能性把一切向这种可能性伸展出去的可能性一齐展开出来了，这就从本真存在方面预先把当作本身缘在存在全体的可能性囊括进去了。孔子云："未知生，焉知死？"依海德格尔之意毋宁说："未知死，焉知生？"唯有当本真存在始终先行进入到死亡这一最终极的不可逾越的可能性之际，本真存在才能先行获得它的全体。第三，人是先行到死亡中的存在，向我们昭示了死亡的确定性和不确定性，即生命在死亡中存在，必死无疑，因为有生就有死，故难逃一死，这是确定的；而作为死亡来说，又是活着的生命每时每刻具有的可能性，随时随地都会发生，什么时候死亡，这是偶然的，不确定的。由此为死而在的觉悟，人把沉沦于日常世俗世界的非本真存在召唤到本真存在的状态中，从而使一切的可能性都是为死而在所作出的抉择！

达到诗境一心之转的觉悟，是一种经过死亡震撼而在事上磨炼的大彻大悟，这种彻悟是主客一如、心物一体的高层次生命体验，因而它是超语言（并非违反语言）、超逻辑（并非违反逻辑）、超理性（并非违反理性）的。在这种深切的体验中，生命从语言、逻辑和理性的思维限制中解放出来，自由自在，澄明透脱。人由此心之大悟而"仰视跨越天地"。

由于人的一心之转的觉悟，人才能"诗意地安居于这块大地之上"，才能在这块大地上历尽艰难而不为其所困，充满劳绩而不为其所苦，"他就会欣喜地拿神性来度测自己"。因此诗意地安居的可能性是在"大地上"展开的，大地上即大地性、人间性、日常性之意，强调的是在大地上、人间里、日常中的觉悟和实践。"诗意性"与"大地性"都是本真觉悟的重要特征。"人的仰视直薄云天，立足之处仍在尘寰。"在本真觉悟存在的方式中，诗意地安居于大地之上，理想在日常奋勉中实现，澄明于时时刻刻间不断缘在，所谓难乎其难或永不可臻的诗境已化入生命存在的超越历程与价值取向。在这里，诗意的理想与安居的现实是既不即不一而又不离不异的。一方面，如果没有诗意的理想在先,就不可能有安居于大地之上的现实奋勉,"天地之距是为人的安居算出的";而安居于大地之上的现实奋勉也正是为了诗意理想的实现,这是二者的不即不一。另一方面,明知诗意理想永不可臻而又绝不放弃,反将它化入生命实践的现实奋勉,"人通过在神明面前被度测从而跨越此一度","上穷碧落,下临大地",而使诗意理想与现实奋勉转变成安居于大地之上的日常生活之一体两面,这又彰显二者的不离不异,乃至相即不二。故海德格尔在《人诗意地安居》中云:

> 当荷尔德林倡言人的安居应该是诗意的时候,这一陈述一旦作出,就给人一种与他的本意相反的印象,即:"诗意的"安居要把人拔离大地。因为"诗意的"一词作为诗来看待时,通常总被理解为仅属于乌有之乡。诗意的安居似乎自然要虚幻地漂浮在现实的上空。诗人重言诗意的安居是"在这块大地上"的安居,以此打消这种误会。荷尔德林借此不仅防止了"诗意的"一词险遭这类可能的错解,而且通过附加"于这块大地上"道出了诗的本质。诗并不飞翔凌越大地之上以逃避大地的羁绊,盘旋其上。正是诗,首次将人带回大地,使人属于这大地,并因此使他安居。[①]

由于生命的觉悟,乃使诗意的理想与在大地上的安居奋勉统一起来,时时刻刻自觉化为生命存在,舍诗意的理想之外别无大地之上的安居,舍大地上的安居奋勉之外别无诗意的理想,二者相即不二。"日日是好日"(唐代云门大师语),永无停止之日,每时每刻都在"诗意地安居"中展开生命的深沉与辉煌。

三、"诗意地安居"是生命存在矛盾的终极解决

人存在于世界之中的烦恼、痛苦、恶心、畏惧,乃至死亡的意识,根源于生命存在的根本矛盾,即心与物(意识与存在)、短暂与永恒、有限与无限的矛盾和隔阂,这三大矛盾和隔阂是人存在于世的现实存在,人沉沦于世界之中,无法超越和解决这三大矛盾和隔阂,因而在烦恼、痛苦、恶心、畏惧、

[①] 《人·诗意地安居》92-93页。

乃至死亡的临界状态中，乃发出最深切地终极关怀，要求这种超越的根本实现，要求这种矛盾的彻底解决，要求这种隔阂的完全打通。而一切以理性主义为基础的实验科学、语言逻辑乃至哲学思辨，都不可能解决这些生命存在的根本矛盾，只有超理性、超逻辑的思诗合一的般若智慧（高层次的生命体验），才能最终将这些矛盾予以彻底的解决。

心与物的矛盾和隔阂是生命存在矛盾的核心，因为心与物的矛盾和隔阂蕴含着生命与万物、现象与本体、有与无、一与多的对立。生命的意识，人的精神是心，不是万物，是自为，不是自在，然而生命本身又想与万物成为一体，达到自在与自为的统一。法国存在主义大师萨特认为，因为自为的"是其所不是和不是其所是"，因而自在与自为的统一是永远达不到的，他的名言是"人是无用的激情"。与萨特不同，晚年的海德格尔以思诗合一的高层次的生命体验，即"诗意地安居"，化解了心物的矛盾和隔阂，领会了宇宙万物形成于空中；亦消逝于空中。生命亦然，它从空中来，又回到空中去，万物和生命的本来面貌都是空（无）。生命一旦通过深切的体验把握（感觉、证悟、领会）了这个本体和归宿，生命就可以把世间上的一切差别，诸如有无、生死、爱憎、善恶、是非、名利、贵贱等，以及形成一切差别的各种各样的关系，诸如时空的、因果的，等等，都予以全面而彻底的超越。这样一来，生命之外，再也没有歪曲生命、压抑生命、异化生命的外物了。万物有多大，生命就有多大。万物即生命，生命即万物。心即物，物即心。一即一切，一切即一。因为生命与万物、心与物、一与多的本来面目都是自性空（无），因此它们才可能在此最高的层次、最高的本体中统一。由此乃识得自家生命即是宇宙本体，故不得内自身而外宇宙，使心灵境界与宇宙万物分而为二。二者的关系乃是体用一如，变常不二的。生命的存在，从其体其常论，它是空寂宁静、无相无为、澄然常照的；从其用其变言，它又具有能动性、创造性、变易性，它发用流行，乃能发生大机大用，展开身体活动、心理活动、政治活动、社会活动、历史文化活动、知性探索、美感经验、人伦道德、实存主体、生死解脱、终极存在等各种层面。因此海德格尔说："安居之诗的特征并不仅仅意味着诗非要千方百计在所有的安居里出现。'人诗意地安居'更毋宁是说：诗首先使安居成其为安居。诗是真正让我们安居的东西。但是，我们通过什么达于安居之处呢？通过建筑（building）。那让我们安居的诗的创造，就是一种建筑。"①

　　人之安居是因为诗意的活动存在，而诗意的活动就是度量、建造、创造、想象的活动，人之所以存在，在根本上就是诗意的存在，在根本上就是诗意的活动，是建造的活动，人生就是作诗，作诗让安居成为真正的安居，人的存在从诗意中展现。生命的存在，即因诗意的建造（建筑）而安居于大地上。

　　因此，"诗意的安居"一方面要求诗意的理想，要求把生命存在层层提升以至于空灵、澄明；另一方面还要求将此理想落实于现实的建造（建筑）活动中，将生命与万物度量与建造出来，这个过程是生命本身存在的展开过程。换言之，"诗意地安居"，就是在诗意的基础上展开生命度量和建造活动，不仅度量和建造万物，而且也对自身作出度量和建造，由此展现一个崭新的天地，辉煌的人生。因此海德格尔说："这样一来，我们就面临一种双重的要求：一方面，我们由安居的本质来思被称作人的生存这回事；另一方面，我们将思那作为一种'让—居'（letting–dwell），即作为一种也许甚至就是此种独特种类的建筑的诗的本质。如果我们循此寻求到诗的本质，也就把握到安居的本质。"② 在这里，德文 building，可译作建造、建筑、营建、筑造等。海德格尔从词源上考证说，在古高地德语中，"建造"（bauen）即 buan，意即"安居"（wohnen）之义，建造即是安居。③ 因此所谓建造天地万物，并不是说物质世界都是由主观精神创造出来的，像上帝创造万物和人类那样，而只是说，实存主体在自身意识活动中为自己投射出相应的对象世界，这是诗的意中之境。于诗人而言，就是在运思的想象活动中，将生命与天地万物相互交融，并依据超越层面的至真至善至美的境界进行建造和组合，使天地万物成为心灵化的理想意象，使心灵成为天地万物的存在境界，所谓"天地与我并生，万物与我为一"即此之谓也。海德格尔说："栽培和照料就是一种建筑。但是，人不仅要栽培那些产生于自身的东西；人还在 aedificare（建造）的意义上建筑，即通过建立那不可能倚靠生长而存在并持存的东西来建筑。在这种意义上建立的，不仅有人的居所，还有由人手并通过人的筹划制成的一切作品。"④ 依此，无论人生有多少苦难，从本质上来说，总是充满诗意。

---

① 《人·诗意地安居》第 89 页。
② 《人·诗意地安居》第 89–90 页。
③ 参见孙周兴：《说不可说之神秘——海德格尔后期思想研究》第 192 页，三联书店 1994 年版。
④ 《人·诗意地安居》第 92 页。

人对现实生活无诗意的不满和痛苦，恰恰说明人生在本质上和原始意义上是应当有诗意的，不然人就不会有不满，就不会有痛苦，乃至厌恶。海氏云："一种栖居之所以能够是非诗意的，只是由于栖居本质上是诗意的。人必须本质上是一个明眼人，他才可能是盲者。"① 人在世界之中非本真存在是无诗意的，但无诗意的非本真存在并不能否定诗意的本真存在。正如人有眼明，才会有盲者，决不能因为有盲者而否定人有眼明。人本质上是要"作诗"的，诗意般地生活才是人生的价值之所在。

这种学说，既是哲学的，又是宗教的，同时又是诗意的。它以超理性、超逻辑的方式，在生命精神的最深层次中，化心与物的对峙为融合，化生命与万物的差别为同一，化生命存在的冲突为事事无碍，从中拯救出完整的生命、完整的心态乃至完整的世界。

短暂与永恒的矛盾和隔阂，是生命与时间的矛盾和隔阂。从现实存在来说，时间的永恒与生命的短暂造成了人的烦恼和痛苦，人们总认为生命的生死与时间的流逝是两件事情，短暂的生命与永恒的时间应有分别。本真存在"诗意地安居"的生命体验，彻底破除了这种看法，在诗人——哲学家的思与诗境界中，生命与时间是同步的，短暂的生命与永恒的时间原本一而无二。没有瞬间就没有永恒，永恒只能存在于瞬间之中。生命只有在活生生的具体瞬间中才能把握永恒，感觉永恒，从而获得实实在在的永恒，获得完整的生命体验。诗人——哲学家在此整体性的生命体验中，诗化了宇宙，诗化了生命，同时也诗化了时间。于是生命短暂与时间永恒的矛盾和隔阂就被化解了、打破了，生死即是涅槃，瞬间即是永恒，"日日是好日"，每天都是美好时光，时时乃有诗意无穷。这样一来，一方面把生命从感叹人生短暂与时间无穷的痛苦中拯救出来；一方面把心态升华到不朽的高度，由是超越生死而任由生死，超越生死是"诗意"，任由生死是"安居"！

有限与无限的矛盾和隔阂，是生命与空间的矛盾和隔阂，在现实存在中，二者之间的矛盾和隔阂是无法超越和克服的。而在诗人——哲学家"诗意地安居"的生命体验中，却能够从具体的、实在的、有意义的有限中，把握（感觉、体会、证悟）到广阔的、整体的、全幅的无限。英国诗人威廉·布莱克（1757—1827）抒情诗云："一粒沙子也可以看到世界，一朵野花也可以看

---

① 《海德格尔选集》上，第478页。

到天堂，从你的手心里能够了解无限，从一瞬间能了解永恒。"[①] 没有有限就没有无限，无限只能存在于有限之中，有限即是无限，舍有限之外无无限，有限与无限相即不二。于是生命便能在一草一木之中体验到自我的无限伟大，心态也可能在一沙一石之内感觉到世界的无限广阔。

生命在"诗意地安居"的彻底觉悟和深切体验中，超越了生命与万物的冲突，克服了心与物的障碍而进入了天人合一的庄严境界；超越了生命与时间的隔阂，克服了生命短暂与时间永恒的障碍而进入了瞬间即永恒的永恒境界；超越了生命与空间的矛盾，克服了生命有限与宇宙无限的障碍而进入了我心即是宇宙、宇宙即是我心的真际境界。在这种超越中，天地万物已被点化为庄严美丽的境界，"溪声尽是广长舌，山色无非清净身"。（苏东坡诗）"青青翠竹尽是法身，郁郁黄花无非般若"。（禅宗语）一切平淡无奇、凡俗琐碎的事务都因沐浴了超越的诗意光辉而生命化了、价值化了、诗化了。在这种超越中，生命因克服了三大矛盾障碍，而由伤感孤独升华到体验生命的尊严；由感叹短暂升华到体验生命的不朽；由惋惜渺小升华到体验生命的伟大。在这种生命存在矛盾的终极解决中，生命由外物和时空的奴隶，转化而升华为外物和时空的主人，转化为生命自我的主人，由是生命的本真存在得到充分的呈现，生命的价值得到圆满的贞定，生命的意义得到终极的确认。

四、诗化的生活是生命存在的最高形式

"诗意地安居"是诗化的生活，生活的诗化，是诗境的存在，存在的诗境，这是生命存在的最高形式。

"诗意地安居"使本真存在成为一首"存在之诗"，成为澄明的敞开状态，这种澄明的敞开状态的揭示，使人有了诗与思。语言是存在之家，因为真正的语言是从本真存在中自然流出、迸发，语言是存在本身由隐入显的运作和展开，是存在之真理的澄明发生。因此真正的语言必然是诗，诗是对存在的揭示，是澄明之光的普照。而存在则是诗的展现、运行，像大海之涨潮、鲜花之开放、白云之舒卷、江水之东流；似初升的朝阳、长空的明月、山涧的飞瀑、出水的芙蓉；如鹰击长空、高峰入云、百鸟齐鸣、种子吐芽，这既是存在，又是诗。诗乃体道（存在）之作，体道亦是思。诗是诗意地思了存

[①] 转引自池田大作等著《佛法与宇宙》经济日报出版社1997年版，第283页。

在的真理。思不是概念的、抽象的、超时空的，而是时间性的、生活性的、历史性的，表现为"存在的追思"，是存在的显现，思以敏锐的洞察力和深刻的穿透力直接体察到存在的真义。诗与思合一，二者不一不异。从不一说，诗彰显着神圣的净土，思领悟着存在的真理，前者是显、是动、是升，具有超拔性，后者是隐、是静、是降，具有凝重性。从不异论，诗不是通常文学意义上的那种诗歌，而是展现本真存在之思；思亦不是对象性的主客二分之思，而是深切体验本真存在之诗，思的诗性本质保存着存在之真理的运作，对生命存在之领悟越是深入，越思入存在，就越临近诗；思与语言越诗化也就越临近存在。由此而言，思即诗，诗即思，二者既是本真存在显现的迹象，又是人返本归真的途径。通过生命的体验、亲证和实践，二者共同展现不可思议的存在状态，说不可说的神秘境界。

在"诗意地安居"中，生命与诗在超越的诗境中相会，生命去掉了世俗的污染，自然天成，纯洁无瑕，流泻为美妙的乐章，自由翱翔于诗意的大地上，传达出惊天地泣鬼神的生命感动。诗使至真至善至美的终极价值、终极理想和终极存在显现于天地万物之中。"千尺丝纶直下垂，一波才动万波随。夜静水寒鱼不食，满船空载月明归。"[1] 诗性智慧照耀审美人生，审美人生开发诗性智慧，诗意的理想滋润安居于大地的生命，安居于大地的生命护持诗意的理想，真空妙有的诗境由此得到最圆满的彰显。在无欲无愿宁静的诗境中，世间物理世界的成住坏空，心理世界的生住异灭，生理世界的生老病死得到了终极的超克，宇宙人生存在的一切矛盾获得了终极的解决（彻底的解脱），因为此时天地万物以及生命存在都是真空妙有的体现，随顺于这种源头的自然流发，人才是宁静的，人有了宁静，也就获得了真正的自由。海德格尔在《荷尔德林和诗的本质》云："在诗中，人被聚集到他的此在（缘在）的根据之上，人在其中达乎安静；当然不是达乎无所作为、空无心思的假宁静，而是达乎那种无限的宁静，在这种宁静中一切力量和关联都是活跃的。"[2] 这里所谓的"宁静中的一切力量和关联都是活跃的"即是指人的自由，这是无逻辑中的逻辑。海氏在《人诗意地安居》中说："诗人愈是诗意，他的道说便愈是自由。"[3] 这时我们的生命是一种真实的、真诚的和真切的生命，我们

---

[1] 《五灯会元》卷5 船子和尚诗。
[2] 《海德格尔选集》上，第321页。
[3] 同上，第466页。

的世界是清静的、光明的和神圣的世界，这是人之为人的完成，生命之为生命的彰显，世界之为世界的实现——诗化的人生、诗化的生命和诗化的世界！

"诗意地安居"乃是真空妙有的境界，真空的极致为妙有，妙有的背后是真空，唯有达到真空才能彰显妙有，唯有依靠妙有才能体现真空，二者是二而不二，不二而二的。这就是说，要使诗意地安居成为可能，一方面首先要使我们的安居上达到诗意，达到真空，达到超本体论，达到纯审美境界，即在缘在中，从凡夫位层层向上提升，透彻了解现实世界，以至成为觉者、贤者、智者，终而成为哲学家——诗人（菩萨、佛）。海氏在《人诗意地安居》中云："只要这种善良之到达持续着，人就不无欣喜，以神性度量自身。这种度量一旦发生，人便根据诗意之本质而作诗。这种诗意一旦发生，人便人性地栖居在这片大地上。"① 在这里"神性"并不是指"神灵"，而是指的神秘而又神圣的天道、终极价值和至真至善至美的最高境界。另一方面，在上达诗意、真空的同时，又要向下回到大地上，以诗意、真空来点化现实世界（大地），从而拯救它、纠正它、改造它，最后彻底净化它，使之成为诗的世界，成为真正的妙有。这种妙有由是乃依净性而缘起，于是超本体论转化而为本体论，由本体论而开出宇宙论、道德论乃至知识论，等等。这种上求下化，乃使"诗意地安居"成为可能。海氏在《人诗意地安居》中云："人之栖居基于对天空与大地所共属的那个维度的仰望着的测度。"②，因此"诗意地安居"实际上是向上提升至诗意（天空）与向下落实于大地同时彰显，乃至于宇宙万物不逃于生命诗意照射之外，天地间无有一物遗之以成其为物，这是生命的价值信念和终极关怀的彻底实现，是真正诗境的光辉呈现。在此境界中，我们体验着世界的美满，感受着生命的壮丽，挥写着人生的诗章。宁静、安详、快乐、光明、自在与本真生命同在！光荣与梦想属于诗意地安居于大地之上的人们！生活的诗化，诗化的生活是生命存在的最高形式！

在现代工业社会中，工具理性膨胀，人文价值丧失，道德意识危机，人日益沉沦为"物化"的存在，陷溺于权、钱、势三毒中而不能自拔。人类社会的一切正在遭受到空前的污染：被工业化污染的空气、河流、大地、食品；被商业化污染的信息、价值观，甚至所谓学术；被欺诈、自私、贪婪、无耻、嗔恨、愚昧污染的生命，乃至人与人之间的关系。由是生命陷入前所未有的

---

① 《海德格尔选集》上，第480页。
② 同上，第471页。

困惑、紧张、不安、焦虑、抑郁、怀疑、恐惧、疲劳、喜怒无常，甚至歇斯底里竟成了生命的常态，人和这个世界毫无诗意可言！在这种大历史背景下，人类迫切需要精神上的终极关怀和灵魂救济，非常渴望回归精神家园，找到安身立命之所。因此，深入探讨诗意地安居如何可能的问题，对于现代人来说无疑是有意义的。如果大树已经生根，它就不会惧怕风吹雨打、电击雷劈！能如此，则能去情欲之惑，蔑钱权之诱，解心智之蔽，破生死之执，在精神解放中达到至真至善至美的诗意境界。

　　人充满劳绩，但还
　　诗意地安居于这块大地之上。

第三章　贵州佛学人物

一、丈雪大师与沙滩文化

沙滩文化是清代出现在黔北地区的一种地域性文化，它以丰硕的文化成果、广泛的社会联系和响亮的名人效应而蜚声中外，是贵州高原上盛开的一朵文化奇葩，更是贵州文化发展史上的一个奇迹。20世纪40年代张其昀教授主编的《遵义新志》云：

> 沙滩黎氏为遵义望族，先世自四川广安县迁来，自乾隆以后，世有贤才。其地在府城东八十里，北距绥阳五十里，东距湄潭七十里。沙滩濒乐安江，为乌江之支流；中有洲，长半里许，因此得名，一称琴洲。层峦环秀，绿水潆回，秀木幽篁，四时苍翠，邑中溪山之胜，无以逾此。去沙滩里许，有寺曰禹门，为清初高僧丈雪（四川内江人）所经始。寺负山临水，飞楼涌殿，颇称壮观。寺中有读书堂，为黎氏家塾。黎恂字雪楼，于嘉庆十九年（1814）举进士，官浙江桐乡县知县，浙省素为人文渊薮，颇广见闻。尝曰："人以进士为读书之终，我以进士为读书之始。"归黔后以廉俸万金购书籍。郑珍（字子尹）以甥行，莫友芝（字子偲）以年家子（其父与恂字犹人，为遵义府学教授，遂自独山移家于此），皆从恂治朴学。其后珍、友芝为一时宗匠，号称西南大师。侄庶昌（字莼斋）师事曾文正公，从事经世之学。郑、莫、黎三家互为婚姻，衡宇相望，风流余韵，沾溉百年。子尹故居在子午山，曰望山堂，抱道隐居，累征不就；学业志行，颇类康成。其治经宗汉，析理尊宋，专精三礼。经术所不能尽者，发为诗古文辞以昌大之。著书十余种，《遵义府志》与《播雅》二书，尤为是邦文献所系。故沙滩不特为播东名胜，

有清中叶曾为一全国知名之文化区。①

沙滩村落左侧半里的禹门山上，明末便创建禅寺，至今已有400余年。初名沙滩寺，是黎氏家庙，黎怀智遁入空门，在寺中出家，改名龙兴禅院。永历年间，丈雪大师云游到此，怀智拜丈雪为师，改法号策眉。丈雪于禅院旧基上创建禹门寺，培育弟子，开辟丛林，制立清规，弘教开宗，接引信众，禅徒云集，禹门寺遂成西南名刹。此后，丈雪徒子徒孙相继主刹，广传佛教禅宗文化。黎氏在寺中建振宗堂，举办家塾。此家塾历时300多年，培育出大批人才，郑珍、莫友芝、黎庶昌均曾就读塾中。沙滩文士多次修葺禹门寺，使之废而复兴；寺僧也常与沙滩文士交游，使禅宗文化与儒家文化相互交流，相互促进。咸同之际，黎氏族人在禹门山间创建军事堡寨，与号军抗衡六七年，终于保全寺庙，也保存"沙滩文化"的精英与文化典籍。因此，丈雪大师及其禹门寺与沙滩文化有着千丝万缕的联系，丈雪大师对沙滩禹门山禅宗佛教文化的发展作出了杰出贡献，可以说禹门寺的禅宗佛教文化就是沙滩文化不可分割的一部分。

（一）丈雪的生平活动

丈雪，法名通醉，号禹门，丈雪乃其字，生于明万历三十八年（1610），寂于清康熙三十四年（1695），世寿86岁，是明清之际著名的贵州临济禅宗大师。其著作有《青松诗集》、《里中行》、《杂著文》、《丈雪语录》12卷、《锦江禅灯》20卷等。作为一个虔诚的佛教徒、临济禅宗大师，丈雪一生的佛教活动大致可分为三个时期：（一）遍求名师的求法时期；（二）依傍破山、密云临济禅宗一系的得法时期；（三）开创禹门、昭觉诸名寺的说法时期。

（一）求法时期（26岁以前）

丈雪原籍四川内江，父姓李，母姓姚。因家境贫寒，于明万历三十七年（1609），其父母逃荒于贵州桐梓（时属四川）芦溪里，第二年十月十五日"于子夜生丈雪"②。丈雪一岁时，由父母"携归内江，沿途好盘膝而坐，逢

---

① 见《遵义新志》第131页，遵义市志编纂委员会1987年重印本。
② 民国《桐梓县志》卷四十二。

僧辄合掌云'哥哥',喜入佛寺,见茹荤酒五辛者,白眼厌之"。① 5 岁时,其父母因其喜入佛寺,爱好趺坐,干脆将他舍送内江古字山寺,礼清然和尚为师,丈雪自此开始漫长的出家生涯。

丈雪 12 岁时,有天祥法师从中原参学归蜀,见丈雪"朴素真诚"、活泼可爱,便收丈雪为徒,"训以佛儒经史"。经过 8 年的努力,丈雪便在这几方面都打下了坚实的基础。丈雪学识渊博、史事娴熟,和他早年所受的这种训练是分不开的。故贵州清代名儒郑珍亦叹服丈雪"出家之雄,已非不从积学可得"②。

丈雪 20 岁时,天祥法师圆寂,丈雪遂以可尊法师为师。这时他思想日渐成熟,"情性冲澹,于世邈然"③。听可尊法师讲《法华经》至"惟此一事实,余二则非真"两句,意即佛陀开示众生悟入实相,除此无别事,遂致疑情,请教可尊,可尊不能解其疑,又找同门禅友澹竹扣问,仍不解,自此丈雪整天"中心尚怏然似有物塞"④。于是乃与澹竹上峨眉山寻访名师。在峨眉山洪椿坪遇到一个金粟禅者(自浙江海盐金粟山而来),丈雪即上前问禅,而金粟禅者却回答:"干屎橛",使丈雪"其疑愈甚"⑤。随即至宝积寺请教印如和尚,不解,即上西山白云洞参鉴随和尚,仍不解,但却于其"座下顿圆戒法"⑥,自此丈雪获得正式僧人资格。

后来,丈雪又去天台白岩洞参了凡和尚,还是不得要领。只得回归祖院古字山寺闭关(即在一定期限内闭居一室或一地,一心诵经坐禅),每日读诸家语录,如痴如醉,仍感"似银山铁壁"。这样过了三年,忽同门灵筏禅友自江浙参禅而来,丈雪即向他问"教外别传"之旨,却被灵筏当面一掌,使丈雪在疑闷中更添疑闷。灵筏告诉他:"时梁山县万峰山有荷金粟衣钵入蜀的本师破山和尚,你可速往彼咨叩,则知吾之一掌下落矣。"⑦ 丈雪闻言大喜,决心上万峰山参破山大师。

丈雪求法时期的最大特点是,他在蜀中各地遍访名师,参禅游历,寻求

---

① 如纯《黔南会灯录·丈雪传》。
② 郑珍《播雅》卷二十四。
③ 《丈雪语录·行实》。
④ 《丈雪语录·行实》。
⑤ 《黔南会灯录·丈雪传》。
⑥ 《丈雪语录·行实》。
⑦ 《丈雪语录·行实》。

佛法真谛，使他受到这一地区蓬勃发展的禅宗佛教的充分熏陶和影响，为他以后思想的转变和发展奠定了一定的基础。

(二) 得法时期 (27 岁至 34 岁)

明崇祯十年 (1637)，27 岁的丈雪经过长途跋涉，终于来到梁山 (今重庆梁平县) 万峰山，见到了闻名海内的破山大师。丈雪参见破山问佛门意旨如何？破山说："胀坏了我，饿坏了你。"丈雪又问"如何是万峰山里事？"破山说："老僧不参禅，只爱伸脚眠。"① 丈雪百思不解，其疑更甚。

有一天，丈雪又向破山问唐代香岩智闲和尚初在百丈怀海门下对答如流，后来见到沩山灵祐，只一句父母未生前本来面目话头，却答不上，这是为什么？却遭破山一顿棒打。入夜，丈雪因反穿鞋，脚套不上，拟伸手拔，忽然猛省，使长期积压于心中的疑团顿开，如肚腹中掉了一块大石一样痛快。后丈雪随破山路过白兔亭，看见瀑布洒然，破山便予之改号"丈雪"，并作书偈："画断苍崖倒碧岑，纷纷珠玉对谁倾。拟将钵袋横栏住，只恐蟠龙丈雪冰。"② 丈雪遂为破山第一法嗣。

同年秋，乘舟出蜀，上天童山礼密云和尚。崇祯十三年 (1640) 的一天早上，丈雪上天童山太白顶拖柴，竹签伤足，血迸污地，闻密云亲自打普请梆 (即击椎召集众僧)，椎急声厉，忽契香岩击竹之旨 (香岩智闲曾甩石击竹，竹应声响而悟佛法)，豁然大悟。午后入方丈礼密云道："通醉渔猎今古三十年，今才踏破自家草鞋跟子。"被密云当下一顿乱棒，打得丈雪满身血淋淋，而丈雪却呈偈云："两脚行来古路平，通身棒眼血淋淋。而今始识牛和马，鼻孔分明搭上唇。"③ 密云以棒喝许之。自此丈雪才真正悟到了临济禅宗的佛法真谛。

崇祯十五年 (1642) 冬，密云大师圆寂。丈雪归蜀，至开县大宁寺，见本师破山和尚。这时正值明末，中原战乱，李自成的农民起义军向明王朝发动了最猛烈的攻击，张献忠领导的农民起义军多次入川活动，蜀中烽火竞奔，战事频繁。在这种历史背景下，丈雪随破山先避兵乱于大竹之佛恩寺，再避于万峰山之活埋庵。其后，因老母年高书召丈雪，他便辞破山回内江省亲，临别，破山出源流、拂子、信金付之，丈雪受之，是为临济禅宗 32 代传人。

---

① 《丈雪语录·行实》。
② 《丈雪语录·行实》。
③ 《黔南会灯录·丈雪传》。

从此以后，丈雪便开始其大半生开堂说法，中兴西南禅宗的"大师"生涯。

（三）说法时期（35岁至86岁）

丈雪离开破山回内江，不久即到四川铜梁。此时全蜀几乎遍地干戈，丈雪为避兵乱，东奔西走，"展转流离"却"不废道行"。他曾有《避兵有感》诗描述了当时自己的窘迫："烽火惊人地屡迁，数峰猿鸟冷相煎。溪边红浪多应血，天末乌云半是烟。满肚愁肠如石转，一条穷命似丝悬。虽无十住安身术，幸有芒鞋脚底穿。"①

南明永历元年（1647），丈雪避兵乱，由铜梁辗转至遵义，开禹门禅寺。禹门寺在遵义城东80里沙滩里左侧的回龙山上，明万历初，黎朝邦父子始创伽蓝于上，名"沙滩寺"。明亡，朝邦子黄冈知县黎怀智为效忠明朝而剃发为僧，号策眉，住此寺，改名"龙兴禅院"。丈雪避乱来居，策眉师事之。不久，丈雪离去，永历三年（1649）冬再至，遂开临济禅宗道场，易山名禹门山，寺名禹门寺，借以表示自己所宗禅法来源于正统的禅宗。明末进士梁应奇撰《禹门寺记》，以大禹治水之功解丈雪易名之意，不免望文生义。禹门之名初见于北魏中土禅宗初祖菩提达摩示寂之禹门千圣寺，在今洛阳境内②；后见于明临济禅宗30世密云早年从龙池幻有出家之所的江苏常州龙池山禹门寺③。丈雪在《开堂记略》云："易'龙兴'为'禹门'，兵□野成，胜境堪夸，树为学业禅堂。"④ 可见其意在树立佛教临济禅宗正统法门。丈雪前后在禹门寺开堂说法达13年之久，在这里广建禅居，建藏经楼，贮四部大藏经（可能是《洪武南藏》、《永乐北藏》、《武林藏》、《嘉兴藏》），开期传戒，广度僧尼，各方缁素，云从景集，"禅和诸子，日至十百"，一时"飞楼涌殿，踵事加辟，遂为坛场胜境"，⑤ 蔚为西南名刹。

清顺治十七年（1660），西南各部农民起义军及其明军残余已基本失败、瓦解，清王朝已完全控制了西南诸省，川黔地区开始有了一个较为安定的局面。丈雪此时便离开遵义禹门寺到四川弘法。康熙元年（1662），他来到成都昭觉寺，看到这座创建于唐代贞观年间的川西古刹被兵火所毁（明崇祯十七年，即1644年毁于兵火），"殿宇倾没，道侣散尽"，决心重修，中兴昭觉。

---

① 《播雅》卷二十四。
② 《五灯会元》卷一。
③ 《新续高僧传》卷二十。
④ 道光《遵义府志》卷八。
⑤ 道光《遵义府志》卷八。

他多方奔走呼号，得吴三桂和四川巡抚张德地等清朝大吏资助，即昼夜辛勤，宏规硕划，巨细躬亲，因高就远，审地为基，大兴土木，广建梵宇，经过几年惨淡经营，至康熙四年（1665）已初具规模。丈雪中兴昭觉寺一时传为佳话，达官显贵纷纷入昭觉问禅法："康熙四年乙巳，丈雪醉中兴昭觉。张抚台坤育、郑提台西云、朗藩台钧衡、李臬台息六、郭道台余庵、冀府尹蓑翁，入山问道。醉以师（破山——引者注）平素行业动静体裁出词，吐气迅捷锋芒，言于众宰官，皆怀企慕，乃力修昭觉。"① 丈雪得众宰官的资助，20 余年不断修建昭觉寺，宝相庄严，梵刹清净；丈雪在此开堂说法，士庶瞻依，衲子云来，乃使昭觉寺成为当时川西第一佛教丛林。

除禹门和昭觉之外，丈雪先后还在川陕浙地区的雪居、静明、青莲、草堂四刹开堂说法，上遵佛陀之遗训，下阐临济之机枢，内则遍拶钳锤，提撕偈语，培育僧才，外则勤宣禅教，弘扬佛法。故其禅法饮誉海内，弟子遍布川黔滇西南三省，使他自然成为了西南临济禅宗的一代宗师。康熙三十四年，丈雪作《真归告》，圆寂于四川逸老关，灵骨塔于成都昭觉寺西。

（二）丈雪开法沙滩禹门山

禹门山，原名回龙山，在今遵义市东 40 公里的新舟镇禹门乡沙滩村附近乐安江畔。万历中叶，郡人黎朝邦父子始建伽蓝于山上，名沙滩寺。明亡，朝邦三子黄冈知县黎怀智削发为僧，住此寺，改名龙兴禅院。永历元年（1647），丈雪大师为避兵乱来山住寺，策眉师事之。不久丈雪离去，永历三年冬再至，遂开临济禅宗道场，易山名禹门山，寺名禹门寺。黎庶昌《禹门寺筑寨始末记》云："禹门寺者，滨临乐安江，一峰崛起，周围里余，澄潭曲抱，上有古寺，颇壮观，号曰禹门。国初，高僧丈雪、彻智驻锡之所。"寺中建有山门、中殿、大殿、藏经楼等，规模宏大，金碧辉煌，为黔北第一名刹。道光《遵义府志》卷 8 载有丈雪《开堂记略》：

沙滩溪回九折，峰抱千头。神宗初，黎静轩裁为伽蓝龟鉴。丁亥上巳，余避世于兹，睹溪烟掣浪，鳞藻跃风，蠹旃厥业，未殚衷期。越己丑冬，再寻溪口，易"龙兴"为"禹门"，兵□野戍，胜境堪夸，树为学业禅堂。总以一铛共煮，众姓施腴，蔬圃周备，收

---

① 《破山禅师年谱》康熙四年乙巳条。

跋涉遐迩之役，免久坐新参之劳云。

同卷又载有梁应奇撰《禹门寺记》：

> 稽昔禹师治水，导河积石，至于龙门，华阴砥柱之墟，皆获安澜；怀山襄陵之势，不复如初。万世而下，称禹绩，受禹成者，至今不朽。不谓桑门亦有怀襄，而本来面目载胥沉溺，非有慧解人，具救生心，乌能手援诸溺而登之岸？稽乐里有寺名沙滩者，绀殿轩昂，堂奥鸿敞，石磴层嶙，林木蓊蔚。溯所创者，肇自策眉。始惜沙滩梵刹，"滩"则不能遽济，"沙"又恒河难更。恭请丈雪人天师范为丛林住持，于是易为禹门禅院。遏人心之江河，浚群胸之闭郁，使之洞见本来面目，豁然通，憬然悟，有如禹之随山决排，机忘物我，真利济之人乎！师，蜀之内江人，棒喝交参，印德山《济北家言实传》、《曹溪正脉说》、《语录》，凡若干篇。平淡自如，行业兼备，将与禹功并垂不朽。余因视师三川，便道游览，盘桓啸傲，识师最真；敬作记言，以纪盛心云。

梁应奇，字平叔，四川乐山人，崇祯元年（1628）进士，官江南宣城令，明亡弃官至贵州隐居。永历朝复起为兵部左侍郎兼都察院右副都御史，总督五省军务。永历八年（1654）春，慕游禹门山，为丈雪撰寺碑。丈雪在禹门山中开堂说法，前后达13年之久，培养了很多著名的临济禅宗弟子（详见本文之三），明末遗民亦多与丈雪讲味禅悦，遂使禹门山一时蔚为西南佛教名山。

丈雪走后，禹门临济棒喝为之寂然，故丈雪于康熙八年（1669）乃遣弟子半月来禹门主持禅法，复振法幢。道光《遵义府志》云："丈雪归四川昭觉寺，其徒一庵继传棒喝"，恐误。因一庵虽于永历五年（1651）八月避孙可望兵，由四川酉阳入贵州住湄潭水月庵，但此时他并非丈雪法徒。直到康熙九年（1670）他到成都昭觉寺，才得到丈雪法印，翌年才来贵州绥阳①，而此时禹门已有半月主持。民国《续遵义府志·艺文志》有乾隆时沙滩举人黎正馨的《禹门禅院》一诗，大体可以窥见禹门当年盛况："秋气飒以至，天风却

---

① 见《播雅》卷二十四。

残暑。言访古招堤，兴至了无阻。幽崖一径通，苍壁万木古。下有清溪流，水光自吞吐。缅怀丈雪师，飞锡卓兹土。与众谈寂灭，高下列梵宇。贝叶满经楼，律论分四部。至今百余年，遗迹尚堪睹。潭潭选佛场，香榍散花雨。默坐忽移时，暮烟生粥鼓。"同治年间，白号军朱明月部曾一度占据禹门山，乡人黎兆祺等在禹门寺修筑防御工事，与白号军相持达五六年之久，致使禹门寺"昙花贝叶，尽成壁垒烽烟"。光绪十一年（1885），里人黎庶昌出使日本归来，捐万金重修禹门寺，建有三官殿、藏经楼、祝禧寺、玉皇殿、祖师殿、大悲阁、乡贤祠等，梵宇琼宫，飞檐崇阁，甲于全郡。民国8年（1919）寺院失火，雕梁画栋尽成废墟。20世纪90年代末期，禹门山中又重建有几处佛殿，但已无昔日之胜况。

禹门山经丈雪、半月、一庵等高僧先后住持，山寺内所贮经藏及各家语录颇丰，曾有德山、破山、丈雪诸人诗文、语录。丈雪住持时，便置有四部释藏。光绪中，黎庶昌从日本带回《南藏》全帙贮于寺中。丰富的典籍，滋养了黔北的著名学者，孕育出了颇具地方特色的"沙滩文化"。寺中设黎氏家塾（黎氏在寺中建振宗堂，堂中办家塾，历时达300余年），贵州名儒郑珍、莫友芝、黎庶昌等人皆曾就读于寺中，并写有赞颂禹门山的诗文题咏。今山壁间保留的摩崖，尚记载着当年的遗迹。其中黎庶昌于光绪十三年（1887）所书《禹门山铭》云：

> 山旧名回龙，顺治丈雪通醉来栖，易曰禹门。直郡治东八十里，乐安江经其麓，支危隐秀，有幽奇之观。道光中，里人郑珍、莫友芝、黎兆勋乐此，率日月至。已亥秋霁，泛舟抵崖壁下，刻石称显之。兹山一旦与浯溪、澹崖比，诚异遭也。世有漫叟、涪翁，当知余言。余后三先生游几五十年，手剔荒翳，履危扪石，读既竟，顾视斜日挂村墟外，辉映林薄，徘徊古径，寂寥长怀，洒然见三先生风流，披衣崖谷间也。恐来者阒不闻且旌，吾独为铭识之。岁在光绪疆圉大渊献孟陬（1887）谷旦。黎庶昌。铭曰：禹门巉岩，不崩不骞；上丛招提，下溯泂渊。文游所止，炳耀牂牁。企斯陈迹，视我铭镌。

禹门山中古木参天，禹门寺隐没其间，晨钟暮鼓，与山下流淌着的乐安江水相呼应，颇具世外之景色。丈雪大师曾有诗咏禹门六景：

《村烟》：情垣错落浪堆堆，乱洒晴烟万户开。一日虚空无两个，那来涯岸许多哉！

《牧笛》：赤髀横眠两足垂，仍将短笛逆风吹。疏狂不与骚人共，拍拍轻清只自知。

《月浦》：晴沙寥落泊江干，一片银钩挂水帘。不谓苍苍风味古，都卢狼籍少人拈。

《汀声》：两岸沙禽笑转生，仃伶叠落为谁倾。清溪何必多饶舌，弹压江湖只一声。

《石头山》：磊落一堆轻重石，嵯峨定不混泥沙。焦巴不许人雕琢，本色年深分外赊。

《锁江桥》：是水鱼龙电尾烧，只缘蟛蜞锁江皋。千山万水齐收拾，两岸晴风一担挑。

郑珍子郑知同（1831—1890，字伯更）撰有《禹门行》长诗，概述300年间禹门山的历史变迁。现录全诗如下：

古刹遥传三百年，山环水绕林峦巅。世世恢宏极壮丽，今时檀越犹增田。佛像移来自昭觉，百夫舁至千里艰。不识雪师当年避蜀难，何处得此布施钱？其徒月茎南去请经律，夥颐万卷丛楼间。破山禅宿妙入逸少室，宝墨犹留遗像颜。数公神迹可胜数，只今父老纷增传。畸人举事自绝俗，即此一斑亦足知豹全。因应有灵力呵护，道场千载无跻巅。庚辛（1860、1861）逆党纵焚掠，连屋屡栋皆烧残。四境丛林荡无迹，灵光独此存岿然。乡人因恃筑砦堡，周垣依旧增高坚。吾舅黎公（兆祺、庶蕃兄弟）主厥政，佐以刘子相仔肩（汉英）。椎牛赛祷谕大众，誓不与贼同戴天。千家蜂凑寇魔至，殊死百战枭其元。邑中坚壁百数十，非降即下无一完。禹门片壤卒获免，神功昭著不可刊。吾家亲老谢征君，团茅亦借居西偏。抑病弥留送不起，甲子（1864）秋深归道山。三载服除乱始靖，农民散罢耕廛。我独无赀宅故址，八口且寄徙图迁。晨昏钟梵清入耳，远胜鼓声难安眠。弥勒同龛未即拟，却与香火为因缘。死生一岁足悲咤，有如膏火空自煎。安得至人谈寂灭，使我万虑随云烟。置身清净空众有，冥情逃入忘家禅。回头自省岂得已，名教难轻中路捐。遭逢只合据理遣，一任哀乐相摩研。

诗中盛赞当年丈雪开法禹门山的佛法之盛，以至破山祖师曾来住山传戒，于山寺中留有墨迹。

（三）丈雪在贵州佛教史上的地位和影响

丈雪开法沙滩禹门山的佛教活动和佛教业绩在贵州乃至西南佛教史上占有重要的一页，其地位和影响主要表现在以下三个方面：

首先，丈雪是第一个把破山一系的临济禅宗佛教广泛传布于贵州的，是贵州具有深远影响的禅学大师。贵州著名历史学家任可澄先生在《重刻语嵩语录叙》中云："黔当明清代嬗之际，禅宗有大善知识二人，振宗风于延江南北，北曰丈雪，南曰语嵩，皆嗣法乳于破山，称一时宗门龙象。"明清之际，丈雪于乌江之北，语嵩于乌江之南，大振临济禅宗于黔中。丈雪开法沙滩禹门寺10余年间，培养出一大批弟子，首创贵州临济禅宗法系。据《黔南会灯录》所载，丈雪禹门寺的传灯弟子有据可查的就有三代：

第一代有遵义禹门策眉彻智（89岁时前往成都拜谒丈雪，行至内江，病殁于广福寺，后灵骨塔于中江般若寺）、遵义禹门半月常涵、绥阳五涯月茎彻宇、黄平长松端鼻万、安平玉螺希声彻泳、半生本襄、安笼玉泉月幢彻了。

第二代有半生本襄门下的习安玉真竺怀真印，有安笼玉泉月幢彻了门下的安南龙山剑端达祖、普安兰溪祖鼻达最、安笼伏龙极乘道真、安笼玉泉显今达古、普安松峃善权达位。

第三代有习安玉真竺怀真印门下的习安石霞厂石如圣、习安玉真玄一如海，有普安兰溪祖鼻达最门下的安顺静明嵋霁宗，有普安松峃善权达位门下的贵阳观音普济大阐（宗风大阐）、普安松峃天－大悦、安南广福虚峨大照（天岩大照）、安南万寿审实本照、普安碧云恒暲圣目、习安天龙善－如纯、贵阳李六度居士（秀含六度）。

丈雪在贵州嗣法的著名弟子十数人，他们南北分化，或各振家风，如半月在遵义禹门寺"复振法幢"①，一庵（月茎之号）在绥阳五涯寺"开堂讲法，宗风大振"② 等；或辅弼丛林，如策眉彻智；或成为一方宗师，如安笼玉

---

① 《播雅》卷二十四。
② 《播雅》卷二十四。

泉寺月幢彻了。至于那些虽未付授而得丈雪昭然明示的，又不可枚举。丈雪在贵州造就一代名僧，不仅使他自然地成为了清初贵州佛教界的领袖人物，而且也为尔后临济禅宗佛教在贵州的传布奠定了坚实的力量基础。清顺治十七年（1660），当丈雪离开遵义禹门寺去川西时，开法黔南的著名禅师山晖和尚曾致书给遵义虎丘寺的大冶禅师云："昨闻禹门遁迹，不胜悲感，盖川东（时遵义属川东—引者注）法道，赖此老及虎丘维持之，而禹门既隐，则寂寥之风，将见吹人衿怀矣。我虽行道于黔，而力孱弱，不能张之，惟觊有光明烁大者整刷之、启迪之，是所愿耳。"① 从被陈垣先生称为"破天荒"开教黔省的山晖行浣大师的这番话中，亦可窥见丈雪在贵州佛教界的地位和影响。

其次，丈雪开法禹门以来，四方人士，尤其是持有佛教信仰的知名禅师，闻风而至，如石岩如昆、两生真从、虎丘大冶、沙冈天语等，"集四方禅子，盛讲别传"②，使禹门禅法极一时之盛。据今贵州佛教协会会长慧海法师介绍："破山海明禅师曾来传戒。"③ 破山曾于甲申之变以后来到川东，因而来到其大弟子丈雪的禹门寺"传戒"完全是可能的。道光《遵义府志》卷8载：禹门寺"故遗联匾，多破山、丈雪手笔"。郑珍的《播雅》亦称禹门寺"破、雪师弟诸手迹，体正力厚，纯法二王"。其子郑知同《禹门行》诗中亦有"破山禅宿妙入逸少室，宝墨犹留遗像颜"之句，可见破山确实来过禹门寺，并在寺中留有墨迹。于此亦可见，禹门禅法远近闻名，极一时之盛。

第三，除贵州之外，丈雪的禅法和著作还影响到四川、陕西、云南甚至日本和东南亚地区。谭贞默居士在《丈雪语录序》云：丈雪大师"得天童正法眼，亲体承当，全身担荷，于雪居、禹门、静明、青莲、草堂、昭觉六刹开堂，拈出成都、汉中风景"。可见丈雪开堂说法，六座道场，影响盛于川陕黔，是清初饮誉西南的一代禅宗大师。郭沫若先生曾至成都昭觉寺作《昭觉题书》诗："一别蓉城卅二年，今年昭觉学逃禅。丈雪破山人已渺，几行遗墨见薪传。"④ 于此亦可见丈雪对川西禅宗佛教影响之大且久。

丈雪弟子阐教云南的，有懒石觉聆（1616—1694）和半生本襄（1617—1676）等名僧。丈雪曾有送懒石首座之滇诗云："汉南忽别已三稔，破雾归兮

---

① 《山晖语录》卷十二。
② 道光《遵义府志》卷八。
③ 1989年12月贵州古代思想家研讨会慧海法师发言提纲：《贵州佛教禅人的思想及其对贵州文化建设的贡献》。
④ 转引自《四川风物志》第341页，四川人民出版社1985年版。

话暖冷。每因路绕过河来，喜以春初惟日永。一钵军持缩地回，千云弗隔昆明清。斗光山色甲牂牁，锡卓时有万人井。"① 据《新纂云南通志》卷259载：懒石"重庆忠州人，……初参象崖和尚受戒，次参破山老人，得法于丈雪和尚，康熙初年受请至滇，住商山之斗光寺，开导数年后归蜀。"《懒石语录》有嘉禾汪挺序，略云："懒石禅师住锡汉中静明，再迁宝林，又应滇南商山之席，从此道播南天，虽穷岩绝壑中，咸思皈向，洵不可思议因缘也。所有《语录》四卷，于语言酬答之外，得拈花击竹之机。诸有已空，空都掷去，一真独领，领辄宣来。岂不勺水知源，寸胾饫味！睹懒石如睹丈雪、破山，并睹密老人于勿替也。"半生本襄，四川南隆（今阆中县）人。清释圆鼎《滇释记》卷3载："甲申寇噪蜀，避秦中，……闻汉中丈雪和尚门庭孤峻，于己丑往参。……丈骨之，遂授杖拂源流，偈曰：'龟毛拂有腾龙势，兔角杖支南斗云。山水悉归布袋里，昆明池上月华殿。'康熙甲辰，师自蜀入滇，……塔于筇竹之巅。师凡九坐道场，五刹结制，五十九世寿，四十僧腊。"半生曾开法滇北腾州开化寺，住锡昆明五华山，贵州著名的竺怀和尚和厂石大师就是在昆明五华山半生门下得法的。由此可见，丈雪的弟子已使其禅法"道播南天"，影响云南佛教不可谓不巨大和深远。

丈雪的法派系谱共20字："通彻真常性，机圆宇宙香，光辉今古用，一月印千江。"② 丈雪寂后，其禅宗法系在西南佛教界中仍广为影响，繁衍了一代又一代禅僧。乾隆四年（1739），乾隆下令将一套7168卷的御制《大藏经》100部赐予天下100座名蓝大刹，四川得到两部，一部在破山道场梁山双桂堂，一部在丈雪道场成都昭觉寺。这消息飞传海内，惊动了海内佛门大小禅院，从此丈雪、破山闻名天下，并相继蜚声于日本和东南亚地区。遵义禹门寺旧存《丈雪语录》，后因兵燹，板遭乱毁，光绪十五年（1889）黎庶昌出使日本，在日本学者中村正直家中发现《丈雪语录》的全录，便从中摘录一部分，用活字版排印成卷，辑入《黎氏家集》，带回国内，使后人得见这些宝贵的资料。1905年至1912年，日本京都藏书院由前田惠云和中野达慧等著名佛学者主持编印的《日本续藏经》，把丈雪于清康熙十一年（1672）所撰的《锦江禅灯》20卷收入其中。从这些事情亦不难看出丈雪的著作对日本佛教文化界的影响之深。

---

① 《丈雪语录》卷十。
② 《黔南会灯录·丈雪传》。

二、贵州凤冈中华山天隐禅师生平及其临济法脉

天隐（1621—？）是明末清初贵州佛教史上的一位著名禅师，他一生寻师访道，参禅悟道，于黔中创建名蓝，五座道场，著有《语录》诗文，弘扬临济禅宗，对推动贵州佛教文化的发展作出了重大贡献。然拙著《贵州佛教史》因体例之故，且撰写于10余年前，掌握资料有限，对中华山天隐禅师只有寥寥数语，未能深入研究。尔后对此深以为憾，故对天隐禅师一直有留意焉。根据文献资料，仍有很多疑团困扰着我，如天隐生平活动的路线图是什么？天隐的生卒究竟是何年？龙泉毗卢寺与石阡中华寺是否为同一寺？天隐的法脉如何？天隐与梵净山和黔灵山是何关系？为什么天隐易山名中华山？其《语录》诗文何处可寻？这些问题一直使我苦苦寻求答案。适逢因缘际会，2008年6月29日至7月1日，我受凤冈县文化建设工作领导小组和凤冈县王寨乡委员会等组织单位的盛情邀请，参加了"探秘中华山"的学术考察活动和学术座谈会，对以上问题逐一进行了初步的考证。今仅就调研成果与我所掌握的文献资料互为发明印证，撰成此文，试图以此探析中华山之秘。

（一）天隐禅师的生平

天隐，法名道崇，一作印宗，字南滨，号天隐。其生平大略的文献根据主要有四：一曰民国《贵州通志》，二曰《黔南会灯录》，三曰《锦江禅灯》，四曰聂树楷《天隐禅师传略》。综合以上四种文献的记载，大致可以勾勒天隐生平活动的路线图：天隐，重庆（垫江亦属重庆）人，生明天启中，24岁时值甲申国变，投南砫三教寺破山门下披剃出家。后往万寿寺参敏树，三年后复参礼破山于天祐寺，因居士痛处公案而悟道。之后入黔参礼象崖，并在象崖座下圆具戒。数年后闻敏树迁龙门，往省觐，敏树付其源流，成为临济禅宗第33世传人。先后住持贵州偏桥云台山华严寺、思南朗溪太平禅院、湄潭宝台寺、龙泉毗卢寺、石阡中华寺（今属凤冈王寨），一生五座道场，于贵州大振临济宗风，有《语录》八卷，《南游集》一卷。天隐《语录》今已在凤冈发现手抄残本第七卷，其中有天隐诗近百首。要想获得全录，现在只能寄希望于查找《嘉兴藏》之《又续藏》，因为其中多收录了明末清初黔中大德的《语录》，燕居、善权、天一、善一等人的《语录》皆在其中，天隐有录或未可知也。

考甲申国变年，乃明崇祯十七年（1644），时天隐 24 岁，前推 24 年，乃明天启元年（1621），乃知天隐生于 1621 年。申申之年破山主法重庆石柱三教寺。三教寺，在石柱东回龙山前，临南滨河，建于明弘治年间，寺以儒释道三教合一之意得其名。天隐字南滨，或许有寓其于南滨河畔三教寺披剃出家之意焉。万寿寺，在今湖北施恩，时属忠路司（司治在今湖北利川县），聂树楷文误"忠路"为"中路"。南明永历四年（1650）十月至七年（1653）之间，敏树住持该寺。象崖（1599—1651），为破山首座弟子，在黔开法婺川（今务川）西禅寺，天隐圆具戒处必在西禅寺，且其时必在象崖示寂前，当在 1650 年十月至 1651 年间。故天隐往参敏树必在 1651 年前，时年天隐 30 岁。敏树是南明十三年（1659）十月后至清康熙八年（1669）之间住持遵义海龙山古龙禅院，即聂文中的"龙门"。天隐在该寺嗣法敏树。天隐入黔住持寺院之首座场为偏桥云台山华严寺。天台山，位于今施秉县城北 13 公里，方圆 210 公里，主峰团仓岩海拔 1066 米，因山形四面削成，独立于云霄之半，山颠如台，故名。天隐与师弟净空性明，师侄（赤松法子）大彻照慧先后来住山开法，使临济佛法盛极一时。

（二）天隐禅师法脉源流

明末清初，中原西蜀大乱，其地临济禅宗名僧大德纷纷涌入黔中，在黔中建寺庙，开道场，继法脉，由此而使黔中临济禅宗呈鼎盛之局。特别是临济禅宗天童圆悟门下四川破山一系，因地缘规律之故，入黔弘教者更是人多势众，一时如疾焰过风、群狮出窟，其十三子在黔中南北分化，各为一方宗主，大建禅寺，培养弟子，开宗弘教，接引信徒，士民一时望风景从，遂使破山一系临济禅宗独盛黔中。

贵州凤冈王寨中华山天隐临济禅宗法脉正宗，源远流长：释迦拈花，迦叶破颜，迦叶乃成禅门初祖，经 28 代至菩提达摩。达摩东来，遂成东土初祖，以后二祖慧可，三祖僧璨，四祖道信，五祖弘忍，六祖慧能，衣钵代代相传。再后六祖传南岳怀让，怀让传马祖道一，道一传百丈怀海，怀海传黄檗希运，希运传临济义玄（？—867）。此时禅分五家：临济宗、曹洞宗、沩仰宗、云门宗、法眼宗。义玄乃临济禅宗的开创者，为第一世，其传承为：兴化存奖——南院慧颙——风穴延沼——首山省念——汾阳善昭——石霜楚圆。石霜楚圆门下分化出二派：黄龙派和杨岐派。黄龙慧南在隆兴黄龙山称宗，成黄龙派，不数传而绝。杨岐方会（992—1049）在袁州杨岐山称宗，后又恢复临济旧称，弘盛天下。杨岐方会为临济第8世，其传承系统如下：

> 杨岐方会——白云守端（9世）——五祖法演（10世）——昭觉克勤（11世）——虎丘绍隆（12世）——应庵昙华（13世）——密庵咸杰（14世）——破庵祖先（15世）——无准师范（16世）——雪岩祖钦（17世）——高峰原妙（18世）——中峰明本（19世）——千岩元长（20世）——万峰时蔚（21世）——宝藏普持（22世）——虚白慧旵（23世）——海舟永慈（24世）——宝峰智瑄（25世）——天奇本瑞（26世）——无闻明聪（27世）——月心德宝（28世）——幻有正传（29九世）——密云圆悟（30世）——破山海明（31世）——敏树如相（32世）——天隐道崇（33世）。

临济禅宗灯系，破山以前，北宋道原的《景德传灯录》、南宋普济的《五灯会元》、明代居顶的《续传灯录》以及清代超永的《五灯全书》等禅典均有记载，故不赘述。破山（1597－1666）与西南特别是贵州临济禅宗佛教的兴盛有甚深法缘，是黔北中华山临济禅宗传灯关键性的人物。当代中国高僧隆莲法师《书奉双桂堂》诗云："双桂流芳遍两川，千枝万叶被西南。祖庭门户欣重振，拄地撑天继破山。"生动地说明了破山法派影响西南的盛况。

先是破山之师密云圆悟有十二大嗣法弟子弘法海内：湖南长沙有大沩如学（五峰如学）、江苏苏州有邓尉法藏（汉月法藏）、四川梁山有破山海明、浙江杭州有径山通容（费隐通容）、浙江海盐有金粟通乘、江苏南京有宝华通忍（朝宗通忍）、江苏常州有龙池通彻、浙江宁波有天童道忞（木陈道忞）、浙江奉化有雪窦通云（石奇通云）、江苏镇江有鹤林通门（古南通门或牧云通门）、江苏宜兴有善权通贤（浮石通贤或报恩通贤）、浙江宁波有天童通奇（林野通奇）。其中破山海明、浮石通贤、木陈道忞、汉月法藏皆于贵州有传灯，而尤以破山一系最为繁盛。破山前后剃度弟子百余人，嗣法弟子竟达87人，法系遍布西南诸省。破山嗣法弟子开教黔省或与黔省临济传灯有关者计有象崖性珽、丈雪通醉、敏树如相、燕居德申、灵隐印文、半云如慧、密行寂忍、圣可德玉、两生真从、莲月印正、雪臂印峦、云幻印宸、竹帆印波13人，他们皆为临济正宗第32世，中华山天隐临济禅系与其中之敏树如相则有甚深法缘。

敏树如相（1603—1672），四川潼川（今四川三台县）王氏子，自幼每日思念无常苦空，常怀出尘之志。25岁决志出家，家人不许，乃执剪刀欲去发，家人无奈许之出家，遂依本境鉴空和尚剃染。偶一日看《心经》至"五蕴皆空，度一切苦厄"处，忽然疑虑触发，自思"如何空去，不被生死苦恼之所笼罩呢？"思来想去，忽觉"我身我心，不见一物，谁受苦厄？"次日阅《楞严经》，方知尘劳暂歇，惟识光现前。乃入中城山阅藏五年。后住四川垫江百丈禅院。忽一日披阅憨山大师《语录》，至"狗子无佛性"话，更加深疑，转见愚痴，无有一毫透漏，始知从前所得，只是途中受用，若欲到家，必然要大彻大悟一番方可。明崇祯六年（1633），乃欲往终南山住静闭关，行至梁山，听人说："梁山出一大善知识，上破下山和尚，真是人天眼目。"又有居士出示破山《东塔语录》，敏树观后曰："真是个作家宗师！"遂与张居士往见破山大师。破山一见敏树，知是法器，一番棒喝，敏树便悟入佛地，破山遂将源流、杖佛付之，收敏树为得法弟子。敏树得破山临济禅法后，于明崇祯十七年甲申（1644）五月受全邑缙绅之请，住持垫江百丈禅院。南明永历四年（1650）十月，敏树应请，住持湖广施州卫（今湖北恩施市）万寿寺。七年（1653）住持四川澎水县（今重庆彭水县）太平寺，八年（1654）十二月受杨沅公居士请住持贵州石阡三昧禅院。十三年（1659）十月住持贵州遵义海龙山古龙禅院。清康熙八年（1669）三月住持四川万县慈云寺，九年（1670）十二月应湘颖门人请，住持贵州贵阳大兴寺。康熙十一年（1672）十一月敏树对众云："老僧报缘已谢，今与众别，汝等不可向士大夫处索取《塔铭》，窃彰名位。各宜珍重谛听。偈云：'我为法王，于法自在。来去自由，纵横无碍。'跏趺而逝。"春秋七十，僧腊四十五，塔建于慈云寺。敏树一生七座道场，留有《语录》10卷。其嗣法弟子计有53人，其中天隐道崇、天湖正印、颖秀真悟、天语佛怀、大冶道况、圣符道越、箓藜觉甫、圣图道行、净空性明、天机道通、赤松道领等十余人皆传灯于黔，开法贵阳黔灵山弘福寺的赤松大师居然是天隐禅师的小师弟。

（三）天隐禅师与凤冈中华山佛教

凤冈王寨中华山，位于今贵州遵义市东、凤冈县城东南，距县城52公里，东与思南县青杠坡镇、合朋镇、长坝乡接壤，南抵乌江，方圆数十公里。中华山，在明代属石阡府，故《黔南会灯录》称云天隐道崇开石阡中华寺。根据我的实地调研结果，中华山原名毗（毘）卢山，当地有人称"昆卢山"，是"毘"与"昆"字形似而误。山顶净水坪原有一古寺名毗卢寺。"毗卢"为毗卢遮那之简称，为梵文音译，意为"大日"、"光明遍照"。根据佛教三身说，毗卢遮那佛为法身佛、卢舍那佛为报身佛、释迦牟尼佛为应身佛，山以寺称，故山名必是"毗卢"无疑。天隐来山创建中华寺之前即住于山顶毗卢寺。这与民国《贵州通志·艺文志》所载天隐住持过龙泉毗卢寺可以互为印证。山寺门前有一天然水井（当地人称"消坑"），由于天隐来住寺，四方禅子士民闻风而至，住山人数日增，山顶水井供不应求，于是天隐才将山寺新建于中华山北面半山腰崖岩下，在高崖石壁上大书"万古徽猷"四个大字，并命名新建寺为中华寺，山以寺名，故名中华山。根据同行专家黄万机先生的考证，天隐取寺和山名为"中华"，与山形有关。中华山金顶像一莲台，周围有五座山峰围绕，恰似莲花，华花同义，以莲台为中心，故名中华山。此说是也。此由黄良佐诗句亦可佐证。康熙五十六年（1717）秋，石阡府中宪大夫黄良佐幕游中华山，作诗序文曰："中华山距阡阳（石阡）百余里，此间一寺枕悬崖，左有七星关，右有陇水溪。并三凤五狮，群山环绕，茂林修竹，异鸟幽花，四时不辍，为郡中之奇观。予道经龙泉，便登游览，弗觉清兴勃然，即作长歌以志胜概。"七星关、陇水溪居中华寺之左右，可证黄良佐亲临中华山无疑。其诗有"夜郎崖谷竟春恣，中华胜地匪所思。寺枕云屏舒旖旎，门开莲座灿琉璃"之句，可证中华寺枕百余米的悬崖（云屏，上有天隐所刻的"万古徽猷"四字），居于莲座之下，故中华山之名缘于莲花台山形的推断不虚。其后黄良佐又再游中华山，写有《又重游中华寺题绝句》六首，其一曰："胜绝中华寺，人间似不多。前游清兴在，今日复重过。"可证中华山寺亦名中华寺也。

中华山寺基周围平缓宽敞，寺后巨大石崖五座，中间三座拱照寺院，形成"三凤五狮"格局。据康熙四十八年《龙泉县志稿·山川名胜》载，中华山，在县城东九十余里，路径深邃幽静，山岩崇峻秀霭，建有古刹一所。刹后右侧一石山，高数十丈，僧天隐刻"万古徽猷"四字于顶，知县张其文匾其刹"居然文华"。龙泉县，为今凤冈县在明代的名称。明洪武间置龙泉坪长官司，万历二十九年（1601）置龙泉县，为县治。民国二年（1913）改名为凤泉，十九年（1930）更名为凤冈县，至今仍之。在康熙四十八年（1709）知县张其文所编撰的《龙泉县志稿》中称天隐所开的中华山寺为"古刹"，可知天隐开山创寺当在清初无疑。又天隐在南明永历十三年（1659）后在敏树座下得法，之后开法偏桥云台山华严寺、思南朗溪太平禅院、湄潭宝台寺，再至中华山创寺，时间可能会是康熙前期。根据当地胡启涌先生提供的资料①显示，天隐法子古源海鉴于康熙四年（1665）往中华山参天隐，并得印证，可知至少在康熙四年天隐已创建了中华寺。由此推知中华寺很可能创建于康熙初年。天隐曾作《赠古源法嗣住九龙禅院逸居天龙普法寺二韵》，其一曰："九龙移锡到天龙，举步一重又一重。白棒轰雷声宇宙，打风打雨振寰中。"古源创建定番九龙山寺在康熙二十一年（1682），移锡天龙当更在此之后数年，故此时天隐仍在住世。最后天隐圆寂，竟然亦骨塔于中华山中，这从山中已经倒塌的天隐灵塔石碑文"临济破山正传三十三世天隐道崇禅师之灵塔"即可证之。天隐著有《语录》八卷，惜今已散失，唯留有诗近百首。其中有《秋日对镜有感》诗云："自住中华寺，年经七八秋。风番红过树，一片白增头。对镜怜双鬓，衰容刺两眸。此身原是幻，四大假吾寿。"诗中之中华寺即中华山寺，写此诗时已住此山有七八年之久，且已到了衰容的老年了。从以上考证可以推断天隐圆寂之年当在康熙二十五年（1686）左右，决不会晚于其法子识竺示寂的康熙三十一年（1692）。

　　天隐中华山道场得法弟子有四人：定番九龙古源海鉴、思南太平大凡昌宗、继其中华山法席的识竺海伦、湄潭白筊以四德教。此四大弟子将天隐禅法弘传于黔北、黔东和黔中地区，对推动贵州临济禅宗佛教的发展作出了重大贡献。

　　古源海鉴，四川成都余氏子，值兵乱寓于云南曲靖圆通寺，礼沧海和尚披剃，后隐居鸡足山数年。初参灵隐，次参灵药，皆不契，又参渠山，随之至楚（今湖南），遂游江南，于金陵（今南京）参大咸和尚。后参天隐印证。先后住持楚之龙泉、龙标、回龙诸寺，回黔开创定番九龙寺、重兴天龙寺，后归九龙示寂，世寿67，僧腊50。定番即今惠水县，九龙山寺，位于惠水县城西9公里处，山原名"九炉山"，有九座山峰耸峙，成弧形，九座环抱一小峰，高约50余米，与九峰构成"九龙抢宝"之势。清康熙二十年（1681）古源来此，遂改山名为九龙山，次年募建九龙山寺。继其九龙山法席者为其法嗣月恒真升，月恒为天隐再传。今九山龙寺已由贵州省佛教协会副会长释崇慈重建。

　　识竺海伦，蜀之夔州张氏子，寓荆州，礼天吼和尚披剃，依敏树老人具足。久亲天隐禅师，并辅佐天隐开创中华山寺十余年，承天隐印证。后于遵

---

① 《黔阳龙标山古源海鉴禅师传》。

义居静，天隐在中华山圆寂后，识竺继席中华山寺，当地人称下竺和尚。识竺约示寂于清康熙三十一年（1692），有今存山中塔碑为证。中华山寺经过天隐、识竺两代开发，佛法盛极一时，为黔北佛教名山。

以四德教，四川葛氏子，父避兵乱寓居夜郎（贵州），母彭氏，梦僧乞斋觉而生之，年方12，即礼朝阳寺月如剃染。25岁依天峰受具，久参天隐，蒙天隐印可。后开法湄潭白筠寺。

中华山自天隐住山后，就一直香火不断。依据今存的周围山民与中华山寺庙的租田佃约：道光十八年（1838）山寺僧人照宽与彭大荣签订的佃约、民国九年（1920）彭福厚与山寺僧人心诚签订的贴字据、民国二十年（1931）彭福厚、彭福禄两兄弟交山寺的租金凭据，可以明显看出，直到民国时期中华山都是黔北佛教名山。惜山寺在"文革"中被毁。今在大雄殿遗址建有一所中华山小学，寺院立柱石礅遗迹仍清晰可见。据当地彭孝致先生回忆，中华山寺为一四合院，有山门和上下二殿，上殿（大雄宝殿）正中供有释迦牟尼佛像，其左右有燃灯古佛、观音菩萨和十八罗汉像，总计在百尊以上。下殿供有三头六臂的山王菩萨。左厢是僧人住房，右厢是藏经楼。上下二殿之间是青石铺砌的天井坝，正中十极石梯直通上殿大门。整个寺院建筑占地近2500平方米。山门前50米处有一形似牛的巨大怪石。寺左100米处石狮口是天隐禅师的灵塔（至今塔基仍存），200米处的乳堡上是其徒识竺禅师灵塔（至今保存完好）。

（四）天隐禅师与黔东梵净山佛教

敏树之下的天隐道崇和圣符道越二人皆直接开法于梵净山地区，传破山之法于梵净山中。天隐道崇开法梵净山太平寺，继其法席者即其徒大凡昌宗（临济34世）。圣符道越开法江口香山寺，传灯梵净山福圆满、衡岳行规和慧惺海阔，此三人皆为临济正宗第34世。由是梵净山传承破山法脉，之后慧惺传普汪、寂受，是为梵净山临济正宗第35世，寂受传照济，是为梵净山临济正宗36世，照济传普观，是为梵净山临济正宗37世。之后梵净山临济宗法脉，代代相继不断，传承有人，晚清以后，仍绵延不绝，直到民国后期。由此可见梵净山临济禅宗法脉之流长，影响之深远。

大凡昌宗，四川谢氏子，礼我一披剃，久参天隐，在其座下圆具，并在思南太平寺承天隐印可。天隐离去后，乃继席太平寺。根据今人周春元等编著的《贵州古代史》考证，今印江县西部梵净山地区明代属于思南府领地，江口北部梵净山最高峰凤凰山地区属于石阡府领地。由是可知，既然今梵净山区印江的朗溪属于明季的思南府，则丈雪《锦江禅灯》、善一《黔南会灯录》所谓的"思南府朗溪司太平禅院"、"思南太平寺"即是梵净山西北的太平寺。考太平寺，位于今梵净山西北部印江县木黄镇建厂乡昔平村金厂河畔，与天庆寺同扼北朝山道，距金顶约12公里。天隐道崇、大凡昌宗师徒于明末清初来此大开破山临济禅法，使梵净山太平寺临济宗极一时之盛。此破山临济禅宗法脉传入梵净山中之一枝也。

梵净山临济禅宗灯系为："智能清净，道德圆明。真如性海，寂照普通。"其灯系中人有证可考者，仅为明万历四十六年至清康熙二十六年共70年间所传之10代住持及其法徒。今姑且分妙玄、天隐、圣符两生、半云五系列表如下：

妙玄系：梵净承恩妙玄德颖（1代）——天池彻空圆通（2代）——德悉明慧（3代）——宝山真贵（4代）、真禅（4代）——（宝山传）明然如泰（5代）、如海（5代）——（明然传）见空性晓（6代）、性空（6代）、性亮（6代）、性体（6代）。明然下见空一枝传慧惺海阔（亦为圣符所传，临济34世，梵净山妙玄系7代）——寂受、普汪（二人均为35世、8代）——（寂受传）照济（36世、9代）、（普汪传）觉洪、照琛（二人均为36世、9代）——（照济传）普观（37世、10代）；明然下性空一枝传海意、海潮（二人均为34世、7代）；明然下性亮一枝传海澄（34世、7代）——普圆、寂超、寂林、真一（四人均为35世、8代）——（真一传）普佛、真洁（二人均为36世、9代）；明然下性体一枝传海林、海光、海润（三人均为34世、7代）。

天隐系：梵净太平天隐道崇（临济33世）——梵净太平大凡昌宗（临济34世）。另梵净山罗江寺亦由天隐之徒以四德教的法子弘崇圆祖开创！

圣符系：江口香山圣符道越（临济33世）——慧惺海阔（与妙玄系交叉）、梵净凤凰衡岳行规、梵净天庆福圆满，三人均为临济34世。

由以上考证可见，天隐与梵净山禅宗佛教有甚深的法缘关系，在梵净山三枝临济禅宗灯系中竟据有一枝。

三、莫友芝《黔诗纪略》逃禅出家人物述评

逃禅出家，固明季士大夫之风气，滇黔为南明最后领地，明士大夫多集于此。其中之志士多有偏安之忧，而又无回天之力，为求精神超越，吟咏啸歌，禅悦者甚众。南明亡后，他们作为明朝遗民，深感亡国之痛，为全其志节，又多逃禅甚至削发出家，故其时士大夫逃禅出家蔚成一时之风气，以至士大夫无不谈禅，僧侣亦无不与之结纳。迨至清初康熙之世，黔中此风仍未坠落，由此更使黔中佛教特别是禅宗佛教呈鼎盛之象。

莫友芝之子莫绳孙在《黔诗纪略》出版卷首小记云："其书因诗存人，亦因人存诗，旁征事实，各系以传，而大要以年为次；无诗而事实可传、文字有关暨山川可考者，相因附见，按以考证；国朝人文字足备掌故者，间附录焉。"《黔诗纪略》之所以受后世学人重视，是由它本身的特点和价值所决定的。它不仅以资料丰富而具有文献价值，而且以内容之广范、体例之特殊及重点之突出，引起相关学界广泛的注意。其中还大量记录和保存了明末清初在黔地逃禅出家的明朝士大夫的生平事迹、诗文作品，为我们研究这些明代遗民提供了难得而又系统的文献资料。

（一）《黔诗纪略》的缘起

莫友芝（1811—1871），字子偲，号郘亭，又号紫泉、眲叟，贵州独山人。清道光十一年举人，咸丰时，尝选取县令，弃去。同治初，有诏征至，亦谢不就。同治十年61岁卒，归葬遵义县东八十里青田山，有著述多种行世。《黔诗纪略》是莫友芝的代表作，共收入明代贵州241人的2406首诗作，另有方外15人的68首和无名氏作品及杂歌谣24首，总计2498首，由是贵州人文史实多赖以存，贵州文献始灿然可述。《黔诗纪略》从拟议到出书整整花了20年（1853—1873），其始由唐树义、黎兆勋与莫友芝共同拟定计划。莫绳孙在《黔诗纪略》卷首题记云："咸丰癸丑（1853），遵义唐威恪公欲采黔人诗歌，荟萃成编，以国朝人属之黎先生伯容。因乱，稿尽亡失。先君任辑明代。"唐树义（1792—1854），字子方，贵州遵义人，嘉庆二十一年举人，历知湖北监利、天门、江夏诸县，道光间升汉阳知府，迁陕西按察使、湖北布政使、巡抚，咸丰四年于湖北金口剿捻战死。著有《梦砚斋遗稿》、《待归

草堂诗文集》等。咸丰三年癸丑（1853）唐树义发起编辑黔人诗歌之议，以明代属友芝，清代属黎兆勋。黎兆勋（1804—1864），字伯庸（又作柏庸、伯容），号檬村，晚号涧石居士，贵州遵义人，黎恂之子，郑子尹妻兄。道光二十九年署石阡府学教授，咸丰间升开泰县训导、湖北鹤峰州判，同治初调迁随州州判。同治三年春奔父丧，忧病而卒。著有《侍雪堂诗钞》、《葑烟亭词》，与友芝合撰《黔诗纪略》。因兵乱，黎兆勋所编清诗部分全部亡失。友芝所编明代部分，得黔西潘文炳及友芝门人胡长新的相助采拾，至第二年甲寅（1854）夏，已收得216位作家诗歌2000多首，另加上方外及杂歌谣36首，成30卷。同年秋，因杨龙喜乱，原稿亡失三册。事后，友芝仍不懈努力，旁收补缀，至乙卯（1855），又有所增加。戊午（1858）入京师，随身携带整理，两年中又增加10余位作家的诗文。

辛酉（1861），友芝在鄂碰上战事，为保存这一贵重资料，乃将书稿寄回黔中。同治九年（1870），友芝之弟莫庭芝又把原稿从贵州寄南京友芝处，友芝遂将前后所收资料全面整理。次年（1871）九月，友芝整理审定至第21卷便突然辞世。友芝去世，对《黔诗纪略》的最后完成，无疑是一个极大的损失。好在所剩未整理的各卷都有相当完备的底稿，除何腾蛟部分资料因乱损失未补外（后由莫绳孙请汪梅岑补撰），其余稿件仍完好无损保持原貌。同治十二年（1873）仲夏，由唐树义子唐炯出资，莫绳孙将原稿33卷于金陵刊印，是书乃得以正式面世。1993年，贵州师范大学教授关贤柱复又将是书点校，由贵州人民出版社以简体字印刷出版。

（二）《黔诗记略》中的逃禅出家者

清初学者邵廷采在《思复堂集》卷3云："至明之季，故臣庄士往往避于浮屠，以贞厥志"，"僧之中多遗民，自明季始也"。贵州安隆（今安龙）曾为南明永历帝驻跸之地（永历六年至十年），黄宗羲《永历纪年》云："王自起肇庆，往来桂林、武冈一年，还肇庆二年，往来梧州、南宁二年，在安隆四年，云南三年，缅甸二年，立十五年而亡。"是贵州一度为南明永历之畿辅，且时间最长，故南明衰亡，其故臣庄士为全其志节多于黔地出家为僧。据《黔诗记略》记载，其时黔地士大夫出家为僧有姓有名者达数十人，其中著名者有钱邦芑、郑之珖、陈起相、郑逢元、黎怀智、谢国梗、孟本淳、朱文、谈亮、眼石等。

钱邦芑（1599—1673），字开少，江苏丹徒（今镇江）人。崇祯时秀才，南明唐王时以选贡上书言事，召对授监察御史。桂王称帝，以原官巡按四川，联络川中诸将，占守有功，晋右佥都御史。后为权臣马吉翔辈所妒，兼之孙可望与永历朝臣不协，称王自恣，孙封他高官，坚决拒绝，乃于永历四年（1650）隐居余庆蒲村山中（今余庆县松烟镇境），将山取名"他山"，于山巅盖一茅庵，名曰"小年庵"。常游瓮安、平越、兴义等地。永历八年（1654），邦芑祝发为僧，自号大错和尚，改寺名为"大错庵"。先后随其出家者有古心、古月等11人。后移湄潭朝阳庵，栽花种竹，自成幽趣，便改寺名为"西来庵"。与湄潭隐士范鑛、李之华、胡钦华、郑之珖、吴扶灵等常慷慨悲歌，连床同饮。永历帝走云南，仍授右都御史，兼掌巡抚云南。在奔缅甸途中，君臣相失，邦芑遂至腾越，仍僧服隐鸡足山。撰《鸡足山志》10卷。康熙三年（1664）隐居湖南衡山。九年（1670），永州太守刘道著聘修郡志。十二年，宝庆（今邵阳）太守李益阳亦延修郡乘，仅半年即病殁，终年74岁。李益阳将其灵柩归葬于衡山集贤书院。钱邦芑著述颇多，有《他山·易诗》24卷、《史初》20卷、《焦书》24卷、《随笔》60卷、《甲申纪变录》1卷、《甲申奸佞纪事》1卷、《谈高士传》6卷、《古乐府》8卷、《十言堂诗文集》16卷、《诗话》20卷、《话溪志》、《鸡足山志》、《九嶷志》若干卷。清人赵联元辑《大错和尚遗集》4卷。

《黔诗纪略》卷25云："邦芑，字开少，福、唐、桂三藩称号时，由中翰历都宪。壬辰桂王自粤移安龙，开少为黔抚。明年孙可望入黔，自置官属，逼（邦芑），遂退居余庆县之蒲村避焉。……又辟柳湖于村之他山下，自号他山湖，大可百亩，中有七十二泉，旁大柳数百章，结庐临之，命曰小钱塘，命湖隈曰桃源，桥曰宛转，舟曰恰受。四方隐流，闻风麇至，采幽撷胜，终日啸歌。或聚邑人士讲学，播北水西，有千里负笈者。孙可望索之急，遂祝发，号大错和尚，称柳湖旧居为大错庵，蒲村旧居为小年庵。小年其祝发处。曾居敷勇卫潮水寺，更名知非庵，故又号知非居士。永明亡，又居滇之鸡足山，久之走衡岳终老。"邦芑隐居潮水寺时，年殆50，故号知非居士。《黔诗纪略》卷32有语嵩《寓筑城观音阁，答知非居士挂冠三潮水狮子峰》诗四首，今录其二云："万顷烟波一叶舟，春江几换白苹秋。蓑衣欲挂芦花岸，不见狞龙上钓钩。棒喝奔雷接上机，老僧非是浪施为。殷勤寄语知非子，若道知非早是非。"时邦芑虽未祝发，已与禅友往来。《黔诗纪略》卷25钱点诗中附录钱邦芑诗2首、记一篇、赋一篇。

郑之珖，字於斯，曾落发为僧。《黔诗纪略》卷25载："之珖，字於斯，本四川广安州人。举崇祯三年乡试,授广东高州府推官,考最,晋知通州,未行而李贼陷北都,粤人留之。唐王称号,召入闽,授工部主事,升员外郎。顺治四年秋,大兵收八闽,士绅多降附,於斯落发为僧,走新会卖药。明年永明王称号,乃蓄发赴行在,改授户部。七年二月,升礼部祠祭司郎中,典试贵州。行至贵阳,适流寇孙可望入黔,勒秦王封,杀建议不从之大学士严起恒等五人,胁朝士授伪职,遂弃官。携妻孥隐湄潭县湄水上,躬耕教授。时丹徒钱邦芑亦弃官隐余庆之蒲村,啸歌往还,不复以人世为意。十三年十月卒,湄门人龚惟达、吴开元、赵时达等葬之湄水桥西,……事迹详邦芑所为传。"传见《明季南略》卷15,言:"甲午春,邦芑迫于可望之征逼,祝发为僧,号大错和尚,之珽闻之大哭,走唁邦芑曰:'昔吾遇闽难为僧,今公遇贼亦为僧,天厄我辈固如是乎!'……丙申九月,之珽忽病,谓妻汤氏曰:'我若不起,大错和尚必来,后事惟彼可托。'至十月初五日卒,邦芑闻讣,奔往哭之。时其友山阴胡钦华,门人西川陶五柳,湄水龚惟达、吴开元、赵时达俱来会哭,因私谥之曰'贞确先生',卜葬于湄水桥西,为立碑表其墓。……所著有《明书》二十卷、《垆史》八卷、《棳庵文集》六卷、《诗集》七卷、《纪难》二卷行于世,其他杂著尚多,俱散失不可考矣。"郑之珽隐居之所,苦竹丛生万竿,因名其屋为"筱庐",日夜著述其中,除著有上述著作外,还著有《筱庐集》20卷,惜遗失,只存《西来庵记》一篇。《黔诗纪略》卷25存录其诗一首。

　　陈起相,又作陈启相,字枚庵,又作梅庵、放庵,号晡谷,四川富顺人,出家后,法名圣符,号大友,又号无尽。《黔诗纪略》卷25载:"陈启相,字枚庵,《省志》、《富顺志》并作放庵,据平水寺残碑称枚庵,则作放误。……本富顺县贡生,永明称号,官至河南道御史。寻为僧。弃家遍走吴楚诸山,更名圣符,号大友。计六奇《明季南略》云:'孙可望要封秦王,据贵阳跋扈,自置官属。癸巳,其翰林院编修方于宣屡劝进,可望恐人心不附,于宣曰:朝内相左者止吴贞毓、徐极等数人,川黔者止钱邦芑、陈起相数人,除此数人,其余不足虑矣。可望曰:贞毓等易处分,但邦芑等在外,人望所归,杀之恐士民解体。亟发令促邦芑入朝,待以不次,逼勒百端。甲午,邦芑遂落发。'意启相为僧,当亦在其时也。康熙壬寅来遵义,隐县南平水里掌台山寺,自称掌山老人,足不越户者将三十年。有时饥寒,啸歌自得,一编一钵,萧然人外。巡抚张德地查木至遵义,遣官敦请再四,卒不得一见。年八十卒,葬寺后。……枚庵在明末实一文章巨手,……《遵郡纪事》称其行文如烈马驭空，游龙戏水，不知其来。《黔志》谓其《平水集》百余卷，《蜀经籍志》谓其集多至数百卷，……今散逸殆尽矣。……诗惟《播雅》据陈州同《怀仁碎拾》二十五首，友芝复汰其误收罗兆甡者，存十九首，益《南略》所载一首。兆甡及谈亮诸君，并杖庵逃名平水时从游，得诗文传授。遵义人才之开，掌山功最巨。惜全集不传，落发以前行迹，亦无纪载。"所谓《南略》诗一首，即《明季南略》卷16陈启相《吊吴贞毓、郑胤元》诗，亦载《黔诗纪略》卷25中，诗名题曰：《吴相国（贞毓）夫人裴，子戡谷，郑武安伯（允元）夫人邓，移吴郑二公枢，合葬于安龙城西海源寺后，吊之以诗》。吴、郑二人甲午（1654年）被害，吴年仅39岁。丁酉吴夫人及子与郑夫人，移二公枢合葬於安龙城西海源寺。起相吊云："烬灰冷作一瓶收，送上荒原源海头。天府星残埋二曲，辽东鹤返泣千秋。雨中昏夜催人去，夜里空山付鬼愁。眼底须眉今略尽，更将忠义向谁筹！"罗兆甡，字鹿游，岁贡。父罗以忠，湖北黄冈人，官永平知府，明亡随父隐遵义之龙坪。道光《遵义府志·列传二》载："时陈启相隐名掌台山，兆甡因从之游。无书不窥，根柢磅礴，负经济，思用于世，卒不合。饱经乱离，才益横放。常客诸侯间，意偶有拂，即使酒骂坐，声振杯盘，虽王公大人当前，弗顾也。……著有《明日悔》、《复瓿》、《北上》、《问石》诸集，沉雄郁挫，挥洒自如，当其兴会飚发，劖杜陵之壁垒，笑信阳之客气，若使旗鼓中原，与朱、王数子上下驰骋，未知谁拔赵帜。遵义诗人之冠冕也。"朱、王者，清初诗坛盟主朱彝尊、王士禛也。郑珍将鹿游与朱、王并论，其诗才之雄，可以想见，诚不愧启相之传人也。他卒于康熙四十一年（1702年）。启相未祝发前，即已与破山、敏树、大冶诸名僧结为禅侣。《破山语录》卷10有《示陈梅庵居士》法语云："富与贵人之所欲，贫与贱人之所恶，然我释迦老子，富有四海，荣启万乘，一旦弃之，入雪山六年苦行，睹明星悟道，为人天师，岂非从富贵中出世度人耶！今陈居士夫妇发大乘心，请老僧指点出世之路，只得向伊道不是心，不是佛，不是物，且道是个甚么，于二六时中参取看，若会得时，掷个消息老僧拄杖头也。"《敏树语录》卷9有《送侍御陈梅庵居士》诗云："疋马晴川上，寒风度晓烟。辔丝轻远路，鸿雁过长天。野店钦贤宿，梅花对雪妍。仁风生殿阁，早谒圣明前。"诗无年月，与大冶《方外集序》参校，知在丁酉、戊戌之间，即永历十一年至十二年（1657—1658）之间也。《黔诗纪略》存录陈启相诗20首。

　　谈亮，字晋若，四川富顺人，甲申之乱，避难入黔，家遵义平水里，官永历麻哈州知州。陈起相妻以女,永历亡,随起相隐居掌台山寺。康熙二十二年四月八日乃从起相落发为僧,时已 61 岁。《黔诗纪略》卷 25 有其《失足吟三首并引》,其引云:"苔石附足几折,伏枕赋此志悔也。四月八日,掌山老人为予摩顶授僧帽也。"其诗一云:"山居合受住山名,竹杖芒鞋了此生。已判形骸如土木,不妨负痛作嘘声。"其二云:"无名无姓不相呼,雨过前村听鹧鸪。慰我声声行不得,焚香且学小跏趺。"其三云:"深山采药未全贫,况复田衣稳称身。立地但须双足在,蒲团默坐证前因。"又有《和掌山老人咏莲元韵》云:"根同太华莲,节节藕如船。但得花常笑,何妨地屡迁。掌山无异土,平水共流泉。不数濂溪胜,渔舟棹晚烟。"所著诗文集数十卷,毁于火,仅存《卖闲愁录》一册。《黔诗纪略》存录其诗 14 首。启相、谈亮不愿做清廷臣民,出家为僧以洁身自好,颇见岁寒之心也。

郑逢元(1600—1676),字天虞,又称天瑜,平溪卫(今玉屏)人。天启年间,南京左金都御史熊明遇为宦官魏忠贤党所害,谪戍平溪,常与之谈论诗文,过从甚密,熊誉之为"奇才"。崇祯六年(1633)中举。任婺川县儒学教谕。崇祯十年,升为湖广衡州府同知、知府。旋升滇黔楚蜀粤 5 省监军道。清军入关,桂王朱由榔于丁亥年(1647)称帝,改元永历。授逢元太仆寺卿,旋升左司马、右副都御史,总滇黔楚蜀军务,赐以尚方剑。又加授兵部尚书、左都御史。永历四年,葬父于余庆城南,遂奉母居蒲村者 8 年,与钱邦芑往来甚密。孙可望据黔称王,挟永历威屈大臣,任意生杀,逢元不为所屈,守义持节。永历居滇,特召授其礼部尚书,仍兼兵部。南明亡后,遂入云南宝台山为僧,自号天问和尚。《黔诗纪略》卷 23 引黄嘉谷《尚书郑公传》载,时经略洪承畴曾"屡强元出,以佐维新",逢元以明朝故臣而不受,身着袈裟归里,孝事老母,潜心佛学。"隐然以陶处士自居"。清顺治末年,平溪城内圣宫颓毁,学舍荒芜。为培育人才,逢元乃于康熙元年(1662)捐资修建圣宫明伦堂,宫舍焕然一新,文风大振。康熙十二年,主纂《平溪卫志》。康熙十五年,年 76 岁卒,葬于今玉屏县城西北 30 里茂隆场,至今其墓尚存。著有《谷口集》2 卷。《黔诗纪略》存录其诗 18 首。

黎怀智(1587—1676),本四川广安人,14 岁随父居贵州遵义乐安溪上。后从朱燮元平奢崇明之乱有功,授大理经历,升黄冈知县。明亡,回遵义削发为僧,结茅于家南石头山。后建回龙山龙兴寺,其时怀智已年近 60。《黔诗纪略》卷 23 载怀智《偶题》诗云:"历遍乾坤已半生,岩居今日始修行。一官抛掷等闲梦,数载幽栖无世情。客去客来何障碍,花开花落自枯荣。深山只作藏身计，何用千秋识姓名。"永历初丈雪避乱来居，更寺名禹门，怀智因师之，更名彻智，号策眉。《丈雪纪年录》顺治八年（永历五年）条，言："师四十二岁，仍住禹门，领众开田。山主年七十，率众皈依，起名彻智。"所谓70，概言之也。永历五年（1651）怀智年实64岁，年长丈雪22岁。《丈雪语录》卷10有《寄禹门策眉监院》诗云："年将天命喜逢游，行尽阎浮海尽头。衲拂秦云连楚塞，帆悬泗水傍吴楼。长风收得三千斛，野月遣装一叶舟，非我心粗欺佛祖，人天债负要吾酬。"盖其时丈雪50岁，策眉已72岁矣。89岁入川往昭觉寺省师，行至内江，示寂于般若寺，塔于寺中，僧腊竟有30龄。《黔诗纪略》谓策眉终内江广福寺，实误。黎庶昌《丁亥入都纪程》云："（至）圣水寺……，叩寺僧内江有无广福、般若二寺，答以不闻广福之名，唯般若寺距此二十里，……因托该僧访吾宗策眉九十翁遗迹，……书节略与之。然则家谱所云，终綦江广福寺，莫子偲友芝征君《黔诗纪略》谓终内江广福寺，葬中江般若寺，皆误。"《黔诗纪略》卷23载其《一榻》诗云："一榻幽然静，心清息万缘。山空云自在，天净月孤圆。僧打林间磬，人烹石上泉。此中多隐趣，谁为世情牵。"由此可见其出家山居生活之一斑。《黔诗纪略》存录其诗14首。

朱文，字湄云，广顺州（今长顺）人，出家后法号大傲。黔中学子李专、周起渭、刘子章等多受其沾溉。《黔诗纪略》卷30载："朱文，字湄云，广顺州人，崇祯时诸生。鼎革后自号大傲，弃冠服，隐居放言，以终其身。与吴滋大中蕃相友善。为诗清放有奇气，又最老寿，本朝康熙中安顺梅廷桢有《寿明季朱老丈八十》诗，即湄云也。"潘淳撰墓表云："当吴三桂尻张时，凶焰涨空，人心纷纷煽动。逆党马宝者，闻君名，遣其腹心，厚币相招，以主赞画，君严词拒之，贼殊忿恚。爱君者，咸以宜稍通达为自全计，君笑曰：'圣达节，贤守节，吾自矢当希贤耳。'"著有《湄云集》，已佚。《黔诗纪略》卷30载朱文《游相宝山示息知上人》诗云："乘醉逃禅散步游，闲云笑我碧山头。忘年古木栖玄鹤，超劫朱栏卧白牛。开路昔人沉电火，弹丸故国事蜉蝣。欲来就此同君住，弄月吟风任岁流。"息知，圣可弟子。《黔诗纪略》存录朱文诗17首。

孟本淳，普安人，出家后法名本谦。《黔诗纪略》卷24载："本淳，字□□，普安州人。幼读书，尚气节，有勇力。年二十，见天下将乱，弃儒服从戎，积功至总兵官。鼎革后薙发为僧，名本谦。初从武冈多福林寺太初和尚授《法华经》，已飞锡新化高坪之灵真村，从村中王尔雅秀才乞雪山为古白林寺，自号葛天和尚，时顺治十一年也。十五年逃兵掠新化，至村界颜公庙，本淳出山慰抚之，其党见所持铁拄杖，重可百斤，遂相戒不敢犯。居白林九年，趺坐逝，葬以瓦棺，建塔于寺前。本淳居邵，与王嗣乾犉潜、刘应祁澹山，交至密，酬倡甚多，而诗不传。"《黔诗纪略》存录其诗 5 首。

眼石，不知俗名，出家前曾为明室锦衣指挥。《黔诗纪略》卷 32 载："眼石，湖南邵阳黄氏子。以勇力入伍，崇祯癸未授千总，迁四川守备，从刘承胤迎桂王入武冈，迁锦衣指挥，又从转徙两广，至安隆。丁酉，孙可望逼授伪官，遂逃入敷勇卫西望山，从语嵩禅师披薙，令参父母未生前语，使守厨。一日过厨，见之曰：'汝何不作官来此？'答曰：'佛尚不为。'语嵩异之，使司茶。眼石质所疑，语嵩辄答偈不容辨，眼石参究益力，寝食俱忘。一日运水山谷间，语嵩突杖击之，水尽倾，忽颂云云。自是语嵩弟子辩论，皆为眼石屈。语嵩之夷陵，使从高弟醒闲论法，遂与栖绥宁集福寺。岁庚子正月，醒闲出源流拂子强授之。康熙十九年，卓锡武冈醪田伏牛山，有大帅驻军山下，居民欲避之，眼石曰：'无恐，山中自有活韦驮救尔辈也。'已而大帅上谒，眼石以为请，于是数十里皆得归耕。"眼石，醒闲《济宗世谱》作眼石乘。《黔诗纪略》存录其诗 1 首。

谢国梗，浙江太平贡生，南明时为贵州石阡府推官、知府，晋屯田副使。清兵平定贵州，遂隐居梵净山，自号天台逸人。著有《铜仁府志》。康熙三十年（1691）乃于梵净山护国寺削发出家，法号世空，年 90 余乃寂。《黔诗纪略》存录其诗 3 首。《黔诗纪略》卷 25 载有其《叶太守招饮太（中）和山分韵得通字》诗："天堑攒山堞，何年有路通。丹砂开妙径，紫羖入华风。同仕如仙客，偕招似八公。青螺《黔纪》在，欲借作车攻。"诗作于康熙初年，是时思南太守叶蕃招集黔境一批明朝遗民在思南佛教名山中和山上放情诗酒，以"曲径通幽处，禅房花木深"为韵，互相唱和。其中冉学汇，思南人，崇祯十二年举人，永历时官中书舍人，明亡不仕，得花字韵。敖鸣雷，字白雨，号天声，思南人，官永历兵部主事，明亡不仕，得径字韵。阴旭，思南人，官永历国子监助教，明亡不仕，得幽字韵。萧其泽，思南人，官永历叙州知府，明亡不仕，得深字韵。叶蕃虽为清廷思南太守，亦与明朝遗民往来唱和，趋向禅悦，可见当时黔地风气。

（三）《黔诗纪略》所载逃禅出家者的特征

莫友芝《黔诗纪略》所载黔地逃禅出家的明朝士大夫，既有中国古代士人匡时济世的一贯传统，又有着鲜明的时代特征和个性色彩。

其一，明清易代，明代士大夫表现出不同的行为方式，有降清之士，有反清之士，有明亡遗士等，而上述明朝黔地士大夫，作为明代遗民，在国破家亡之际毅然选择了逃禅隐居，寄情山水，放浪形骸，以之化解他们的内心焦虑。

光绪《湄潭县志》卷8有钱邦苎《水源洞记》，言当时游侣颇详，可略见黔中遗民归隐生活，其《记》云：

> 湄潭县之北七里，有山耸起，高五里，土人呼为五里坎。大约川黔多大山，高者或至数十里。危峰插天，层峦阻日，多险峻，艰于跻蹑，故土人见山之高止数里而可登蹑者，率卑视之，谓之曰坡，曰坎。其方言相传如是，而其实以兹山置之吴越间，则已巍崒陡矗，其尊为峰，为岭，而位之名胜之间矣。五里坎之半崖有洞，攀援而升，径颇危隘。洞口高丈许。入洞半里，及转西上又数十步，更入一层，其中正黑，非火不可行。其洞之大，可容数千人。其顶石乳流注，四周上下凝结，有如人物、花草、器用之类，不可名状。其洞口转入之路甚险，一失足即颠仆。其下尤深，莫测其底。以故每遇兵乱，此洞恒藏数千人，外寇攻取万端，无能施害。中有潭甚深，其水涌沸，冬夏不息。流出灌田数十顷。曲折成渠，再分再合八九里，乃入湄水。湄水自夜郎大山来，东流由板角关迤逦数百里，乃曲绕县治西南流入于乌江。其水经县南，弯环如蛾眉，宛曲而明秀，故得是名焉。又天下水多东流，而此水独西流，逆龙而行，至县复萦旋曲转，故兹人秀逸甲于西南。余自甲午祝发，移居湄水之阴，挂锡西来庵，与吴扶灵望衡对宇，动静相闻。时曹子寿宇，自夹江解组归来，隐居水源洞之左，援徒自给；冯仲立兄弟隐居宝洞；黄月子亦授徒十里溪；祝子雨苍在客楼屯；龚子上之则结屋马头山下。皆湄水有道之士。或率妻子躬耕，或教授自晦，与蛾眉道人、兔庵居士游止略同。春朝秋暮，月夕花时，或诸子命酒过西来庵，或余提琴相访，连床夜话，风雨无怨，慷慨悲歌，逸清泳上。夫荒裔遐陬，当孙氏偏据时，士大夫俯首困辱，以为善类几尽，而我辈尚得山水琴书，啸傲天地。嗟乎！士君子亦在乎自致耳，孰谓时势能困人哉！

水源洞位于今湄潭县城西北8公里的五里坡半山。曹寿宇，名椿，湄潭人，邦芑门人，明末曾任四川夹江知县。冯仲立，《明季南略·祝发记》作马仲立；峨眉道人即郑之珧，凫庵居士即胡钦华。此外归隐湄潭而又常与钱邦芑、郑之珧等同游往还者还有范鑛、李之华。范鑛（？—1656），字我蘧，四川富顺人，万历四十七年（1619）进士。崇祯初，授户部薪饲司郎中，补河北屯田副使，后又升贵州巡抚。永历时，授兵部尚书、都察院左都御使，总督川湖云贵，上柱国太子太师，晋一品光禄大夫、东阁大学士。离乱后隐居湄潭柏杨坝，设馆教学，常同钱邦芑、郑之珧等抱琴提壶，登游琴洲，啸歌自适。永历十年冬病卒。永历帝赐给褒恤。李之华（？—1656），号果山，蜀人，崇祯十一年（1638）进士，曾任威县（今河北南部）、松江（今上海市松江县）等县知县、知事，南明初授柳州知府，因乱入黔，隐居湄潭，后祝发为僧，与钱邦芑、郑之珧等多相往来。永历十年回蜀，卒于酉阳。光绪《湄潭县志》卷7载时人评曰："李先生凌铄一世，傲睨群物，于风靡志，折之日无所徇。顾人见其老病饥寒也，不知其春容闲适也；又见其危疑谤恚也，不知其任天而动，全身而归也。呜呼！仲尼思见狷者，此非其伦欤？"

其二，明清鼎革，异族入侵，导致清初士人民族认同、王朝认同和文化认同的混乱，而黔地遗民心怀家国之痛，坚持高蹈不仕，遁迹空门多为僧服儒心，他们不仅要在生死困境中挣扎，而且还要在儒释的思想困境中自我救赎。

以钱邦芑为例，早在永历四年庚寅（1650）八月，孙可望入黔就逼迫钱邦芑受官职，钱邦芑坚拒不受，为不受其挟制，遂退隐贵州余庆县蒲村（在今余庆县松烟镇西南）。蒲村中有一山，钱邦芑名之曰"他山"，又辟湖于地山下，面积约有百亩，湖畔种植柳树数百株，因名湖曰"柳湖"，又称他山湖，在湖滨构筑屋宇，俯临湖面，因名其地曰"小钱塘"，四方学人隐士闻之，纷纷前往。于是在钱邦芑的周围隐然形成了一个以气节自励、效忠明室，且影响很大的既不与孙可望合作，又不投降清廷的遗民团体。孙可望深知钱邦芑在南明士大夫中的声望，总想把他网罗到自己的统治集团中以收揽民心。因此直至永历七年（1654），他多次发令旨予余庆县知县邹秉浩，催邦芑入其朝封官，总计从永历五年辛卯（1651）至七年癸巳（1653）两年以来，孙可望逼招邦芑为官竟达13次之多，甚至封刀行诛，邦芑坚如磐石，不为所动。

孔子云："不义而富且贵，于我如浮云。"① 又云："君子无终食之间违仁，造次必于是，颠沛必于是。"② 孟子云："居天下之广居，立天下之正位，行天下之大道。得志与民由之，不得志独行其道。富贵不能淫，贫贱不能移，威武不能屈，此之谓大丈夫。"③ 孔孟儒家之君子、大丈夫，邦苎之高风亮节、坚贞不屈，足以当之无愧。后邹秉浩逼勒百端，邦苎恐不免，遂祝发出家为僧。《明季南略》卷14有邦苎《祝发记》，自述祝发之经过云：

庚寅八月，孙可望入黔逼勒王号，迫授余官，余坚拒不受，退隐黔之蒲村，躬耕自给。历辛卯迄癸巳，可望遣官逼召，十有三次，余多方峻拒，甚至封刀行诛，余亦义命自安，不为动也。甲午春二月廿三日，为余初度之辰，山阴胡兔庵，邻水甘羽嘉，富顺杜尔侯，西湖许飞则，渝州倪宁之，遂宁黄玺卿，湄水马仲立、黄月子，同集假园，酾酒祝余。适广安郑於斯致书云："偶以采薪不能来，谨寄一赞为寿，赞云：昔与先生同朝，帝尝曰直臣矣，汲黯有其骨，而学术逊之；今与先生同隐，人咸曰隐者矣，严光有其高，而气节逊之。夫汲黯无学术，严光无气节，吾有以知先生矣。"诸子读是赞，举觞祝曰："非郑公不知先生，非先生不足当是赞也。"余再拜谢曰："苎不敏，敢忘诸君子今日之训，以贻知己羞。"次日，余庆县令邹秉浩复将可望命趣余就道，咸以恐吓，危害万端。余酌酒饮之，谈笑相谢。兔庵知余意，席间赋诗曰："酒中寒食雨中天，此日衔杯却惘然。痛哭花前莫相讶，不知谁泛五湖船。"是晚余遂祝发于小年庵，乃说偈云："一杖横担日月行，山奔海立问前程。任他霹雳眉边过，谈笑依然不转睛。"是时门下同日祝发者四人，曰古心、古雪、古道、古愚。时古心亦有偈云："风乱浮云日月昏，书生投体向空门。不须棒喝前因现，慷慨随缘念旧恩。"次日祝发者又五人，曰古德、古义、古拙、古荒、古怀。次日又二人，曰古围、古处。时诸人争先披剃，呵禁不得，余委曲阻之，譬晓百端，乃止。先后随余出家者，盖十有一人，因改故居为大错庵，俾诸弟子居之，共焚

---

① 《论语·述而》。
② 《论语·里仁》。
③ 《孟子·滕文公下》。

修焉。

邦芑特意选择永历八年甲午二月二十三日（1654年4月10日）自己55岁的生辰日，作为决心祝发出家的日子，盖有深意存焉。一是此日之后他将被邹秉浩强行带入省城贵阳，从此离开其隐居多年的美丽他山，此去生死未卜，故必要在之前作一生死了断。人生之大患，莫过生死，能了生死，何患之有！断然祝发出家，即了生死也。二是以其生辰日作祝发日，标志他将彻底告别世俗红尘，出家为僧以为新生，禅宗大死一番而后大活，正此意也。故而面对凶多吉少的前景，邦芑却能豪情万丈，谈笑风生，饮酒赋诗，悲歌慷慨，置生死于度外。余庆他山，不仅成了钱邦芑苦难肉身的避难所，而且也是他寄托超越精神的禅学圣地。禅学不仅给予他以心灵上的安慰，而且成为他人生忧患的伴侣。此时钱邦芑对外亦自称平越余庆他山大错和尚，人称大错禅师，盖明时余庆属平越府（今福泉市）也。钱邦芑一生，大节凛然，以儒行始，抗清复明，力拒可望伪官，逃禅学佛，入山为僧，不坠青云之志，出山为儒，亦佛亦儒，亦儒亦佛，以晚明孤臣遗民为僧以终，其节可壮，其行可歌，其志可悲，非可仅以一禅师而目之也。

其三，清康熙元年四月，永历帝朱由榔为吴三桂所缢杀；五月，郑成功在台湾病逝；九月，鲁王朱以海死于金门，明朝彻底灭亡，明代遗民的最后一线希望也随之破灭。由是明代遗民进退两难，坚守遗民的姿态，仅仅变成了一种操守、一种价值信念，因之他们在精神上感到空前的焦虑和痛苦。黔地逃禅出家的明代遗民郁结在心中的愤懑、哀怨没办法排遣，只能借助于诗歌抒怀，不平则鸣，于是他们的诗歌多有感时伤怀之气。例如《黔诗纪略》卷25所载陈启相的《冬夜不寐》："急雨随风过枕寒，风声客意两难安。不知明月愁何似，欲起披云仔细看。"再如前述他的《吊吴贞毓、郑胤元》诗，都表现了这种情绪。其他黔地遗民诗中亦多有这种情绪，兹不尽数列举。总之，唯有诗歌能使黔地遗民得以存在于天地之间，诗歌创作成了他们超脱苦难的最佳方式，他们以诗歌创作挽回了他们的人生失落，为自我的存在找到了意义。"正是这种诗性智慧救赎了他们，免除了他们'存在的焦虑'，完善了他们'孤独中的期待'，也使后世千秋万代的人们永远记住了他们。"[1] 民国孙寰镜（静庵）《明遗民录》云："明季遗民之遗闻，可惊可愕，可悲可愤，可

---

[1] 田崇雪：《遗民的江南：中国文化史上的遗民群落》第6页，上海学林出版社2008年版。

痛可闵,可歌可泣……其行洁,其志哀,其迹奇,其幽隐郁结无可告诉之哀,可感鬼神而泣风雨。"此语亦足适用于逃禅出家为僧之黔地遗民,他们为全其志节而出家为僧,逃禅不仕而伸张民族大义,不独有功于明末清初的贵州佛门,且其之遗民志节为天下后世所共仰,亦有助于后人激发爱国热情也。

四、印顺法师与贵州佛教

印顺法师(1906－2005)是当代中国佛教著作等身的三藏法师,被国际佛教界誉为当代佛学泰斗和中国佛教界"划时代的博士比丘"[①]。半个多世纪以来,印顺作为中国佛教界的领军人物,振锡海内外,广作狮子吼,著书以弘法,法音遍寰宇,其佛学研究,吸纳百家,不拘成见,以"佛法研究佛法",自成一套完整的思想体系,续佛慧命,卓然立世,诚一代佛学大师。民国年间印顺法师曾来贵州,住持贵阳大觉精舍,创办大觉佛学院,弘传中观和唯识之学,并在贵阳完成其名著《唯识学探源》,从而影响和促进了贵州现代佛教的发展,与贵州结下一段难得的佛缘。

(一)印顺法师生平及其著作

印顺法师,俗姓张,名鹿芹,1906年农历3月12日生于浙江海宁县的一个农村家庭。为早产儿(7个月就出生),自幼得病,身体瘦弱,6岁读私塾,后入小学,13岁高等小学毕业,由学中医到仙道转而做小学教员。20岁时,读《庄子》冯梦祯序:"庄文郭注,其佛法之先驱耶?"转而对佛法发生兴趣。23岁时,母亲、父亲相继去世,遂震惊人生无常,发出家之愿。1930年25岁,于浙江普陀山福泉庵清念和尚座下落发出家,法名印顺,号盛正。同年,于宁波天童寺圆瑛法师(1878—1953)座下受具足戒。1931年2月,印顺得到清念上人的慈允和资助,进入由太虚大师任院长的福建厦门南普陀寺的闽南佛学院,插入甲班(第二学期)。8月,到福州鼓山涌泉寺佛学院授课兼养病静休。自此以后,他有缘亲近太虚、虚云、慈舟、法尊诸大师,并以自修的方式研究佛法,踏上了求法阅藏、著书弘法的修学道路。

1932年夏至1936年底,印顺回到浙江普陀山,住在佛顶山慧济寺的藏经楼阅读《龙藏》。这次阅藏使他发现了佛法的博大精深和多姿多彩,由此深信

[①] 圣严:《佛教的思想与文化》台北:台湾法光出版社1991年版。

佛法是"佛在人间"、"以人为本"的佛法。印顺在阅藏途中，为了专修中观学，于1934年正月去浙江奉化雪窦寺，初次礼见太虚大师。太虚大师提倡"人生佛教"，给予他很深的启迪，对于他后来提倡"人间佛教"的理念有着直接的影响。

1937年初，印顺从普陀山到武昌佛学院研读。其间他读到日本高楠顺次郎与木村泰贤合编的《印度哲学宗教史》、木村泰贤的《原始佛教思想论》等著作，现代学者佛学研究（特别是史学）的方法给予他探求佛法以新的启发。"七七事变"后的次年，印顺由武汉到重庆北碚缙云山的汉藏教理院（院长是太虚大师）任教席。在那里，他遇到了任教于此的法尊法师（1901—1981），留学西藏而有成就的法尊法师，为他开启了藏传佛教"中观学"的广阔视野。

1940年，印顺在战乱中应黔中华问渠先生邀请去贵州贵阳，住持贵阳大觉精舍。1941年秋到1944年夏，印顺被四川合江法王佛学院礼聘为院长、导师。1946年，抗日战争结束后，印顺东归武昌佛学院。1947年正月，他到上海玉佛寺礼见太虚大师。3月10日，他向太虚大师告假，去杭州看妙钦等法师。太虚大师对他说："回来时，折几枝梅花来吧！"3月17日下午一时一刻，太虚大师于上海玉佛寺直指轩安详圆寂。闻此消息，印顺折了几枝灵峰的梅花，与师友一起回到上海，奉梅花为最后的供养。其后，太虚大师的弟子们经过集议后，推选印顺主编《太虚大师全书》。1948年印顺在浙江雪窦寺将《太虚大师全书》编纂完毕，共约700万字。

1949年正月，印顺在厦门随缘创办"大觉讲社"。6月，印顺应法舫法师（1904—1951）邀请，与续明、常觉、广范等学友离开厦门到达香港。

在香港居住三年，1952年秋，应台湾李子宽等居士的邀请，47岁的印顺去台湾担任台北首刹善导寺导师，此后一直定居台湾。在台湾，印顺创建了新竹福严精舍（1953年）、台北慧日讲堂（1961年）与嘉义妙云兰若等道场，并多次弘法菲律宾、新加坡、马来西亚等南洋国家。1957年秋，他开始推动台湾女众佛学教育，在福严精舍山脚下的"壹同寺"成立了"新竹女众佛学院"。

1964年（59岁），印顺在台湾嘉义的"妙云兰若"闭关潜修，广阅南传佛教经典，整理了原始佛教的资料。1973年6月印顺因所撰《中国禅宗史》的学术贡献而被日本大正大学授予文学博士，成为中国佛教出家僧众中第一位获得博士学位的法师。1978年夏，印顺从台中的"华雨室"迁往太平乡的

"华雨精舍",开始专心致志的大量写作。

1994年9月,印顺法师由厚观、性滢、明圣、达闻等弟子陪同,从台湾返回内地,重归母校,礼拜祖庭。9月7日,厦门南普陀寺闽南佛学院的全体师生搭衣、击鼓、鸣钟、排班,以非常隆重的仪式欢迎印顺法师重归母校。其后,印顺先后礼拜了浙江天童寺、雪窦寺。

2005年6月4日上午,印顺法师于台湾花莲慈济医院安详示寂,世寿99岁,僧腊75年,戒腊74夏。灵骨塔于台湾新竹福严精舍福慧塔院。

印顺法师,一生病缘不断却笔耕不止,一生撰有各种著作41部,共有700余万字,内容涉及大小乘佛教,以及中印佛教各个宗派。其著作主要有:(1)在佛教界素有"小藏经"之美誉的《妙云集》24册,分为三编:上编为经论的讲记,集成7册;中编是专论,如《中观今论》、《唯识学探源》、《成佛之道》等,集为6册;下编是将各种短篇论文依性质不同而类编为11册。(2)《华雨集》5册。(3)佛学专著10余种,如《印度之佛教》、《说一切有部为主的论书与论师之研究》、《原始佛教圣典之集成》、《初期大乘佛教之起源与开展》、《如来藏之研究》、《空之探究》、《印度佛教思想史》、《中国禅宗史》、《中国古代民族神话与文化之研究》、《〈大智度论〉之作者及其翻译》等。此外,他还主编《太虚大师全书》64册、《杂阿含经条编》3册以及《法海微波》等。

(二)印顺法师在贵州

1940年,35岁的印顺法师受贵阳大觉精舍华问渠敦请,由重庆汉藏教理院来到贵州,继天曦法师之后,住持贵阳大觉精舍,印顺在晚年(66岁)所撰的自传《平凡的一生》中回忆说:"(民国)二十九年(三十五岁),我去了贵阳。大觉精舍是华府所兴建,天曦老法师弘化的道场。曦老去世了,曦老的徒孙明照在汉院求学,就约我到贵阳去。那时是战时,我又没有活动能力,所以没有作什么,只是自修,写《唯识学探源》。施主华问渠先生,已失去了他父母那种信佛护法的精神,而只是父母传下来,不好意思结束,姑且维持下去。年底,我回汉院过年。"① 另在《唯识学探源·自序》中印顺说:"(民国)二十八年冬,我在缙云山,月耀法师鼓励我,愿与我合作,代为笔记;这才向法尊法师商量稿纸,开始我的工作。谁知道写不到四分之一,他

---

① 印顺:《华雨香云》,《妙云集》第23册,台湾正闻出版社1970年版。

为了环境所迫，不能不暂时去照料油盐柴米；我也鼓起从来未有的勇气，到贵阳去，写作暂时停顿。"① 由此可见，印顺法师至少在1939年底至1940年初就去了贵阳，1940年几乎整整一年时间，印顺法师都在贵阳，1941年初，他才从贵阳回到重庆汉藏教理院。1941年秋，印顺直接从汉藏教理院去了四川合江法王寺，其后在法王佛学院担任院长、导师，以后便再没有来贵州了。

天曦法师，湖北襄阳人，是清末上海龙华寺天台宗谛闲大师的嗣法弟子，为天台宗44世传人。民国初年曾至贵州盘县丹霞山任护国寺住持。1916年至贵阳住持报国寺（旧址在今贵阳市西北石板坡）。1924年，应筑城华之鸿居士之邀住持贵阳大觉精舍，在舍内创办天台讲习所，学僧甚众，最盛时达60余人，著名者有昌明、果明、超伊等人。从1929年至1935年，天曦分别被选为第三、四、五届贵州省佛教会理事会委员。其后天曦回里省亲，事毕，在归黔途中，寂于湖南辰溪，黔中僧众迎其灵骨，塔于贵阳东山。天曦法孙明照，贵州安顺人，是时在重庆汉藏教理院求学，有缘亲近印顺法师，乃沟通筑城华之鸿之子华问渠，适天曦离开大觉精舍，华问渠遂力邀印顺至黔，主持贵阳大觉精舍。

华之鸿（1871—1934），字延厘，后改为延仪，贵州贵阳人。华氏祖籍为江西临川，清代康熙年间，移居贵州遵义南乡团溪，同治年间，华之鸿之父华联辉（1833—1885）迁居贵阳，经营"永隆裕"等盐号为业。之鸿14岁丧父，曾中秀才，清光绪二十二年任贵州仁怀厅儒学训导。二十八年（1902年），丁母忧，回贵阳经营盐业。光绪末年，出资办学、办报。曾出任贵州省商会会长及宪政咨议局议绅。宣统元年（1909年）参加组织"贵州宪政预备会"。贵州光复，成立大汉贵州军政府，先后任大汉贵州军政府财政部副部长兼官钱局总办、贵州银行总理、都督府参赞等职。1917年，之鸿辞官，专心经营实业，先后创办贵阳文通书局和永丰造纸厂。又为继承其父联辉创办的仁怀成义茅台酒厂苦心经营，使茅台酒在1915年的国际巴拿马博览会上获奖。由于发展实业，他成为贵州最早的也是最大的民族资本家。晚年皈依佛门，乐善好施。任可澄在《华之鸿神道碑》云："年五十以后，国难革，黔事亦愈坏，又多更忧患，不复能只力，乃以研精释典自誓。尝谓佛法普济，冤亲平等，其地狱轮回之说，尤足儆示愚顽，于劫末众生，庶几万一之救助。故勤修梵行，吐弃世事，此宁自放废，犹利济初志也。"

---

① 印顺：《唯识学探源》，《妙云集》第10册，台湾正闻出版社1970年版。

1920年，之鸿独资开建贵阳大觉精舍。大觉精舍，俗称华家阁楼，为华家私人佛堂，在今贵阳市电台街116号，1924年建成。大觉精舍是贵阳的近代仿古建筑，阁楼为主体，名"佛楼"，共五层八角，高20余米，飞檐斗拱，画栋雕梁，蔚为壮观。杨恩元《华君延仪墓表》谓："延仪晚年感时事剧变，究心佛理，于城东建大觉精舍，有五层高阁，规为藏经之所。而连年兵燹，世运纷然，终未能移居其中也。"时天台宗名僧天曦法师云游至筑，华家聘天曦为住持。其后延仪又于舍内独资创办佛经流通处。精舍内常住僧约30余人，多时达60人左右，生活所需，全由华家供给。延仪长女及幼子，均依天曦披剃。长女法名超炅，字妙喧；季子法名超∴（音乙，梵文），字妙明。延仪及其夫人寇氏亦发心皈依三宝，为天曦弟子。故印顺赞其有"信佛护法的精神"。华之鸿长子华问渠（1894—1979）谨守父母遗规，尽力维持大觉精舍的运作，然已不如当年其父母诚心向佛的精进，故印顺对此颇有微词。建国后，华问渠曾先后担任西南军政委员会财经委员、贵州省人民政府委员、贵州省工商厅副厅长、贵州省工业厅厅长等职。

　　是时印顺法师在贵阳大觉精舍中主要做了以下三件事：

　　一是创办大觉佛学院，培育僧才，绍隆佛种。1940年印顺于舍内创办大觉佛学院，亲自任院长，主讲唯识法相及中观之学，受学获益者甚众。其间曾热情接待过"中国佛教国际宣传队"。据乐观法师《佛教在抗战期间的表现》一文云："民国二十九年十一月十一日，正是我们这一群爱国勇敢僧青年离开战时灯塔——陪都，扛着'国际佛教宣传队'旗帜，……我率领着队员觉华（西岸）、曼林（悟祖）、能仁（青云）几个人，在大雾弥江伸手不见指的光景中出发。……十四日中午，抵达贵阳，因为要在此地转车，可以休息两日。于是我们下车后，即进城投入大觉精舍挂单，适印顺法师任大觉佛学院院长，得到印顺法师热情款待。我们在贵阳盘桓了两天，把转车手续办好，复又登程继续向前进发。"[1] 佛学院是近代培养僧伽和佛学人才的专门学校。戊戌变法后，各地兴办了不少僧学堂，以湖南僧人笠云于光绪二十九年（1903年）在长沙开福寺创办湖南僧学堂为嚆矢，继有文希和尚于扬州天宁寺设普通僧学堂，杨仁山居士在金陵刻经处创办祇洹精舍（又名梵文学堂）。迨至民国，各种类型的佛学院在各地纷纷兴起。蒋维乔《中国佛教史》卷四云："民元以后，沙门或居士，多有创立专门学校者"。其中著名者有谛闲主

---

[1] 张曼涛：《民国佛教篇》，《现代佛教学术丛刊》第86册，台湾大乘文化出版社1978年版。

持的观宗学社（宁波）、月霞创办的华严大学（上海）、欧阳竟无主办的支那内学院（南京）、大勇创办的藏文学院（北京）、常惺主办的闽南佛学院（厦门）、太虚创办的武昌佛学院和汉藏教理院（重庆）等。在贵州，贵州省佛教会及一些有名望的僧人针对贵州佛教的实际情况亦举办了10余所（个）各种类型的佛教教育机构，它们是贵州省佛教会主办的贵州佛学院、高峰佛学院、黔明佛学院、僧伽训练所和僧尼训练班，以及天曦法师创办的天台讲习所（贵阳大觉精舍）、持省主持的莲宗修学院（贵阳般若寺）、月印主办的楞严速成班（1923年）、昌明主办的五众佛学院（安顺清凉洞）、心和（尼）主办的僧伽训练班（镇宁寿佛寺）等，印顺法师创办的大觉佛学院正是在这种历史背景下兴办的。印顺法师所创办的大觉佛学院与贵州其他10余所佛教教育机构一起汇成一股时代潮流，揭开了贵州现代僧伽教育的序幕。由于印顺法师本人的文化学术素养，使大觉佛学院带有很浓厚的佛学研究特色，所以它的创办对贵州佛教的振兴和佛学研究水平的提高，有着较大的促进作用。

二是成立觉华图书馆，整理佛经流通处。1940年，印顺又在大觉佛学院内成立了觉华图书馆。经过印顺法师的收集和整理，觉华图书馆和舍内佛经流通处共有佛教经、籍万余卷。时著名居士高鹤年（1872—1962，名恒松，字鹤年，号云溪，江苏兴化人，专修净土，著有《名山游访记》一书）参观大觉精舍后说："西南诸省佛经流通处，均不及大觉精舍藏书之富。"[1] 觉华图书馆的创建，使得贵州广大信众中热爱佛教文化、希望阅读佛教典籍和著作的人们，有了一个学习、阅读佛典的场所。

三是从事佛学研究，撰写唯识学专著《唯识学探源》。印顺法师发心写《唯识学探源》缘自1937年秋，当时他在武昌佛学院，读到日本学者结城令闻的唯识思想史著作，因见地不同就想另写一部。然因病未果，直到1939年冬，在重庆汉藏教理院，受月耀法师鼓励，才正式动笔。写到四分之一时，便受贵阳华问渠先生所邀住持贵阳大觉精舍。在大觉精舍，弘法之余仍勇猛精进，继续写作。印顺在《平凡的一生》中曾说："（民国）二十九年（三十五岁），我住在贵阳的大觉精舍，写成《唯识学探源》一书，进入了认真的较有体系的写作。我思想的主要特征，也逐渐明白的表示出来。"[2] 至1940年夏终于把唯识学的先驱思想写完，乃把原稿寄呈太虚大师审阅。太虚以为唯识

---

[1] 冯元斌：《贵阳黔明寺和大觉精舍》，《贵阳志资料研究》，1988年（总14期）。
[2] 印顺：《成佛之道》第192－130页，《妙云集》第12册，台湾正闻出版社1970年版。

思想史已经有人写过，可不必再写下去，因嘱印顺至唯识学未成立前而止，称是书为《唯识学探源》。印顺遵师嘱而止，未能把全部唯识学思想史写完，以今观之，这不能不令人引以为憾。1944年冬该书在四川出版。

印顺法师以上这些活动，不仅中兴了贵阳大觉精舍的佛教，使之成为民国贵州佛教的重镇，而且对于活跃民国年间贵州佛教的学术气氛，提高贵州佛教的信仰层次和文化水准，对于推动贵州佛教的教育事业和学术活动的发展，亦起到了殊胜的增上缘作用，产生了积极的影响，为民国贵州佛教的复兴作出了重要贡献。

（三）印顺法师的唯识学思想

印顺法师是当代中国佛教思想家、佛学大师，他的思想不囿于中国汉传佛教祖师经论注疏或诸宗著作的成见，而是直探印度佛教经论的奥义，以阐扬佛陀本怀为其特色。主张"以佛法研究佛法"，用佛教的三法印去研究佛法。关于印顺法师的唯识学思想，主要集中在其著作《唯识学探源》一书中。《唯识学探源》体现了印顺法师唯识学的三个思想：一曰唯识学思想的正本清源，二曰挖掘原始佛教的唯识思想，三曰梳理印度部派佛教的唯识思想。

（1）唯识学思想的正本清源

唯识学，渊源于印度的无著、世亲一系的瑜伽行派（梵语为Yogacara），萌芽于北魏菩提流支和勒那摩提的地论宗，发展于梁陈间真谛的摄论宗，弘盛于唐初玄奘的唯识宗，又名法相宗。然至中唐渐呈衰相，宋元近于绝响。直到近代金陵（今南京）杨仁山居士从日本找回唐代遗籍唯识、因明诸大疏，经过太虚等大师弘扬，唯识法相之学才广为流行，研读唯识学蔚然成风，专论唯识学的著作相继问世。国学大师章太炎著《齐物论释》，以唯识学解释齐物论，以庄子道家阐明唯识学；佛学大师欧阳竟无著《唯识抉择谈》，主张法相唯识分宗；新儒家熊十力撰《新唯识论》，以儒家体用理论阐述唯识学；太虚大师于1920年著《新的唯识论》，表明自己的唯识主张。在这种唯识争论激烈的背景下，印顺法师于1940年在贵阳大觉精舍写了《唯识学探源》，针对唯识学界的争论，预备作一番清理工作，目的就在于正本清源。

印顺法师认为中国唯识学界的这种争论，源于印度大乘佛教开展中，唯心论分化为东西两大派，即真心派与妄心派两大派，传到中国来，即有地论师、摄论师、唯识师三派。印顺法师在《唯识学探源》的序中说："妄心派重于论典，如无著、世亲等的著作：重思辨，重分析，重事相，重认识论；以虚妄心为染净的所依，清净法是附属的。真心派重于经典，都编集为经典的体裁：重直觉，重综合，重理性，重本体论；以真常心为染净的所依，杂染是外铄的。"两派在不断的发展中各有特色，但又互相批判，争论不休。印顺法师提出一套"平息争论"的办法，他说："以我的理解，真心论的卢舍那佛说，迦旃延佛说；妄心论的弥勒佛说，都不过继承根本佛教的思想，在不同的时代区域中，经古人长期的体验思辨而编集的成果。承认此两大思想的分流（自然是互相影响的），同等的地位；从时代的前后去整理它。经与论间，经与经，论与论的中间，看出它的演变分化；从演变分化中把握它的共同性，这才是公平而又不笼统的办法。研究它的思想来源，考察它的思想方法。何以说真？何以要说妄？为什么要说唯心？是否非唯心不可？从高一层的根本佛教去观察，自然能给予正确的评价。"这是印顺法师平息唯识争论的方法，也可以说是他对唯识学研究的独特思想观念。

印顺法师按照这个"息争"的理念去作清理唯识的工作，从原始佛教的唯识思想与部派佛教的唯识思想两部分去论述而写成《唯识学探源》。

(2) 挖掘原始佛教的唯识思想

印顺法师在书中说："唯识思想的源泉，应从《阿含经》去探索，因为四《阿含》是大小乘共信的，公开流行的时期也比较早。……四《阿含》所开示的法门，好像是很多，但自有一贯的核心，这便是缘起。"接着，他对缘起的支数，即所归纳的五支——爱、取、有、生、老病死；十支——识、名色、六入、触、受、爱、取、有、生、老病死；十二支——无明、行、识、名色、六入、触、受、爱、取、有、生、老病死，从这三类依据的经论分别进行考察。最后，作者列出一份表格，如图（1）所示，得出结论：不论是五支、十支、十二支"详细的并没有增加，简略的也并无欠缺"。

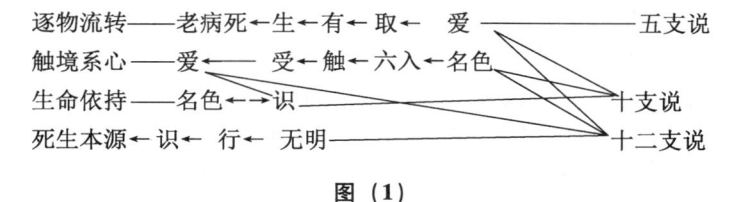

```
逐物流转——老病死←生←有←取← 爱 ————————五支说
触境系心——爱 ← 受←触←六入←名色
生命依持——名色←识                              十支说
死生本源←识←行←无明                          十二支说
```

图（1）

同时，作者说到自己研究唯识的态度是："想在复杂的唯识思想中，发现主流与共义，廓清宗派的偏执。所以先从大乘唯识学中，指出几个不同观点的解说，再去考察它与原始佛教的关系。"对于大乘唯识思想，作者归纳为五类：一、《华严经·十地品》第六地说："'三界虚妄，但是一心作。'……可以称为'由心所造'的唯识。"二、《解深密经》卷三说："'我说识所缘，唯识所现故，……此中无有少法能见少法，然即此心如是生时，即有如是影像显现。'……可以称为'即心所现'的唯识。"三、《解深密经》卷一说："'于六趣生死，彼彼有情堕彼彼有情众中。……于中最初一切种子心识，成熟展转和合、增长、广大，依二执受：一者、有色诸根及所依执受，二者、名相分别言说戏论习气执受。……阿陀那识为依止为建立故，六识身转。'……可以称为'因心所生'的唯识。"四、《楞伽阿跋多罗宝经》卷四说："'如来之藏，是善不善因。……为无始虚伪恶习所熏，名为藏识，生无明住地与七识俱。如海浪身，长生不断。离无常过，离于我论。自性无垢，毕竟清净。'……可以称为'映心所显'的唯识。"五、《阿毘达磨大乘经》说："'菩萨成就四法，能随悟入一切唯识，都无有义。……四者，成就三种胜解随转妙智。何等为三？一、得心自在一切菩萨，得静虑者，得胜解力，诸义显现。二、得奢摩他，修法观者，才作意时，诸义显现。三、已得无分别智者，无分别智现在前时，一切诸义皆不显现。'……可以称为'随心所变'的唯识。"接着，作者在书中总结说："这五项思想，起初是逐渐的引发，个别的深入研究；等到思想的反流与综合，就走上唯识学的阶段，也才有真正的唯识学。后代的唯识学派，虽然都在融贯这五项思想，但不无偏重的发挥，因此成为思想不同的学派。"所以，唯识学就是从"由心所造"、"即心所现"、"因心所生"、"映心所显"、"随心所变"这五项思想中逐渐发展而来的。

经过一番研究后，印顺法师最后得出结论："唯识思想，是导源于缘起论的，它是缘起论的一种说明。在说明缘起时，经中大多吐露出重心的倾向。佛教之所以产生唯识学，不能说是无因的。"

（3）梳理部派佛教的唯识思想

印顺法师说：自己研究唯识是"以缘起流转的无常论作中心的唯识思想"，并指出部派佛教思想分裂与演变，与"诸行无常"、"诸法无我"、"涅槃寂静"之三法印的侧重发挥有关。侧重某一法印为理论的根据，为观察说明的出发点，思想上就自然的分为三系。这三系，适应思想发展的程序，从三藏教——小乘的无常中心论，达到共大乘教——大乘的性空中心论，再进到不共大乘教——一乘的真常中心论。三法印与三系思想是密切相关的，因而印顺认为，研究部派佛教思想的发展与大乘佛教的关系，可以从"唯识"、

"空"、"真常"三个论题去考察。

当然，佛教思想的分化除了以三法印的侧重发挥不同而分成三大系以外，还有其他的原因。印顺法师说："佛教思想的发展与分化，与一个严重而急待解决，就是业果相续的轮回问题有关。"过去、现在、未来三世轮回的问题，为印度学术界一致公认。外道与佛教所说的三世轮回是完全不同的。印顺法师在书中指出："一般外道，要说明三世轮回，必然建立一个常存的自我（灵魂），有了恒常不变的自我，才有作者与受者可说。从前生到现世，现生到后世，像人从这间屋子出去，进入那间屋子一样。天、人、畜生的转变和舞台上的演剧员，忽而仙风道貌，又忽而装叫化子一样。"这是外道对轮回的主张，认为有一个永恒不变的灵魂在随业轮转。印顺法师认为，这些思想在佛教看来，外道的灵魂说、神我说是颠倒的，应该彻底的否定它的存在。虽然佛陀的教法所说是苦、空、无常、无我，但是，释尊没有否认三世轮回的业果缘起，常常用"灯焰"、"流水"作比喻，建立不同于外道的无常生命观。为了详细的说明这个问题，于是，"佛弟子一方面研求佛陀启示的圣教，一方面从体验与思辨中，运用自己的理智，各提出意见来解决。……他们的思想归纳起来，依旧现出一致的倾向：都是以现实的存在作思想的出发点；从间断的推论到相续的，从显现的到潜在的，从粗显的到微细的，从差别的到统一的，或者从无常的到常住的，从无我的到有我的。他们都是在相续的、潜在的、微细的、统一的、或常住的、有我的理论上，建立前后不即不离，不断不常而不违反诸行无常的东西，拿来克服这严重的困难。他们提供的意见，都与唯识学的本识、种子有关。"这就是从原始佛教到部派佛教早期唯识思想为什么会发展的主要原因。

印顺法师通过阅读经典，整理出佛教各派对业果相续说的不同见解。第一，他对上座部中犊子系、说一切有系、分别说系及大众系与本识论思想分别进行阐述。最后，他总结说："唯识学上的本识，本来着重在生命缘起；在生命依持与现起六识的作用上，涌出了深秘的本识思想。"第二，他对唯识学上的重要论题——种子与习气进行了论述。他总结说："种子与习气，经历了错综的演变，往往化合成一体的异名。大乘唯识学里，这两者的差别性，已没有绝对的分野；但亲生自果与受染乱现的思想，仍然存在，并且演出了个别的学派。"第三，他阐述了各派对微细烦恼的看法。第四，他解说了有关佛教业力的思想。业力存在的体性，各派的见解是什么呢？印顺法师说："有部是'无见无对'的色法；经部是思上的功能；成实、正量、大众它们是心不相应行，但又有有别体、无别体的二派。"而印顺法师的看法是："我以为，潜在的业力，是因内心的发动，通过身语而表现出来；又因这身语的动作，影响内心，而生起的动能。它是心色为缘而起的东西，它是心色浑融的能力。最适当的名称，是业。"这是他对业的解说。第五，他介绍各部派对有漏种、无漏种的解说。第六，关于唯识思想的成立。印顺法师说："唯识思想的成熟，主要是佛弟子们依着止观实践，而获得随心自在的事实证明。理论上，从非断非常的业感缘起的探讨下，展开了细心、细蕴、真我的思想，能为因性的种习随逐的思想。"就是说，唯识思想是佛弟子们在理论与实践中产生的。

最后，印顺法师总结说："在认识论上，达到境不成实的思想；在因果相续的缘起论上，达到了细心持种能生一切的见解。彼此结合起来，这依它离言自性，就是心中种子所变现的，它就是心，这是真实。等到进入认识界，它就出现了别体能取所取的现象，这是不真实的。'实无外境，唯有内识'的唯识论，宣告成立。"这就是唯识学从原始佛教到部派佛教，由产生到完成的过程。印顺法师特别强调唯识学的目的是为了解决众生生死轮回与业果相续的关键问题，而不是为了各派彼此的争论不休、互相批判。缘起是佛法的核心，也是唯识思想建立的基石。唯识思想正是在缘起之上来解说生命缘起、业果相续，探求众生如何才能解脱生死轮回，趋向涅槃圣道。

以上是印顺法师的原始佛教唯识思想与部派唯识学思想，有关他的大乘唯识思想，在其著作《印度之佛教》、《摄大乘论讲记》、《成佛之道》中亦有简略的提示。印顺法师在这些著作中把唯识称为"虚妄唯识"。在《印度之佛教》中印顺法师说："虚妄唯识论，源于《瑜伽》之《本地分》，《中边》发其端，经《庄严》至无著之《摄大乘论》而大成。以一切种子识为本，种子识变现之唯识也。"那么，为什么要说唯识呢？印顺法师说："后代的瑜伽学者，不能体解如来说教的意趣；不知弥勒、无著的教说，是为了五事不具的根性而说。"意即佛陀为度化五事不具根性的人而说唯识。印顺在《成佛之道》一书中对虚妄唯识系归纳说："在一切法无性，善入者能入。或五事不具，佛复解深密。或是无自性，或是自相有。缘起自相有，即虚妄分别。依识立缘起，因果善成立。心外法非有，心识理非无。达无境唯识，能入于真实。"又在同书中总结说："识有所得，有自相，依此而成立因果，迷悟，为虚妄唯识系的要义。"①

  由以上分析可以看到印顺法师对唯识学的产生、发展作了比较完整的概述。唯识学素以名相众多、推论繁琐、学理复杂而著称，故此一向众说纷纭，仁智异见，争论不休。而印顺法师的《唯识学探源》却"以佛法研究佛法"的方法，对唯识学进行了非常独到的论述，使读后的人对唯识思想发展的脉络一目了然，抓住了唯识思想的重心："缘起是唯识思想建立的基石"。同时，让人明白，唯识思想建立的目的不是为了争论不休、互相批判，而是在缘起之上来解说生命缘起、业果相续，探求众生如何才能解脱生死轮回，趋向涅槃圣道。

---

① 印顺：《成佛之道》，《妙云集》第12册，台湾正闻出版社1970年版。

第四章　佛教与贵州文化

一、明清贵州临济禅宗灯系及其典籍著述

　　明万历以前，黔中临济禅宗零星散布，是少闻焉，即使如梵净山佛教，虽派属临济，其承恩寺之妙玄和尚亦系临济传人，但其灯系因史缺记载，难以卒考，故万历前黔中临济禅宗几无可述。万历之后，中原临济禅宗高僧辈出，密云、雪峤、天隐，各阐宗风，遂使临济禅宗呈复兴之象，流风所被，远及滇黔。明季中原西蜀战乱，滇黔以边徼之地，较为安宁，故中原西蜀临济禅宗名僧大德纷纷涌入黔中，他们在贵州创建禅寺，培养弟子，制立清规，弘教开宗，接引信徒，与士大夫往来唱和，"或著衣持钵，不坠家风，或挂板悬槌，洪宣法教。于是诸家各有语录，于中片语接入，吐辞见道者不乏也。"[①]黔中临济传灯始呈鼎盛之局。

　　明清时期，贵州禅宗虽有临济、曹洞二宗，然仅临济独盛，卓然冠映。据《黔南会灯录》、《锦江禅灯》等史籍记载，贵州禅宗临济一派传人即有110余人，禅院90余座，遍布黔省各存州县，而洞宗仅有3人3寺而已。盛于黔中之临济者，为密云圆悟一系。其弟子破山海明、浮石通贤、木陈道忞、汉月法藏皆传灯于黔，而尤以破山一系最为繁盛。此外，圆悟的得去弟子灵药慧宗和破石悟卓亦曾阐教于黔中。

　　破山和尚（1597—1666），字万峰，蜀大竹人，历主蜀中万峰、祥符、蟠龙、双佳等九刹，嗣法弟子87人，法系遍布西南诸省，为西南临济之师祖。时人在《象崖挺禅师语录序》中评论说："酉来一宗，自天童（指密云圆悟）中兴，济上儿孙遍天下，可谓盛矣。然未有如双桂（指破山）之尤超于诸方也。"破山嗣法弟子，子开教黔省或与黔省临济传灯有关者计有象崖性珽、丈雪通醉、敏树如相、燕居德申、灵隐印文、半云如慧、密行寂忍、圣可德玉、两生真从、莲月印正、雪臂印峦、云幻宸、竹帆波13人，他们皆为临济三十

[①]　程春翔：《黔南会灯录序》。

二世。

象崖性珽（1599—1651），又号黄檗，福建福州人，为破山首座弟子，曾在川黔闽十处开堂，有《语录》七卷。在黔开法于婺川（今务川）西禅寺，其在黔中灯系为（仅著法名号，不冠地名寺名者，未尝阐教黔省，下同）：

婺川西禅象崖性珽：（1）永宁（今属四川叙永）中和云腹道智——永宁中和会也益省——普阳金凤慧月益眼；（2）开州龙音余山道瑞——开州永兴渠山妙随、平远南林纯峰运；（3）思南海云纯—道源——思南海云无涯昌太；（4）石谷慧——平越龙山竹航海。

如纯和尚在《黔南会灯录》称："吾黔宗风，兴自明末，自燕居老人暨语嵩、云腹和尚三人入黔为破天荒也。"于此可见象崖灯系中云腹在黔之地位和作用。云腹（1612—1673），蜀顺庆人，有《语录》二卷，秀水曹溶为之序曰，"（云腹禅师）振曹源之宗，竖漕沱之帜，数十年来，为法门龙象。"

丈雪通醉（1610—1695），祖籍四川内江，生于贵州桐梓。1647年至1660年开法贵州遵义禹门寺。著作有《青松集》、《丈雪语录》十二卷、《锦江禅灯》二十卷，《破山语录》十二卷亦为其所编辑。其著作曾传入日本。丈雪开法禹门十余年，慨然以中兴临济禅宗为己任，培养出大批弟子和再传弟子，其灯系为：

遵义禹门丈雪通醉：
（1）遵义禹门策眉彻智；
（2）遵义禹门半月常涵；
（3）绥阳五涯月茎彻宇；
（4）黄平长松端鼻万；
（5）安平玉螺希声彻泳；
（6）半生襄——习安玉真竺怀真印——习安石霞厂石如圣、习安玉真玄一如海；
（7）安笼玉泉月幢彻了——安南龙山剑端达祖、普安兰溪祖鼻达最（下传安顺静明嵋霁宗）、安笼伏龙极乘道真、安笼玉泉显今达古、普安松岜善权达位下传：①贵阳观音普济大闸，②普安松岜天一大悦，③安南广福虚峨大照，④安南万寿审实本照，⑤普安碧云

恒障圣目，⑥习安天龙善一如纯，⑦贵阳李六度居士

丈雪灯系中，策眉、希声、竺怀、善权、厂石、玄一、显今、普济、善一诸人，皆黔人。灯系中有著述者为：策眉（1588—1675），俗名黎怀智，祖籍四川广安，14岁随父入黔，历任大理经历、黄冈知县，明亡落发为僧，有诗传世。莫友芝《黔诗纪略》载其诗14首。半月（1625—1679），蜀邻水人，有《半月语录》，戌卅宋肆樟序曰："月主席（禹门）时，惟作本色衲子，受用实地风光，一粒一粟，取之耕耘，行住坐卧，不染纤垢，则诚雪师止礼三拜者也。"郑珍《播雅》载其诗7首。月茎，号一庵，又号别庵，湖北江陵人。先后住湄潭水月庵、绥阳青莲禅院、五涯寺，著有《一庵语录》，另有《一庵诗集》，《播雅》载其诗55首。希声，俗名陈祥士，字贤裔，安平（今贵州平坝）人，官蜀庆符知县、兵部员外郎，明亡出家为僧，著有《玉螺山诗钞》。月幢（1614—1666），蜀重庆人。明永历桂王入居安笼，常至玉泉寺拜佛参禅，并赐月幢袈裟一袭，鹤顶珠一串，以为嘉勉，著有《语录》四卷。善权（1618—1684），湖北人，世乱入黔，先后住安顺之观音洞、安南（今晴隆）之万寿寺，普安之松峕寺，有《语录》二卷。厂石，习安（今贵州安顺）人，开法行化30余年，先后在安顺地区六坐道场，弘扬临济禅宗。入室弟子有著名的"松字辈八大弟子：万松性朗、友松明贤、云松明珏、吼松真定、灵松超闲、明松照睿、嵩松普容、月松超意。其中万松性朗直承传厂石衣钵。厂石法脉系谱共28字（氏），"真如性觉海源深，戒定惠明达本心，祖道圆通兴正法，联芳续焰永传灯。""真"，即竺怀真印，"如"，即厂石如圣，"性"，即万松性朗。直至清末民初，厂石的道场石霞山还由其法孙心如和尚主持。厂石著作有《厂石禅师语录》二卷、《重修飞虹山云龙寺记》。习安名士梅延祯序其《语录》曰："如此卷者，可作济溺津梁，破暗慧炬，凡诸学人，所宜珍重。"普济，贵州安南人，有《语录》传世。天一（1631—1697），湖南人，著有《天一悦语录》一卷。善一，贵州习安人，有《善一纯语录》三卷，超屿叙之曰："黔地向闻无佛法也，今若是，畴谓黔无佛法乎！纯公黔人也，自居学地，便负逸群，矢兼济愿，已而遍参吴越楚蜀，凡诸名！望宗匠，莫不亲披运斤之风。仍返黔中，习安道俗，遂翕然相推戴，不减西河之昭叟也。初出世住普安之天龙，次迁松峕，惟务以本分钳锤激励来学。其接人也，机径截而不涉廉纤；其说法也，语浑璞而不事雕琢，故能感贵筑三十余城，靡不向道皈信。所谓居人所不居之邦，弘人所难弘之法，

今于纯公见之矣。"能感贵筑 30 余城，可见善一如纯传教弘化之雄。如纯有感于"吾黔宗教已广，且各家亦有《语录》流行，卓然可观，较量诸省不相上下"，因"关山迢递"，无知于外，遂乃"不惮寒暑，躬历诸郡，汇收全黔诸家语录，缀以管见，编辑成书"①，于 1703 年撰成《黔南会灯录》八卷，继补一卷附后。是书与丈雪的《锦江禅灯》均被收入《日本续藏经》中。至此贵州始有禅宗佛教史，如纯之功不在禹下。但此书仅限于临济破山一系，不及其他灯系，且多载机缘、语录，未详行实，又未能追溯明以前之古德，今人读之，仍不能不引以为憾。此外如纯还著有《天学初辟》九篇，力辟天主教，收入普润所辑之《诛左集》中。

敏树如相（1603—1672），蜀潼川人，先后住贵阳大兴寺、石阡三昧禅院，有《语录》十卷行世。其黔中灯系为：

石阡三昧敏树如相：
（1）石阡中华天隐道崇（①定番九龙古源海鉴——定番九龙月恒真升；②思南太平大凡昌宗；③石阡中华识竺海伦；④湄潭白筇以四德教）
（2）思南中和天湖正印（①都匀鼓楼别南传旨；②安平天台月峰性琰——安平天台省参海宁）
（3）思南安化颖秀真悟
（4）安顺长寿天语佛怀（①习安云鹫顶相道慕——习安云鹫禅那广静；②贵筑永兴桂魄智顶；③普阳长寿桂铉传慧）
（5）遵义虎丘大冶道况
（6）江口香山圣符道越（①思南天庆福圆满；②石阡凤凰衡岳行规——镇远迎仙济庵普静）
（7）贵阳兴国禄藜觉甫
（8）贵筑华光圣图道行
（9）偏桥云台净空性明
（10）偏桥福云天机道通
（11）天吼道廓（①习安玉丹语圣弘正——习安溪脉照一、贵阳玉龙镜天宗照、镇宁列峰大千宗月；②习安万德语林弘先；③习安

---

① 《黔南会灯录自序》。

狮山语贤弘英——习安永峰慧镜照常、清镇普兴慧知寂云）

（12）贵阳黔灵赤松道领（①贵阳黔灵瞿脉净和——贵阳黔灵参之德广；②湄潭凤凰大拙净霞；③平溪紫气云石明源；④偏桥云岩大彻照慧；⑤贵阳白云乾御弘源；⑥平越灵鹤唯亿；⑦贵阳何素儒居士岐山净林；⑧贵阳朱铃居士退庵净铃）

敏树灯系中，月峰、顶相、瞿脉、慧镜、慧知、月恒、禅那等，皆黔人。该系中有著述者有：天隐，蜀重庆人，历主偏桥云岩华严寺、思南朗溪太平寺、湄潭宝台寺、石阡中华寺。有《天隐禅师语录》八卷、《南游集》一卷。颖秀有《颖秀禅师语录》。天语，四川乐至人，顺治初自普州来遵义，住遵义西70里之白牛山（沙冈）辟圆裕堂（一名石牛寺，又名沙冈寺），有《诗集》、《语录》，其徒桂铉亦善诗。圣图有《圣图禅师语录》。大治，蜀富顺人，顺治初避乱来遵义，初住遵义莲峰禅院，继创刹于遵义南之西山，名西坪寺，又名虎丘寺，与丈雪辈讲禅学，丈雪常以"宗门狮象"推之。著有《虎丘禅师语录》，铁脊道人序曰："言如墙壁，默若雷霆。山立风飞，无禅和气，无祖师气。渊源自合，迥异学人。"诗有《大治方外集》一卷。陈起相序之曰："空灵简远，字字消三日坐卧。世乃有此诗，诗始诗矣。总之以全力分现，如大海水不漏一滴，非从诗入，特从特出。使余向来结想一朝而豁。乃知天地有一种自然元音，留在蒲团坐上，岂落雕虫技俩！不但难作者，并难读者，持间冶公，诗信可以禅矣！"赤松（1634—1706），蜀潼川人，儿时入黔，为贵阳黔灵山弘福寺开山祖师。著有《黔灵赤松领禅师语录》五卷、《黔灵山志》十二卷，诗有《游行草》二卷，有诗百余首。其黔灵法脉直传了十余代，直至民国年间。

燕居德申（1610—1678），蜀忠州（今忠县）人，兵乱入黔，先居贵阳大兴寺，次建清镇之九龙寺、瓮安圆通寺，后迁平越之福泉寺，著有《语录》八卷。其在黔之灯系为：

清镇九龙燕居德申：
(1) 黄平云居述中合舜；
(2) 黎峨耒佛赤幡幢；
(3) 清镇九龙铁梅珍（贵筑中兴迥然明月、习安石佛浮月福海、清镇普化古月明济）

（4）贵阳李合鳞居士

燕居灯系中，赤幡、李合鳞居士、浮月，皆黔人。此系有著述者，见记载者仅三人：述中，蜀顺庆人，著有《述中语录》三卷、诗一卷行世。铁梅，蜀隆昌人，相传为明御使，明亡出家为僧，有《梅花诗》百余首。李合鳞，字之骅，贵阳人，著有《蔚堂草》。

灵隐印文，蜀人，顺治年间入黔，先后住募役司（今关岭、紫云一带）紫竹寺、安顺静乐寺，著有《灵隐禅师语录》三卷。其在黔之灯系为：

安顺静乐灵隐印文：
（1）贵阳法云大慈悟度
（2）贵阳东山梅溪福度（①镇宁金鸡慧颖庆绪②贵阳东山霞章海伟③贵阳东山绍南真解④习安南山法雨照润⑤都匀梓潼溪舌寂宣）
（3）瓮安龙山鹤林性贤
（4）镇远云台慈济海舟——黄平观音六行海鉴
（5）密参山——贵阳指月烁吼∴（音乙，梵文）

灵隐灯系中，霞章、法雨，黔人也。有著述者二人：大慈有《大慈禅师语录》；梅溪（1637—1699），蜀永川人，曾住安顺圆通、贵阳东山栖霞诸寺，著有《梅溪禅师语录》十卷。

半云如慧，江西吉安人，入黔建有丛林十余所，后归黄平九龙寺，并于此示寂。著有《语录》行世。其在黔之灯系仅一传：黄平九龙三能性柔。三能，蜀人，未见著述。

密行寂忍，滇宜良人，开法滇湘，著有《语录》三卷。其在黔弟子二人：新城（今兴仁）圆通万德佛开、普安紫霞用愚源哲，万德在滇得法，用愚在湘得法。万德有弟子印海学俉，仍于新城圆通继其法席，为密行之再传弟子。

圣可德玉（1628—1701），蜀营山人，曾入黔开法绥阳嘉瑞禅寺，著有《圣可玉语录》十卷。其在黔之灯系为：

绥阳嘉瑞圣可德玉：
（1）麻哈观音雪林超化
（2）都匀续灯寂常

（3）都匀无瑕性玉
（4）瓮安穿云不厌道乐
（5）遵义高奣映居士

圣可灯系中有著述者三人：雪林，蜀之郑氏子，有《语录》行世。不厌（1640—1690）有《不厌乐语录》三卷。高奣映（1647—1707），字罡玄，又字无廓，小字遐龄，号雪君，又号浴云子，又号结磷山叟，别号向米居士，云南姚安人，官居提刑，博学能义，著有《妙香国草》、《增订来氏易注》、《问愚录》等81种。参圣可德玉得法，机锋猛利，诸方敬畏。康熙年间来黔，至遵义与两生真从相识，为两生之松丘禅院作《松丘缘起》，文词俱佳，为讲禅之上品。

两生真从，蜀永川人，顺治来遵义，始栖茅苆寺，著《楞严经解》、《心经解》，人称讲经师，旋去四川梁平双桂堂，从破山参法，复来遵义，于城西30里陶山侧开松丘禅寺（西来寺），著有《和归去来辞》，字师文征仲，文效欧、苏。年80示寂松丘禅院。其徒藏天明宣，贵州绥阳人，初住绥阳三句庵，后继其师之法居松丘寺，解禅义，善为诗，著有《藏天语录》。藏天有徒明澄仍居松丘，为两生之再传弟子。

莲月印正（1617—1694），蜀岳池人，初习教乘，遍游讲肆。后慕禅宗，投破山明，得法后入黔，顺治初住遵义九青山东印寺，开法黔北。后入湖北，历主荆州龙山、江陵柏子山青云、福昌山龙兴、鹤六广嗣、玉泉诸寺。著有《莲月正语录》六卷行世。

雪臂印峦，湖北武昌人，旧号长破呆，其在黔之灯系为：

雪臂印峦：
（1）绥阳天峰书云福昷（天峰在绥阳城酉25里，又名辰山，书云因以为号）
（2）息峰西山语嵩传裔（①息峰西山醒闲佛智——眼石乘；②黔西东山嵩目佛宗——黔西东山古雪海智；③壁林佛门——平越慈门竺崖心性、铜仁龙山莲池无相；④修文知非剖石佛镜——修文知非云峰祖高；⑤贵筑双林嵩眉佛海（下传：贵阳慈云苍龙道语、威宁华严长灵道枯、石阡黄菊济川佛普）；⑥息峰西山宗风佛定（下传：息峰西山实行慧真、息峰西山无灭慧颖）

雪臂灯系中，天峰有诗三首存《播雅》中。眼石，湖南邵阳人，明末官至四川守备，南明永历间迁锦衣指挥，永历十一年（1657）入西山从语嵩出家为僧，有诗一首存《黔诗纪略》中。其他如语嵩、嵩目、宗风、剖石，皆能诗善文。其中尤以语嵩为最。语嵩（1611—1666），四川巴县人，少充县役，寻弃家为僧。顺治初年入黔，先后开法夜郎观音寺、贵阳狮子山、牟尼山报国寺、三潮水知非庵、息峰西望山，宗风大振，从者如云。著有《语嵩禅师语录》十二卷，诗有《语嵩禅师诗集》。其徒嵩目著有《嵩目禅师语录》八卷，诗有《嵩目诗集》；宗风有《宗风语录》；剖石有《佛镜语录》。

云幻宸（1623—1669），蜀忠州（今忠县）人。其徒恒秀发林（1626—1697），曾策杖游滇黔，开发四众，几建法幢，著有《恒秀林语录》。恒秀在黔弟子二人：安南永兴蓝田光碧、永宁广福明辉净月。二人均于所住寺圆寂。

竹帆波，破山弟子，其徒枕石彻传法于普安鹦鹉广成普升，广成成为竹帆之再传弟子。广成，荆州人。入黔礼新城断头山远心和尚剃染，后参枕石印可。其《语录》因兵燹失遗，年64寂于普安鹦鹉寺。

浮石通贤（1593—1667），浙江当湖（今平湖）人，得法于圆悟，历主吴江报恩、秀水栖真、荆溪善权、宁波天童，说法20余年，生徒满天下，有《语录》行世。其门下大弟子山晖行浣与贵州开教关系尤大，被陈垣先生称为"山晖之入黔，亦破天荒也"。山晖（1621—1687），四川夔州人。先从四川开州（开县）栖灵寺破山弟子拙和尚出家，取法名完，又参破山，破山为，其取字砖镜。顺治八年（1651）入黔，开教平越（今福泉）之开圣禅院。后至金陵报恩寺参浮石得法，浮石遂为其更名行浣。顺治十年回平越开圣，先后住黄平长松护国禅院、瓮安万寿寺、圣恩寺等，直至康熙三年（1664）才离开贵州，阐教江浙20余年。圆寂后，骨塔于苏州虎丘山涌泉禅院。著有《开圣禅院山晖浣语录》十二卷。沅州萧元会序之曰："师髫年颖悟，志趣不凡，绝嗜欲而究根宗，薄轻生而穷性命。……手飞绛雪，腹饱玄霜，万虑皆空，一灯独朗。犹自博极经史，淹贯百家，字妙钟，王，而三峡墨涛寒；诗羞李、杜；而八斗文渊洁。踞临济之席者，舍师而外，殆难先屈一指矣。……（于黔）三辟法坛，延师振铎，供帐甚盛，侍人毕集，诸所叩发，靡弗言下了了。闲即理涉深微，言难骤喻。师又广之以老庄，觉之以孔孟，再三开示以指归要道。……棒头喝底，聋聩皆惊，无智愚贤不肖，咸复见其本来各具之圣心，而不专逊美禹大人君子矣，其畴天之也哉"由此可见山晖《语录》之文彩与特点。

圆悟之首席弟子，木陈道忞（1596—16741），号山翁，广东茶阳（潮阳）人，有《语录》诗文行世。其黔中灯系：木陈道忞——芥庵琛一贵阳乾明行之显笃——安南万云卓庵明闲。行之，蜀人，避乱入黔，礼余山祝法，至南京蒋山参芥庵印证，回黔开建贵阳黔明寺。其灯可考者仅一传而已。

汉月法藏（1573—1635），号三峰，江苏梁溪（今无锡）人，得法于圆悟，学贯佛儒，倡为新说，溢出其师。雍正时，帝以政令毁其书，黜其徒，三峰一派遂绝。其黔中灯系为：

汉月法藏：
（1）利根继庆
（2）退翁弘储——轮庵超揆——习安狮林云庵智量

汉月灯系中与黔有关者仅二人，一曰云庵，一曰利根。云庵从轮庵得法于滇，在黔开习安狮子林寺。利根（1609—?），明天启间贵州赤水卫（今毕节赤水河一带）人，赤水卫指挥张大壮之孙。奢崇明叛乱，被俘作奴，后逃脱，始知其祖、父、弟等7人皆死于难，遂祝发入石龙山为沙门，更名继庆。旋至东南诸省参学，得为高僧汉月嗣法弟子，汉月以"利根"字之。复又参密云、雪峤二大师，皆获心印。所著诗文《霜柏集》，扬文骢为之序。宋征舆怜其家人死难之惨烈，作《张氏五忠传》彰显于世。《黔诗记略》存利根诗3首。陈垣先生说："明季黔僧，多非黔籍，黔之有高僧，自利根始。……然利根不遭家难，则未必出家，不出家则未必离乡井，参名宿，而得法于汉月，虽袭职，终不免为乡人而已。"[①] 此言是也。利根所以能称黔之高僧者，还与完成《嘉兴藏》（又名《径山藏》）刻印有关。万历三十一年（1603），紫柏老人被诬，死于京狱，经刻中断。将40年后，利根挺身而出，主持紫柏未尽之业，终于完成《嘉兴藏》正藏的刊刻：计210函，6930卷，1654部。并又上疏南明弘光帝，请御制序冠经册之首。颛愚衡和尚在《刻方册藏经目录序》赞曰："嗟哉！紫柏老人为此一事，海内奔驰三十载，所有当尽未尽之谋，利上座一一尽之，是紫柏老人与利上座可谓首尾一贯也。"利根还刻印《嘉兴续藏》之一部，康熙十五年，后人增刻完成，计有95函，3800卷，248部。康熙年间，后人又补刻之为《嘉兴又续藏》，至雍正元年（1723）完成，计有

---

① 陈垣：《明季滇黔佛教考》第286页，中华书局1962年版。

47 函，1880 卷，318 部，至此《嘉兴藏》全部完成。《又续藏》之末几函，载有黔燕居、善权、天一、善一等人的《语录》及《黔南会灯录》。《嘉兴藏》之完成以黔僧始，而《嘉兴又续藏》又以黔僧著述终，此中国佛藏刻印业之奇趣也。

灵药慧宗（1605—1670），湖南澧州人，参密云悟得法。因善治病，执主药寮，遂号灵药。清顺治十年（1653），由浙江天童山入黔，阐教贵州，西识清见和尚往参印证，后西识开法贵阳白云寺（终老塔于寺侧）赤松和尚亦在其门下披剃，灵药为其取名道领。旋入滇，历主昆明之五华、石屏之天宁、宁州之海镜、新兴之灵照、富民之西华诸刹，后示寂并塔于富民九峰山西华寺，有《语录》行世。

破石卓悟（1609—1653），蜀果城人，密云弟子，密云为他取号破石。后回果城罗汉寺。蜀乱入黔，在锦屏、石阡等地三住名刹，后在石阡旃檀禅院示寂。有《锦屏破石卓禅师杂著》一卷行世。

除此之外，又有统系俟考者 4 人：

楚眼襄——贵阳法华慧林如英
贵阳兴国祖融法印——贵阳观音梵行传性
遵义掌台大友圣符

其中大友和尚，即明末之文学大家陈启相（1612—1690）。陈启相，字枚庵，又作梅庵、放庵，号脯谷，又号无尽，四川富顺人。掌台山寺所存神主，称"传临济正宗第三十三代上圣下符友老和尚"，知为临济一系，但不知为何人灯系。从其落发前常与破山、敏树、大冶等相往来的情况推断，疑为敏树法嗣。南明永历间，官至河南道御史。寻弃官为僧，更名圣符，号大友。康熙元年（1662）来遵义，隐城南 90 里之平水里掌台山寺，自称掌山老人，足不出寺者将 30 年，诸达官欲致一见，卒不可得，年 80 示寂，葬掌台山寺。大友，乃明末之文章巨手，著有《掌山法语》、《紫云休夏集》、《摩诘诗评》、《平水集》百余卷。《遵郡纪事》评之曰："行文如烈马驭空，游龙戏水，不知其来。"《播雅》存其诗 19 首，《黔诗纪略》载其诗 20 首，《鸡山范志》录其诗 3 首。当启相逃禅遵义时，谈亮、罗兆甡诸子并从之游，得诗文传授，遂使黔北人才为之一开。谈亮，字晋若，启相同乡，明末走遵义避乱，永历间，官义宁知县、贵州麻哈州知州，启相妻以女。永历亡，随启相隐掌台山寺。康熙二十二年（1683）落发为僧，时已61岁。著有诗文数十卷，毁于火，仅存《卖愁闲录》一册，《黔诗纪略》录其诗14首。罗兆甡，字鹿游，湖北黄冈人，明永平府知府，明亡，隐遵义之龙坪，从启相游，有诗文传世。

以上为明清贵州临济禅宗灯系及其典籍著述之大略，其之特点为：

第一，清咸同年间，太平军兴，黔省爆发各民族大起义，四处战乱不已，贵州佛教的发展遭到严重打击，大多寺庙都尽毁于兵燹，贵州佛教由此一蹶不振，贵州临济禅宗灯系，亦遭支离破碎，其典籍著述，大多散失不闻。今日之所以能考黔中临济灯系者，全赖《黔南会灯录》和《锦江禅灯》，此二书所载之机缘法语，皆据各家《语录》，虽深浅精粗不一，概能自圆其说。可惜至今诸《语录》已十不存一，使人深以为憾。

第二，明万历以前，虽有临济禅宗传人至黔中弘教，然皆未形成如中原的临济门庭。明清之际，中原西蜀战乱，临济天童圆悟一系子孙纷纷入黔，贵州始有临济禅宗传灯系统，其中尤以破山一系最为繁盛。他们在黔中草衣木食，大建法幢；开宗弘教，接引禅僧信众；撰写诗文《语录》，阐发临济禅机，对贵州文化特别是贵州佛教文化的形成和发展作出了重大的贡献，在贵州佛教史上占有最为辉煌的一页。

第三，明清鼎革，满清政权取代汉族明廷，汉族士大夫有不愿做异族臣子者，遂逃禅以全其志节，此种现象在黔中临济禅宗灯系中较为突出。如策眉、希声、大冶、眼石、大友等人皆逃禅以为僧。黔中万山丛杂，地处边隅，非断绝俗缘者，不易至其地。明朝遗民为坚其心志，毅然至黔，故其所著，大多能超然物外，直指心源，说理宏通，探得禅机，是足以大振末世之宗风，为黔中著述大放异彩。

第四，明清黔中临济法系传灯较之东南诸省灯系更为流长和清晰。破山、浮石。木陈、汉月四系并传于黔，破山一系独盛，其门下十三子在黔中南北分化，各振家风，丈雪、敏树、雪臂三支，影响深远，法脉源远流长，绵绵不绝，皆代代相传至民国年间，对贵州明清佛教皆有扶衰起弊之功。

二、天台宗佛教在贵州

天台宗，因陈隋之际的创始人智者大师智顗常住浙江天台山国清寺而得名，又因以《法华经》为根本经典，故又称法华宗。从隋至明清，代有传人，谛闲、仁山诸名僧为晚近中兴天台宗大师。明清以来，黔中有不少以天台为名的佛寺，如息烽城北偏东 50 余里石头田的天台寺，明嘉靖间僧自玉建；平坝城南 20 里天台山的天台寺，建于明万历十八年；遵义城北 40 里的天台寺，清初僧垣一建；思南城南 80 里的义阳江中和城南 100 里，各有一座天台寺，均清康熙间建，等等，然却未见史志记载黔中天台宗僧人，上述寺庙，皆冠以天台之名，是否为天台道场，史亦无记载。考稽史实，贵州境内在清季前似无天台宗佛教的传播。

贵州地处西南边陲，西与云南接壤，北与四川毗连，东与湖南为邻，南与广西为界，境内山峦重叠，自古以来为"西南之奥区"。春秋战国，其地牂牁、夜郎崛起，秦汉初置郡县，历魏晋隋唐及两宋皆有建置，元代分属湖广、四川、云南三行省。明永乐十一年（1413 年），建立贵州等处承宣布政使司，始为一省。清康熙、雍正年间，割四川、湖南、广西部分地方来属，贵州全省疆域才自此确定，至今未变。由于立省较晚，开发较迟，又地势险要，山重水复，与中原诸省相比较，佛教传入贵州较晚，唐代才有佛教传入境中，唐宋之时，佛教发展亦远逊于中原和相邻的川滇两省。从古代天台宗佛教的发展传播来看，天台宗虽然是最早创立的中国佛教宗派，但它始终是一个地方性佛教宗派。从地域角度讲，天台宗的传播仅局限于江浙和湖北地区，其发展主要是以浙江天台国清寺和湖北荆州玉泉寺两大祖庭为中心而展开的。天台宗的祖庭意识和地域观念很强，一般不大会远离祖庭而四处传法，因而它没有成为流布全国的佛教宗派，这与禅宗完全不同。至元明以后，天台宗佛教的活动区域更趋狭小，在元代，甚至连其祖庭天台国清寺都易教为禅，其衰落可想而知。故元明以来的天台宗佛教要传入西南边徼之地的贵州，并在其地建立寺庙，开辟道场，基本上是不大可能的。

以拙意度之，贵州之有天台僧人，自民国天曦和尚始。天曦，湖北襄阳人，为上海龙华寺天台宗谛闲的嗣法弟子，是天台宗 44 世传人。民国初年曾至贵州盘县丹霞山任护国寺住持，弘传天台法教，是天台宗传入贵州之始。

天台宗佛教在智者大师创宗之时，他所提出的常坐三昧（又名"一行三昧"）和常行三昧（又名"般舟三昧"或"佛立三昧"、"诸佛现前三昧"）中已有净土信仰。至宋代，天台宗的发展渐与净土宗合流。明代藕益智旭（1599—1655）在天台宗传承系统中则别开灵峰（浙江孝丰智旭所住的灵峰寺，在今浙江省安吉县境内北天目山中）一派，综合禅教律会归净土。清代天台宗法脉不振，惟智旭所创台净兼修的灵峰派相承不替。据蒋维乔《中国佛教史》卷四考证，天台宗自高明寺百松大师以下，传授法脉偈有 64 字，其首四句云："真传正受，灵岳心宗；一乘顿观，印定古今。"明代天台山高明寺百松真觉（1537—1589）为重兴天台教观之第一世，幽溪传灯（1554—1628）为第二世，藕益智旭为第三世（法脉"正"字）。灵峰之后法脉为：藕益智旭——苍辉受晟——警修灵铭——履源岳宏——素莲心珠——道来宗乘——宏海一辅——智德乘勋——禅远顿永——观竺观义——所澄印鉴——迹端定融——谛闲古虚。经十余代传承，至光绪间上海龙华寺定融乃将天台灵峰法脉传予谛闲古虚（1858—1932），谛闲成为天台宗灵峰派第12世、天台教观第43世。谛闲受法以来，秉承灵峰宗旨，教宗天台而行归净土。其门下的著名弟子有倓虚（1875—1963）、宝静（1899—1940）、静权（1881—1960）、仁山（1887—1951）、天曦（？—1941）等，他们不仅南北弘传，使天台之教遍布中华大地（包括香港、台湾），而且远涉重洋，在东南亚、日本、美国等地区广泛传播。其中天曦将天台灵峰一脉引进贵州，在盘县丹霞山、贵阳大觉精舍大开道场，台净兼修，鲜明地体现了天台灵峰一脉的特色，培养了昌明、果明、超伊等人，不仅开启了天台宗在贵州的传播，而且扩大了净土宗的影响，使盘县丹霞山、贵阳大觉精舍成为天台灵峰一系在西南的重要道场。

盘县，明洪武年置普安卫，永乐间改置普安州，清嘉庆年改置普安直隶厅，光绪末年改名盘州厅，民国改为盘县。故明清史志，载丹霞山者，多云普安丹霞山。丹霞山，位于今盘县之南水塘镇东，距县城17公里，海拔1888米，一峰独耸，孤高奇秀。四周峰峦绿荫叠翠，花开四季，香气远溢，林藏珍禽奇兽。晨曦透薄，夕阳映浮云，呈丹色，故得丹霞山名。丹霞山寺庙，始建于明万历年间，为何人所建，史志没有记载。又据今寺僧考证，山寺始建于明景泰二年（1451年），天启二年（1622年）被毁，四年（1624年）复建。《徐霞客游记》中有"昔建玄帝宫，天启二年毁于蛮寇，四年，不昧师复鼎建"的记载。

不昧，法名海玉，云南大理人，祖籍江苏江阴。一说安徽人，俗姓金，是明朝的武将，天启初年，出家于云南的鸡足山，与鸡山悉檀寺（现祝圣寺）的海川和尚是禅宗临济正宗的同辈师兄弟。天启四年（1624年）他到丹霞山顶建丹霞寺，复建元贞观于山顶，建兜率宫于中，前后建梵宇数十间，环山置庄田，大开临济禅宗道场，鼎建10余年来，使丹霞山名声远播，川、滇、黔三省僧徒、信众朝山甚众。下传至清嘉庆时的隆成、隆普已12代，道光时的能照、能参，同治时的仁慧、仁芳13代和14代徒逐渐增修，及至光绪九年圣融、圣亮完成三官殿建筑为止，山上先后建成前、中、后殿及三官殿、禅房共48间，均缘悬岩绝壁依山砌石而建。崇祯十一年五月初一日，徐霞客曾至丹霞山考察，初三日饭后下山。其《黔游日记》详载其事，由此足见明季丹霞山佛法之盛。

不昧建寺后的15代徒圣融大师，是丹霞山中兴之主。圣融（一名胜荣），俗姓蔡，名静恭，贵州镇宁丁旗镇人，14岁到丹霞山出家，后为住持，精通佛典，僧徒数百，悉受教诲，能7日不食不饮而入禅定，曾往西藏拉萨求经。是时山寺已有千余石租，不免受劣绅敲诈勒索，圣融便于光绪三十二年（1906年）进京反映实情，巧逢慈禧太后寿辰，乃与鸡足山名僧虚玄和尚一同给慈禧祝寿诵经。嗣后于六月六日奉旨赐得藏经（现存贵州省博物馆）、銮驾、袈裟、玉印、玉环、金钵等作为镇山之宝。同时光绪帝下圣谕："黔之盘州丹霞山，为西南名山护国丛林，僧多田少，该庙所属土地国产，仅僧人衣钵之用，凡地方政府、学校、军民等，不得擅自动用田产或提租兴学，违者申奏论处。"按：丹霞山在唐代属盘州地界。圣融将圣谕做成五龙捧圣的金字大匾悬于大雄宝殿内，每年农历三月三日（不昧祖师诞日）都将钦赐銮驾展出以壮观赏而示威严，因此，改丹霞寺为护国寺，故丹霞山名声更为远扬，以至"三月三，游丹山"成为境中之节庆日，川滇及本省来进香者以千数，朝山旅游的人年胜一年。民国初年，天曦在丹霞山大开天台道场，弘传谛闲教法，遂使丹霞山天台佛教极一时之盛。

1916年天曦至贵阳住报国寺（今城西北石板坡）。1924至1940年，应华之鸿居士之邀住持贵阳大觉精舍。华之鸿（1871—1934），字延厘，后改为延仪，贵州贵阳人。14岁丧父，曾中秀才，清光绪二十二年任仁怀厅儒学训导。28岁（1902年），丁母忧，回贵阳经营盐业。光绪末年，出资办学、办报。曾出任贵州省商会会长及宪政咨议局议绅。宣统元年（1909年）参加组织"贵州宪政预备会"。贵州光复，成立大汉贵州军政府，先后任大汉贵州军政府财政部副部长兼官钱总办、贵州银行总理、都督府参赞等职。1917年，之鸿辞官，专心经营实业，先后创办贵阳文通书局和永丰造纸厂。又为继承其父联辉创办的仁怀成义茅台酒厂苦心经营，使茅台酒在1915年的国际巴拿马博览会上获奖。由于发展实业，他成为贵州最早的也是最大的民族资本家。晚年皈依佛门，乐善好施。

1920年之鸿独资开建贵阳大觉精舍。大觉精舍，俗称华家阁楼，为华家私人佛堂，在今贵阳市电台街116号，1924年建成。大觉精舍是贵阳的近代仿古建筑，阁楼为主体，名"佛楼"，共五层八角，高20余米，飞檐斗拱，画栋雕梁，蔚为壮观。时天曦法师云游至筑弘宣天台佛教，华家乃聘天曦为住持，天曦遂在精舍内大开天台道场。精舍内常住僧约30余人，多时达60人左右，生活所需，全由华家供给。延仪长女及幼子，均依天曦披剃。长女法名超灵，字妙喧；季子法名超∴（音乙，梵文），字妙明。延仪及其夫人寇氏亦发心皈依三宝，为天曦弟子。在华之鸿的支持下，天曦在舍内创办了天台讲习所，培育天台宗僧人。其时学僧甚众，最多时60余人，著名者有昌明、果明、超伊等人。1924年天曦又在舍内成立佛教流通处，其后亲赴上海请购来《碛砂藏》一部贮于舍内，以供学僧阅览。《碛砂藏》，南宋绍定四年（1231年）始刻板于平江路陈湖碛砂（今江苏吴县属）延圣禅院，迄元代至治二年（1322年）完成。1931年至1936年将该藏改为方册本，由上海影印出版，凡593册，1532部，6362卷。从1929年至1935年，天曦分别被当选为第三、四、五届贵州省佛教会理事。1940年，天曦回里省亲，翌年，在归黔途中，寂于湖南辰溪，黔中僧众迎其灵骨，塔于贵阳东山。

天曦贵阳大觉精舍的嗣法弟子最有成就者为昌明。昌明（1900—1949），俗名孙书香，法名超寂、念一、昌明，江苏涟水人。自幼勤奋，后毕业于政法大学。1928年，于涟水地藏寺出家，潜心研究佛学和医道。翌年至南京宝华山隆昌寺受具戒。越三年又到金山毗卢寺依端生法师研习天台宗，深得真传。瑞生与贵阳大觉精舍天曦法师同为天台宗43世祖谛闲大师门人，1936年乃推荐昌明至贵州，依天曦学习天台教义，成为天台宗44世天曦的传人，是为天台宗第45世。天曦圆寂后，遂继果明之后主刹贵阳大觉精舍，并在贵阳城东尖山坝讲学授徒，弘传天台宗。1941年应邀至安顺戴子儒居士家佛堂和县佛教会地（东林寺）讲学。次年四众弟子推举为安顺清凉洞和华严洞住持，乃在清凉洞中开办"五众佛学院"，传授天台佛学；举办少数民族儿童识字班，免费招收贫民子弟入学，又免费给附近穷苦农民治病施药，被安顺各界誉为"佛门楷模"。1949年4月10日，国民党89军特务将其暗杀于安顺西门两可间，郡中信众乃将其遗体移至清凉洞安葬。其著述有《极乐方便谈》、《心经客观谈》、《正方便乘》等。

近代贵州不仅有天台灵峰一系的传人及其所开辟的天台道场，而且还有先习天台而后归净土者，这主要是以广妙法师为代表。

广妙（1873—1946），号宏慈，贵州桐梓人，俗姓吴，青年出家，光绪三十年（1904年）在遵义西来寺本寿和尚座下受具足戒。旋至贵阳黔灵山弘福寺参学，后朝礼佛教四大名山，云游参学，多年研习天台宗。后又至苏州灵岩山习净土宗。1917年返黔，1919年任平坝高峰山住持，重修寺宇，新塑佛像。1924年贵阳东山栖霞寺住持崇觉圆寂，贵阳僧众盛邀广妙主刹，从1925年至1932年，广妙在东山重修栖霞寺，发扬灵岩山道风，弘传净土法门，使东山成为闻名全省的禅净合一的佛教道场。1932年，广妙在平刚、向义等省内著名居士的支持下，收回、恢复并重建贵阳黔明寺，并在舒家寨、朝阳洞修建下院各一所。

黔明寺又名乾名寺或黔明古寺，位于今贵阳市阳明路中段，旧称双土地街。寺建于明末，清乾隆三十六年（1771年）重修。据道光《贵阳府志》载："黔明寺在府城内西南隅双土地街，明末创建，乾隆三十六年重修。"此时有行之显笃禅师驻锡于寺，传木陈一系临济禅宗。

由于广妙法师曾习天台、净土二宗，又任过高峰山和东山的方丈，德高望重，以苦行著称，故黔明法席极一时之盛，其出家弟子有道慧、道学、道林、道痴、道智数人，寺内僧众有时多达200余人，在家皈依弟子竟达2万人。其中有贵州省主席周西成的夫人钱氏（法名道慈）、贵州省参议长平刚的夫人陈凤飞（法名道德）等，而周、平等诸宰官又皆为黔明寺之护法。其后中国佛教会贵州分会会址设于寺内，黔明寺遂成为贵州佛教的活动中心。

广妙不仅在贵阳栖霞寺、黔明寺弘扬净土宗，而且还不惜芒鞋，策杖省内各地广传净土，从而使净土思想在贵州得到了广泛的流传。据民国《镇宁县志》载，从民国14年到民国32年18年间，广妙就曾五次莅临镇宁创建弥陀法会。在广妙的影响下，贵州新兴的佛教居士团体，十之八九与弘扬净土有关，从而使净土宗风大振于贵州。1946年3月，广妙圆寂，贵阳万人空巷，约有6万信众参加葬礼。1948年广妙肉身塔于贵阳朝阳洞，平刚为之题写塔名。

民国以来，黔中天台宗、禅宗、唯识宗、贤首宗以及密教信徒兼修净土者极为广泛，对净土信仰在贵州的发展起到了推波助澜的作用。由于净土信仰的流行，观音作为阿弥陀净土的接引菩萨出现，并以大慈大悲、救苦救难的形象而深受士民的信仰，因此观音崇拜作为一种特殊的净土信仰也随之而兴盛，而在贵州民间社会，观音信仰甚至超过了阿弥陀净土信仰。因为对于贵州民间社会而言，下层民众因贫困、战争、天灾而长期处于生死存亡、流离失所的苦难环境中，观音的慈悲济世精神以及快速方便的解脱方式，给了他们求取生存和脱离苦海的某种希望。加之观音在四大菩萨中以女性形象出现，对深受压迫的妇女信众有极大的吸引力。在贵州历史上，妇女的整体社会地位极其低下，她们惟长辈与丈夫之命是从，而男子又往往习惯于把他们在社会中遭受的怨愤和压抑发泄在妇女身上，由此决定妇女普遍遭受欺凌而无抵御能力，其所受之痛苦较之于男子多得多，于是祈求佛菩萨特别是大慈大悲、救苦救难的观音菩萨的保佑乃成为她们无可奈何的出路。民国以来，贵州女性佛教徒特别是持有观音崇拜的中老年妇女数量激增，其源盖出于此。民国《第五行政督察区概况》载："本区人民，佞佛者最多，妇女亦不亚于男子，尤以仁怀、凤岗等县为剧，不特老妇诚愿皈依成佛，即少女亦多舍身梵庵，或深居永（咏）佛，矢志不嫁。……各县寺庙林立，全区共约千余所，僧尼万余人。"民国时期的第五行政督察区即为今黔北遵义地区，仅此一地即有寺庙上千所，僧尼万余人，信众多为妇女，且以净土念佛法门为皈依。因此对于贵州民间社会而言，净土信仰、观音崇拜乃日益占据主流地位。由是黔中各地建造的观音寺、观音殿、观音庙、观音祠、观音阁、大士阁、大悲阁、大士台、观音院、观音楼、观音洞、观音岩、观音山等，数量数不胜数，名目五花八门，种类亦应有尽有。每至观音会（观音节），香客蜂至，人涌如潮，其人数之众多，场面之盛大，活动之热闹，都远远超过其他佛教节日。

清末民初贵州居士佛教勃然兴起，其中净土信仰亦居于主导地位。黔中著名居士如聂树楷、周伯庸、徐露圆、王蔬农、张汝舟等人在修持上也是多以净土为指归。其中聂树楷、张汝舟等人还是印光大师的弟子。印光（1861—1940），陕西合阳人，法名圣量。曾于1886年在北京红螺山资福寺专修净土。从1937年始，驻锡苏州灵岩山寺，大开灵岩净土道场，被佛门信众准尊为净土宗第13代祖师。聂树楷（1864—1942），字尊吾，一字得庵，晚号謦园居士，贵州务川人。民国以来先后任毕节县县长、省长公署秘书、省选举筹备处处长、贵州通志局分纂。晚年在贵阳城南置宅，辟宅左地为謦园，学佛其中，天台、贤首、禅宗诸学皆精，最终皈宗净土，著有《謦园诗剩》、《謦园词剩》等。为贵阳觉园"净业念佛林"理事。周伯庸（1873—1960），名开忠，贵州三穗人，民国时期在昆明任《义申报》编辑，后回黔先后任省民政厅科长、贵阳导文中学国文教员、三穗中学筹备委员会副主任。著有《读阿弥陀经杂咏》，曾为第五届省佛教会理事。徐露圆，民国时为贵州高等法院代理院长，曾为第五届、第六届省佛教会理事。王蔬农（1864—1936），名敬彝，字蔬农，号癭叟，以字行，民国间曾任贵州通志局分纂、贵州文献征集馆副馆长，晚年署其居室名"柳癭庵"，学佛其中，著有《柳癭庵诗集》，曾为第五届省佛教会理事。张汝舟（1899—1982），名渡，字汝舟，以字行。安徽全椒人。1945年任贵州大学中文系教授，曾皈依印光大师，印光为之取法名慧度。他倾心净土，精洁虔慕，缁素共敬。

由以上粗略的考述中，当不难看出天台宗佛教在贵州传播的特点：

第一，清季以前的贵州境内尚无天台宗佛教的道场和僧人，明清以来，黔中有不少冠以天台之名的佛教寺庙，庶几可视之为天台宗对黔中佛教的影响。贵州之有天台宗道场和僧人自民国始。

第二，民国年间，天台宗佛教首次传入贵州少数民族地区，由此不仅扩展了天台宗佛教的影响，而且亦推动了贵州民族地区的道德进步和文化发展。贵州地处西南边陲，是一个多民族省份。除汉族外，有苗、布依、侗、土家、彝、仡佬、水、回、壮、瑶、白等40多个少数民族世居境内，其分布具有交错杂居和成片聚居的特点。天曦所开之盘县丹霞山护国寺天台道场，即位于彝、布依、苗等少数民族居住的中心，每年农历的三月三，周边少数民族群众都要朝山拜佛，天曦随机在丹霞山弘传天台佛法，普渡众生，当有功于当地士民之教化。天曦法子昌明在布依、苗、仡佬等少数民族众多的安顺地区大开天台讲坛，创建"五众佛学院"、举办少数民族识字班，免费招收贫民子弟入学，热心社会公益活动，深得当地少数民族的敬仰，以至境内民众多喜闻佛法，道德风气几为之一变。

第三，由于教宗天台而行归净土的天台灵峰一系在贵州的传播，对净土信仰在贵州的流行造成推波助澜的作用。自明代智旭创立兼修净土的"灵峰派"起，天台宗的净土回归倾向日益明显。至近代谛闲大师承传灵峰一系，更是将本系教宗天台而行归净土的法门发扬光大，这与中国近代佛教的总体趋势（佛门即净土）相吻合。谛闲之下的各大弟子各弘化一方，宝静继主宁波观宗寺；倓虚于东北创营口楞严寺、哈尔滨极乐寺、长春般若寺，于青岛建湛山寺；天曦于贵州住持盘县丹霞峰护国寺、贵阳大觉精舍，也都取"教宗天台而行归净土"之旨。由于天台灵峰一系在贵州的传播，以及禅、密、贤、相在黔传播亦都兼行净土，由之而使近代贵州佛教的总体趋势与全国同步，亦造成"家家阿弥陀，户户观世音"之局，而其中尤以观音崇拜最为兴盛，贵州近代的居士佛教，净土信仰亦居于主导地位。

三、梵净山佛教文化的主要特点

佛教文化是中国传统文化的有机组成部分，而贵州佛教文化则是中国佛教文化的有机组成部分。总体来说，贵州佛教文化的特征是既不脱离中原佛教文化这条主轴，又兼具西南民族地区佛教文化的特色，同时还保持自己独特的地域佛教文化品格。

贵州地处西南边陲，是一个多民族杂居共处的省份，同时，贵州也是移民较多的省份。现在贵州常住人口3900余万，其中少数民族占39.98%，中国的56个民族有48个民族居住在贵州，其中有47个少数民族，17个世居少数民族。17个世居少数民族分别是：苗族、侗族、布依族、土家族、彝族、仡佬族、水族、白族、回族、瑶族、壮族、畲族、毛南族、蒙古族、仫佬族、满族、羌族。贵州建省较晚，直至明永乐十一年（1413年）建立贵州等处承宣布政使司，贵州始成为一省。清康熙、雍正年间，中央朝廷划割四川、湖南、广西部分地方归属贵州，至此，贵州的疆域才得以确定。由于建省较晚，开发较迟，加之贵州又属于喀斯特地貌，其地群山逶迤，山重水复，地势险峻，阡陌纵横，因而与中原诸省相比，佛教传入贵州的时间较晚。仅就西南三省相比而言，佛教在贵州的发展也逊于川滇，中原佛教各宗在贵州的发展不如四川典型，而佛教与民族宗教文化的融合也不及云南浓郁。

贵州境内少数民族的分布呈现交错杂居、成片聚居的特点，如苗族分布在全省各地，尤以黔东南地区较为集中；侗族主要分布在黔东、黔东南地区；布依族主要分布在黔南和黔西南地区；土家族主要分布在黔东、黔东北地区；彝族、白族主要分布在黔西北地区；水族主要分布在黔南地区等等。在中原儒释道三教文化传入之前，贵州大部分地区多属巴楚所辖，各民族所信仰的是其本民族固有的原始巫教。《汉书·地理志》载："楚人信巫鬼，重淫祀。"儒释道三教传入之后，为求得自身的生存与发展，一方面三教之间彼此融合；另一方面，三教与民族地区的原始巫教之间也发生了互动和融合，如采用原始巫教的一些咒术、神祇、礼仪和民间信仰的元素，不断充实和改变自己的内容和形式，使得世俗化的宗教在民族地区获得了自己的生存和发展，结果形成了以佛教为主体的佛道儒巫混杂合流的文化格局和信仰格局。因此，贵州佛教文化内涵了极为丰富的地域文化和民族文化，并在多民族的传统文化中占有极其重要的地位。

黔北黔东地区为佛教传入贵州最早之地，最迟至唐代，佛教开始向其地传播，并深入影响到周边其他地区。梵净山位于与湘、渝、鄂三省市交界的黔东北边陲，是武陵山脉的主峰，山体庞大深邃，峰峦巍峨雄奇，最高海拔2572米。这里首先要区分四个容易混淆和模糊的概念：一是梵净山地区佛教，指的是武陵山区尤其是铜仁地区八县一市一特区的佛教，早在唐代，佛教便传入这里。二是梵净山周边地区佛教，主要指江口县、印江县、松桃县以及思南县、石阡县的佛教。有史料记载，宋时佛教便已传入这些地区。三是梵净山佛教，特指梵净山山体本身的佛教，元末明初时，佛教传入梵净山山内。四是梵净山自然保护区，位于贵州省的江口、印江、松桃三县交界处，总面积567平方公里，是中国6个加入联合国"人与生物圈"世界性自然保护区的成员之一。梵净山自然保护区与前面三者有重合的地方，但又不完全重合，有自己的独特所指，主要是自然环境意义上的概念。本文所说的梵净山佛教如果不是特别标注，一般来说主要指的是梵净山山体的佛教以及受其所直接影响的梵净山周边的印江县、江口县、松桃县以及思南县、石阡县的佛教。梵净山不仅为贵州的第一佛教名山，而且也是继山西五台山文殊菩萨道场、四川峨眉山普贤菩萨道场、浙江普陀山观音菩萨道场、安徽九华山地藏王菩萨道场之后的第五大佛教名山，是我国佛教名山中著名的弥勒菩萨道场。

梵净山佛教兴起于明初，然而早在唐宋元时期梵净山地区已受佛教的影响，在梵净山周围已建有佛教寺庙，如北有沿河的福常寺（唐），东有铜仁的正觉寺（元）、万山的弥勒寺（唐），西有印江的西岩寺（宋）、大圣墩铁瓦寺（宋）、思南中和山华严寺（宋）等。且早在宋建炎、绍兴年间（1129—1154）思州土官田祐恭即在今铜仁地区"建置僧寺"（民国《贵州通志·人物志·田祐恭传》），可见唐宋元时期佛教已开始向梵净山区推进。明初，梵净山已兴修梵宇，成为一方名胜，称"梵天净土"，由此得名"梵净山"，至此，梵净山名播海内，成为黔中佛法渊薮。明季万历年间，梵净山佛教呈现兴隆繁盛之象。清初康乾之世，梵净山佛教更盛于明，朝山之风百余年不坠，与蜀之峨眉、滇之鸡足鼎立西南，时人常将之与泰岱、匡庐并列。梵净山佛教鼎盛200年后，自嘉庆始直到光绪80余年间，连遭三劫，开始衰落。民国末年，梵净山寺庙惨遭破坏，寺产被毁，梵净山佛教一度衰落。改革开放至今，随着宗教信仰自由政策的落实，梵净山佛教又开始发展、兴盛起来。

梵净山是贵州第一佛教名山，其佛教文化具有贵州佛教文化的典型特征，可谓贵州佛教文化的集中体现。梵净山是武陵山脉的主峰，其佛教文化既受荆楚文化的影响，又有巴蜀文化的渗透，同时因为贵州是古夜郎国的腹地，梵净山地区是少数民族聚居地，其中尤以苗族、土家族分布最为广泛，因此梵净山佛教文化还具有贵州本土民族文化的特征。可以说梵净山佛教文化是以佛教文化为主，又融合了众多的地方文化和民族文化，是贵州佛教文化的典型图像。

考察梵净山佛教文化，可以看到其特点主要有三：

第一，弥勒菩萨道场。在贵州历史上，特别是明清以来，佛教在民间的影响最深最广者，是为净土宗，因为它能给生活在下层的穷苦民众以最形象最直接的终极关怀。这一方面是贵州佛教日益世俗化的结果；另一方面也是由于净土宗自身的特点所决定的。净土思想有着接近民间的两大特点：一是"借他力"，即主要不是依靠自己的修行努力，而是借助佛菩萨的慈悲弘愿来渡过苦海；一是"易行道"，即用不着苦苦坐禅或悟解佛理，只要通过做功德或称念佛菩萨的名号等简单行为一样可以取得正果。因此净土宗形成后，不仅迅速传播中原地区，而且亦盛行于西南的贵州境内。佛教的净土信仰，含有阿弥陀佛的西方极乐净土信仰、弥勒菩萨的兜率净土信仰、观音菩萨的信仰等多种。而在贵州尤以弥勒和观音的信仰最为突出。弥勒信仰与阿弥陀信仰之间有两个差别：一是兜率净土与人间同在欲界，故与阿弥陀净土相比，较易得度。二是弥勒下生救世，直接来到人间，较阿弥陀信仰更多地念及众生。因而这种弥勒信仰传入贵州后，立即得到贵州民众的欢迎。特别是明清时期，贵州境内饱受战乱和天灾人祸之苦的广大民众渴望太平安宁和快乐长寿，弥勒净土与弥勒下生救世正是他们梦寐以求的愿望。所谓黔东梵净山弥勒菩萨道场的出现并兴隆便是典型的一例。梵净山弥勒菩萨道场之说源自明代民间传说，明万历《敕赐碑》称"旧说者以弥勒、释迦二祖，分管世界，用金刀劈破红云顶，于是一山分为二山"，其后民间约定俗成，逐渐便把梵净山视为弥勒道场。明清以来，梵净山与四大名山并列而被人视之为第五大名山，是全国名山中著名的弥勒菩萨道场。由于弥勒菩萨的根本性德特征在于"大慈"，因此可以这样说，浙江普陀山是大悲菩萨观音的道场，山西五台山是大智菩萨文殊的道场，安徽九华山是大愿菩萨地藏的道场，四川峨眉山是大行菩萨普贤的道场，贵州梵净山是大慈菩萨弥勒的道场。

第二，临济禅宗独盛。禅宗佛教自唐宋时就应已传入黔中，唐代黔僧通慧，史志载曰"禅师"而不称"法师"，证明当时已有禅僧在境内活动。宋代绥阳的辰山寺，本名普福禅寺，亦当属禅宗寺院无疑。然通慧派属禅宗何脉，普福禅寺又属禅宗何宗道场，史料阙如，无可稽考。元代指空入黔，肇兴禅宗，其禅学虽近于中土的原始禅宗，然则仅是派属印度禅宗（禅学）系统，与中土禅宗有同源关系。中原临济禅宗传入黔中，赣人彭如玉当有开启之功[①]。明代，随着黔中土司流官崇佛兴寺，不少禅僧涌入境中，大开禅宗道场，如贵阳大兴寺的南宗、安顺圆通寺的悦禅等，他们究竟属于禅宗何派何脉？以意度之，宋明时期，禅宗的流行格局是"临天下，曹一角"，故他们理应属临济禅宗，然而史志均未见记载，无从详考。明万历以前，黔中临济禅宗仍零星散布，其法统湮没不彰，故少闻焉。万历以来，即使如著名的梵净山佛教，派属临济，其承恩寺妙玄和尚亦系临济传人，然其灯系因史缺记载，仅可略考。明季中原西蜀临济禅宗名僧大德纷纷涌入黔中，在黔中建寺庙，开道场，继法脉，由此而使黔中临济禅宗呈鼎盛之局。特别是临济禅宗天童圆悟门下四川破山一系，因地缘规律之故，入黔弘教者更是人多势众，一时如疾焰过风、群狮出窟，其十三子在黔中南北分化，各为一方宗主，大建禅寺，培养弟子，开宗弘教，接引信徒，士民一时望风景从，遂使破山一系临济禅宗独盛黔中，梵净山佛教受破山临济禅宗的影响便是典型例证。梵净山临济禅宗法脉正宗，源远流长：释迦拈花，迦叶破颜，迦叶乃成禅门初祖，经二十八代至菩提达摩。达摩东来，遂成东土初祖，以后二祖慧可，三祖僧璨，四祖道信，五祖弘忍，六祖慧能，衣钵代代相传。再后六祖传南岳怀让，怀让传马祖道一，道一传百丈怀海，怀海传黄檗希运，希运传临济义玄（？—867）。义玄乃临济禅宗的开创者，为第一世，其传承为：兴化存奖——南院慧颙——风穴延沼——首山省念——汾阳善昭——石霜楚圆。石霜楚圆门下分化出二派：黄龙派和杨岐派，黄龙慧南在隆兴黄龙山称宗，成黄龙派，不数传而绝。杨岐方会（992—1049）在袁州杨岐山称宗，后又恢复临济归称，弘盛天下。杨岐方会为临济第八世，其后经过二十二代传承至玄妙禅师，是为临济三十世，为梵净山佛教中兴之祖，其后又直传了九代，即梵净山九个字辈圆明真如性海寂照普。而杨岐方会之经过二十三代传承到破山海明，是为临济三十一世，破山传敏树如相、两生真从、半云如慧，为三十二世，敏树传天隐道崇和圣符道越二人，半云传天恒性佛，皆为三十三世，此三人直接开法于梵净山；两生传藏天明宣，是为三十三世，藏天传证觉修，是为三十四世，证觉开法梵净山坝梅寺。由此四系（天隐系、圣符系、两生系、

[①] 参见王路平《贵州佛教史》第一章、第二章，贵州人民出版社2001年版。

半云系），梵净山传得破山临济法脉。之后梵净山临济宗法脉，代代相继不断，传承有人，晚清以后，仍绵延不绝，直到民国后期。由此可见梵净山临济禅宗法脉之流长，影响之深远。

第三，佛道儒巫混杂。明清时期，贵州佛教已形成佛道儒巫混杂合流的格局，而贵州佛教名山大多在明清之间成名，故多有佛道儒巫诸教并存于一山之中。梵净山从明清以来，先后在山中建有近百座寺庙，以四大皇庵四十八座脚庙最为著名，除佛教寺庵外，还有行司庙、镇山庙、大兴庙、白神庙、净王庙、火神庙、关帝庙、水府庙、文昌阁、万寿宫、太阳庙、三府庙、龙王庙、玉皇庙、向（相）王庙、白虎庙、三王殿、石方庙、水塘庙、黑神庙、土王庙、三清观、城隍庙、炎帝庙、真武观、山王庙、武圣宫、东岳庙、祖师庙、崇德庙、斗姥阁、轩辕庙、禹王庙、司王庙、梓潼阁、阎官庙等。这些寺庙中，除供奉有佛菩萨像，还奉祀有孔圣、玉皇大帝、真武大帝、东岳大帝、炎帝、关帝、药王、轩辕、阎王、禹王、方昌、斗姥、雷公、圣母、龙王、城隍、土地、土王、火神、水神、黑神、飞山公、二郎神、白虎（山王）、三王、许真君、武威菩萨、总管菩萨（李显忠）、四官菩萨（严、罗、唐、冉）等。不过这些神祇在梵净山整个信仰格局中扮演的是辅助性的角色。这主要表现在三个方面：一是在梵净山佛教信仰体系中，以某一专门方面的功能神身份作为佛教的附庸和配角。如白虎庙中奉祀的白虎神，又称山王或向（相）王，梵净山土家族认为白虎是他们的祖先廪君，为梵净山护山大神，主安宁康乐，故崇拜之。但它与关帝、药王、阎王、黑神、龙王、城隍等神祇一样是梵净山佛教的护法神。二是这些神祇变成了佛教传播的载体，因而在当地民间一般都把他们称为菩萨，如土王菩萨、土地菩萨、相王菩萨等。三是这些神庙的管理，一般都由僧人管理，属于梵净山佛教的脚庙。这在佛教传入梵净山之前是不可能有的，这一方面反映了佛教深入到了民间，民间诸神多依附佛教，成了佛教与民众联系的又一纽带；然而另一方面，这类祠庙存在于梵净山的佛教信仰体系中，又模糊了它们与正规佛教寺院之间的界限，因为祠庙主供的是各类杂神，而非单纯的佛像。于是梵净山就常常出现了佛仙鬼神同庙共祀的现象，神系庞大驳杂，各族皆有，各教杂处，其神祇几乎无所不包，应有尽有；山中的佛教庙会亦可谓五花八门，有农历正月初一的弥勒会（弥勒诞辰日），正月初九的玉皇会，二、六、九三个月的观音会，其他还有龙王会、关帝会、土母会，等等，名目繁多，因之表现出佛道儒巫混杂的特征。

梵净山佛教文化代表了贵州佛教文化的典型图像，在一定意义上，可以说它是贵州佛教文化的缩影。

四、梵净山佛教文化旅游的价值

当前旅游业发展的一个突出特点是旅游文化性竞争日益激烈，利用文化来发展旅游，繁荣经济，提升人们的生活质量，已成为旅游发展的大趋势和主潮流。为此中央高度关注贵州旅游的发展，贵州省委、省政府也相应提出了贵州要大力发展文化旅游的思路。今年年初国务院制定下发了2012年2号文件《关于进一步促进贵州经济社会又好又快发展的若干意见》，首次从国家层面把文化旅游创新区纳入贵州发展的五大战略定位之一，其战略目标是把贵州建设成世界知名、国内一流的旅游目的地、休闲度假胜地和文化交流的重要平台。贵州文化旅游创新区的开发建设，必将突破过去以观光旅游为主题的单一模式，实现以体验贵州地域文化为深度内核的文化旅游，从而为贵州区域经济发展带来新的增长点。为了又好又快、更好更快的发展，为与全国同步建成全面小康、实现经济社会发展历史性跨越，为抓住中央高度重视贵州大发展的历史性机遇，为在新一轮西部大开发的竞争中占据主动，贵州文化旅游的发展应突出自身特点，发挥自身优势，挖掘自身内涵，打造自己的世界级文化旅游品牌，为此我们提出大力开发贵州梵净山佛教文化旅游的战略构想。要描绘这一战略构想，首先就要厘清梵净山佛教文化旅游的价值，而要厘清梵净山佛教文化旅游的价值，就必须要讨论这一论题中的几个关键词，即文化、文化旅游、佛教文化、价值等，最后再谈梵净山佛教文化旅游有哪些价值。下面依次讨论。

（一）文化的含义和功能

文化是民族的血脉，是国家的根本，是旅游的灵魂。当代美国学者约瑟夫·奈提出的"软实力"，其占首要地位的，就是文化的吸引力和感染力。何谓文化？文化是一个非常广泛的概念，给它下一个严格和精确的定义是一件非常困难的事情。迄今为止仍没有获得一个公认的、令人满意的定义。据统计，有关"文化"的各种不同的定义至少有二百多种。笼统地说，文化是一种社会现象，是人类在社会历史发展过程中所创造的物质财富和精神财富的总和，是人类长期创造形成的产物。

文化的含义有广义与狭义之分。广义的文化，着眼于人类与一般动物、人类社会与自然界的本质区别，着眼于人类卓立于自然的独特的生存方式，其涵盖面非常广泛，所以又被称为大文化。从内容看，大文化既指人类征服自然、改造自然、人化自然的实践活动、实践过程；又指人类通过物质和精神生产实践所创造的一切物质财富和精神财富。狭义的文化，排除人类社会历史生活中关于物质创造活动及其结果的部分，专注于精神创造活动及其结果，主要包括宗教信仰、风俗习惯、道德情操、学术思想、文学艺术、科学技术、各种制度等，所以又称为小文化。1871年，英国文化学家泰勒在《原始文化》一书中提出了狭义文化的早期经典界说，即文化是包括知识、信仰、艺术、道德、法律、习俗和任何人作为一名社会成员而获得的能力和习惯在内的复杂整体。一定的文化（当作观念形态的文化）是一定社会的政治和经济的反映，又给予巨大影响和作用于一定社会的政治和经济。

关于文化的结构，学界有两分说：即分为物质文化和精神文化；有三层次说：即分为物质、制度、精神三层次；有四层次说：即分为物态、制度、行为、心态。物态文化层是人类的物质生产活动方式和产品的总和，是可触知的具有物质实体的文化事物。制度文化层是人类在社会实践中组建的各种社会行为规范。行为文化层是人际交往中约定俗成的以礼俗、民俗、风俗等形态表现出来的行为模式。心态文化是人类在社会意识活动中孕育出来的价值观念、审美情趣、思维方式等主观因素，相当于通常所说的精神文化、社会意识等概念。总之，精神财富的创造，这是文化的核心。

再说文化的功能。古汉语中"文化"源自《周易·贲卦·象传》"观乎人文，以化成天下"这句话的缩语。到西汉刘向《说苑·指武》开始正式有了"文化"一词："凡武之兴，为不服也；文化不改，然后加诛。"指的是文治（制度）和教化（教育）。现代意义的"文化"一词是20世纪初由欧洲经日本传入中国的。"文化"译自拉丁文中的Colere一词，本义指耕种土地和植物培育，后来引申为一个广泛的概念，用以指称人类在社会发展过程中所创造的一切物质财富和精神财富的总和。结合这两个方面来说，文化的本质含义和功能是自然的人化和人文的化人，是人和社会的存在方式，人通过实践活动，不仅改变了客观世界，同时也改变了人自身。"人化"是指按人的方式改造世界，使外界事物带上人文的性质；"化人"是指反过来，即再用这些改造世界的人文成果来提升人的精神，开启人的智慧，陶冶人的情操，净化人的心灵，提高人的素质，并内化为人的品格，使人的发展更文明，更全面，更自由。用今天十八大报告的话来说就是"引领风尚、教育人民、服务社会、推动发展"。在西藏佛教寺庙中，我们经常会看到一种神像，其结构由三部分组成，下面是兽，中间是人，上面是神（佛菩萨）。例如大威德金刚神像，是藏传佛教格鲁派的护法神，藏语称为"雅曼达嘎"。常见的形象有九个头，下面是大水牛形，张着血盆大口，有34只手，16条腿，中间是人形，最上面一个头是如来形，象征他是阿弥陀佛化身而来。他为了教令法界，变化成威武愤怒的模样，也就是说以威猛力降伏恶魔，这就是"威"，以智慧力摧破烦恼业障，使众生从无明中解脱出来谓之"德"，合称大威德金刚或大威德明王。这就是大威德金刚以文化化人。人从动物而来，有动物性，如果停留在这个层面，就是野兽，所以以文化之，使之上升为人，具有人性，成为人。因为一切众生都有佛（神）性，故再教化之，使人从无明中解脱出来达到最上层的佛菩萨（神）的境界。《圣经》说"要在这个世界之中，但不要属于这个世界"，与这个世界保持必要的张力。中国先秦时期的哲学大师荀子也说过对人要"化性起伪"。"伪"就是人为的意思，是人创造的礼法文化，"伪者，文理隆盛也"[①]，通过长期的教化，学习文化，人就会形成善与美的品格，"人之性恶，其善者伪也"[②]，"无性，则伪之无所加；无伪，则性不能自美"[③]。由此可见，文化化人的力量是何等的重要。广义的文化映示着在历史发展过程中人类的物质和精神力量所达到的程度、方式和成果。从产生看，是以区域世界的文化形态出现的，不同区域有不同的文化特色，对人类文化作出了各自的贡献。从发展看，人类文化是历史地发展着的，是人类进化能力不断提高的体现。

（二）文化旅游

旅游业是"无烟产业"，是随着人类社会发展而兴盛起来的"朝阳产业"。自上世纪90年代以来，旅游业的发展已经在世界经济的发展中占据了相当重要的地位。1992年世界旅游的收入首次超过石油、汽车工业而成为世界上的第一大产业。在旅游业日益成为一个国家或一个地区的一项重要经济支柱产业的今天，文化在旅游业中的经济意义已经越来越凸显其魅力，特别

---

① 《荀子·礼论》。
② 《荀子·性恶》。
③ 《荀子·礼论》。

是富有深厚底蕴和历史积淀的区域性特征的文化，对旅游业可持续发展的深层影响已经越来越引起国内外各级政府以及业内人士的关注。同时，现代旅游业的发展趋势，仅以自然景观和人造景点作为吸引游客的手段已经不能满足广大游客的需求，而对一个区域的历史文化的寻访与感悟则成了现代人旅游的热点。根据世界旅游及旅行理事会（WTTC）2004年对旅游者的旅游动机进行的有关统计，在商务、度假、购物、探险以及文化体验五种旅游动机中，文化体验居于首位[①]。21世纪是人类进入知识经济的时代，伴随着知识经济的发展，文化旅游以其丰富的形式、深刻的内涵和独特的方式而成为当代世界旅游业发展的新潮流，文化旅游在当前全球旅游市场中已越来越占据重要份额，从而成为推动旅游产业高速发展的新的经济增长点。因此，每个地区要想把旅游业推上一个新的台阶，使之成为当地一个新的经济增长点，必须关注和推出具有影响力的本土文化及本土文化旅游。

"文化旅游"是指旅游者通过对旅游资源文化内涵的特殊体验，获得精神愉悦和文化享受的一种旅游活动和行为。它既是一种文化生活，又是一种综合性的社会经济活动。它包括历史文化旅游、建筑文化旅游、宗教文化旅游、园林文化旅游、民俗文化旅游、饮食文化旅游等，因而文化旅游是集文化、经济、科技、教育、旅游于一体的大旅游，具有开放性、多元性、综合性、动态性、功能性和创造性六大特色，具备吃、住、行、游、购、娱六大要素。文化旅游包括三个内涵：一是文化是旅游者旅游活动的本质属性，即专指与文化成果有关的人文景观的旅游活动。二是文化是旅游者旅游活动的动机和动力，即旅游者出于感知、了解、体察异地或异质文化的动机而经历的旅游活动，寻访"文化"、了解"文化"、享受"文化"、消费"文化"是旅游者旅游活动的出发点和归宿点。三是文化是旅游资源的魅力所在，即指在生态旅游中含有人文元素的旅游活动。从生态旅游而论，许多自然资源虽然本身不具有文化属性，没有历史文化色彩，但自然美无疑需要从文化层面来鉴赏，需要历史文化和科学知识来解释，需要靠文化才能提升其品位，丰富其内容，增加其色彩，这样才会使生态旅游资源具有无穷的魅力。由此可见，文化是旅游的灵魂，以人为本是现代文化旅游业的核心。文化旅游开发的实质就是以人为本，按照旅游市场要素开发和配置历史文化、社会文化等人文因素的

---

① 参见平文艺《四川文化旅游发展理论与实证研究》第10页，四川出版集团·巴蜀书社2007年版。

资源，拉动旅游者文化旅游的消费需求，在终端形成文化旅游产业体系。文化旅游的开发，可以避免走单向度地开发自然景区、过度开发生态旅游资源的歧途，从而使旅游业走上可持续发展道路。

（三）文化旅游在当代旅游业中日益占据主导地位

作为一种社会现象，旅游在一定的社会时期表现为不同的形式，现代社会决定了旅游已不再仅仅表现为一种休闲方式、一种度假行为、一种观光活动，而是表现为一种深层次的文化体验。在现代社会中，随着现代工商业浪潮冲击全球，出现了世界范围内的三大现代社会病：即人与自然的异化、人与社会的异化和人与自我的异化。由这"三大异化"而构成的日常生活世界，或使人感到生活的无聊、沉闷、枯燥、乏味，以至出现"现代性焦虑"，或令人产生灰暗感，忧郁感、虚无感、荒诞感，以至出现"生命不能承受之轻"，于是人们渴望克服和消除这种"现代病"，而通过文化旅游则能获得相对的和暂时的克服和消除。文化旅游世界是不同于日常生活世界的一个崭新世界，人们能够借助这种旅游发现意义，获得新生。"我们之所以能够禁受得住漫长的日常生活中的这一切，原因在于我们的梦想中还怀有一个假期，还怀有一个到远方旅行的承诺。旅游的作用，就仿佛一个美丽的点缀，是灰暗的日常生活中的亮点。它意味着康复，意味着新生。只有经过这样的旅游（行），我们的存在才能得到证明。"[①] 我们要去旅游，因为远方有故事，因为有不同的文化体验，可以激发自身的荷尔蒙。最壮观的景色我们已饱览，最险恶的风景我们已穿越，最艰苦的航程我们已一寸寸挪过，最苍凉的海天一色我们已一分分领略，当我们离开这个世界之时，或许我们不会感到遗憾！因此通过文化旅游可以相对的和暂时的克服和消除"三大异化"：[②]

一是克服和消除人与自然的异化。在现代社会中，人在功利主义的驱使下，总是以自我为中心，对自然界，人们主要考虑的是如何征服自然、战胜自然，甚至竭泽而渔，破坏自然。结果人与自然发生异化，使自然遭到空前的污染和破坏，由此导致了全球性的人类生存危机。于是人们迫切要求寻找

---

① 谢彦君《现象世界的旅游体验：旅游世界与生活世界》，载《旅游学刊》2006年4期。
② 这种文化旅游很大程度上只能是相对的和暂时的。例如著名作家三毛（陈昌平），一生到处旅游流浪，走过59个国家和地区，出版过23部作品，但仍然找不到人生的归宿和心灵的安顿。她的爱人何西之死，更让她绝望，于1991年1月4日在台北自杀，享年48岁。

到真正的自然而回到自然，回归生命的中心，感受切实的存在，于是反璞归真、天人合一、回到自然的生态旅游和纯真的民族文化旅游便成为了当代人类的时尚。实际上，这是当代人类的净土意识在旅游活动中的反映。而贵州的苗、侗等少数民族文化旅游、夜郎文化旅游成为当代人旅游的热点，便是这种要求的反映。

二是克服和消除人与社会的异化。由于今天社会一切向钱看的商品经济带来的负面影响，使人与人的关系变成了物与物的关系，唯利是图、金钱交易成为了人际交往的价值准则，人与人之间、人与社会之间遭到了空前的异化。于是人们迫切需要人与人之间的真诚友爱，迫切要求社会的和谐。这时候，人们的精神世界特别需要得到本土文化的抚慰，需要从传统文化中吸取力量，而中国古代儒家的"仁者爱人"、"和而不同"的哲学理念得到了当代人的认同。当代中国人热衷于中国文化旅游，其中包括儒家文化旅游，这实际上是当代人类的寻根意识（包括寻找身根和寻找灵根）在旅游活动中的反映。目前在国内以及贵州日益兴起的阳明文化旅游潮，正是这种意识的反映。

三是克服和消除人与自我的异化。人在现代社会中生活，不断地被物化、机械化、商品化、零件化、工具化、平板化，人日益成为非人，成为物质的奴隶、金钱的走狗、经济的动物，人日益发现自己的生活变得没有目标，人生没有意义，人丧失了自我，人没有理想、没有信念、没有希望，在精神上处于无家可归的状态中，生命处于极度的焦虑之中。人们往往发出这种感叹：人在江湖，身不由己；人在婚姻，爱不由己；人在官场，话不由己；人在单位，事不由己；人在世上，命不由己，人生无奈，有何归己？于是越是科学技术、工商业发达的地区，它的宗教文化就越是兴盛，人们的宗教文化旅游活动就越是高涨。这实际上是当代人类的终极关怀意识在旅游活动中的反映。人生活在这个世界上，不仅仅是为了吃穿住，还要寻找生活的意义。所以康德说人是一个形而上学的怪物，所以他的哲学最终要为宗教信仰留下地盘。人不是单纯的活着，它还要追问活着的意义。尼采说人生真正的痛苦不在于痛苦本身，而在于为了没有解决存在意义这个难题而感到痛苦。人如果始终处于假丑恶的境遇，人就不能成为终极意义上的人。人需要真善美，人需要生活有意义。宗教文化终极关怀的深刻性和前瞻性，符合当代人追求思辨和探索未来的特性，因而宗教文化旅游才能在当今世界范围内掀起一个长久的热潮。正是基于此，贵州的梵净山佛教文化旅游将会有一个美好的未来。

根据以上分析，可以预言，文化旅游将成为 21 世纪人类旅游的主题，并在旅游业中占据主导地位。以今天的贵州为例也说明了这一点，由于文化与旅游的深度融合发展，推动了贵州旅游业的大发展。2011年，全省旅游总收入1429.48亿元，是2004年的8.53倍，年均增长36.77%；接待旅游总人数1.7亿人次，是2004年的6.8倍，年均增长32.03%；旅游总收入在全国排名由2004年第23位上升为第15位，接待总人数由2004年的第24位上升为第19位；旅游总收入和接待总人数为34.7%、31.8%，分别排全国第7位、第5位。旅游业增加值410亿元，占全省GDP的7.1%，旅游业增加值在全省第三产业增加值中所占比例达15.5%，为全省经济增长和促进就业做出了重要贡献。2005年至2011年，全省A级旅游景区由9个增加到79个，其中5A级从无到2个，4A级由1个增加到22个；旅行社由168家增至284家；星级饭店由177家增至347家。逐步形成了旅游产品的多元化、旅游线路的精品化。① 而随着互联网的高速发展，贵州文化旅游亦将越来越风生水起。

（四）梵净山佛教文化旅游的价值

贵州历史悠久，文化丰富多彩，具有很多世界级的文化旅游资源。我们生活在贵州应该对我们的文化有自知之明，并对其发展历程和未来走向有充分的认识，要有文化自觉。有了文化自觉才会有文化自信，即我们要对贵州自身的文化价值要充分肯定，对贵州自身文化生命力要有坚定信念。只有具备了文化自信的气度，我们才有文化的自信心和自豪感，才能在历史长河中保持自己、吸纳外来，从而形成独具特色、丰富多彩的贵州区域文化。提升文化自觉，增强文化自信，目的是要实现文化自强，即立足自身的实际、依靠自己的力量、突出自己的特色，走出一条创新型的文化发展道路。

梵净山系中国武陵山脉（横跨湘、鄂、渝、黔四地）主峰，位于今贵州省铜仁地区，不仅为国家级自然保护区和联合国"人与生物圈保护网"（MAB）成员，而且在历史上是西南佛教圣地，为著名的弥勒菩萨道场，与四大名山并列为第五大名山。在贵州文化中，梵净山佛教文化具有鲜明的地方民族特色、悠久的历史积淀和博大精深的文化内涵。梵净山独特的佛教文化旅游价值，概括言之，约有以下八个方面：

价值一：装点关山——人与生物圈保护的神圣净土

---

① 《旅游·文化·三农工作助推贵州与全国同步实现全面小康——专访省委副书记王富玉》，《当代贵州》2012年9期。

梵净山在地球上的位置是北纬 27°49′50″—28°1′30″，东经108°45′55″—108°48′30″，其最高峰凤凰山海拔为 2572 米，处于贵州高原东部向湘西丘陵过渡之间。其东起江口县快场的顺水坝，西至印江县永义乡的团龙，南至江口县太平的月亮坝，北抵印江县木黄镇的打磨沟。东西宽 21公里，南北长 27 公里，总面积 567 平方公里。据地质学家考证，在地球造山运动中，梵净山是我国黄河以南最先露出海面的古老台地，至今约 14 亿年。梵净山生态原始，生物多样保留完好，是西南物种发源中心之一，为地球同纬度上唯一的绿洲。梵净山的自然景观非常丰富，具有古老、奇特、多样和丰厚的特点。梵净山集峨嵋之秀、黄山之奇、华山之险、泰山之威于一体，聚怪石、奇树、天风、云海、妙泉、珍禽、异兽、佛光、古寺、高台之奇妙景观于一山，自古就有"众名岳之宗"的美誉。

一是奇峰异石。梵净山随处可见造型奇特的山峰怪石，山随路转，移步换景，呈现不同的观感。梵净山最能体现这一特点的要算红云金顶。金顶高约百米，海拔 2493 米，中部裂缝名为金刀峡，其峡将金顶一分为二，上有一座仿佛岌岌可危的天桥独兀相连两山。山上各建有一庙，左面供奉释迦、右面供奉弥勒。红云瑞气常绕四周，人称红云金顶，谐"鸿运金顶"。红云金顶状若飞天游龙，又似佛手二指禅，同时还像人类的生命图腾。根据其形而又称"天下第一峰"。金顶周围奇峰异石，造型奇特，万卷书、蘑菇石、老鹰岩、翻天印、龙头石、太子石、晒经台等山石形象逼真、栩栩如生、意蕴深刻。

二是云海波涛。梵净山风云变幻，云雾滚滚，气候变化莫测。所谓"一山有四季"在此得到了充分的体现。一天之中，梵净山山上、山腰、山下的气候都会有所差别，其主要原因是山体海拔落差较大，由此而形成植被以及气候带分布的不同，而梵净云海就是其具体表征。哪怕是在炎热的夏日，人在山脚时还是晴空万里，走到山腰可能就会烟雨蒙蒙，雾霭升腾。而到达金顶，可能就会烟消云散又或者是云遮雾绕。真是有移步换景的奇妙，同时体验四季的不同。从金顶远望，梵净山云海极其壮观，白云无际，浓密处如堆积的新絮，稀疏时像薄洗的轻纱。

三是佛光幻影。在梵净山上，每逢雨后初晴的上午 9 时前或下午 4 时后，在金顶或金顶附近，在与太阳相对的云雾中将会出现巨大的七彩光环，光环中嵌有人影，人动影动，见到幻化的佛像，神奇至极，这就是梵净山著名的佛光。来到梵净山的人，无论是游历山水的游人，还是朝山拜佛的香客，内心都有一个愿望,那就是能够看见梵净山的佛光,从而得到佛的赐福,获得平安吉祥。

四是山花红叶。梵净山植物极为丰富,奇花异草比比皆是,红花绿叶四季不败。一年四季,总看得见各种各样美丽鲜艳的花儿,有号称"花中西施"的杜鹃,有雪白飘逸的鸽子树珙桐、有纯洁娇艳的玉兰,等等。这些美丽脱俗的花儿在茫茫林海中亭亭玉立,一年四季轮番开放,置身其中,仿佛徜徉在花的海洋,花香氤氲,令人心醉神迷。花儿虽美艳绝伦然而却绝不羸弱,它们不择地势,不择环境,随遇而安。无论是在低洼的溪谷,还是在贫瘠的山脊,亦或是在陡峭的悬崖,乃至迎着劲风的山梁,一样的绽放,一样的灿烂,一样的充溢着生命饱满的活力和昂扬的斗志。冬去春来,四季轮回,花开花谢,然而梵净山却没有完全寂寥的时刻,总会有各种美丽的山花装点着佛山胜地。

五是横桥溪涧。梵净山中,到处遍布着山泉溪涧,随处可见各样石木桥横跨溪流上。山风微微,流水淙淙,飞鸟鸣啾,人行桥上,兴味盎然。桥是贯通交通之所在,桥是沟通阴阳的连接,桥是人们对于未知世界的试探性触摸,桥是心灵与现实的一种梦幻般的嫁接,桥代表了太多的意象。因此桥让人们如此倾心,如此信赖,如此向往。而梵净山众多的桥中,有小巧精致的独木桥,有横跨山崖、雄踞两山、令人惊若天工的石拱桥。而最为典型的要算联结红云金顶两座佛殿的石拱天桥,天桥架于险峻的金刀峡之上,桥面宽1.86米,长5.41米,高3.9米,拱跨5米,凌空千尺,蔚为壮观。

六是洞穴天成。梵净山上有很多天然的洞穴,且造型奇特,形状怪异,其中较为著名的有观音洞和九皇洞。观音洞位于红云金顶的半山腰,是绝壁上的一处石穴,依山悬空建成石屋,石屋下面是万丈深谷,石屋内供奉观音菩萨。在民间,观音洞又叫做"打儿洞",传说长期未生育子女的善男信女向金顶磕三个响头,再带一小石头丢入金顶半腰这个洞中,必得菩萨赐予子女并健康成长。九皇洞位于红云金顶北约1公里处,为一天然石洞,面积100多平方米,洞内供奉有九皇娘娘(九皇娘娘传说是明朝的一李姓皇后,虔心信佛,后在梵净山九皇洞修炼佛道,最后成道而白日飞升)。传说这里是九皇娘娘修炼之处,洞门为块石砌成,洞内有皇娘梳妆井和磨簪石等。

价值二:名山之宗——五大名山中的弥勒道场

梵净山不仅为国家级自然保护区和联合国"人与自然生物圈保护网"(MAB)成员,而且在历史上是西南佛教圣地,是著名的弥勒菩萨道场,为第五大佛教名山，无论是从面积、高度、寺庙规模、数量，梵净山都可与四大佛教名山比肩齐名。明《敕赐梵净山重建金顶序》说它为"众名岳之宗"，即中岳河南嵩山、东岳山东泰山、西岳陕西华山、北岳山西恒山，南岳湖南衡山，而梵净山则为五岳之宗，名振四海。如果说浙江普陀山是大悲菩萨观音的道场、山西五台山是大智菩萨文殊的道场、四川峨眉山是大行菩萨普贤的道场、安徽九华山是大愿菩萨地藏的道场，那么贵州梵净山则是大慈菩萨弥勒的道场。

梵净山作为弥勒菩萨道场之说渊源有自，而非纯粹的空穴来风。其一，据民间传说，唐代高僧玄奘即与梵净山有密切关系。据《唯识三字经》记载，玄奘是弥勒信仰传承体系的第六代，其前五代都是印度人，玄奘大师实为中土第一代弥勒信仰的传嗣祖师。据说当年玄奘大师西天取经返回中土过程中，所乘白马一路穿云破雾，当白马前蹄正好缘融梵净山时，玄奘大师顺手从马上撒下一迭经书，佛经落地，因缘得当，随即扎根显定，构成如今梵净山的"万卷书"神迹。相传若有人读得通这"万卷书"，深明佛理，便可直升兜率天，亲聆弥勒说法。由此可见，梵净山与弥勒因缘非同一般。其二，据明万历间户部郎中李芝彦撰刻的《敕赐梵净山重建金顶序碑》称"立天地而不毁、冠古今而独隆者，无如四大名山，而不知此黔中间之胜地有古佛道场，名曰梵净山者，则又天下众名岳之宗也！""旧说者以弥勒、释迦二祖，分管世界，用金刀劈破红云顶，于是一山分为二山"，左属释迦，右归弥勒。人们便称这条被劈破的裂缝为"金刀峡"，分别在"红云金顶"上修建了释迦、弥勒二殿。不仅让弥勒与释迦并列，而且拜佛者在拜释迦后，要跨越天桥才能去拜弥勒。这就突出了弥勒的至尊地位。此外，在老金顶前的原建通明殿主位仍是供奉弥勒佛，意谓兜率天教主弥勒居此，通体光明，照耀世界，故名通明殿。弥勒是未来佛，要在释迦之后才来人间，故现世仍以菩萨相示人，故古佛道场乃是指弥勒菩萨道场。可见，梵净山自古确为弥勒净土道场。所以梵净山《敕赐碑》载："所谓大地乾坤，无边法界，极乐天宫乎？"正是对弥勒道场的描述。而且梵净山乃天然大佛，从凤凰山观老金顶，俨然弥勒应现而变的巨大坐像；从老金顶观新金顶，恰又是法相庄严的金身弥勒。若从棉絮岭远眺，金顶山系连成一体，身首分明，神态逼真，确系随地安卧的弥勒大佛。尤其是，梵净山巍峨博大，佛缘深广，风卷云来，云卷佛来，瑞气回环，变化莫测，天际佛光之中常显弥勒法相，其景观为天下名山之少有，使亲临者无不感叹古佛道场神秘而恢弘之气派。特别是，梵净山作为弥勒菩萨道场信仰自明朝万历皇帝、清朝康熙皇帝先后为之敕封以来，逐步发展为以红云金顶为中心，象征须弥山和兜率天的符合佛教世界构成观的基本模式，并逐渐形成以山顶主寺为镇山印号、四条进山大道上的四大皇庵和周边合理分布四十八脚庵的辉煌寺院建筑框架。其三，《九皇洞碑》位于九皇洞附近，建于嘉庆五年（1800年），记述了释迦、弥勒在此山修因："山灵地杰，圣地者必载圣人也。故释迦、弥勒二佛在此修因，行满而登无上大觉，至尊……人事毕矣。僧赖佛而修，或焚香火，或讽诵，或持密咒，摄念山林，亿千万载，精进持净戒，由如获明珠美……流玉一蓑，僧或在岩穴，或在古洞，餐疏饮水，或饥馁数日，如重耳在宋，子在陈，伯夷居首阳山无异也。"由此民间更是约定俗成，逐渐便把梵净山视为弥勒道场。

明清以来，梵净山与四大名山并列而被人视之为第五大名山。山西五台山，长约100公里，环基250公里，面积336平方公里，最高峰北台山海拔3061米，素有"华北屋脊"之称，山中寺庙开建于汉代（今显通寺前身，即汉明帝敕建的大孚灵鹫寺），最盛时，山中寺庙达300余座。浙江普陀山，南北长8.6公里，东西宽3.5公里，面积12.5平方公里，最高峰286.3米，开建于唐代，明代以来，山中有80余寺庵，120余处茅蓬。四川峨眉山，面积300多平方公里，主峰万佛顶海拔3079米，高差2600米，从山麓至顶有50余公里，开建于晋代，最盛时，山中寺庙达150余座。安徽九华山，面积120余平方公里，主峰十王峰，海拔1344米[①]，始建于唐代，最盛时，山中寺庙达150余座。而贵州梵净山，东西宽21公里，南北长27公里，总面积达567平方公里，从山脚至山顶垂直高差2000米左右，方圆800余里，以凤凰山、老金顶、红云金顶为主峰，最高峰凤凰山海拔2572米，开建于明初，历代所建寺庙先后有近百座，其中的五大皇庵（承恩寺、天庆寺、朝天寺、坝梅寺、护国寺）及其四十八座脚庵为最著名。梵净山有十大奇绝景观：怪石、奇树、天风、云海、妙泉、珍禽、异兽、佛光、古寺和高台。故无论是从面积、高度、佛教寺庙规模、数量，都可与四大名山比肩齐名。故云梵净山是第五大佛教名山，是全国名山中著名的弥勒菩萨道场，诚非虚言。

梵净山大金佛寺内的金殿供奉着世界最大的"金玉弥勒"圣像。"金玉弥勒"圣像为天冠弥勒像，根据经典传承的弥勒形象敬造而成，圣像高达5米，

---

① 以上四大名山的最高程根据来源于国家测绘局和建设部2007年4月27日公布的《我国19座名山的高程数据》。

由金身、佛光、白玉莲花台、须弥底座四部分组成，共耗用250多公斤黄金，采用中国传统宫廷手工绝技敬造而成。2012年被上海大世界基尼斯授予"大世界基尼斯之最"。金玉弥勒与梵净山交相辉映，形成了金顶、金殿、金佛的壮丽景观，梵天净土的佛教圣境。

价值三：禅净合一——禅宗文化的地域现象

梵净山临济禅宗法脉正宗，源远流长：释迦拈花，迦叶破颜，迦叶乃成禅门初祖，经二十八代至菩提达摩。达摩东来，遂成东土初祖，以后二祖慧可，三祖僧璨，四祖道信，五祖弘忍，六祖慧能，衣钵代代相传。再后六祖传南岳怀让，怀让传马祖道一，道一传百丈怀海，怀海传黄檗希运，希运传临济义玄（？—867）。义玄乃临济禅宗的开创者，为第一世，其传承为：兴化存奖——南院慧顒——风穴延沼——首山省念——汾阳善昭——石霜楚圆。石霜楚圆门下分化出二派：黄龙派和杨岐派。黄龙慧南在隆兴黄龙山称宗，成黄龙派，不数传而绝。杨岐方会（992—1049）在袁州杨岐山称宗，后又恢复临济旧称，弘盛天下。梵净山破山系，从杨岐方会始，经过二十三代传承至破山，其传承系统如下：

  杨岐方会——白云守端（九世）——五祖法演（十世）——昭觉克勤（十一世）——虎丘绍隆（十二世）——应庵昙华（十三世）——密庵咸杰（十四世）——破庵祖先（十五世）——无准师范（十六世）——雪岩祖钦（十七世）——高峰原妙（十八世）——中峰明本（十九世）——千岩元长（二十世）——万峰时蔚（二十一世）——宝藏普持（二十二世）——虚白慧昺（二十三世）——海舟永慈（二十四世）——宝峰智瑄（二十五世）——天奇本瑞（二十六世）——无闻明聪（二十七世）——月心德宝（二十八世）——幻有正传（二十九世）——密云圆悟（三十世）——破山海明（三十一世）。

破山海明再下传敏树如相、两生真从、半云如慧，此三人皆为临济三十二世，敏树传天隐道崇和圣符道越二人，半云传天恒性佛，皆为三十三世，此三人直接开法于梵净山；两生传藏天明宣，是为三十三世，藏天传证觉修，是为三十四世，证觉三十四世，证觉开法梵净山坝梅寺，由此四系（天隐系、圣符系、两生系、半云系），梵净山传得破山临济法脉。之后梵净山临济宗法脉，代代相继不断，传承有人，晚清以后，仍绵延不绝，直到民国后期。由此可见梵净山临济禅宗法脉之流长，影响之深远。

当代台湾禅学专家圣严法师在评价明末佛教的历史地位和时代特色时指出："明末佛教，在中国近代的佛教思想史上有其重要的地位，上承宋元，下启清民，由宗派分张，而汇为全面的统一，不仅对教内主张'性相融会'、'禅教合一'以及禅净律密的不可分割，也对教外的儒道二教，采取融通的疏导态度。诸家所传的佛教本出同源，渐渐流布而开出大小、性相、显密、禅净、宗教的局面，到了明末的诸大师，都有敞开的胸襟，容受一切佛法，等视各宗各派的伟大心量。姑不论性相能否融会，显密是否同源，台贤可否合流，儒释道三教宜否同解，而时代潮流之要求彼此容忍，相互尊重，乃是事实。"[1] 梵净山禅宗多从破山禅法而来，破山禅法一方面继承了古代临济宗棒喝齐施的峻烈家风，另一方面又把禅净教律协调为一，同时又提倡佛儒融通，佛道儒三教合一，从而在禅学思想上反映出鲜明的调和色彩，表现了明末以来禅宗演变的时代特色。梵净山临济禅宗破山子孙的禅法风格大致应不出破山禅法的这种范围，带有"容受一切佛法，等视各宗各派"的调和融通特色。正惟有此特色，故梵净山佛教表现为上扬与下行两个方向，上扬的方向，参禅悟道，修学佛学，以理性的精神开拓梵净山佛教的生命空间，由此梵净山吸引了大量的文人学者来寻求生命关怀；下行的方向，朝山拜佛，念佛放生，以信仰的要求来表达梵净山佛教的象征力量，由此梵净山吸引了大批的普通民众来寻求心灵的慰藉。通过上扬门与下行门两个方向的辩证发展，良性互动，维系了梵净山佛教数百年的繁荣，在明清时期形成了兴盛不衰的香火道场。

价值四：多元共振——佛道儒巫混杂的文化景观

明清时期，贵州佛教已形成佛道儒巫混杂合流的格局，而贵州佛教名山大多在明清之间成名，故多有佛道儒巫诸教并存于一山之中。梵净山从明清以来，先后在山中建有近百座寺庙，以四大皇庵四十八座脚庙最为著名，除佛教寺庵外，还有行司庙、镇山庙、大兴庙、白神庙、净王庙、火神庙、关帝庙、水府庙、文昌阁、万寿宫、太阳庙、三府庙、龙王庙、玉皇庙、向（相）王庙、白虎庙、三王殿、石方庙、水塘庙、黑神庙、土王庙、三清观、城隍庙、炎帝庙、真武观、山王庙、武圣宫、东岳庙、祖师庙、崇德庙、斗

---

[1] 圣严《明末佛教研究·自序》，台湾东初出版社1987年版。

姥阁、轩辕庙、禹王庙、司王庙、梓潼阁、阎官庙等。这些寺庙中，除供奉有佛菩萨像，还奉祀有孔圣、玉皇大帝、真武大帝、东岳大帝、炎帝、关帝、药王、轩辕、阎王、禹王、方昌、斗姥、雷公、圣母、龙王、城隍、土地、土王、火神、水神、黑神、飞山公、二郎神、白虎（山王）、三王、许真君、武威菩萨、总管菩萨（李显忠）、四官菩萨（严、罗、唐、冉）等。不过这些神祇在梵净山整个信仰格局中扮演的是辅助性的角色。这主要表现在三个方面：一是在梵净山佛教信仰体系中，以某一专门方面的功能神身份作为佛教的附庸和配角。如白虎庙中奉祀的白虎神，又称山王或向（相）王，梵净山土家族认为白虎是他们的祖先廪君，为梵净山护山大神，主安宁康乐，故崇拜之。但它与关帝、药王、阎王、黑神、龙王、城隍等神祇一样是梵净山佛教的护法神。二是这些神祇变成了佛教传播的载体，因而在当地民间一般都把他们称为菩萨，如土王菩萨、土地菩萨、相王菩萨等。三是这些神庙的管理，一般都由僧人管理，属于梵净山佛教的脚庙。这在佛教传入梵净山之前是不可能有的，这一方面反映了佛教深入到了民间，民间诸神多依附佛教，成了佛教与民众联系的又一纽带；然而另一方面，这类祠庙存在于梵净山的佛教信仰体系中，又模糊了它们与正规佛教寺院之间的界限，因为祠庙主供的是各类杂神，而非单纯的佛像。于是梵净山就常常出现了佛仙鬼神同庙共祀的现象，神系庞大驳杂，各族皆有，各教杂处，其神祇几乎无所不包，应有尽有；山中的佛教庙会亦可谓五花八门，有农历正月初一的弥勒会（弥勒诞辰日），正月初九的玉皇会，二、六、九三个月的观音会，其他还有龙王会、关帝会、土母会等等，名目繁多，因之表现出佛道儒巫混杂的特征。

佛道儒巫众多的文化类型，灿烂的佛教文化，盛大的宗教节日，构成了梵净山佛教文化旅游资源的显著特色。在这样的佛教文化圈中，由于各民族相对集中的交错杂居，使各民族文化自然能够互补共振，相得益彰，多元一体，由此可使游客在有限的空间里和较短的时间内，体验到如此众多的民族构成的多姿多彩的地域文化、民族文化和佛教文化。

价值五：洞天佛地——西南岩洞文化的典型形态

我国西南地区是喀斯特地貌分布的主要地区，面积共达55万平方公里，而贵州17.61万平方公里中喀斯特面积达到13万平方公里，是我国最大的喀斯特地貌分布区，有"喀斯特王国"之誉，是西南喀斯特地貌（岩洞）文化的典型地区。其地崇山峻岭，悬崖峭壁，石岩洞崖众多，素来号称"万洞之省"。故贵州僧徒士民辟建佛教寺院道场多利用天然洞崖，依山而建，据崖而立，入洞而构，以至贵州佛教洞穴石崖之多，几为西南之冠。清乾隆年间云贵总督福安康在《新葺飞云洞殿阁记》中，亦曾指出："黔古牂牁地……夫浮屠之说，清静无为，而世所称洞天福地，大都处于荒远奥僻桑麻不树之区，故宜佛焉。"[1] 而梵净山的地区僧徒士民辟建的佛教洞穴石崖则遍布梵净山中。

梵净山的红云金顶（新金顶）高近百米，周围仅20—30米，从山顶拔地而起，立于武陵山脉之巅，一柱擎天，风雷不动。峰顶至山腰，裂隙为二，两峰间相距最窄处不足一米，而沟深却达三四十米，这就是著名的金刀峡。清康熙《贵州通志·山川》有一段文字描述当时的梵净山：

> 梵净山，一名月镜山，在乌罗司北六十里。群山耸峙，分为九支。中拥一峰，周围仅数丈，突兀陡绝，其高千仞，中如斧划，麓缔而颠连，划处隔五六尺许，名曰金刀峡，峡有飞桥相连。左右皆立梵宇，广阔可容数十人。寺侧各有石，名曰说法台。陡者攀铁絙以上下，如蹈空而行，鲜不骇目惊心。寺在极顶，风峭不可瓦，冶以铁。来游之客，千里风烟一览而尽。又山傍石出如笋者数四，悉穿窿拔峭，有曰拜佛台，曰香炉峰，曰棉絮崖，曰炼丹台，曰藏经崖。井曰定心水。山后有池，曰九龙池。又有辟支佛遗迹。山下九十九溪，环绕纡折而通楚蜀。黔中胜概，无踰于此。访之中州名山，亦未多得。[2]

在新金顶半山腰的观音洞，洞门是一个石缝，仅尺余宽，依绝壁而立，壁上有几个圆形的石窗，从窗口可远眺梵净山万里风光。另在老金顶上的九皇洞是两崖间的一处石穴，在石穴前后，垒石为壁，上覆以石板为瓦，石穴上方石壁上刻有"洞天佛地"四个大字，下方就以石坎为龛，供奉九皇娘娘。

红云金顶、老金顶、观音洞、九皇洞等，是梵净山洞穴岩文化的典型代表，使梵净山不愧为西南著名的洞天佛地。

价值六：凌空据险——山地寺庙的建筑艺术

中国佛教文化博大精深，佛教寺庙建筑更是精深佛教文化的物质载体。

---

[1] 清嘉庆《黄平州志·艺文志》。
[2] 康熙·曹申吉主修，潘驯、吴中蕃主撰：《贵州通志·山川》，贵州省图书馆复印本，第250页。

中国古代一般寺庙的建筑布局，大多是以中轴线正面中路为山门，山门内左右分别为钟鼓二楼，沿中轴线第一重为天王殿，殿内供弥勒及四大金刚塑像；第二重即为大雄宝殿，供佛祖释迦牟尼；第三重为观音殿或本寺主供的菩萨殿，主供观音菩萨或其他菩萨；第四重为法堂，这是演说佛法、皈戒集会之处；最后一重是藏经楼。配殿、僧房、斋堂则分列正中路左右两侧。这种南北纵深中轴线组织的寺庙空间对称稳重且整饬严谨，前后建筑起承转合，前后呼应。然而梵净山上金顶的寺庙却多因处于万山群集之地，只能因山循势而建，合雄、奇、险、危为一体，具有山地建筑的特色。例如红云金顶的释迦殿和弥勒殿，都是四面临万丈悬崖，凌空据险，分列金顶左右，两殿格局基本相同，面宽5.4米，进深5.5米，中隔金刀峡，中间仅有一石天桥横跨，因处金顶之巅，风峭雨厉，只能覆盖铁瓦。位于金顶半山凹处的观音殿（观音洞），面积仅20余平方米，亦是两面临悬崖，其险无比。

此外，梵净山以四大皇庵四十八脚庵分布全山，以金顶"敕赐圣旨承恩寺"为金顶正殿，号令全山，以四大皇庵分据四大朝山道路，以四十八脚庵星罗棋布于山上山下，体现了历代建筑大师独具匠心的艺术风格。

承恩寺，四大皇庵之首，承恩寺分为山上金顶寺院和山下脚庵承恩堂坝梅寺（天林寺）。因梵净山一到冬季，金顶周围便大雪封山，僧众难以生活，必须到山下脚庵越冬，开春以后才上山，故山上山下寺院联成一个整体。山上寺院明代称"金顶正殿"，又名承恩殿，俗名上茶殿，始建于明万历初年，万历四十六（1618年）年钦令重建，同年敕建全山四大"天"字号寺院：天林寺、天庆寺、朝天寺、天池寺，人称四大皇庵。清康熙十五年又重建。承恩寺位于新老金顶之间鞍部，雄踞梵净山中心，为山中诸寺之宗，为梵净山上最大寺庙。

坝梅寺，后归属为承恩寺山下脚庵，原名天林寺，又名承恩堂，位于梵净山西麓，扼西南朝山道，因在坝溪、梅溪之间，故俗名坝梅寺。始建于明初，明万历四十六年，敕封皇庵，画栋雕梁，规模宏大，占地约4亩。

天庆寺，四大皇庵之一，位于今印江县木黄镇建厂乡金厂村九台山腰，扼北朝山道，始建于明初，重建于万历初年和四十六年，受敕封为皇庵。至清康熙元年（1662年）思南营都督府总镇王平捐银360两，住持僧深持扩建。殿宇宏大，有佛殿僧房九重共117间，占地约3亩余，为梵净山寺产最多的寺庙。

护国寺，四大皇庵之一，原名天池寺，明末改为天池院，清代名护国寺，位于印江县朗溪镇张家坝大园子村,扼西朝山道,始建于明万历初年,重建于明万历四十六年,敕封皇庵。

朝天寺,四大皇庵之一,又名天冲寺,位于梵净山东北麓的三角桩山顶,有梵净山南天门之称,始建于明万历四十六年。清咸同年间毁于兵燹。道光六年(1826年)由隆参和尚重建,光绪五年(1879年)又毁于兵燹。旧时朝天寺有山林万亩,田产200余亩,是梵净山最富裕的寺庙之一,故有"朝天寺的银子"的美称。这四大皇庵,大都居于梵净山的风水宝地,即寺庙建筑基址背后有座山"来龙",其北有连绵高山群峰为屏障;左右有低岭岗阜"青龙白虎"环抱围护;前有池塘或河流婉转经过,水前又有远山近丘对景呼应。寺庙建筑恰好处于这个山水环抱中央,背山而面水,虽前临危箐,后倚险峰,却有护寺之幽而无逼迫之势,有朝阳之垲而无其孤,深得地脉之正。四大皇庵选址的妙处在于对所处的山地进行了巧妙的运用,使山石环立的不利因素变成了有利因素,在寺庙周围形成了自然的山门屏障,因势利导,将整个寺庙建筑与周围环境和谐地统一起来,使寺庙建筑具有了独特的山地特色,由此而使这四大皇庵之风景成为一方之冠。

梵净山寺庙建筑作为梵净山佛教文化旅游的重要资源,其开发与利用为游客了解中国佛教文化提供了良好的契机。在人们进行旅游鉴赏时,应通过梵净山丰富多彩的寺庙建筑,了解梵净山的佛教文化,认识佛教寺庙建筑结构,有方向有目标地去体会梵净山佛教文化乃至中国传统文化的博大精深。

价值七:历史积淀——发思古幽情的名山文化

梵净山是中国第五大佛教名山,著名的弥勒菩萨道场,千百年来佛教文化的历史积淀,成就了"梵天净土,弥勒道场"的美誉。今人畅游梵净山,看到山中的寺庙、遗迹以及许多高僧大德的碑文,对于过往的历史和人物,对于曾经盛极一时的佛法,不禁生发思古之幽情。

例如梵净山著名的一座比丘尼庵,名太平寺,位于今印江木黄镇昔平村金厂河畔,风景优美。寺前有盛产黄金的金厂河萦绕而过,三面群山环抱,左右两侧林木葱郁,土家村寨隐约可见,鸣鸣狗吠相闻。上有小桥流水,下有水车转动。在清初破山系著名禅师天隐道崇、大凡昌宗等皆住锡该寺,临济宗佛教曾极一时之盛。清末以来,太平寺由女尼住持,先后有传月、万炳、策福、达园、秉坤、净参等尼师。20世纪80年代初仅存观音堂三间,厢房二间,为印江县佛教协会所在地,寺中有比丘尼5人。1985年住持尼慧松法师(1926—1997,俗名陈代儒,贵州松桃人,5岁出家,拜净参尼师为师)致信原全国政协副主席、中国佛教协会会长赵朴初先生，要求复修该寺，得到赵朴初先生的大力支持。1988年贵州省政府拨款19万元重建大佛殿。现全寺占地面积1300平方米。太平寺自清末以来均为比丘尼住持，寺尼擅长女红，尤工于织线毯，绣工精细，远近闻名，故有"太平寺的女子"的雅称。

朝阳寺，位于梵净山东南麓的江口县德旺乡德旺村朝阳山上，因山得名，始建于明代。朝阳寺是20世纪80年代初梵净山中仅存的两座寺庙之一（另一座是太平寺），全寺为四合院，占地400余平方米，正殿5间，左右厢房各2间，寺内佛像造型生动，颇见功力。寺四周3公里内土地，20世纪50年代以前皆为寺产。森林保护较好，虽曾遭乱砍滥伐，仍古木参天，宜于避暑。

天马寺，位于梵净山东麓松桃苗族自治县乌罗镇毛溪村双凤山下，原名永兴寺、永兴堂。始建于明朝洪武六年（1373年）。永乐十一年（1413年），废除思州、思南二宣慰司建乌罗府时，寺庙曾一度毁于兵火。万历四十六年（1618年）重修。清朝康熙年间，寺庙香火十分旺盛，成为当地和邻近府、县善男信女的朝拜之地。道光《松桃厅志》记载："寺在双凤山脚，古树槎枒，绿云一片，时有钟声破烟而出。"

吕大器，字俨若，四川遂宁人，南明兵部尚书兼东阁大学士。南明永历元年（1647年）归蜀，永历帝以经略督川滇黔兵马职，屯于川东石柱司。同年五月，其与孙可望的国史检讨方于宣，于梵净山建水月亭（又名水月庵），与黔中名士作新亭之会。据道光《松桃府志·古迹》载：

> 水月庵，距城六十五里，在乌罗司小寨地，修竹茂林，山环水抱，庵左石壁高约十丈，阔如之。上有故明逸臣遂宁吕大器题云："丁亥暮春，予自闽粤奉二亲家此。时同行为国史简（检）讨方君于宣。相与临流陟峻，选胜挹幽，终日不倦，遂开此亭之胜。岂曰曲水修禊，亦犹白下新亭之会也。夏五月朔日，亭成，与诸名士落之，以待来者。"

吕大器石刻，镌刻在水月庵亭阁旁的崖壁上，整幅石刻长1.1米，宽0.9米，至今完好。临见此景此物，联想当年吕大器抗清逃禅之事，不禁使人感慨系之！

价值八：激扬文字——名人文士吟咏的诗文楹联

梵净山是一个文化宝库，至今还留下无数古代名人文士吟咏的诗文楹联。

在悠久的历史过程中，梵净山作为佛教圣地，其瑰丽奇绝的景色，山中僧人神秘的生活，高耸云端的寺院，佛法兴衰的历史等等无不展现在古代名人文士的笔下。大体而言，主要包括三个方面：

其一为歌咏梵净山自然人文美景。例如清代雍正年间举人，曾官都匀教谕的沿河县人李连璧登临梵净山，感觉身处仙境。其《题梵净山》诗云："名山崛起净无尘，立地参天亘古今。说法台前红日霭，讲经石上白云横。清江雨露千秋润，金顶光明万象新。人道黔南名胜景，谁知即此是蓬瀛。"意即梵净山崛起于远古之时，立地参天，亘古未变，观之尘俗不染。拾阶而上，说法台前红日蔼蔼，讲经石上祥云笼罩。山间树木伴随清江雨露愈现苍翠，红云金顶直插九天苍穹，光明乍现，万象俱新。身临其中，恰似处于蓬瀛仙境。

其二为描绘梵净山中僧人日常生活。清代道光年间举人，松桃县人刘光宗为雨所阻，在梵净山水月庵小住，写有《水月庵为雨所阻》诗云："风雨漫天殢笋舆，丛林小住意萧疏。重寻旧日留题处，正值高僧出定初。野鹤窥人崖竹动，涧松摇影水窗虚。凭栏我已尘机静，笑结清缘悟六如。"诗人因风雨漫天，暂住于山上的水月庵，百无聊赖之际，重寻旧日题诗之处，恰逢寺内高僧禅定结束，两人谈禅论道，崖间翠竹上野鹤也似在听闻，山涧幽松，涧边僧舍也倒影涧水之中，凭栏而望，虚室生白，了无俗念，顿悟佛家六如（人生如梦、如幻、如泡、如影、如露、如电）之喻。

其三为透过梵天净土来回顾历史、叩问心灵。例如清光绪时先任贵东道道员，后任贵州按察使的易佩绅题护国寺联云："护国镇威灵，回忆十数年前，蛮障纷披，狼烟竞起，犹幸帷幄暂驻，拾蚕丛，开鸟道，化草木以回春，从此梵贝宣和，万家长隶慈悲域；黔山资保障，纵横千百里外，澧沅横带，衡岳相望，深惭履屦未临，扶天心，窥月窟，感风云而变色，谨记危言献瑞，一派齐歌雅颂声。"

围绕梵净山进行的散文创作的内容则主要集中在写景抒情、议论、叙事三个方面。其中最有价值的当数著名的《敕赐梵净山重建金顶序》碑文（简称《敕赐碑》），此碑建于明万历四十六年（1618年），碑文竖排，楷书1349字，其中序文833字，附文514字。碑文由北京户部郎中李芝彦撰写。全文气势恢弘，言简意赅，对梵净山的地理位置、山形地貌、古迹名胜、历史传统、佛事兴衰、历史影响等皆有形象生动的描写。此外，梵净山其他名人文士写景抒情的散文，在描绘梵净山奇异风光的同时抒发感情，或有感于梵净山之灵异奇谲，或有感于梵净山之福泽苍生，或睹梵天净土而有感于世人为名缰利锁羁绊，或为梵净山清幽宁静的氛围所染顿生出尘之思，借景抒情，或寓情于景；议论性的散文，或阐释对佛教修行的看法，或对比佛家与儒家的孝道，由于作者对所论之事有情感参与，理解的结果有情感的融入，所以此类议论性散文，就不是一般干巴巴的议论，而是寓含了生活情感的思想；叙事性的散文所涉及的范围较广，或言开山建寺之不易，或言与寺庙兴废关系密切的战乱，或言寺庙范围所至，或言当地官府对寺庙山林的保护，或言大德高僧生平事迹、籍贯法号及法脉世系等，所叙之事是研究梵净山佛教发展历史的极为宝贵的一手资料。

通过以上八个方面的探讨，我们可以看到作为第五大佛教名山的梵净山佛教文化旅游价值是何等的巨大、珍贵和独特。然而，梵净山的知名度与当前开发的规模和成效并不相称，离第五大佛教名山之称谓尚有一定距离，这其中包括了多方面的原因：如学术上对梵净山佛教文化的深入研究不够；山中各寺庙分布较广，属地管理不一，各自为主；现有的旅游基础设施及相关配套设施较差；缺少佛教名山文化旅游氛围的营造；作为佛教文化圣地的弥勒菩萨道场的品牌内涵和核心价值彰显不充分；地形地貌复杂，交通不方便，等等。对于这些问题需要另外专门进行研究探索，在此就不一一讨论了。

五、佛教与贵阳黔灵山旅游业

黔灵山乃贵阳旅游名胜之首，位于筑城西北隅，总面积300余公顷，由杖钵峰、宝塔峰、钵盂峰、三台峰、狮子岩、象王岭、大罗岭、檀山等峰峦组成。大罗岭为全山最高峰，海拔1500多米。黔灵山自1957年起被辟为公园，2000年被国家旅游局评定为国家4A级旅游景区。目前，它年接待游客量达到近1000万人次，最高日接待游客量竟达5万人次，成为贵州旅游景点的一个典型代表，这在全国中心城区的旅游景区中也是为数不多的。黔灵山的开发，旅游业的兴旺，在很大程度上得助于黔灵山的佛教。因此，探寻和揭示黔灵山佛教与旅游业之间的内在联系，有益于正确认识佛教在黔灵山的开发中所发挥的重要作用和历史影响。

（一）佛教徒与黔灵山旅游业

佛教在唐代从黔北传入黔中，至元末，佛教影响已遍及全黔。黔灵山到明代已开始受到佛教影响。明弘治《贵州图经新志》载："圣泉，在治城西五里，自山麓涌出，消长不一。本朝镇远侯顾成甃石为池，覆以亭，……亭侧有观音堂，郡人岁时灼观焉。"圣泉亭侧之观音堂可能亦是顾成所建①。黔灵山的麒麟洞，旧名唐山洞，明弘治年间贵阳举人越英《唐山洞》诗有"野寺月明禅榻寂，崖阴春至薛萝悬"②之句，可知当时洞前有禅寺。大旅行家徐霞客《黔游日记》载："崇祯十一年戊寅岁（1638）四月十一日至贵州，十二日止贵阳，游古佛洞。"系指今黔灵山九曲径上之"古佛洞"（又名"苦佛洞"），乃当时苦行佛者栖身之所。至清康熙年间，赤松在黔灵山创建弘福寺后，黔灵山遂成为贵州佛学研究和佛教活动的中心。之后，尽管黔灵山饱尝动荡，历尽沧桑，但佛教一直是黔灵山的主要文化形态，直到清末亦是如此，就是到了民国中期，黔灵山仍然是落发僧徒的世界。数百年来逐渐形成的这种状况，决定了佛教徒成为黔灵山开发者的地位，也决定了他们成为黔灵山旅游业发展与繁荣的主要力量。

1. 佛教徒是黔灵山的旅游者

历代黔灵山的僧徒，大都或是见黔灵山风景秀丽，足以息心，便于禅定，或是爱其灵异和幽胜才来黔灵山栖居的。因此他们来黔灵山后，在授徒弘法之余，常常与文人雅士、隐士遗民悠游山水，抚弄泉石。赤松来黔灵山后，一有时间就携徒带友游历黔灵山各处风景，仅檀山涧一处，就多次涉足游观，并有咏《檀山清涧》诗："夕阳西下万松低，但有飞鸦向客啼。那是檀山幽涧水，和烟和月到前溪。"③瞿脉和尚闲暇之时，亦经常遍踏黔灵山，并留有《黔灵山题壁》等诗。他们居山不甘寂寞，穷黔灵山之胜的悠游活动，使他们理所当然地被列入了旅游者的行列。

黔灵山的僧徒中，还有一部分人在来黔灵山前就是喜好游历山水的旅行家，如道光至同治年间的弗云和尚，贵州习安（今安顺）人，曾游贞丰天台山，至兴义赴安南之高峰古观，最后到达黔灵山。此外，咸丰年间的方顺和尚、光绪年间的柏青和尚等都素喜云游诸胜，来黔灵山前都曾遍游名山大川。他们来黔灵山游历，很快便被黔灵山奇特的自然风光所吸引，以至流连忘返，遂萌发留居山中继续漫游之愿。以至弗云和柏青成为黔灵山佛教临济禅宗的

---

① 据史载顾成在黔曾扶持佛教，曾为贵阳大兴寺请额，并创建、修缮安顺圆通寺，故其建黔灵山圣泉之观音堂亦当在情理之中。
② 明嘉靖《贵州通志》。
③ 《黔诗纪略后编》。

第七代和第九代传人。他们从来到黔灵山到居山，始终都以游览山中名景胜区为乐事，堪为黔灵山游客中的佼佼者。

正因为来黔灵山的佛教徒大都喜爱游历黔灵山风光，对山中各景熟悉异常，所以无论是路过的，还是专程来游览的文人雅士、达官贵人，都把佛教徒作为理想的伴游者。清代著名儒者周起渭常登黔灵山游览，每次出游，必邀集赤松和尚以及山寺众僧结伴而行，其有《春日游黔灵山示赤松和尚》诗云："忽听鸟吟天籁发，更闻禅语竹风凉。"[1] 进士查慎行也常与赤松结伴游山，并留有《同赤松上人登黔灵山最高峰》等诗。贵阳举人何素儒在《重登黔灵山访赤松和尚》诗亦描绘了他与赤松和尚结伴同游的情景："携手青松下，同游白水边。快谈生造化，忘却日西旋。"[2] 学者黄谦游黔灵山，亦有"斋心闻妙谛，携手入秋林"的诗句以记当时与瞿脉和尚同游的情景[3]。而在伴游的过程中，僧徒们也获得了一次又一次重游名景胜区的机会，不断欣赏到变幻中的奇异风光和更深刻地体会到自然景观中所蕴含着的丰富哲理。

2. 佛教徒是黔灵山景点的开辟者

黔灵山风景优美，秀甲全黔，名景胜区达几十处，遍布山南山北，山上山下。但在很长一段时间内，其中许多风景名胜却因悬崖险峻，路阻行难，有虎豹狐蛇而终年埋没深山，人迹罕至。陈起蛟在《黔灵山志序》中如此描述："当其未辟也，无论高人旷士，蜡屐之所不经，即樵夫牧竖熟睹其深险巉削之状，亦未必肯扪萝附葛、攀梯曳绠而一登其上也。"

这种虽有众多幽胜而无人观赏游览的状况，一直到佛教徒来黔灵山后才有了较大改观。他们在弘法传教、游历山水的过程中，发现、开辟了大量的自然景点，并把它们改造成为游客驻足观瞻、流连忘返的佳境。比如"翠竹龙潭"为山中绝胜，但长期以来却不为世人所知。直到赤松发现后，方才声名大振，诗人名流纷至沓来。后来清石阡知府刘世恩将它列为"黔灵八景"之一。再如九曲径，系前山登山石道，因有九重弯曲而名，有近400石级，陈夔龙诗云："大好黔南第一峰，回栏曲曲路重重。"[4] 即指此盘山古径。此径越崖壁砌石而成，且有绿荫夹道、云雾缭绕、潭泉洞窦自然之奇，复有殿

---

[1] 道光《贵阳府志》。
[2] 同上。
[3] 《黔灵山志续志》。
[4] 《黔灵山志》。

宇亭阁、雕塑石刻人为之美，号称"黔南胜境"，但也只是因为径上端有赤松开建的弘福寺，此径才成为历代名人雅士畅游之地。

不仅如此，佛教徒们为了创造一个良好的弘法环境，不惜花费大量的时间、精力和财力拓寺扩庙，整场饬林，这样大量的寺庙辅助设施，亦即人文景观便应运而生。如月亮池井，坐落弘福寺旁，系赤松开凿，井为正方形，长宽各4米，深3米，长年清泉不断，冬温夏凉，可供数百人饮用。如宝塔群，建于寺旁之毗卢峰半月穴中，有塔20余座。黔灵山历代住持高僧圆寂后，其骨即葬于塔中，各世嗣法门人暨合山两序僧众均祀立碑铭。塔多为实心砖石结构，既有楼式塔，也有亭式塔，装饰精美，造型奇巧，塔群周围古树幽深，浓荫障天。这些景物的建立，虽是佛教的产物，并非专供游人观瞻，但随着时间的推移，它们以独特的风貌日益为游人所注目，逐渐成为游览景点。直至现在，它们仍具有很大的吸引力，继续发挥其旅游价值。

引人注目的是，僧徒们为了美化山间的景色以吸引游人，亦为了保护黔灵山的生态环境，根据佛家"依正不二"（环境与生命是一个不可分割的整体）的原理，在山上山下大力植树造林，广种花木。史载自赤松开山时，就带领僧徒引水凿池，栽松造林，赤松曾在《答孟阳熊檀越登山韵》中以"开池寻皓月，种树引清风"的诗句说明此事[①]。乾隆五年，弘福寺第三代住持参之和尚率寺僧广植竹木杉松数万株。乾隆五十二年，第四代住持惺慧在山上调鹤驯鹿，广植名花树木，并向官府呈请严禁人牛践踏山林，为此地方官府特在黔灵山立"护法碑"。以后历代寺僧均不断在山中植树造林，广育名花。在数百年培育保养下，全山古木幽深，绿荫蔽天，郁郁苍苍，覆盖面积达十余里。树种以松、杉为主，其次为枫香、青杠，更有珍稀树种如半风荷、香樟、紫楸、紫薇、桂树等，尤以红豆树为罕见，有相思鸟常栖息其间。道光年间安徽人杨怿曾在《使滇纪程》中有云："黔灵山，层岫迭出，树木丛浓……竹林甚茂，松杉滴翠，桂子流香，黔省灵秀之气，实钟于此。"因而黔灵山不仅成为了植物的王国，也成为了动物的乐园，仅常见的鸟类就约有50多种，如除相思鸟之外，还有画眉、伯劳、松鸦、柳莺、春带、杜鹃等。此外还有数百只野生猕猴，时常与游人嬉戏，呈现出人与自然和谐同构的画面。可见历代佛教僧徒们在黔灵山种植的这片森林，不仅为山观增胜，而且对于山中的气候调节、生态平衡均有裨益。黔灵山良好的植被，清新的空气，优

---

① 《黔灵赤松领禅师语录》卷四。

美的生态，令游人心向往之。

3. 佛教徒是黔灵山游客的热情服务者

自从赤松和尚开辟黔灵山以来，"览胜者接踵而至，访道者梯山而至"①，他们当中有的是赴任路过，顺便观光；有的是慕名而来，专程探访；有的是在贵阳、安顺任上，就近游历；有的是仕途失意，来山寻求解脱；还有的则是出于对佛教的顶礼膜拜，而踏上佛教名山的。虽然他们登山的目的不尽相同，驻足时间有长有短，但都受到过黔灵山僧众热情的欢迎和竭诚的服务。

从历代登山的游客来看，其中有很大一部分人属于封建士大夫阶层，诸如清康熙年间的贵州布政使蒋寅、云贵总督王继文、范承勋、贵州巡抚阎兴邦、于准、太史周起渭、进士查慎行、曹维成，雍正年间的云贵总督鄂尔泰，乾隆年间的贵州布政使陈德荣、云贵总督吴达善、刘藻，嘉庆年间的贵州布政使花杰，道光年间的贵州按察使吴振棫，同治年间的贵州举人袁思韦毕，清末的直隶总督北洋大臣陈夔龙，等等。这些人不但是文采飞扬的名人学者，而且也是身居地方或中央要职的朝廷命官。他们来山游览，既体现了朝廷或官府对黔灵山的重视，亦给黔灵山披上了一层神秘的色彩。而佛教徒则可以借重他们的名声和地位来扬佛教之名，壮佛教之威。因此，佛教徒对他们的到来极表欢迎。

不仅如此，佛教徒还以黔灵山主人的身份，从衣、食、住、行、游诸方面为游客提供尽可能周全的服务。如贵阳曹维成进士登山后，弘福寺第二代住持瞿脉和尚辟房供其小憩，备茶饭供其享用，为此曹维成《初秋登黔灵山赠瞿脉上人》诗有云："黔山精舍好，相对有名僧。""茶煎涧中水，香霭佛前灯。"② 黔灵山有许多名景胜区地处偏僻，道路崎岖，并常有毒蛇猛兽出没。若没有向导引路导游，游客不但容易迷失方向，人身安全受到威胁，而且也难窥山中奇景。为此，大凡来黔灵山的游客都要请熟悉黔灵山山水的僧人作导游。当然，山僧也愿意与名人达士相交往，乐于为他们服务，给他们指点风景，解释奇观。这从赤松《赠游山客》诗中亦可窥见："旭日照黔灵，四围气象明。山开非鬼斧，路凿有仙名。境僻尘心静，溪声鸟语清。宾朋同席地，细看落花平。"③ 由于有山僧们热情接待，游客们才得以从容畅游，尽兴而返。

---

① 《黔灵山志》。
② 《黔诗纪略后编》。
③ 《黔灵赤松领禅师语录》卷四。

4. 佛教徒是黔灵山的积极宣传者

黔灵山的佛教徒在居山弘法和游历山水的过程中，为黔灵山优美的自然风光所吸引，并因此而深深爱上了黔灵山。为了充分表达内心对黔灵山山水的钟情与爱慕，他们往往不惜笔墨，放歌山水，记叙游踪，敷陈掌故，抒发情怀，积极赞美和讴歌黔灵山。

从有关黔灵山的历代诗文来看，有很大一部分文学作品是出自黔灵山高僧名释之手。在这些作品中，他们或重典丽，或喜恬淡，或在写意，或用工笔，对黔灵山各处风景名胜和山水云石进行了全面介绍和生动描述，其中不乏佳诗妙文。如赤松写的《黔灵山题壁》诗："翠嶂清溪跨白牛，乐眠水草已忘忧。横吹铁笛无腔调，水月松风一韵收。"① 又如乾御和尚写的《雨霁狮岩观瀑》诗："雨霁狮峰翠欲流，杖藜观瀑过林丘。试看声势辞岩谷，直到沧溟泛巨舟。"② 这些作品为黔灵山增添了光彩，成为宣传黔灵山美丽风光的广告。它的流传，有利于黔灵山之名的远播和吸引更多的游人来寻幽览胜。

不仅如此，僧徒们还借名人雅士之笔墨扬黔灵山之名。如阎兴邦的《黔灵山记》，蒋寅的《黔灵山弘福寺碑记》，周起渭的《黔灵山志序》都是应赤松之请所写。其他诸如很多名人的诗文、崖刻等，也都是应山僧之请所写、所书。故郡人刘子章在《黔灵山志序》说，自赤松开辟黔灵山后，"凡宦于黔、游于黔及黔之士大夫莫不蜡屐往游，兴触景发，往往形为咏歌以纪其胜。数十年之间，造化之巧，经人工点缀而益妍，而游人咏士又能唤醒山灵，于是笔峰几案，峭壁丹崖，焕然改观焉。"这些名人雅士的诗文、书刻都对黔灵山风物人情、山川胜迹进行了美妙、生动、形象的记叙和描绘，从而大大提高了黔灵山的知名度和美誉度，同时为游人提供了游历观山的新内容，极大地推动了黔灵山旅游业的发展。

（二）弘福寺与黔灵山旅游业

清代以前的黔灵山，人迹罕至，鲜有民居，更谈不上像样的房屋建筑。自赤松和尚来山创建弘福寺后，遂使人迹罕至的大罗岭，变成贵州佛教名山，山寺"梵宫缥缈，龙象庄严，层楼杰阁，曲槛长廊，亭院斋舍香厨之属，翬

---

① 《黔灵山志》。
② 《黔灵山志续志》。

飞鸟革，炫日凌云"①。如此壮丽的弘福寺，不仅点缀了黔灵山的山水，美化了黔灵山的景观，而且为游客提供了理想的食住场所和歇息之处，这无疑有助于黔灵山旅游业的发展与繁荣。

1. 弘福寺是游人游览的风景胜区

佛教认为，修行首要割断尘缘，与尘无染，故其建寺多在寂静深山之中，同时还必须有利于广召信徒，故其建寺总在风光宜人之处。因此弘福寺的场址乃赤松根据佛教自身的需要选定的。他于清康熙十一年春游登黔灵山，"见夫万山环翠中落平大地，俨若三星拱太极，莲瓣坐观音，龙虎拜伏于前，狮象拥护其后，洞天福地似不得专羡于此胜之地矣。"② 于是便在此三山（杖钵峰、宝塔峰、象王岭）相交的平地中，创建了弘福寺。嘉庆年间广顺知县张澍在《游黔灵山记》中曾对弘福寺周围景色描述云："攒木千章，围绕如幄；长卿缘坡而舒翠，简子附枝而凝红；蒲错振羽于草根，媚纠引啸于林杪；扶老之禽，与梵呗相答；石窦之水，共松涛偕鸣，……。"③ 可见，寺宇周围优美的自然景色使弘福寺具有迷人的魅力，备受游人青睐，而成为游人游览观光之所在。

当然，弘福寺能够成为游览胜区与其建筑也有很大关系。寺周围墙为花墙漏窗，正中处为古典三门牌楼式寺门（象征佛教三解脱门：空门、无相门、无作门），幽雅而雄伟。寺内，禅院栉比，梵宫林立。沿中轴线上，依次有天王殿、观音殿、大雄宝殿、毗卢殿和藏经楼。各殿阁均为歇山九脊，正中冠以巨大高耸的宝顶，飞檐画栋，朱墙碧瓦，雕花门窗，宏敞巍峨。全寺建筑规模宏大，气象雄伟，布局严谨，"红楼百尺坐中峰，山外云山几万重"④（道光贵阳进士花杰诗），宏丽的人工建筑与优美的自然景观有机结合，浑然一体，相映成趣。

应当指出的是，弘福寺内部还蕴藏着极丰富的旅游资源，具有许多可供游人观瞻欣赏佛教艺术的珍品。比如，在寺内殿堂楼阁中置放着各种佛像，有释迦、毗卢、弥勒、天王、观音、韦驮以及罗汉，俱皆金像，制作精美，其中毗卢佛像，高2.2米，是寺内最大佛像。这些姿态各异、栩栩如生、环

---

① 《黔灵山志》。
② 《黔灵赤松领禅师语录》卷五。
③ 《续黔书》。
④ 《黔灵山志》。

殿而列的佛像，不仅将游人引入了一个神秘而虚幻的世界，使他们获得内心的适意和满足，而且也将他们置身于高雅的艺术殿堂，使他们充分领悟到艺术的真谛，获得美的享受。再如，寺内的历代碑刻和文人墨迹，满布全寺。而名人题匾，骚客对联，尤耐人寻味，具有很高的欣赏价值。如康熙二十七年贵州学政赵景福题山门联："大千世界，不二法门。"咸丰十一年赵德昌书正殿额："鹫岭云深"，里人刘燨书楹联曰："自有宇宙便有此山，感毓秀钟灵，何人繋始；既无虚假自无间断，寻窈深缭曲，终古堪商。"客堂有同治年间汪仙谱名联："窗虚五月六月寒，人在冰壶中酌酒；檐植三竿两竿竹，客从画船里敲诗"等等。碑碣亦多出自宰官名流，有鄂尔泰、吴达善、刘藻、花杰、陈夔龙等登山题咏与阎兴邦等游记，以及创山建寺、重修殿阁或道路等碑记。游人抚碑弄石，徜徉其间，既可考察山川胜迹，纵观寺庙兴衰，亦可窥见大家手笔，领略艺术风韵。

另外，寺庙的辅助设施——亭、阁、池、鼎、炉和点缀寺庙的自然风物——古松、名花、清泉、山石等，亦都具有观赏价值。比如中殿后院内铸有丈余高之大铁鼎，上有龙凤狮象图案，下以盘龙石座托之，精伦绝妙，独具匠心。此外，甚至连寺中传出的和悦的晨钟暮鼓声，亦能激起游人豪兴。这从一些文人所写的诗文中可得到印证："钟声夜半惊尘梦，始悟从前念念非"（章节）；"天半平铺地，人间远听钟"（余昌宗）；①"圆觉可能参妙谛，惊人谁打寺门钟"；②"野寺藏幽谷；遥闻钟磬声"（王履升）；③"息机顿觉尘心寂，坐听飘风度晚钟"（梁正麟）；"洒然闻钟声，林外一僧去"；"平生出处殊王播，喜听阇黎饭后钟"（陈夔龙）④。可见，听钟闻鼓，令人胸襟豁然，使人游兴倍增。

不难看出，黔灵山弘福寺，从内到外的每一个部分，无不显示出丰富的旅游价值，充分证明了它与黔灵山其他自然景观一样，不失为游人理想的游览点和风景区。

2. 弘福寺是接纳游客的旅店

弘福寺未出现之前，登山的游客既没有衣食保障，也没有投宿之所，甚

---

① 《黔灵山志续志》。
② 《黔灵山志续志》。
③ 道光《贵阳府志》。
④ 《黔灵山志》。

至连落脚歇息之处亦很难寻觅。结果,登山游客非常稀疏,并且常常玩不能尽其兴,游不能尽其欢,留下许多缺憾。黔灵山的旅游业也由此显得清冷而萧条。自赤松来山创建弘福寺后,在寺中储藏粮食,备置衣服,辟出客房,以待四方游客,使黔灵山的旅游业有了很大改观,"由是远近游缁,每多往焉。"① 黔灵山弘福寺清规还规定专司接待游客的知客僧,"接众延宾广……遇高檀庶士、名宿禅流见过者,须下气怡色,询其来历,致其诚款,有问则对,……遇当道往来,必迎送谦和,即跟随者亦宜分派照看,细心款待,务得上下相宜。"② 这样一来,弘福寺不仅仅只是僧徒修行之所,而且也成为游人歇息投宿之旅店。在弘福寺对游人开放,担负起接纳游客任务的过程中,众多山僧还不惜耗费大量的人力、物力、财力,大力扩建、整饬、修缮寺庙,完善寺庙服务设施,逐渐把它辟成规模宏大、设备齐全的上乘旅馆。弘福寺自赤松开建以来,便飞楼涌殿,成为一个有殿宇楼阁厅堂、斋寮轩室厨库设备齐全的富足大寺。后来历代住持僧如惺慧、广文、大彻、弗云、悟证、智明等都曾大力扩建修缮,使弘福寺更加金碧辉煌、规模宏大。寺庙更有足够的能力满足日渐增多的游人的食住之需。如嘉庆、道光年间来黔灵山弘福寺投文亮和尚(弘福寺第六代住持) "具戒者千余人",其"嗣法者数千余人。"③ 可见,黔灵山弘福寺既是传法布教的场所,又成为接纳四方游客的旅馆,承担了繁重的旅游接待工作,因而给游人游览带来了很大的方便,同时,也赢得了游人的信赖,成为游人理想的投宿点。

3. 弘福寺是吸引游客的佛教场所

佛教寺院的一个基本功能,即它的主要行为方式就是开展宗教活动,包括它例行的各类法事活动。因而弘福寺内进行的各种佛教活动,从朝暮课诵、过堂礼佛等日常生活到定期举行的布萨、上供、普佛、请佛、念佛、讲经,以及过浴佛节、盂兰盆节、各位菩萨圣诞节(特别是观音节),乃至放焰口、放生素食等活动,都有其特定的佛教内涵、目的和程式,由之形成了一个与世俗世界完全不同的有序化的"神圣空间",这个"神圣空间"通过各种佛事活动,将特定的佛教寺院文化系统表现出来,不仅对出家的佛教徒、在家的居士以及佛教信众产生了很大影响,而且对来弘福寺的游客也产生了极大

---

① 《黔灵山志》。
② 同上。
③ 同上。

的吸引力。弘福寺僧人的出世生活与世俗世界人们的生活有极大的不同，这就为人们提供了一种不同的生活场景。人们在世俗世界中的劳作，感觉到繁杂、烦恼、平凡乃至倦怠时，可以来到这里进入"神圣空间"，感悟佛教的文化，体察佛教的生活，接受佛教的氛围，从而使其身心得到净化，境界得到提升，重新充满活力，彰显智慧。弘福寺为人们的心灵提供了一个栖息地、避风港，丰富了人们的日常生活。总之弘福寺"神圣空间"的佛教场所对广大信众和游客产生了强烈的宗教感染力，造成不同的社会效果，对信仰佛教的人起到感染、诱发和潜移默化的作用，对普通游客和观众，则使他们受到了与尘世不同的宗教感染和熏陶，因而弘福寺成了他们的心灵向往之地。

（三）结语

综上所述，贵州黔灵山的佛教景观具有很高的旅游价值，是黔灵山最重要的旅游资源。同时，在旅游功能的发挥方面，黔灵山的佛教又具有独到之处，促进了黔灵山旅游业的发展与繁荣。可以说，倘若没有佛教，黔灵山的旅游业就成为无本之木，无源之水。换言之，黔灵山旅游业之所以能兴盛发达，长盛不衰，正是得力于发达的佛教，而这正是古代贵州旅游业的一个显著特点。对于佛教与古代贵州旅游业这种水乳交融的关系，当代著名学者陈垣先生在他所著的《明季滇黔佛教考》卷四中有所揭示："盖探险一事，惟僧有此精神；行脚一事，惟僧有此习惯，兼以滇黔新辟，交通梗阻，人迹罕至，舍僧固无引路之人，舍寺更无栖托之地，其不能不以僧为伴，以寺为住者，势也。"而今天如何进一步推动黔灵山佛教文化与现代贵州旅游业的紧密结合，以其历史悠久、博大精深的佛教文化促进当代贵州旅游业的发展，更积极的体现宗教为社会服务的指导思想，这是值得我们深入思考的问题。

下篇 易学与贵州文化

第一章 《易经》的思想

一、《易经》的成书和结构

易学是指研究《周易》之学，《周易》这部书最早叫《易经》，简称《易》，中国文化自经孔子删《诗》、《书》，订《礼》、《乐》，作《春秋》、《周易》（《易传》）以后，统称六经。"经"是天地的大准则，也是人生的大通道。称《周易》等书为六经，便是说明经过孔子所整理过的这六部书，它是包括中国传统文化"天人之际"所有学问的大原理、大法则。《易经》成为六经之首，就叫《周易》了。《周易》包括两部分，即《易经》和《易传》。最早的时候是只有《易经》，后来孔子读《易》做出了《十翼》，即《易传》，就是替《易经》做的注解和诠释。

（一）《易经》的成书和结构

《易经》文字艰涩，寓意深奥，常使人望而却步。《易经》之所以如此难学，全书由众多符号组成恐是其原因之一。《易经》的符号很神秘，在古代是专门研究阴阳八卦、占卜的一部哲学书，看不懂其符号则不能学《易经》。

1. 《易经》之名

从书名来说，《易》为什么要叫易，包括有四个含义：变易（变化的道理）、简易（很简单的道理）、不易（永恒不变的道理）、交易（万事万物交感变化的道理）。

根据道家易学者的传统，《易经》的"易"字经东汉魏伯阳著《周易参同契》所标出，认为"日月之谓易"，易字为日月所重。另根据《周礼·大卜篇》对于"易"的涵义，是指上古以来直到周代初期之间的《易经》学术思想，约分为三个系统：（一）《连山易》，（二）《归藏易》，（三）《周易》。据说伏羲时代的易学是《连山易》，首先以艮卦开始，而商代的《归藏易》，则以坤卦开始，象征"万物莫不归藏于其中"，意思是指人类的文化和文明，都以大地为主，万物皆生于地，终又归藏于地。周代人文文化的开始，便以现在流传的《周易》为宝典，首先从乾、坤两卦开始，表示天地之间，以及"天人之际"的学问。但东汉的大儒郑玄认为，夏代的易学是《连山》，殷代的易学是《归藏》，当然，周代的易学便是《周易》了。又另有一说：认为上古的神农氏世系名"连山氏"，又名"列山氏"。所谓"连山"，便是"列山"的别音。黄帝的世系又名"归藏氏"。因此两说又有异同的问题存在其间。如果认为夏代所宗奉的易学便是《连山易》，殷代所宗奉的易学便是《归藏易》，到了周代，经过文王的整理，才构成《周易》体系的易学，那么关于这两个分歧的意见，也就没有太大的出入了。

2. 三圣三古

秦汉以后，儒家学者共同认定，开始画八卦的是老祖宗伏羲氏；演绎八卦的当是周文王；发扬易学精义的便是孔子，这最早是由《汉书·艺文志》提出的："易道深，人更三圣，世历三古。""人更三圣"：就是指画卦者伏羲，演卦者文王，传述者孔子。事实上，文王演卦而作"卦辞"，他的儿子周公又祖述文王的思想而发扬扩充之，便著了"爻辞"，所以朱熹在"人更三圣"说的基础上又提出"人更四圣说"。为什么三圣之中却不提到周公呢？据汉儒的解释是根据古代宗法的观念，父子相从，因此三圣之中便不另外提到周公了。

伏羲画出八卦（一划开天，观物取象）、文王写出易经（拘羑里，演八卦为六十四卦、孔子读《易经》作《易传》（晚年读《易》"韦编三绝"），"传"者，孔子所以释经之辞也。

传说伏羲画卦是根据观察太阳的升起、变化画出来阳爻（人第一个看到的事物是太阳），根据月亮的变化画出阴爻。观察万物的变化，画出卦象，这就叫"观物取象"。

《易经》是中华民族最早的一部经典，从伏羲时代算起已有七千多年（故有中华文化七千年之说），从文王时代算起也将近三千年，从孔子算起是两千多年。易学界基本共识是"人更三圣，世历三古"，三圣是指伏羲、文王、孔子；上古是指伏羲时代，中古是指文王时代，近古是指孔子时代。

3. 河图洛书

河图：传说七千多年前，从黄河里面出来一匹龙马，马身上刻有一幅图，称为河图。伏羲据此"近取诸身，远取诸物"画出八卦。

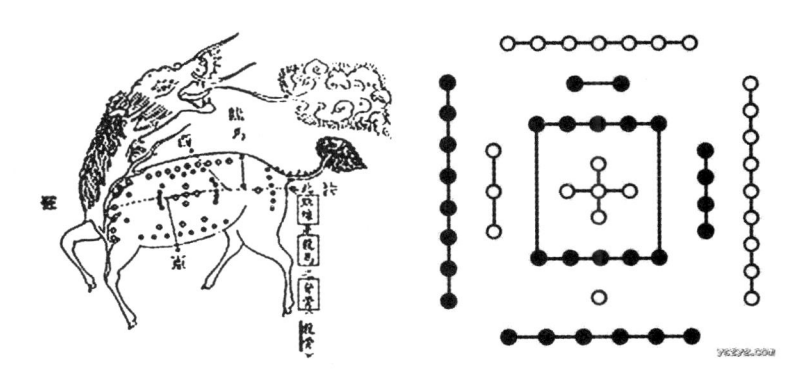

洛书：大禹治水时代，从洛水里面出来一只神龟，上面有图形，称为洛书。大禹据此找到治水之法。大禹治水成功后，遂划天下为九州。文王据此推衍后天八卦（九宫八卦）。

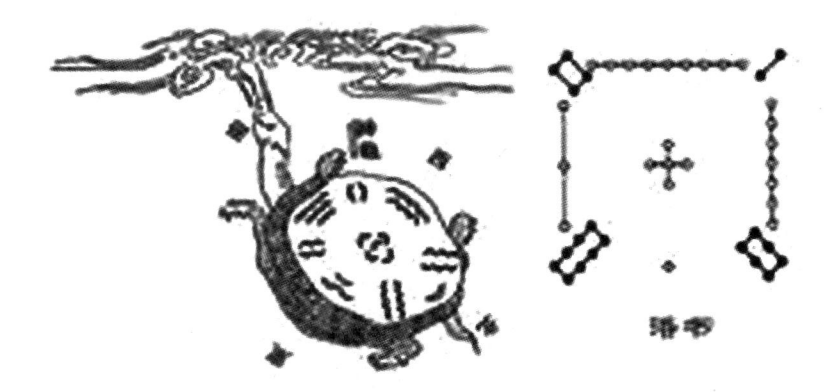

据传说，《易经》来源于上古时代的河图和洛书，古人云：河图洛书是天授之书，是华夏文明的起源。《周易·系辞上》说"河出图，洛出书，圣人则之"，就是指这件事。这也正是中华文化一直表明的"天道"文化思想和"天人合一"的学术精神。

河图洛书是中华文化阴阳五行术数之源，诸子百家多有记述。太极、八卦、阴阳、五行、六甲、七星、风水等等皆可追源至此。1987年河南濮阳西水坡出土的形意墓，距今约6500多年。墓中用贝壳摆绘的青龙、白虎图像栩栩如生，并且河图四象、二十八宿俱全。其布置形意，上合天星，下合地理，且埋葬时已知必被发掘。同年出土的安徽含山龟腹玉片，则为洛书图像，距今约5000多年。可知那时人们已精通天地物理、河图洛书之数了。

传说《易经》是部很神奇的书，能算到自己的命运，故能变化成很多形式（图形、符号、文字等），用很多身份（阴阳、占卜、医药等）隐藏自己，让人看不懂，每当在中华文化遭受大劫难时，以便躲过劫难。比如在"焚书坑儒"时代被当做占卜之书，秦始皇不屑于烧，从而躲过此劫。

4.《易经》卦德

一阴一阳谓之道：阴爻用– –表示，阳爻用——表示。最早的八卦由三爻组成：太极生两仪，两仪生四象，四象生八卦。如下《八卦生成图》由上而下：

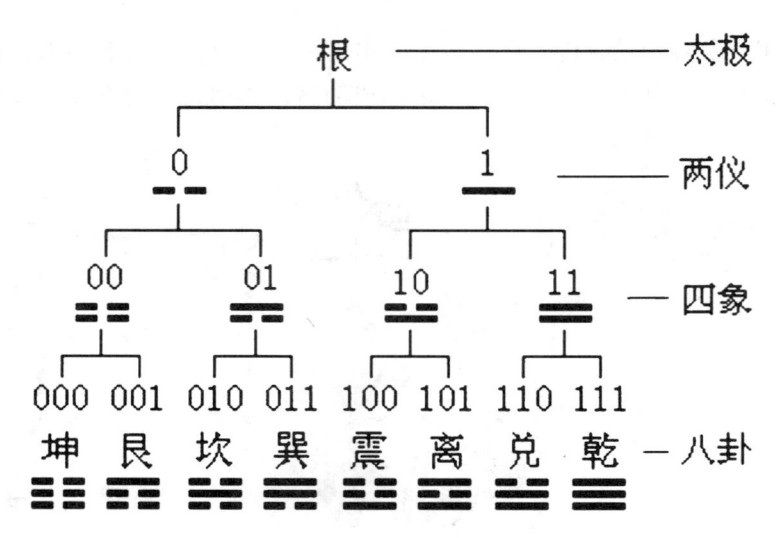

八卦所代表的性质和意义是各不相同的，这称之为卦德，即卦的功能。八卦及其代表的性质和意义按照一般顺序排列如下：

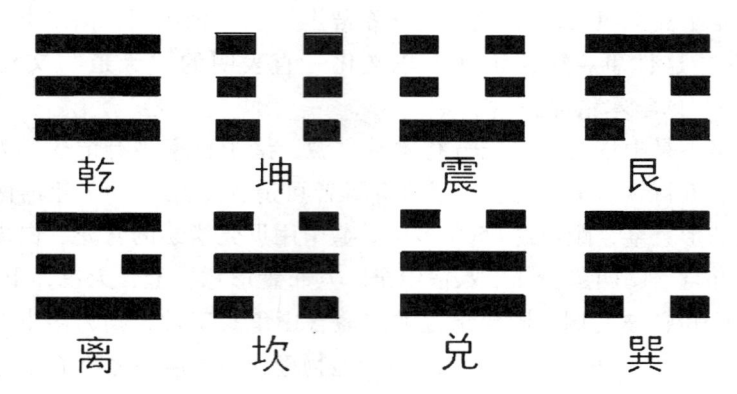

卦	物	象口诀	五行	方向	时节	道德	动物	家属	属性	部位
乾	天	乾三横	金	西北	秋冬	忠	马	父亲	刚强	头
坤	地	坤六断	土	西南	夏秋	孝	牛	母亲	柔顺	腹
震	雷	震仰盂	木	东方	春	仁	龙	长男	震动	足
巽	风	巽下断	木	东南	春夏	和	鸡	长女	进入	股
坎	水	坎中满	水	北方	冬	义	猪	中男	坎坷	耳
离	火	离中隔	火	南方	夏	信	雉	中女	亮丽	眼
艮	山	艮覆碗	土	东北	冬春	智	狗	少男	停止	手
兑	泽	兑上缺	金	西方	秋	礼	羊	少女	愉悦	口

注：1. 方向以后天八卦为依据；季节里两字是指两季相交时节。2. 离本意是分离，离引申为丽，火烧起来很亮丽。雉是野鸡，代指漂亮。3. 八卦又称为经卦，每卦3爻；演出64卦称为别卦，每卦6爻。

5. 象数理占

象：分为大小象。大象是指整个卦象，小象是指每一爻象。"象"是从现实世界万有现象中寻求其变化的原则。《周易·系辞上》云："天垂象，见吉凶，圣人象之……定之以吉凶，所以断也。"即圣人根据天地的变化而抽象出来大小象，可以教人决断疑惑以趋吉避凶。

数：卦数：阳九阴六；筮数：占卜之数。"数"是由现象世界中形下的具体数理，演绎推断它的变化过程，由此而知人事与万物的前因后果。反之，也可由数理的归纳方法，了解形而上的原始之本质。

理：哲理，《易经》的哲理体现为卦辞和爻辞。"理"便是类似于哲学思想，它是探讨宇宙人生形而上的能变、所变与不变之原理。

占：占卜之术。或谓《易》为卜筮之书，筮：占卜；"国之大事，唯筮与戎"（占卜与战争）。故《四库全书总目提要·经部总叙》云："《易》则寓于卜筮，故《易》之为书，推天道以明人事者也。"

"易理"之学，是属于哲学性的；"象"、"数"之学，是属于科学性的。总而言之，完整的易学，它必须要由"象"、"数"科学的基础而到达"易理"哲学的最高境界。它并非属于纯粹的思想哲学，只凭心、意识的思维观念，便来类比推断一切事物。宇宙万象，变化莫测；人生际遇，动止纷纭，故要综罗易学之"象、数、理"予以明辨，便能"自天祐之，吉无不利"[①]。《礼记·五经解》中，提到易学的宗旨："洁静精微，《易》之教也。"所谓"洁静"的内涵，乃是具有科学性的周密明辨的作用。从"象、数、理"的精华来看易学，由乾、坤两卦开始，错综重叠，旁通漫衍，从八卦而演变为六十四卦，循此再加演绎，层层推广，便多至无数，大至无穷，故又尽"精微"之至。由此而精思入神，便可了解一昼未分以前，阴阳未动之初的至真至善至美之境界，可以完全体认《周易》"洁静精微"的精神，就能把握到自得其圜的妙用。

6. 阳卦与阴卦

阳卦系统：乾、震、坎、艮。阴卦系统：坤、巽、离、兑。

区分原则：根据阴阳爻的数量"物以稀为贵，以少胜多"；阳爻少于阴爻为阳卦，阴爻少于阳爻为阴卦（俗语"烧阴火"，火为离，离属阴卦）。故《周易·系辞下》云："阳卦多阴，阴卦多阳。"如除乾坤两卦之外的六个经卦：

乾：乾三连　　坤：坤六断　　震：震仰盂　　艮：艮覆碗

离：离中虚　　坎：坎中满　　兑：兑上缺　　巽：巽下断

震、坎、艮，都是五画，故是阳卦，而巽、离、兑，都是四画，故是阴卦，前者谓之"阳卦多阴"，后者谓之"阴卦多阳"。这种现象预示着必然变化的趋势，因为内在的矛盾推动下必然要发生变化。如兑可变为离等等。兑，表水泽，五行属金，记忆法：天属金，天倒影在水泽里，则兑属金。

卦象来历，依据《易传·说卦》："乾天也，故称其父；坤地也，故称其母。"画卦从初爻开始变。乾初九开始变六：一变为长女（巽）、二变为中女

---

① 《周易·系辞下》。

（离）、三变为少女（兑）。坤从初六开始变九：一变为长男（震）、二变为中男（坎）、三变为少男（艮）。与此相类，弗洛依德心理学有恋母情结。俗语："子恋母，女恋父。"阳爻为子，阴爻为女。父亲带三个女儿，母亲带三个儿子。子生母相，女生父相。母亲总是喜欢儿子，父亲总是喜欢女儿。佛教中讲阴阳投胎性向选择也是居于此理。

二、河洛易卦溯源

（一）河洛理数

河图之象

古河图用十个黑白点表示阴阳、五行、四象，其图为四方形（图见本书301页）：

北方：一个白点在内，六个黑点在外，表示玄武星象，五行为水。

东方：三个白点在内，八个黑点在外，表示青龙星象，五行为木。

南方：二个黑点在内，七个白点在外，表示朱雀星象，五行为火。

西方：四个黑点在内，九个白点在外，表示白虎星象，五行为金。

中央：五个白点在内，十个黑点在外，表示时空奇点，五行为土。

其中，单数为白点为阳，双数为黑点为阴。四象之中，每象各统领七个星宿，共二十八宿。其中四象，按古人坐北朝南的方位为正位就是：前朱雀，后玄武，左青龙，右白虎，此乃风水象形之源也。

河图之数

1. 天地之数：通过河图的白黑点阴阳看出其共有10个数：1，2，3，4，5，6，7，8，9，10。其中1、3、5、7、9，为阳；2、4、6、8、10，为阴。阳数相加为25，阴数相加得30，阴阳相加共为55数。所以《周易·系辞上》说"天地之数五十有五"，即天地之数为55，"以成变化而行鬼神也"，即万物之数皆由天地之数化生而来。

2. 生存之数："天一生水，地六成之；地二生火，天七成之；天三生木，地八成之；地四生金，天九成之；天五生土，地十成之。"所以一为水之生数，二为火之生数，三为木之生数，四为金之生数，五为土之生数。六为水之成数，七为火之成数，八为木之成数，九为金之成数，十为土之成数。万物有生数，当生之时方能生；万物有成数，能成之时方能成。所以，万物生存皆有其数也。①

3. 五行之数：五行之数即五行之生数，就是水一、火二、木三、金四、土五，也叫小衍之数。一、三、五、为阳数，其和为九，故九为阳之极数。二、四为阴数，其和为六，故六为阴之极数。阴阳之数合而为15数，故化为洛书则纵横皆15数，乃阴阳五行之数也。

4. 大衍之数：大衍之数50即五行乘以土之成数10；同时也是天地之数的用数。天地之数55，减去小衍之数5得大衍之数50，其中小衍为天地之体数，大衍为天地之用数。所谓"大衍之数五十其用四十九"，就是用大衍之数预测的占筮之法：以一为体，四十九为用，故其用四十又九。

5. 天干交合之数：河图之数十，乃十天干之数也。交合之数为：一、六共宗，二、七同道，三、八为朋，四、九为友，五、十同德。正是万物生存之数。所以甲己合为一、六共宗，乙庚合为二、七同道，丙辛合为三、八为朋，丁壬合为四、九为友，戊癸合为五、十同德。十天干经交合之后，化为天干交合之五行，将河图五行之体化为天干五行之用。

河图之理

1. 河图左旋之理：坐北朝南，左东右西，水生木、木生火、火生土、土生金、金生水，为五行左旋相生。中心不动，一、三、五、七、九为阳数左旋；二、四、六、八、十为阴数左旋；皆为顺时针旋转，为五行万物相生之运行。我们知道，银河系等各星系俯视皆右旋，仰视皆左旋。所以，"生气上转，如羊角而升也"。故顺天而行是左旋，逆天而行是右旋。所以顺生逆死，左旋主生也。

2. 河图象形之理：河图本是星图，其用为地理，故在天为象，在地成形也。在天为象乃二十八宿，在地成形则青龙、白虎、朱雀、玄武。天之象为风为气，地之形为龙为水，故为风水。乃天星之运，地形之气也，所以四象四形乃纳天地五行之气也。

3. 河图五行之理：河图定五行先天之位，东木西金，南火北水，中间土。五行左旋而生，中土自旋。故河图五行相生，乃万物相生之理也。土为德为中，故五行运动，先天有好生之德也。

4. 河图阴阳之理：土为中为阴，四象在外为阳，此内外阴阳之理；木火相生为阳，金水相生为阴，乃阴阳水火既济之理；五行中各有阴阳相交，生

---

① 依据朱熹《周易本义》、《易学启蒙》。

生不息，乃阴阳互根同源之理；中土为静，外四象为动，乃阴阳动静之理。若将河图方形化为圆形，木火为阳，金水为阴，阴土阳土各为黑白鱼眼，就是太极图了。此时水为太阴，火为太阳，木为少阳，金为少阴，乃太极四象也。故河图乃阴阳之用，易象之源也。

5. 河图先天之理：什么叫先天？人以天为天，天以人为天，人被天制之时，人是天之属，人同于天，无所谓人，此时之天为先天；人能识天之时，且能逆天而行，人就是天，乃天之天，故为后天。先天之理，五行万物相生相制，以生发为主。后天之理，五行万物相克相制，以灭亡为主。河图之理，土在中间生合万物，左旋动而相生，由于土在中间，相对克受阻，故先天之理，左行螺旋而生也。又，河图之理为方为静，故河图主静也。

由此可见，古人由河图洛书（河洛理数）又推衍出先天八卦和后天八卦，河图推演出先天八卦，洛书推演出后天八卦。同时，河洛二图一旋转起来，就又产生了太极图。河图为体，洛书为用；河图表先天，洛书表后天。河图、洛书与天文学相结合就能推算出时令，服务于农业生产。河图、洛书与地理学相结合，就产生了风水学，服务于建筑业。河图、洛书与人体的五脏六腑相结合，就产生了中医学，服务于人类的健康。河图、洛书与武术相结合，就产生了太极拳，既能健身，又能防身；既有健美效果，又能陶冶情操，故易之所用无穷也。

（二）先天八卦

先天八卦，即为伏羲据河图上的象数所画出的八卦。天地之数：来自河图 55 个数，为最高数。

天数：一 三 五 七 九 相加等于 25，寓意：奇、白、乾、阳

地数：二 四 六 八 十 相加等于 30，寓意：偶、黑、坤、阴

天地之数相加等于 55，天地之万物，超不过天地之数；周易筮法根据天地之数的推衍，则可算天地万物社会人事。天为白为阳，地为黑为阴，先天太极图来源于此：注意白鱼眼睛中有黑（巽），黑鱼眼中有白（震）。故常言道："孤阳不生，孤阴不长"。

图象方向与现代地图正好颠倒的原因：古人仰观天象，正好与地面方向成 180 度颠倒。伏羲观象于天，画而为图。

生数：一二三四（生成）六七八九（成长）。

生数至五而停，五为生数之极，成数至十而止，十为成数之极，这是天

道，其寓意是不可达到极端，在哲学世界里没有十全十美的可能。成数中的阳数：七（少阳之数），九（老阳之数，最充沛反映阳）。成数中的阴数：八（少阳之数）六（老阴之数，最充沛反映阴）。

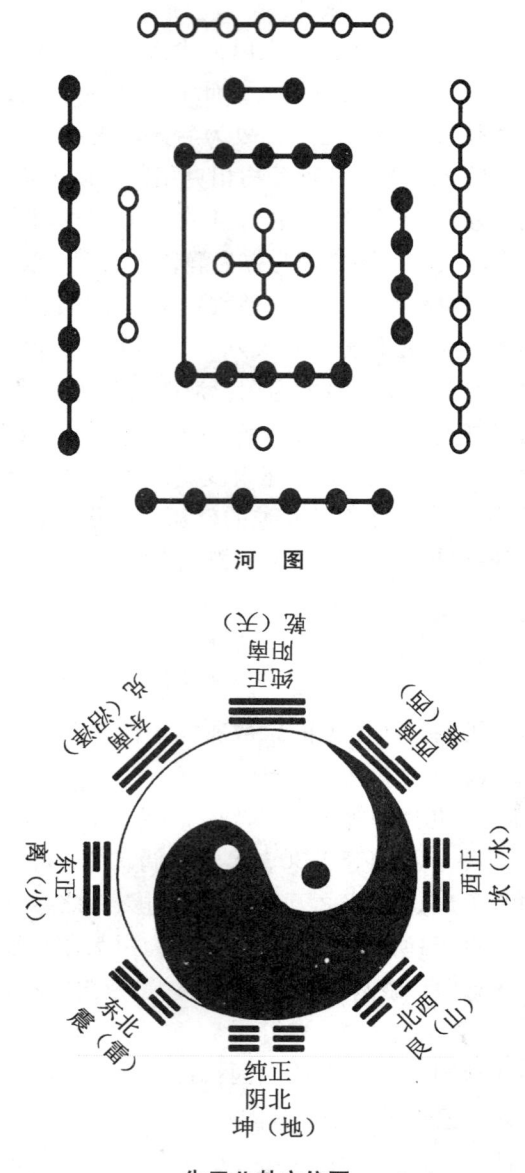

河 图

先天八卦方位图

周易筮法用成不用生，用老不用少，所以爻不用少阴少阳，而用老阴老阳（六九），此阳顺阴逆之道也。

古人认为易理即为天机。机：秘密，奥妙。天机：天地万物的秘密和奥妙。

先天太极图解：太极图由于阴阳两面方位的移动和变换，而又出现了不同的图像。先天八卦图，坤震离兑居左，坤为母，离再索而得女，兑三索而得女，三卦皆阴，只震一索而得男为阳。故太极图左面用黑色表示属阴，黑中白点表示阴中有阳。乾巽坎艮居右，乾为父，坎再索而得男，艮三索而得男，三卦皆阳，只巽一索而得女为阴。故太极图右面白色表示属阳，白中黑点表示阳中有阴。

先天八卦讲对峙，即把八卦代表的天、地、风、雷、山、泽、水、火八类物象分为四组，以说明它的阴阳对峙关系。《周易·说卦传》中将乾坤两卦对峙，称为天地定位；震巽两卦对峙，称为雷风相薄；艮兑两卦相对，称为山泽通气；坎离两卦相对，称为水火相射，用以表示这些不同事物之间的对峙。按上述图式的内容，先天八卦可分为三个周期：

第一周期：从坤卦左行，表示冬至一阳初生，起于北方；从乾卦右行，表示夏至一阴初生，起于南方，本周期指的是先天八卦图的最内圈，即由卦的初爻组成。这一寒一暑，表示太阳在一年的周期运动。

第二周期：由卦之中爻组成，半圈阳爻表示白昼太阳从东方升起，经南天而到西方；半圈阴爻表示太阳落山后的黑夜，这是记太阳运行一日的周期图像。

第三周期：由卦之上爻组成，半圈阴爻表示月亮运行的上半月，是为朔；半圈阳爻表示月亮运行的下半月，是为弦。由此可见，这一图像是统一年月日时周期。

而有学者指出，先天太极八卦图在唐代以前没有看见过，至宋代才出现这个图。

（三）后天八卦

后天八卦即为文王根据洛书推衍伏羲河图八卦而成，并演化成八八六十四卦图，是先天八卦的哲学发展。

洛书（如图）是龟相，数字排列如下：

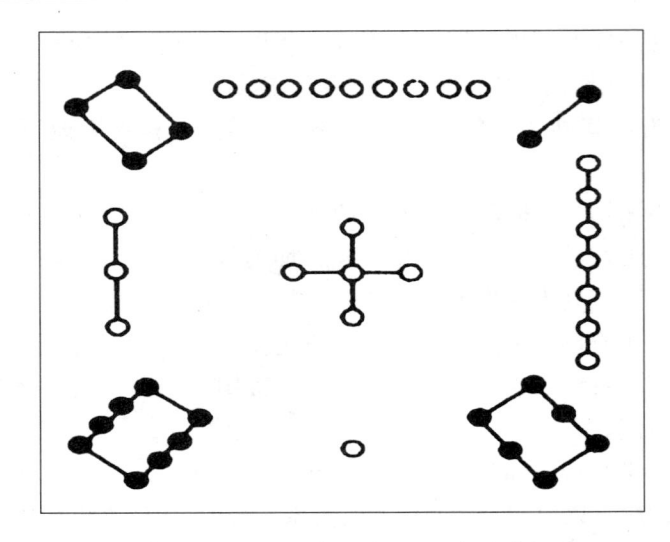

戴九履一（九在头部，一在尾部）

左三右七　　　　　为两边

四二分居左右　　　上方为两肩

八六在下　　　　　左右为龟足

五数居中　　　　　为龟背正中

全图共 9 个数，所以后人又叫九宫八卦。一三七九为四正卦，二四六八为四纬卦，中间为五，任何一个方向的 3 个数字相加都等于 15，象征四象。

大衍之数：五、十相加等于 50，实际中只用 49，因为 50 为体，49 是用（变体为用），为后人占卜算卦所用之数。

叁天两地：天数里面一是体不能用，从三开始，叫叁天；地数从二开始，叫两地。古人所谓"参天两地"说的就是洛书之数。"叁天两地，而阴阳，而为易"。

本图中，天数按顺时针方向运行，地数按逆时针方向运行，阴阳相对，相反相成。

（四）先后天八卦对次关系

先天位序：天地定位、雷风相薄，山泽通气，水火相射。

这是伏羲本意，顺乎天，乾坤在正位。先天追求的就是合乎天道之理（自然规律）。先天本意为生来所固有，是伏羲所画之易卦，先于《周易》而有者；后天指人为的运用或修炼，是后于伏羲画卦的文王八卦。《周易·乾文言》云："夫大人者，与天地合其德，与日月合其明，与四时合其序，与鬼神合其吉凶。先天而天弗违，后天而奉天时。天且弗违，而况人乎，况于鬼神乎。"圣人的言行完全与天道相符合，不与天道相违。所以其先于天道规律而动则不相违背，后于天道规律而动则尊奉之而不相违背，既然其视听言动与天道规律都不相违背，何况于人事以及阴阳往来变化这类具体的问题呢！

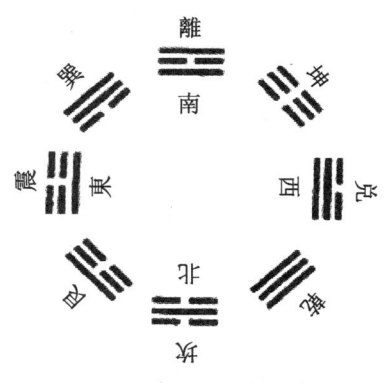

先天八卦图

后天八卦图

先天：乾一，兑二，离三，震四，巽五，坎六，艮七，坤八。

后天：坎一、坤二、震三、巽四、五为中宫，乾六、兑七、艮八、离九。

先天：乾南，坤北，离东，坎西，兑东南，震东北，巽西南，艮西北。

后天：震东，兑西，离南，坎北，乾西北，坤西南，艮东北，巽东南。

五行在后天八卦中方位为东方木，西方金，北方水，南方火，中央土。天干五行配：东方甲乙木，南方丙丁火，西方庚辛金，北方壬癸水，中央戊己土。

后天位序：坤在上乾在下，阳气上升，阴气下降，形成"交易"之象，寓意着乾坤大挪移，翻天覆地的变化。这是文王拘羑里为思考是否革命及其战略定位思想而做（周武革命伐纣），最终探索出在顺乎天的先决条件下而应乎人，故此将乾定位在西北（西伯国西岐所在方位，表明政治意图）；暗示周武革命是顺乎天而应乎人的正义之战，揭示出天理人道必胜的战略指导思想。故而，先天为体为静为平衡，后天为用为动为变化，是战略变化的思想，是一种革命精神。

三、《易经》矛盾思想探析

《易经》是我国古代一部珍贵文献，我国的传统文化和哲学思想都受过它的巨大影响。它大约成书于殷周之际，原是一部占筮之书，有着一个神秘而完备的体系。如果我们抛开《易经》占筮象数结构的神秘外壳，用历史的眼光去看待其中的 64 条卦辞、384 条爻辞，不难发现，有很多是上古人类长期的社会生活经验和自然知识的抽象和概括，包括有政治、经济、天文、地理、宗教、民俗等多方面的知识内容，其中包含着丰富的朴素辩证法思想。笔者认为《易经》是我国古代最早出现在宗教神学形式中包含有哲学思想的著作，而其中关于矛盾的思想，则是其朴素辩证法哲学思想的突出表现，不仅对我国古代哲学辩证法发展史有着卓越的贡献，而且至今仍然闪耀着智慧的光芒，影响着 21 世纪的人类。

（一）阴阳互变的矛盾统一观

《易经》认为世界上没有永恒不变的东西，而事物的变化法则就在于矛盾的相互对立、统一和相互转化。因此事物的泰否、大小、往来、平坡，人事的损益、吉凶、祸福、进退、得失、老少等等都是相互对立一而又相互转化的。泰卦辞："小往大来，吉亨。"否卦辞："不利君子贞，大往小来。"意即小的去了，大的就会来，故为吉；反之，大的去了，小的就会来，故不利君子。"无平不陂（坡），无往不复"（泰九三）。事物未有平而不坡者，未有往而不返者，平总要转化为坡，往总要转化为来。"坎不盈，祗既平"（坎九五）。陷还未盈，而丘已平。"倾否，光否后喜"（否上九），否（塞）去泰（通）来，故吉。在这里，《易经》把大和小、往和复、坎和盈、泰和否等两种对立的事物或概念联系起来，并且认为两者之间可以相互转化，同时还看到了泰中有否，否中有泰，肯定的、好的事物中有否定的、坏的因素存在；反之，否定的、坏的事物中，亦有肯定的、好的因素存在。所以泰卦辞认为泰并不是绝对的有得无失，而是所失者小，所得者大，故为吉；否卦辞亦认为否不是绝对的有失无得，而是所失者大，所得者小，故不利。因此，人要看到泰可以转化为否，存可以转化为亡，以居安思危、治不忘乱之心行事，才能由否而泰，由危而安。故否九五爻辞云："休否，大人吉。其亡其亡，系于苞桑。"意即人如果常怀忧患意识，防止否运之来，时常提醒自己，我之此身若系于柔弱的丛桑而不能自持其固，则能有小心谨慎之行，这样才能"先否后泰"，由否转化为喜。大过九二爻辞云："枯杨生稊，老夫得其女妻，无不利。"九五爻辞云："枯杨生花，老妇得其士夫，无咎无誉。"稊为嫩叶，女为少女，士为未娶妻之少男。爻辞意为枯杨生幼芽，老夫娶了个娇女娃，无有不利；枯杨开花朵，老妇嫁了个少年哥，无灾无咎。这里枯与稊、花是对立矛盾的，但二者又是统一的，因而可以相互转化。反枯为荣，自扬言之，可谓否去泰来，转死为生。人事亦然，老夫老妇已到不娶不嫁的枯槁之年，但老夫娶得少女，老妇嫁得少男，竟向少年转化，自人言之，可谓否去泰来，吉利而无灾。

不仅泰否可以相互统一，相互转化，损益亦然。损上九爻辞云："弗损，益之"，益上九爻辞云："莫益之，或击之"，损六三云："三人行则损一人，一人行则得其友。"一个人不损人以益己，则反而得到人之益处；相反，对人无厌之求，企图以此来益己，则反而人不能"益之"，或者还要受到攻击，使其相反遭到"损"。三人同行，人多势众，本为益事，但益中有损，难免因意见分歧，不能同心，其中有一人被孤立，则离同伴而行，故"损一人"，这是由益转化为损，由得转化为失；而一人行，孤独寂寞，本为损事，但损中获益，遇志同者于路途，则结伴而行，故"得其友"，这又由损转化为益，由失转化为得。这三条爻辞反映了《易经》的欲益反损、欲损反益、损中有益、益中有损的损益矛盾统一转化思想。据说孔子读《易》至损益之卦时，"未尝不愤然而叹曰：益损者，其王者之事与？事或欲以利之，适足以害之；或欲害之，及反以利之。利害之反，祸福之门户，不可不察也"。① 《易经》肯定事物的矛盾对立统一和转化是事物运动的客观法则，认为人只有顺应这一法则，才是吉利的。例如行军打仗，要懂得"进退，利武人之贞"（巽初六）。作为军人应看到有进就有退，有退就有进，二者是对立的，又是统一的，可以相互转化，如果只知进不知退，或只知退不知进都是不吉利的。既济卦辞云："既济，亨，小利贞。初吉终乱。"《尔雅·释言》训济为渡，引申意为成功。卦辞意为开初成功了，小有利，但由于不知进退之机，故终为乱，从吉转变为乱，从成功转化为失败。

《易经》把世界上万事万物的矛盾，概括为阴阳两个方面，认为 64 卦的变化最终都归结为阴阳矛盾对立统一的相互转化，每卦只要阴阳互变，就可以转化为另一卦（图表见本书下篇第三章之《周易》六十四卦）。孔颖达在《周易正义》中说《易经》64 卦，编排是"二二相耦，非覆即变"。"变者，反复唯成一卦，则变以对之"。即两卦对应之爻完全相反的叫做"变"，属于"变"的卦象有四对：乾坤、颐大过、坎离、中学小过，它们之间的爻象既相互对立又相互转化，统一于一个矛盾体中。如乾卦之阳爻可以转化为坤卦之阴爻，反之亦然。其他三对卦象亦如此类推。64 卦除了"变"的这四对之外，剩下 28 对都属于"覆"，即每对卦的爻位是相互错综颠倒的的卦象，所谓"覆者，表里视之，遂成两卦，屯蒙需讼师比之类是也。"，例如屯䷂蒙䷃，屯卦之卦象颠倒而成蒙卦之卦象，其爻位刚好颠倒，反之亦然。其它 27 对卦象，皆如此类推。由此可见，《易经》64 卦的编排也是包含有矛盾对立统一和相互转化的思想的。

总之，《易经》矛盾思想的根本点是以阴阳的运动变化来说明宇宙间的一切现象，诚如《周易·系辞上》所说："乾坤（阴阳）其《易》之蕴耶！乾坤成列而《易》立乎其中矣，乾坤毁则无以见《易》。《易》不可见，则乾坤或乎息矣。""乾坤其《易》之门耶！乾，阳物也，坤，阴物也，阴阳合德而刚柔有体，以体天地之撰，以通神明之德。"宇宙间一切现象没有永久固定不变的东西，都是处在流转变化、新陈代谢的状态之中。而宇宙间的一切事物所以有运动变化，不是由于外力，而是由于事物自身阴阳两个方面的矛盾作

---

① 《淮南子·人间训》。

用使然，阴阳矛盾永久继续，永不停止。因此，阴阳即是事物本体的两面，事物本体即是阴阳的统一体。由于阴阳矛盾的彼此联系，互相依赖，所以阴阳才可以互相转化。人只有观察体会这种客观存在的阴阳变化现象及其发展变化的特征，才可以正确地认识世界。

（二）物极必反的矛盾发展观

《易经》不仅认为阴阳矛盾的双方可以相互转化，而且还认为矛盾的相互转化是一个由渐而著、物极必反的渐变消长的发展过程。

《易经》的这种矛盾发展观集中体现在乾、渐两卦上。乾初九云："潜龙，勿用。"古人认为物莫神于龙，故借龙以喻人事。龙在初时，潜伏不动。喻人行事，时机未到，不宜运作，应静处不动，善养韬晦，以待时机。九二云："见龙在田，利见大小。""见"即"现"也。龙已出现在田地之上，变化开始显露。喻时机已到，君子应开始行动。九三云："君子经日乾乾，夕惕若，厉无咎。"意即君子白天进取不倦，夜里三省自身，虽然艰难（厉）之境，亦无灾（咎）。喻人乘得其时而努力奋斗，自强不息，朝夕自勉反省，坚持不懈，持之以恒，则自然事无不成，功无不立。九四云："或跃在渊，无咎。""或跃"，即龙似跃而未跃也。龙不安于地下，欲有所作为，而进退未定，待时而起，故无灾。喻人随机进退，唯时应变。九五云："飞龙在天，利见大人。"龙飞于天，飞黄腾达，纵横上下，自由自在。喻人功成名遂，居高贵之位，正有利于大有作为之时。乾卦从初九到九五以龙的潜伏、出现、跳跃、飞天来象征事物运动变化是一个由低到高，由潜到显，由微到著的渐变发展过程，这样事物就从微小发展到壮大，再由壮大发展到全盛，到此就已经潜伏着事物发展会向自己相反之方面发展的否定因素，故上九云："亢龙有悔。""亢"，极高之意。龙飞至天空极高之处，自逞其能，脱离云层，必须从天上跌落，则必有不吉（悔）。喻人居极高之位，高而失众。过盈则亏，过益则损，物极必反。有见于此，人应功成身退，以防有悔。故用九爻辞云："见群龙无首，吉"。群龙无首，皆不欲为头，故吉。喻人不宜为脱离众人之首领，否则易为众矢之的。乾卦形象地象征了事物的发展总是由微小到壮大，从壮大到全盛，从全盛到衰败的这样一个由渐而著、物极必反的矛盾转化的过程。以龙在六爻的变化而言，初为"潜龙"，说明事物开始处于潜伏阶段，不起作用；九二为"见龙"，说明事物的发展已显现出来，事物已由"潜"变到"显"；九三为"乾乾"，说明事物的发展在逐日向上；九四为"或跃"，说明事物的发展趋向顺利发展；九五为"飞龙"，说明事物的发展趋于全盛；上九为"亢龙"，说明事物的发展达到顶点，物极必反，走向了它的相反方面。

渐，《周易·序卦传》训为"进也"。李镜池、离亨诸先生都训之为"进"。可见渐乃渐进之意。渐卦初六爻辞云："鸿渐于干，小子厉，有言无咎。"鸿，水鸟也，干，河岸也。爻辞意为水鸟飞到河岸没有危险，而小孩子到水边玩，则有落水之险，大人诃责制止，使之离去，故无咎。言河边利于水鸟栖息，不利小孩游玩。六二云："鸿渐于磐，饮食衎衎，吉"。磐通泮，即此河岸稍高之地。衎（音看），《说文》衎训为喜，《尔雅·释法》训为乐，故衎为喜乐之貌。意即鸿进于泮，有饮食之乐，故吉。九三云："鸿渐于陆，夫征不复，妇孕不育，凶。利御寇。""陆"，《经典释文》："马（融）云：山上高平曰陆"。意为鸿进于陆，失其常。如夫出征不返，妻孕不能生育，故凶。只能利于退守御寇。鸿本水鸟，高平之陆地不利之，但因可处高视远，不易为猎人所获，故利于防备。六四云："鸿渐于木，或得其桷，咎。""桷"，《说文》："椽方曰桷"。房屋顶上承瓦的木条，圆者为椽，方者为桷。鸿进于树木之上，偶亦栖于置于河边之椽木上，可无咎。九五云："鸿渐于陵，妇三岁不孕，终莫之胜，吉。"鸿进于山陵之中，将不得饮食，如人妻三年不孕，有被夫家休掉之可能，乃不利之象。然而不利中亦有有利之因素。鸿虽远离河岸生息之地，但进于山陵，其处高而视远，猎人不能获之，如人妻居家不出，外人终不能欺，故又吉。上九云："鸿渐于陆（阿），其羽可用为仪，吉。""陆"，江永《群经补义》云："以韵读之，陆当作阿。"因"陆"不但与九三爻犯复，且不协韵。《说文》："阿，大陵也。"鸿飞进远离河岸之高山大陵中，因无食而饿死，为猎人所获，用其羽作舞具（仪），自猎人言之则言，自鸿言之，为了保存自己，远离生息之地，反因此缺食，身死山陵，终为猎人所得，故凶。渐卦表明鸿所处的地位是从干到磐，从磐到陆，从陆到木，从木到陵，从陵到阿的渐进发展过程。鸿本水鸟，为避猎人，离开自己的生息之地"干"，进而至"磐"，至"陆"，至"木"，再到'陵"，这本来是为了"存"，是好事，是吉，但物极必反，当再渐进到"阿"，终因缺食而"亡"，最终为猎人所获。喻人一味地为了"存"而没有看到"亡"，走过了头，趋于极端，物极必反，"存"向"亡"转化，好事变成了坏事，由吉转化为凶。渐卦用鸿的渐进象征了事物都是渐进发展变化的，发展到一定的阶段，就要向其相反方面转化。

正因为如此，《易经》告诫人们要注意事物发展的必然渐进趋势，自觉认识到事物细微的变化会引起剧烈的变化，矛盾发展到一定阶段就必然走向自己的否定方面。坤卦初云爻辞："履杆霜坚冰至"，《象传》释为："履霜坚冰至，阴始凝也。"《文言》更推及人事："积善之家，必有余庆，积不善之家，必有余殃。臣弑其君，子弑其父，非一朝一夕之故，其所由来渐矣！由辩之不早辩也。《易》曰："履霜坚冰至，盖言顺也。""所谓顺系指由微而显，由来已渐的顺序。也即言霜之由露，露之变由水，由水而霜，由霜而露以至坚冰，原由渐变以至突变，由量变以至质变。结果遂由液体变为固体，推之人事，也无不然。小畜卦辞云："密云不雨，自我西郊。"大雨之前，乌云常起于西方，这酝酿着暴风雨就要来了。故对于萌发中的弊端，应防微杜渐，防患于未然，否则"不宁方来，后夫凶。"《周易·系辞下》云："几者动之微。"又说："君子其知几乎！"以为能察知动的微，才可以知道变动的由来。此外，《易经》卦爻的变化，内中也含有关于卦象变化发展的过程，同是由微而著、物极必反的道理，如阳盛极则渐变为阴，则为由乾☰而姤☰，反之阴盛极则由坤☷渐变而复☷。其间的变化，也是由渐变以至突变。因此《易经》认为，如欲保持一物，则必勿使其发展至极，戒过中，防满极，必常预先接受其反面。如此则可不至于变为其反面。临卦辞说："临，元亨利贞。至于八月有凶。"临卦是二阳在下，犹春阳方盛之时，应预见到秋之八月，阳消阴长，草木枯萎的凶象，做到有备无患。故既济象辞说："君子以思患而预防之。"能如此，则可保持其之既济。豫六二爻辞云："介于石，不终日。"固执一端，则坚如石，不知变化，必然折毁，不会长久。这是《易经》比较深刻地看到了事物物极必反的发展变化而发出的感慨。千百年来，《易经》的这种思想给予人们以极大的启迪。

（三）强调人为的矛盾转化观

《易经》在承认阴阳互变、物极必反是事物矛盾发展变化的普遍的客观规律的同时，并没有否定人的能动作用，强调人不能任意改变这一客观规律，但却能促进事物向有利方面发展，或者延缓、防止事物向不利方面转化。《易经》的这一思想在很多卦爻辞中都有体现。

"君子终日乾乾，夕惕若，厉无咎。"这是打开《易经》一书，首先映入眼帘的一则爻辞。多少年来，这则爻辞给予人们以极大的鼓舞与鞭策。乾乾、表示勤勉努力，进取不倦；惕，乃警惕、谨慎、戒备之意。"日乾"而"夕惕"的含义有二：一方面勤勉不倦，自强不息；另一方面又小心谨慎，警惕戒惧。唯其勤勉不倦，自强不息，故能以主观努力促成矛盾发生转化；唯其小心谨慎，警惕戒惧，故能因时而动，见机而作，使矛盾向有利的方面转化。"厉无咎"喻人处险恶之境，只有通过日乾夕惕的主观努力，才可以争取到好的前途，逢凶化吉。虽"厉"而可"无咎"，正表明矛盾的转化依赖于人的主观努力。履逢六三"眇能视，跛能履，履虎尾。咥人凶。"九四："履虎尾，愬愬，终吉。""履"，引申为践履。咥，咬也，愬愬惧也。这两则爻辞示人以一条可贵的哲理：在"履虎尾"即险恶处境下，主观努力不一样，其客观结果也不同。或者目盲不能视，足跛而不能行，但却偏要显示自己能"视"、能"履"，这种人难免被虎吃掉。或者随时小心谨慎，遇事沉着果敢，虽然踩到虎尾，未必被虎咬伤。前者无能而逞能，结果必"凶"；后者临危而不惧，小心处之，严加防备，终于转危为安，化险为夷。在阶级社会里，敌对阶级之间，尔虞我诈，相互倾轧，随时随地确有"履虎尾"的凶险存在，人们无时不在考虑吉凶、安危两种可能的前途。履卦启示人们，吉与凶，危与安的矛盾转化在很大程度上取决于人的主观努力。现实的矛盾转化是与正确发挥人的主观努力相联系的，"视履考祥，其旋元吉"（履上九）。审慎小心而行，详细考察履途，其还必吉。即使"履虎尾"亦"不咥人""履虎尾，不咥人"（履卦辞），虽然只有六个字，它对于那些处于极端险恶环境下的人们，将是一个巨大的精神鼓舞。这里尽管没有讲到"不咥人"的条件，但已暗示人们有向良好处境转化的可能性。不言而喻，不顾客观条件，一味蛮干，莽撞行事，不但不会使矛盾向有利的方面转化，只会凶多吉少，事情越搞越糟，对此，爻辞也有明示："夬履，贞厉"（履九五）。"夬"仍"快"之本字，引申为急躁莽撞。盲目急躁莽撞而行，定有灾难。

　　大壮卦则用公羊撞篱笆的寓言，说明不同的主观努力会导致三种不同的结果：一是"羝羊触藩，羸其角"（大壮九三），公羊撞篱笆，把角卡住了；二是"藩决不羸，壮于大舆之輹"（大壮九四），公羊撞破篱笆，而角未伤，再去撞大车，结果反被大车撞伤，倒在车轮之下；三是"羝羊触藩，不能退，不能遂，却被篱芭夹住，退不得，进不得，无所利。处进退两难之境，沉着冷静，不惧艰难，仍能摆脱困境。""羝羊触藩"是人们日常生活中惯见的现象，《易经》利用它来说明深刻的哲理。这三则爻辞，比喻人既要以客观条件为前提，又要正确发挥主观努力。自以为是，凭主观意志瞎撞蛮干，不是头破血流地倒在车轮之下，就是陷入进退两难的危险境地；相反，正确发挥主体的能动性，沉着冷静的面对现实，不惧艰难，就能使凶转化为吉。由此不难发现,《易经》肯定人的主观努力对促成矛盾转化的重要性,还具体区分了两种不同的主观态度和行动,能使事物的发展产生不同前途和结果,为我们留下了值得玩味的深刻哲理。

《易经》虽然从总体上从属于当时流行的天神崇拜的宗教世界观,但是拿《易经》与殷商卜辞相比,二者又有所不同。《易经》认为,人事可以转移天意。既济九五爻辞:"东邻杀牛,不如西邻之禴祭,实受其福。"萃、升两卦都说:"孚乃利用禴。"可见《易经》认为神对人的福与不福,不在人的祭品的厚与不厚,而在人的言行的孚(诚信)与不孚,即人事可以转移天意的观点的一个具体反映。显然,《易经》强调尽人事的思想,和殷人的那种置鬼神于首位而贬抑人事的宗教思想是大不相同的。

《易经》的卦爻辞,有不少关于古代战争问题的记述。据统计,涉及行军征伐内容的卦爻辞有43条之多。值得重视的是,《易经》认为战争的胜败并非取决于天意,关键在于人为,在于人的主观努力。师初六:"师出以律,否藏凶。"六五"长子帅师,弟子舆尸,贞凶。"这两条爻辞说明:第一,出师是吉还是凶,以军队纪律是否严明为转移。想立于不败之地,必须纪律严明,强调通过主观努力严肃军纪对决定战争胜败的重要性。师初六爻辞是说,出理由必以纪律为重,否则强大(藏)之军也将大败。这种惨痛教训,不乏其例:"伏戎于莽,升其高陵,三岁不兴"(同人九三)。即军队埋伏草丛,有人违反纪律,走到高处,暴露了目标,被敌军发觉,全师惨败,以至三年不能恢复元气。第二,三军统帅必须知兵。让不知兵的"长子"来担任,必须招来"弟子舆尸"的悲惨结局。统帅知兵与否关系到战争的胜败,因为正确的战略战术,只有通过指挥官的主观努力才能实现。师卦卦辞说"师、贞,丈人吉。""丈人"指老成持重,熟悉兵法的统帅。如果"丈人"指挥有方,仁义之师,必所有无敌。第三,统帅必须"在师中",不可远离队伍,"在师中吉,无咎。王三锡命"(师九二)。统帅不脱离军队,故无败军亡身之灾,三次受到君王的嘉奖。同人九四:"乘其墉,弗克。攻,吉。"是说军队攻城,士兵已登上敌方城垣,遭到敌方顽抗,久久未克。这时统帅在师中沉着果断指挥继续进攻,终予攻克,故吉。这说明指挥员的果断,对取得战争胜利有决定作用。可以看出,《易经》总结的这些合理思想,已超出军事范围,而具有普遍的哲学意义。它告诉我们,做事的成败,不靠神,而靠人的指挥有方,意志坚强,充分发挥人的主观能动性,才能转败为胜,攻无不克,成就功业。

《易经》卦爻辞中,有许多关于社会伦理、道德修养方面的内容。《易经》之所以成为儒家经典之首，首先由于它富有哲理，同时也由于它提倡某些做人的美德。特别是，《易经》认为人们不同的道德实践，对促成事物的矛盾转化，具有重要作用，关于"谦"与"节"的论述，就是如此。谦九三："劳廉，君子有终。"谦，谦虚、谦让也。这是说，一个人虽然有功劳，但不居功自傲，则有善终。表明一个人具有"谦"的美德，虽立大功，受重赏，也不致遭人妒忌。初六爻辞云："谦谦君子，用涉大川，吉。"自矜善水，多死于水；而"谦谦君子"贵稳重，不自矜，虽涉大川，万无一失。"鸣谦，贞吉"（谦六二）鸣，名也。人有美德，声闻遐迩，仍自谦虚谨慎，不盛气凌人，则无有不吉。总之，傲名（鸣谦），不居功（劳谦），保持"谦谦君子"的态度，可以"用涉大川"，渡过艰难险阻。在战争中保持"谦"的美德，对一个统帅特别重要："鸣谦，利用行师，征邑国"（谦上六），意即统帅虽有威名，仍临事而惧，谦让为先，则必有利于用兵征伐。因为我谦则敌骄，敌骄则志懈，我可出其不意，乘虚而克之。《易经》不止提倡"谦"，还注重"节"（节俭）。指出："安节，亨"（节六四）即能安于节俭，不贪图享乐的人，无论齐家治国，必定亨通。反之，"苦节，贞凶"（节上六），以节俭为苦事，一味贪安逸，图享受，厌恶艰苦奋斗，必无好下场。

与"谦"、"节"相反，必是"鸣豫"（豫初六）、"盱豫"（豫六三）、"由豫"（豫九四）和"冥豫"（豫上六）。豫，乐也。盱，糊涂无知。由，游玩。有美名而志骄意怠（鸣豫），思想糊涂而又淫乐（盱豫），游猎无度（由豫），日夜贪欢（冥豫），这种人无不陷于险境："鸣豫"之人必"凶"，"盱豫"之人必"悔"，"由豫"之人必被"簪"（逸），"冥豫"之人必"成有渝（败）。"人之所以"凶"，不能逢凶化吉，多由于违反"谦"、"节"之德所造成。王亥就是一例："鸟焚其巢，旅人先笑后号咷。丧牛于易，凶。"（旅上九）。这是说殷先祖王亥作客于有易国，而行为骄淫，结果，王亥被杀，居宅被焚，牛羊被夺。"旅人先笑后号咷"，喻王亥逞淫乐，后遭悲痛，矛盾向不利（凶）的方面转化是由于他违反了"谦"、"节"的美德而带来的结果。显而易见，《易经》认为人只有保持"谦""节"之德，才能逢凶化吉，使事物向有利的方面转化，这种思想在当时是很深刻的。

通过以上对《易经》矛盾思想的粗浅分析，可以看出《易经》确有列宁所说的"科学思维的萌芽同宗教神话之类的幻想的一种联系"[①] 的特点。《易

---

① 《列宁全集》第 38 卷 275 页。

经》在占筮神学体系的外壳中，不仅看到了矛盾双方是相互联系、相互统一和相互转化的，而且看到了矛盾双方的转化是一个由渐而著、物极必反的发展过程；不仅看到了矛盾转化的客观条件，而且特别强调了通过人的正确的主观努力可以促成事物向有利的方面转化，这些虽然是对事物矛盾规律的自发的认识，但是这些科学思维的萌芽，早在中国 3000 年前就已十分丰富，这在当时世界哲学史上是难能可贵的，在中国哲学史上，亦居于开创地位，值得我们后人重视和挖掘。

四、《易经》与决策

《易经》大约形成于公元前 11 世纪的殷周，现代决策科学则兴起于 20 世纪 30 年代，两者时间相差大约有 3000 多年，然而，两者在决策学上却有许多相通之处。

（一）《易经》是现代决策学的鼻祖

《周易·系辞下》认为《易经》起源于远古时期的包牺氏（原始渔猎）时代："古者包牺氏之王天下也，仰则观象于天，俯则观法于地，观鸟兽之文与地之宜，近取诸身，远取诸物，于是始作八卦。"司马迁《史记·日者列传》认为："自伏牺画八卦，周文王演三百八十四爻（实 64 卦——引者注）而天下治。"可见古人已确认《易经》创始于原始渔猎时代、形成于公元前 11 世纪的殷周。可说是决策学的鼻祖，是古代第一部关于预测与决策的书。《易经》源于中国远古筮、卦、辞三位一体的占卜，用以预测与选择行为。在原始观念和原始宗教中，产生了人类社会关于世界预测，包括战争与和平、灾难与吉祥、灾祸与幸福的预测和决策行为。《礼记·曲礼》载："卜筮者，先圣王之所以使民信时日，敬鬼神，所以使民决嫌疑，定犹与也。故曰：'疑而筮之，则弗非也。日而行事，则必践之'"，占筮中输入了大量的"天之道"（自然规律）与"民之故"（社会规律）方面的思想理论信息。当人们应用它时，"是故时于人之道而察于民之故，是兴神物，以为民用。"[1]《四库全书总目提要·经部总叙》说"《易》则寓于卜筮，故《易》之为书推天道以明人事者也。"世界上的事情千变万化，关于人生道路、行动方向以及国家政治的

---

[1] 《周易·系辞上》。

发生发展变化都有吉凶祸福种种可能性，古人通过《易》筮占卜吉凶，解决自己的疑难，形成自己的思想，从而作出如何趋吉避凶的选择，这其中就蕴涵着预测与决策。

《易经》阴阳说之计算原理是现代计算科学、运筹科学和决策科学的直接先驱。我们中国先民早在远古时期就已经直觉到了世界的数理关系及数理模型，在《易经》中提出了震古烁今的阴阳计算原理和八卦宇宙数理模型。17世纪，德国哲学家、数学家莱布尼茨，在研读《易经》及其六十四卦方圆图后，揭示了《易经》的二进制原理，并承认二进制乃中国的伏牺（即包牺）所发明。此后，由《易经》发展而来的"0（— —）、1（——）"（见前《八卦生成图》）计算符号系统，为现代电子计算机制作奠定了数理模型基础。1944年美籍匈牙利数学家诺伊曼发明电子计算机就使用了这种二进制理论。从此电子计算机就以其神奇的魔力在现代计算科学、运筹科学和决策科学中大显身手，并成为这些现代科学不可分割的组成部分，带来了人类科技事业新的革命。

《易经》最早提出了确定性（吉、凶）、非确定性（反、复）和风险性（危、亡）这样三大基本要素，这是现代决策科学的基础。《易经》是占卦、预测、选择的经验教训的记录和总结，在原始宗教和原始行为中，最早体现了远古人民的决策过程与决策程序，即目标（占问吉凶祸福）→占筮（观察阴阳象数的变化）→结果（以象数辞预测）→选择（决策方案和行为），它是古代世界最早的避免盲目性、风险性的社会管理决策过程和方法的雏形，包容于最早的世界决策学体系。

（二）《易经》对现代决策学的哲学启示

《易经》是远古中华民族经验和智慧的结晶，尽管它形成于3000多年前，但它至今仍然闪耀着中华民族的智慧之光，为决策科学提供了丰富而深刻的哲学启示。

任何决策都要统观世界、广收信息，处理好客观与主观的关系。《易经》从整体上描述、把握世界，然后又将世界划分成部分。八卦反映世界由八种不同性质的物质构成，六十四卦反映世界的运动变化。世界运动变化的时间的任何部分都在六十四卦之中，时间上的六十四个部分构成一个过程。过程可大可小，大如天地划分，万物生成，人类出现，男女有别；小如朝代兴衰，一个人的一生，乃至一事一物，都可以视作一个过程，都可以用六十四卦来表现。《周易·系辞上》说:"《易》与天地准,故能弥纶天地之道。仰以观于天文,俯以察于地理,是故知幽明之故。……与天地相似,故不违,知周乎万物,而道济天下,故不过。……范围天地之化而不过,曲成万物而不遗。"这就是说《易经》的占筮、求卦、选择等决策过程和行为是建立在统观世界、知周万物的基础上的。所谓观天文、察地理,知幽明之故,范围天地之化,就是把世界当作一个整体,并从各个方位、侧面和过程广收关于它的决策信息。只有在这样的基础上作出的决策行为,才能不违背客观规律(与天地准,弥纶天地之道,与天地相似,故不违),取得成功(道济天下,曲成万物而不遗)。

任何决策,都要立足变化,持发展变化观点。《易经》认为占筮、预测、选择、决策的对象,是一个永恒运动、永远变化的世界。因此,《易经》的卦象正是宇宙万物不断变化的象征,而卦爻下所系之辞,则是说明这种变化的,故《周易·系辞下》云:"《易》之为书也不可远,为道也屡迁。变动不居,周流六虚。上下无常,刚柔相易,不可为典要,唯变所适。"而正是靠变化方能发展,"穷则变,变则通,通则久"。这种变化发展根源于"一阴一阳的矛盾运动,""一阴一阳之谓道",组成"道"的阴阳对立变化之理就是《易》之哲学。《易经》是发现并应用对立变化现象和原理在世界历史上最早的一部书。其占筮、预测和选择等决策过程和方法,是建立在阴阳矛盾的对立、互补、统一、转化的宗教哲学观念上的。《易经》认为在决策上,如果充分考虑阴阳矛盾两个方面的对立统一,消长转化,协调好它们的关系,自可产生正面效应,即相生现象;如其不然,其对立双方必然是敌对之境,即发生相克现象,产生负作用。所谓大壮卦阳盛阴衰",乃暗含阳刚大壮,容易转向衰弱之意,戒人勿自持壮力,盲目刚进、以防转向反面,因此刚壮要配之以阴柔,达到刚柔相济的和谐平衡状态。其他如"亢龙有悔","否极泰来","欲益反损","剥极必复","阴极必阳","阳极必阴"等都是从不同的角度,阐明同一个道理,告诫人们要刚柔相济,防患于未然。因此决策者在应变决策上,要从《易经》阴阳矛盾关系上,汲取借鉴。要居安思危,存不忘亡。

(三)《易经》的决策预测和决策导行

任何决策都要计量为易、化繁为简,显示"简单——复杂——简单"的特点,以利于由决策预测转化为决策导行。《易经》是中国关于预测变化的千古奇书,它的特征主要是通过点、圈、线、符号来认识与改造世界,把自然与社会人事符号经，它是世界上唯一完整的符号经。符号代表象，也代表数，象征天、地、水、火等物象，九与六，代表奇偶之数，五与十代表大衍之数。《易经》是从象数的变化，来推演宇宙与人事的，它将无限的世界、无限的变量计量化之为易，又将无限的信息、无限的数字化繁为简，得出了"－－（阴）—（阳）"的宇宙数理图式以及计算、运筹预测、统计与决策的原始体系。故《周易·系辞上》说《易》是"圣人有以见天下之赜"，而"拟其形容，象其物宜"。"天下之赜，无限繁复"，而"拟其形容，象其物宜"，以卦爻象数符号表示之，则是计量为易，化繁为简。在这里，包容在原始观念和原始宗教中的计算、运筹、预测、统计和决策的繁杂过程中，最后统统都简易成"－－（阴）—（阳）"的宇宙数理模型及其体系，并形成了决策学的确定性（吉、凶）、非确定性（反、复）和风险性（危、亡）三大基本要素。尽管它们是以占筮、算卦甚至迷信的形式出现的，但是在古代，哲学和神话，科学和宗教是经常并存于人们的头脑中，互相纠缠，划不清界限。正如列宁所说："科学思维的萌芽是同宗教、神话之类的幻想的一种联系。而今天呢！同样，还是有那种联系，只是科学和神话间的比例却不同了。"[①] 因此，在《易经》占筮形式中，发生现代决策科学的原始体系，这是不足为怪的。

任何决策，更为重要的是既要自觉遵循客观规律，又要充分发挥人的主观能动性，达到主客观统一。《易经》常以吉、凶、悔、吝等来说明预测和决策行为的结果。成功为吉，失败为凶。如果决策者未能把握、适应客观，认识发生偏差或行为有所不济，则凶；反之，如果主观上的转化意识强，准确地把握自身与客观情势的现状和规律，选择最佳的行动方案，奋力争取，那么凶必不生，甚至可能逢凶化吉。例如履卦六三爻辞："眇能视，跛能履，履虎尾，至人凶。"九四爻辞："履虎尾，愬愬，终吉。"在同样是"履虎尾"的险恶处境下，有的人目盲而不能视，足跛而不能行，但却偏要显示自己能"视"能"履"，这种人难免被虎吃掉；有的人却随时小心谨慎，遇事沉着果敢，虽然踩到虎尾，未必被虎咬。前者无能而逞能，结果必"凶"；后者临危不惧，小心处之，严加防备，终于转危为安，化险为夷，"终吉"。再如大壮卦则用公羊撞篱笆草的事例，说明不同的主观努力会导致三种不同的结果：一是"羝羊触藩，羸其角"（大壮·九三）。公羊去撞篱笆，把角卡住了；二是"藩决不羸，壮于大舆之輹"（大壮·九四）。公羊撞破篱笆，而角未伤，再

[①] 《列宁全集》第38卷第275页。

去撞大车，结果反被大车撞伤，倒在车轮之下；三是"羝羊触藩，不能退，不能遂，无攸利，艰则吉"（大壮·上六），公羊触在篱笆上，角被篱笆夹住，退不得，进不得，无所利。处进退两难之境，沉着冷静，不惧艰难，仍能摆脱困境。

总之，《易经》最早形成了筮、卦、辞三位一体的计算、运筹、预测、统计、决策的原始体系。尤其是它的阴阳宇宙数理图式以及原始计算系统，凝聚了古代中华民族先民的无比惊人的睿智，直到今天，仍令跨入21世纪的人类叹为观止！《易经》是人类历史上第一个原始的决策学体系，它的数理、计算和哲学思想与原理是现代决策科学的思想宝库，其深沉的智慧与丰富的内容，至今仍能给我们以深刻的启迪。

第二章 《易传》的思想

一、《易传》的成书和结构

《易传》的作者：孔子，春秋鲁国人，儒家创始人。《易经》到春秋时代一般人大多已经看不懂了，孔子作《易传》，是继承发展《易经》的思想，这是中国第一部对《易经》做出注释的学术专著。《史记·孔子世家》云孔子读易"韦编三绝"序彖系象说卦文言。

《易传》的结构：孔子名《易传》为《十翼》，"翼"，是羽翼的意思（给《易经》加上翅膀，如虎添翼）。《易传》一书的内容，有十种论著，都是辅翼《易经》而发扬光大之的著作。这便是：1. 上经的《彖辞》。2. 下经的《彖辞》。3. 上经的《象辞》。4. 下经的《象辞》。5. 《系辞上传》。6. 《系辞下传》。7. 《文言》。8. 《说卦传》。9. 《序卦传》。10. 《杂卦传》。总共分为七个部分：

1. 《彖辞》：彖，断定一卦之意者。彖作为《周易》经传之名，其义有二：一是卦辞，即文王所系之辞；二是《易传》中的《彖传》。唐人孔颖达《周易正义》云："夫子所作《彖辞》，统论一卦之义，或说其卦之德，或说其卦之义，或说其卦之名。"凡《周易》64卦所附"《彖》曰"之辞，均为第二义。第二义之传者，孔子所以释经之辞也。上下两篇，对每一卦的卦辞进行解释。附于《易经》上下两经的每一卦里面。

2. 《象辞》：象者，卦之上下两象，及两象之六爻，周公所系之辞也。孔子对爻象和卦象进行解释，大象：解释卦辞，从中推衍出切近人事的象征意义；小象：解释爻辞，其解释体例往往根据每爻的居住性质和特点，爻象与爻象、爻象与卦象之间的相互关系，分析爻义吉凶利弊之所在，表明其象征。也分上下两篇。

3. 《系辞》：总论《易经》的基本观念和哲学思想，说明其基本观念和思想如何运用于社会、人世。这是易传的根本重点。

4. 《文言》：专门论述乾、坤两卦的基本思想，分别放于两卦之后。孔子认为这两卦是《易经》的门户，打开这门户就能读懂《易经》。这是孔子研究《易经》"乾"、"坤"两卦的心得报告，不是小孩子念书"白话"、"文言"的文言。这里所谓的"文言"，即是现代所谓的"思想体系"，变成文字，谓之文言。在晋朝以前，《文言》并不放在乾坤两卦的内容之中，而是放在《系辞》当中，是晋代王弼将《文言》放在乾坤两卦中的。

5. 《说卦》：专门论述八卦所代表的事物和体现的道理。
6. 《序卦》：专门论述 64 卦如何排列及其排列次序。
7. 《杂卦》：专门说明卦名的定义，以及各卦之间刚柔对应关系。

历史上，至于有关《十翼》的作者问题，大致说来，又有三种异同的见解。一般的认定，《十翼》都出于孔子的手笔。其次，认为文王作《象辞》，周公作《象辞》，并且根据《左传》昭公二年记载中"韩宣子适鲁，见易象"说："吾乃知周公之德"的话作为佐证。汉末的学者马融、陆绩等，都同意主张此说。事实上，《象辞》与《象辞》对卦象的论断，有许多地方，彼此互有出入，实在难以确认同是一人的观点。复次，除了《象辞》、《象辞》以外，关于《系传》以及《序卦》、《说卦》等篇，不但它的文词、思想，处处有先后异同的论调，严格说来，绝对不能认为都是孔子的手笔。其中有许多观念，可能都是孔子以后后人的著作，或者可以说是孔门弟子们的著作，统统归并于孔夫子的名下，那也是古代著述中常有的事。

二、《易传》的哲学思想

《易传》的核心是：观乎人文，以化成天下。《易传》借《易经》的占筮思想构架，营造了一个完备的哲学思想体系，其"哲学思想"一词在中国古代称为"道"，《易传·系辞》云"形而上者谓之道，形而下者谓之器"。吾师唐明邦先生曾总结出《易传》的五大哲学观点，今加上笔者的学易体会简述如下：

（一）"天地絪缊，万物化醇"的宇宙发展观

《易传·系辞》用"天地絪，万物化醇；蕴男女构精，万物化生"的观念来表述自然万物人类社会进化发展的规律，并表明推移变化是宇宙间亘古不变的发展。《易传》从万物不断衍生的自然史观出发，逻辑地引申出一幅不断演化的人类历史的图景。《易传·序卦》云："有天地然后有万物，有万物

然后有男女。有男女然后有夫妇,有夫妇然后有父子。有父子然后有君臣,有君臣然后有上下;有上下然后礼义有所措。"

一部《易经》就是引导我们去认识并适应宇宙万物变化的普遍规律:"《易》之为书也不可远,为道也屡迁,变动不居,周流六虚(六虚指六爻),上下无常,刚柔相易,不可为典要,为变所适。"① 古人读易也叫"极深研几":研究奥妙、秘密。在孔子看来,易理是神机,读易目的是"穷神知化"(神等同于几,指宇宙的客观规律),就是要认识天地秘密,获得智慧,支配自然,主宰人生。

(二)"刚柔相推,变在其中"的变化内因观

1. "一阴一阳之谓道"

这是"两点论"哲学思想的起源,解释了宇宙万物的发展的始因。我们现在常说的辩证法就是两点论,形而上学是一点论。《易传·系辞上》云:

> 一阴一阳之谓道,继之者善也,成之者性也。仁者见之谓之仁,知者见之谓之知,百姓日用而不知,故君子之道鲜矣。显诸仁,藏诸用,鼓万物而不与圣人同忧,盛德大业至矣哉。富有之谓大业,日新之谓盛德,生生之谓易。

明确肯定事物中一阴一阳两种因素是既对立又统一,乃是事物变化日新、生生不已的内在根据,因而人道向天道学习就行了。

2. "刚柔相推而生变化"

《易传》认为,世界万物内部都分为一阴一阳,阴柔阳刚,刚柔相推而生变化,一切事物的变化都是刚柔相推的结果。可见《易传》的思想是刚柔相推的内因观。这比老子"柔弱胜刚强"全面,老子的思想是偏重阴弱的韧性思想。

3. 阴阳交感造化万物

《易传》认为一切变易都来源于阴阳交感,只有交易才是天地变化之大义。例如《易经》第54卦:归妹☰兑下震上,雷泽归妹。男女交媾,孕育后代,阴阳交感,衍生万物,"归妹"是天地之大义,是为吉祥之卦。如若男女

---

① 《易传·系辞下》。

不交，则万物不生。震：长男，兑：少女；长男配少女，男比女长，是中国人的习惯。若是长男与长女，在卦象位序中是对峙关系，不是交感关系，所以中国人注重男比女大。俗话说，男性内刚外柔要好于内柔外刚，女子则相反。同理，"小人道长，君子道消"：小人多的地方，君子就不得势，反之亦然。

4. "相反相成，相睽相通"而生和谐

相睽：统一；只有统一的事物才会相通。如《易经》第38卦睽卦：☲：火泽睽。《易传·象辞》释睽卦云："天地睽而其事同也，男女睽而其志通也，万物睽而其事类也。睽之时用，大矣哉！"这就是说，天地本自悬殊，二者和谐统一则万物生长（事同），男女刚柔相异，然结为夫妇，和谐相处则成家立业（志通），万物之间虽千差万别，但和谐统一则共同繁衍（事类）。故《易传·系辞》云："乾坤其易之蕴邪！乾坤成列，而易立于其中矣。"乾坤成立，而易就在其中，乾坤毁，而易亦尽灭。只要有乾坤就有易，只要世界还在，易理就永远存在。

(三)"雷风相薄，水火相射"的矛盾冲突观

《易传》看到了事物之中对立面的统一，也看到了对立面的斗争，同时更看到了事物对立统一的转化。

1. 相反相成，能成万物

《易传·说卦》一方面指出"水火相逮，雷风不相悖，山泽通气。然后能变化，既成万物。"意即表面上看来，水与火是不相容的。实际上水火常常并存（"相逮"）；雷与风是冲突剧烈的，却往往同时发作而不相排斥，山与泽一上一下，相互对立，却永远相互贯通。《易传》从这些自然现象的相反相成而促成万物的变化发展的事例中，揭示了事物矛盾的统一性。另一方面，《易传》又强调指出："雷风相薄，水火（不）相射。"[①] 意即风雷相迫，水火相敌，激烈不可解，必一方消灭另一方而后止，这又强调了事物矛盾的斗争性，因此事物的双方具有既对立又统一，既联结又排斥的二重性。

1. 物极必反的矛盾转化观

《易传·彖传·丰卦》云："日中则昃，月盈则食，天地盈虚，与时消息，而况人乎，况于鬼神乎？"在事物双方既对立又统一的基本前提下，《易传》

---

① 从高亨《周易大传今注》"不"字疑衍。

着重分析了事物发展过程中"物极必反"的矛盾转化现象，指出日月运行到"中"必然转化为"昃"（斜）、盈必然转化为"食"（亏），推而广之天地万物莫不如此，无论是一切人事、鬼神的变化，都是"天地盈虚，与时消息"的。《易传》由此分析了剥与复的转化，否与泰的转化，损与益的转化，鼎与革的转化，等等。

例1，剥卦与复卦的穷上反下。

第23卦☷☶山地剥，坤下艮上，穷上之卦；反下为☳☷第24卦，地雷复，震下坤上。《易传·序卦》云："剥者，剥也。物不可以终（尽）剥，穷上反下，故受之以复。"从卦象看剥卦是坤下艮上，一阳爻居五阴爻之上；复卦是震下坤上，一阳爻居五阴爻之下，"穷上反下"乃指阳爻由剥的上位，反居复的初住了。反之，极于下者亦可反上，这是物极必反的表现。

例2，革故鼎新的革命发展观。

☱☲第49卦：泽火革☴☲第50卦：火风鼎，这是文王革命战略指导，是当时最先进的思想。最为难能可贵的是，《易传》认为事物的相互转化，并不是一个循环往复的过程，而是"去故取新"的前进运动。它利用鼎革两卦的相互转化来发挥这一哲学思想。《易传·序卦》云："革物者莫若鼎，故受之以鼎。"又说："革者，去故也；鼎者，取新也。""革故鼎新"的思想是一种革命的思想，是文王革命战略指导，是当时最先进的思想。革卦：革而当，悔乃亡。水火不相容，生死斗争。当：顺天应人。用以表示汤武革命之胜利。

（四）"见机而作，与时俱进"的主观能动观

1. 动静不失其时，时止则止，时行则行，其道光明

人做事要注意两点：不失其时，不失其所。时间和环境都要把握好；见机而作，当行则行，当止则止。《易传·系辞下》云："机者动之微，吉（凶）之先见者也。君子见机而作，不俟终日。君子知微知彰，知刚知柔。"

2. 见机而作，顺乎天而应乎人

《易传·彖传·革卦》云："革，水火相息（灭）。……革而当，其悔乃亡。天地革而四时成，汤武革命，顺乎天而应乎人。"革卦之象是离下兑上，即火在下，泽（水）在上，故称"水火相息（灭）"。革故鼎新是一场水火不相容的生死斗争，故此必十分谨慎，要知"革而当，悔乃亡"；否则，革而不当，必有后患。当与不当，以什么作为判断标准呢？即一要"顺乎天"，即符合自然发展趋势；二要"应乎人"，要适应历史发展潮流。而汤、武革夏、殷

之命，就是"顺乎天而应乎人"的典范。而要使人的行为"顺乎天而应乎人"，人就必须如《易传·象传》所提倡的"辨物居方"，"与子偕行"。"辨物"就是估量客观形势，"居方"就是乘取相应的立场，不要盲目行动。"辨物居方"，"与时偕行"：辨别客观形势的变化采取正确的行动，与时俱进。这是《易经》总结周武革命留给我们的一个宝贵的思想资源。

（五）"天尊地卑，乾坤定矣"的原则不变观

天尊地卑原非是男尊女卑的大男子主义，也不是主张封建等级秩序的合理性。笔者认为其本意是准确定位，各安其位，各司其职，原则不能改变。《易传·系辞上》云："天尊地卑，乾坤定矣。卑高以陈，贵贱位矣。动静有常，刚柔断矣。方以类聚，物以群分，吉凶生矣。"这是说天地为宇宙的根本，故易以乾坤二卦象征天高在上，地卑在下，这是天地万物的一个总原则。天上地下既然已经陈列出来，故以上为贵，以下为贱；以阳为贵，以阴为贱，由之以一卦六位中之初、三、五是阳位为贵，二、四、六是阴位为贱。以此为原则，以阳为动，以阴为静，动静相生，成刚成柔，即可分辨清楚天地万物之道。所以说天地万物，凡属同一类的才能在一起，不同类的则不能在一起，依此原则，阴阳爻要各当其位，才能吉利，否则为凶。

第三章 周易象数学

《周易》包括四个方面内容：辞、变、象、占；概括为义理和象数；义理和象数是《周易》的显著特征，构成了《易经》和《易传》完整的统一体。一方面，义理寓于象数之中，离开象数则不能正确的理解义理，义理也就无从说起；另一方面，心中有数才画得出卦象爻象，观物取象，象寓于数，据象得理（占），据理知义。这两个方面都不能割裂，象数与义理不可分开，《周易》卦辞爻辞都是以象数为原理，无象何以言天地，无理何以言象数。只有象数是迷信，只有义理是空谈。象数与义理的图文结合是世上独一无二的哲学百科全书。故今依《周易》义理学而述象数学。

一、《周易》六十四卦

《易经》分为上下两经，上经30卦，下经34卦，共64卦，有384爻，阳爻阴爻各192。《六十四卦卦序歌》如下：

> 乾坤屯（zhun）蒙需讼师，比小畜兮履泰否，
> 同人大有谦豫随，蛊临观兮噬（shi）嗑（ke）贲（bi），
> 剥复无妄大畜颐（yi），大过坎离三十备。
> 咸恒遁兮及大壮，晋与明夷家人睽，
> 蹇（jian）解损益夬（guai）姤（gou）萃，升困井革鼎震继，
> 艮渐归妹丰旅巽，兑涣（huan）节兮中孚至，
> 小过既济兼未济，是为下经三十四。

六十四卦卦序表

1. 乾为天	2. 坤为地	3. 水雷屯	4. 山水蒙	5. 水天需	6. 天水讼	7. 地水师	8. 水地比
9. 风天小畜	10. 天泽履	11. 地天泰	12. 天地否	13. 天火同人	14. 火天大有	15. 地山谦	16. 雷地豫
17. 泽雷随	18. 山风蛊	19. 地泽临	20. 风地观	21. 火雷噬嗑	22. 山火贲	23. 山地剥	24. 地雷复
25. 天雷无妄	26. 山天大畜	27. 山雷颐	28. 泽风大过	29. 坎为水	30. 离为火	31. 泽山咸	32. 雷风恒
33. 天山遁	34. 雷天大壮	35. 火地晋	36. 地火明夷	37. 风火家人	38. 火泽睽	39. 水山蹇	40. 雷水解
41. 山泽损	42. 风雷益	43. 泽天夬	44. 天风姤	45. 泽地萃	46. 地风升	47. 泽水困	48. 水风井
49. 泽火革	50. 火风鼎	51. 震为雷	52. 艮为山	53. 风山渐	54. 雷泽归妹	55. 雷火丰	56. 火山旅
57. 巽为风	58. 兑为泽	59. 风水涣	60. 水泽节	61. 风泽中孚	62. 雷山小过	63. 水火既济	64. 火水未济

象是反映万事万物的形象，爻是反映其变化，断其吉凶。开物成务，成就万物。《周易》的根本功能是认识自然和社会的发展，从而指导我们的人生。故云：象是用来认识客观事物，数是客观事物的数量和空间的位置关系。任何一个事物都存在着质和量的统一，象和数是一个事物不同方面的规定。象和数是不能分开的。故云："参伍（三五）以变，错综（错卦和综卦）其数。通其变，遂成天地之文；极其数，遂定天下之象。"[①]

[①] 《易传·系辞上》。

二、爻象与爻位

爻是构成易卦的基本单元，爻象征着阴阳两类事物，一画为阳，代表阳性、刚性之物，在卦中称为九；两画为阴，代表阴性、柔性之物，在卦中称为六。爻位即爻数，又叫爻次，就是指易卦中各爻所居的位次。其每卦爻位顺序是从下往上数，称为：初、二、三、四、五、上，六个位次。阴阳和爻次结合为爻题，爻题中爻次初上放在前，其余在后，如乾卦的爻题是：初九、九二、九三、九四、九五、上九。

1. 六境之位：6 爻有 6 个境界。从初九开始，依次称为：起境（起始）、承境（承接）、转境（转折）、整境（整合）、丰境（丰盛）、收境（收束）。

2. 三才之道：指爻位，八个经卦只有三爻，天在上、人在中、地在下，天在人之上，地在人之下，人在天地中，这体现以人为中心的"天人合一"的宇宙观。这种宇宙观认为，整个宇宙是天地人"三才"构成的，才者，材也，即构成宇宙的材料，人与天地并列为三，居于天地两者之中，故名参天两地。八个经卦相重而得的 64 卦，中间两爻（三四）是人位，上面两爻（五上）是天位，下面两爻（初二）是地位。故《易传·说卦》云："立天之道曰阴与阳，立地之道曰柔与刚，立人之道曰仁与义。兼三才而两之，故易六画而成卦。分阴分阳，迭用柔刚，故易位而成章。"

3. 阴阳之位：爻位是奇数的称为阳位（初、三、五），爻位是偶数的叫阴位（二、四、上）。各爻是阳爻处于阳位，阴爻处于阴位的叫当位（得位），反之叫不当位（失位）。如济卦 6 爻都当位，未济卦 6 爻都不当位。当位为吉象，不当位为凶象。

4. 上中下位：经卦 3 爻各爻从上往下依次叫上中下；64 卦里面初、四为下位，二、五为中位，三、上为上位，同为上中下的称为同位（初与四、二与五、三与上）。算卦时中位是判吉凶重要的依据，起决定作用，原理是《周易》推崇"刚健中正"。易经 64 卦里面，每一卦的 6 爻都各有其象、各有其位。用爻象和爻位来解释《易经》的卦名、卦辞、爻辞，是《易传》所秉用的原则。

5. 承、乘、比、应：64 卦的每一卦里面，当阳爻在阴爻之上，阴爻相对阳爻来说叫"承"，即阴承阳（承，承担的意思，指阴爻要承担上面的阳爻，《易经》主要以阳爻为主）。反之，若是阴爻在阳爻上，就叫"乘"，阴乘阳

（阴爻凌驾乘在阳爻的身上，把阳爻当做车子）。若是上爻对下爻，也同样。如：屯卦䷂二乘初、上乘五，其六二爻辞云"女子贞不字，十年乃字"，显然不是好卦。

比：上下阴阳相邻两爻之间的对应则叫比（相邻之间，比邻而居），表示上下相邻两爻之间阴阳对立关系。如初与二，二与三，三与四，四与五，五与上等皆是阴阳相比而居。例如第 64 卦䷿未济卦：表示火水未济，因为火在水之上，未济，故《易传·象传》云："君子以慎辨物居方。"

应：同位爻（上中下）之间阴阳刚柔的对应关系，即初与四、二与五、三与上之间是一阴一阳而阴阳相对的叫应（相应），不是则叫相敌（不应），如两爻全是阳，或都是阴。《周易》认为，异性相吸，同性相斥这是宇宙的规律。如泰卦䷊，地上天下，每爻都相应，皆为一阴一阳，故通泰，为大吉大利。

三、卦象与卦位

1. 卦象

八个基本卦叫经卦或单卦，推衍出的 64 卦叫别卦或重卦。经卦由三爻构成，别卦由经卦相重构成，64 卦各自有多方面的象征和意义，"以类万物之情"，这叫卦象。如前所述，《周易》把纷繁复杂的万事万物按照他们的类型性质分为八个大类，分别以天、地、雷、风、水、火、山、泽代表，几乎所有自然的、社会的、人身的都包括了。

2. 卦位

指八个经卦在 64 个从卦中的位置。它有很多种情况。例如：山水蒙卦䷃，由两个经卦组成，各经卦所在的位置就叫卦位，坎下艮上，由此推衍出卦象，再下判辞。寓意山下有水，山中有水山自美，腹有诗书气自华，本卦即为启蒙之意。人只有加入了智慧才能叫人，不然与动物有何区别？蒙卦在中国文化中，向来把它用在教育方面，现在小孩初入学是进托儿所，进幼儿园，以前则叫作"启蒙"，也叫作"发蒙"，小孩读书的地方叫"蒙馆"，就是由此来的。

3. 错综

我们常常说某件事错综复杂，这错综复杂的语源，就是本自《易经》。《易经》的范围太广，真可说是"错、综、复、杂"。这四字的意思是指卦变而言，我们常说某人变卦，变卦是卦变的颠倒语。我们中国人说话，常常都是来自《易经》，如说："不三不四"，为什么不说"不五不六"或"不一不二"呢？"不三不四"这句话，又是根据《易经》来的。因为《易经》的道理，卦的第三爻和第四爻最重要，这两爻在卦的正中间，亦是中心的位置，如果一个人不成样子，就被形容为"不三不四"。

卦的错综是什么意思？举乾卦为例来说明：

乾卦☰的第一爻变，为（天风）䷫姤卦，如果把这个卦颠倒过来看，就成了（泽天）䷪夬卦，这就是姤卦的综卦。综卦是两两相对的，全部六十四卦，除了八个卦以外，没有不是两两相对的，这是综卦的象。而综卦的理，是告诉我们万事要客观，因为立场不同，观念就完全两样。另外有八个卦是绝对的，无论单方面看或相对地看，都是同一个样子，这八个卦是乾卦☰天，怎样去看都是天，坤卦☷地，也总归是地，亦是绝对的，坎卦☵是绝对的，离卦☲亦是绝对的，其他如大过䷛、小过䷽、颐䷚、中孚䷼也都是绝对的，除此之外，其余五十六卦都是相对的，这表明宇宙间事物都是相对的，这就是综卦的道理。

错卦，是阴阳爻相错的意思，错卦的易理是立场相同，目标一致，可是看问题的角度不同，所见也就不同了。如：天风䷫姤卦，它的第一爻是阴爻，其余五爻都是阳爻，那么在阴阳爻相错之后，变成了：地雷䷗复卦。这样第一爻是阳爻，其余五爻是阴爻，如上面的这个卦象，它的外卦是坤，坤为地，内卦是震，震为雷，就是地雷复卦，所以天风姤卦的对错卦，就是地雷复卦。64卦，每卦都有相对相错的卦。因此学了《易经》以后，以《易经》的道理去看人生，一举一动，都有相对、正反、交错，有得意就有失意，有人赞成就有人反对，人、事、物之理都一定是这样的，离不开这个宇宙大原则。

以现在的观念来解说，综卦可以称之为反对的或相对的，错卦可称之为正对的。《易经》看东西是八面玲珑的。现在已经看了四面了，仍以天风䷫姤卦为例，综卦是䷪泽天夬卦，错卦是䷗地雷复，而复卦亦应有它的综卦，就是䷖山地剥，这岂不是看了四面，所以《易经》的头脑，一件事初到手，处理起来，四面都要注意到，不但要注意四面，还要八面玲珑。

《易经》还有交互卦，我们都讲究互助，这个《互象》就是《易经》的图案，像同样的挂勾交相挂住，就是一个"互"字。什么是"交互"？就是六爻内部的变化，如第二爻上连到第四爻，下面挂到上面去为互，第五爻下连到第三爻，上面交至下面来为交，这是交与互的不同，每卦的纵深内在，发生了交互的变化，又产生了新卦。换句话说，这是告诉我们看事情，不要看绝了，不要只看一面，一件事情正面看了，再看反面，反面看了，再把旁边看清楚，同时旁边亦要看反面，这样四面都注意到了。这还不算完备，因为内在还有变化，而内在的变化，又生出一个新卦了。除了乾、坤两卦外，别的卦把中心拿出来交互，又变了一种现象。这现象的本身，又有综卦，又有错卦，这就是八面看东西，还要加上下一共十面，只有这样看问题才全面周详。

现以噬嗑卦为例：☲☳火雷噬嗑，如以噬嗑卦的第二爻与第三爻、第四爻配上去，便成为代表山的艮卦，这就是噬嗑卦的互卦。又把噬嗑卦的第三爻，交到第四、第五爻上去，便成为代表水的坎卦，这就是噬嗑卦的爻卦。再把噬嗑卦的互卦三爻和交卦三爻坎卦重叠起来，便成为水山蹇卦，于是我们知道，噬嗑卦的交互卦就是蹇卦，以图示之即：☵☶蹇卦。

由此 64 卦可发展到无数的卦，每一卦牵一发而动全身，都是彼此相互的关系。例如，把水雷屯卦倒过来看，就变成了山水蒙卦。蒙卦就是屯卦的综卦，而屯卦的错卦，为火风鼎卦，它的交互卦，是剥卦。任何一卦，从这面看了，也要从那一面看，我们学了《易经》，对这一点要特别的注意，处理任何事情，对任何一个人，要多方面地看，不要太主观，没有那么简单的，对于相反的立场是怎样？需要搞清楚，正如屯卦，翻过来就成了蒙卦，等等。

第四章 孙应鳌易学思想及其对贵州明清易学的影响

被儒家称为"六经之原"的《周易》[①]，是中国古代哲学思想的渊源，中国古代的硕学高士无不覃思精研《周易》，并凭借它阐发自己的哲学思想。孙应鳌也十分重视对《周易》的研究，他继承王阳明心学思想，经过数年笃学精思，穷探易理，终于在明隆庆二年（1568年）42岁时撰成《淮海易谈》四卷，近十万言。《淮海易谈》是孙应鳌以心学观点系统的专门研究、阐发《周易》的哲学专著，集中代表了孙应鳌的易学观，是贵州开省以来最有影响的易学著作。清代《四库全书总目提要》云："《淮海易谈》四卷，两淮盐政采进本，明孙应鳌撰。是书谓天地万物，在在皆有易理，在乎人心之能明，故其说虽以离数谈理为非，又以程子不取卦变为未合，而实则借易以讲学，纵横蔓衍，于《易》义若离若合，务主于自畅其说而止，非若诸儒之传，惟主于释经者也。自《说卦》乾坤六子以下，即置而不言，盖以八卦取象之类，无可假借发挥。其宗旨可知矣。"此语颇得其要。孙应鳌乃晚明时期以心学解《易》的代表人物，他发挥了邵雍、程颢、陆九渊、杨慈湖特别是王阳明等人的天人一本的心学思想，认为易理即人心，以此为原则，解释了六十四卦爻辞以及《象》、《彖》、《文言》、《系辞》四传，建立起贵州心学派的易学体系。其《易谈》未释《说卦》以下等传，因为他认为八个经卦的卦象以及六十四卦的排列，都无可假借发挥以阐释心学。因此，总的来说，孙应鳌易学是以心学释《易》和以《易》证心学，从而形成了一个一以贯之的易学体系，在明清时期产生了较大影响。从明清整个贵州的易学发展来看，这个时期贵州涌现的易学家，他们的治易思路和易学思想虽然各有千秋，但从整体的解易模式看，大多没有离开孙应鳌易学以心解易、以易证心和经世致用的解易模式，因而孙应鳌易学实际上开启了贵州明清时期学易、用易之先河。

[①] 《汉书·艺文志》。

一、贵州开省以来人物冠——孙应鳌的生平事迹

（一）曲折传奇的坎坷人生

孙应鳌，字山甫，号淮海，贵州清平人，生于明嘉靖六年（1527），卒于万历十二年（1584），卒后赐祭葬，赠太子太保，谥文恭，学者称之为淮海先生。其家世为由武将世家而到书香门第，祖籍江苏如皋。其入黔始祖孙华，以南京神策卫千户于明洪武二十五年（1392）来贵州任龙里卫总旗，寻升为副千户，驻清平，其后遂在清平落籍。清平，今名炉山镇，位于今贵州省凯里市西北35公里，北至黄平重安镇20里，西至福泉马场坪37公里，今镇区面积19平方公里。境内丘岗叠起，溪河环流，在历史上是黔东南的一个军事城堡和政治中心，自古以来为苗族等少数民族聚居区域，为黔东南文化的首善之区。

孙应鳌出生之日，卫人馈赠六鲤于其父孙衣，故因而得名。应鳌自幼聪明，9岁能属文，10岁入郡中私塾，拜当地著名儒士周慎轩为师，能日诵数千言，正襟危坐，务解大义。在塾馆就读的同时，他还阅尽家藏图书，各种经史子集，无不博览，遂通儒学，志于圣道，为其将来成为一代心学大师打下了坚实的儒学基础。

嘉靖二十四年（1545）孙应鳌19岁以儒士应试，时王阳明弟子徐樾以提学副使督学贵州，一见应鳌而大奇之，许必魁多士，于是把王阳明、王心斋之学传授给孙应鳌，孙应鳌乃成为王阳明之再传弟子。次年，孙应鳌乡试果然以《礼经》中第一名。孙应鳌21岁时，入京应礼部试落第，于是入太学就读三年。24岁再入礼部会考，又落第。同时又患上肺病，昼夜吐血不止，于是只好回清平就医。这一年其师徐樾为云南布政使，恰逢云南元江府土著那鉴反叛，徐樾与之战，被溺死于元江中，应鳌闻讯悲恸不已。第二年其祖父也重病亡故，父亲孙衣自云南府同卸任归清平。孙应鳌病稍愈，即发奋就读，并同时授其爱弟孙应矛读书，没想到其弟竟然患喘热病而死。孙应鳌在三年之内连续惨遭落第、患病、丧师，亡祖、失弟等人生之诸大难，然仍再接再厉，越挫越奋，于嘉靖三十二年（1553）27岁时，第三次入京应试，乃中癸丑科进士，廷试入选庶吉士，改户部给事中。

其后，孙应鳌长期在中央和地方为官并讲学，足迹遍及当时的大半个中

国，先后任江西按察司佥事、陕西提学副使、四川右参政等职。隆庆初以佥都御史巡抚郧阳，万历间入京任大理寺卿、后任户部右侍郎、礼部右侍郎，充经筵讲官，掌国子监祭酒，起刑部右侍郎，直至晋南京工部尚书。所到之处，皆有善政，不仅内践心学，以儒术经世，而且外历参抚，匡时济民，恪尽职守。

由于孙应鳌为官清正，不畏权势，"平生难进易退，任事敢言，不以依违徇人"，因而在官场中屡遭排挤，郁郁不得其志。隆庆三年（1569），孙应鳌遭人造谣诬陷，于是以疾奏请回乡，在清平筑书院，讲心学。

万历初（1573），孙应鳌应诏复起官佥都御使，再抚湖北郧阳。复职后应鳌仍直言上疏，推行德意，特请复建文君号编年，补国史之缺。三年（1575）晋户部右侍郎，旋改礼部，掌国子监祭酒，为全国最高学府校长、最高教育行政长官。他励精图治，革除陋习，全力整顿国子监，内树风教，外振纲纪，使其出现了"严监视，勤考课"的新局面。四年（1576），明神宗亲到国子监听课。孙应鳌给皇帝讲授《尚书·周书》中的《无逸》章，此章是周公旦戒周成王勿耽于享乐之辞。神宗听后十分高兴，命坐赐茶，翌日复赐大红紵罗各一袭。孙应鳌为黔省第一个给皇帝讲课的老师。孙应鳌通过讲授《尚书》诸篇章，婉言劝说神宗皇帝不要贪图享乐，应了解百姓的稼穑艰难，要勤政爱民，励精图治，其良苦用心，于此可见。

（二）博大精深的学术思想

孙应鳌不仅作为一代名臣，剔历中外，屡膺要职，政绩斐然，而且作为一个心学大师，孙应鳌属于全能型的人才，他一生著述宏富，内容涉及面十分广泛，有哲学、易学、经学、教育、文学、美学、史学和音乐、诗歌等，其《淮海易谈》、《四书近语》、《督学文集》诸名著，不仅给贵州留下了宝贵的精神文化遗产，而且在中国学术思想史上均占有一席之地。

孙应鳌继承和发展了王阳明心学，在阳明心学的视域下较系统地论述了自己的哲学、易学、伦理、美学、政治、教育、文学等思想，形成了自己的学术特点，为阳明后学增添了新的内容和形式，为黔中王门提供了一个经典案例。

在哲学思想上，孙应鳌在晚明王学全盛之时，继承并发展了王阳明的心学思想，并通过与浙中王门的王宗沐、泰州王门的徐樾、赵贞吉、罗汝芳、耿定向，江右王门的邹守益父子、罗洪先、胡直、邹元标，南中王门的徐阶，楚中王门的蒋信，黔中王门的李渭、马迁锡等王门弟子的广泛交往，相互切磋，对各派理论学习理解，消化吸收，发展创新，从而形成了自己的心学理论体系。其显著的学术特色便是敢于以"六经注我"的心学精神，自作主宰，标新立异，勇于理论创新，不拘权威之说，不受书本约束。例如他讲《论语》中"温故而知新"时说："温故知新，学者多以所闻所得为解。某妄意谓：故者，当如《孟子》言性则故之故；新者，当如《大传》日新盛德之新。凡天地万物之实体灿然具陈，是则所谓故也；凡天地万物之真机昭然不息，是则所谓新也。二词虽有显微之不同，其总括于人心、运行于人心，生生之妙，一也。能温则实体之总括者不晦，能知则真机之运行者不滞，不晦不滞，则天地万物合为一体，天地万物合为一体则仁，仁则成己成物，位育参赞，皆其能事。"这是，孙应鳌从心学的角度对孔子所说的"温故而知新"作出了全新的解释，释其为心中生生不息之理，此与传统的理解大不相同。

在易学上，孙应鳌对《周易》的诠释亦是如此，清乾隆《四库全书总目提要》称其《淮海易谈》："虽以离数谈理为非，又以程子不取卦变为未合，而实则借易以讲学，纵横蔓衍，于《易》义若离若合，务主于自畅其说而止，非若诸儒之传，惟主于释经者也。"孙应鳌诠释《周易》，不在于文字上的训诂，而在于借易以讲明心学，自畅其说，故其释《易》常能别开生面，令人耳目一新。对其他儒学经典的阐释亦莫不如此，即借助儒家经典发挥自己的思想，从而超出传统儒家经典而直"明心体"，发挥个人独到见解，其思想的特色已为世人所共见。

在伦理思想上，孙应鳌以心本论的立场，继承和发扬了中国古代孔孟儒学特别是阳明心学的道德传统，主张唯善不朽，求仁为宗，忠则必诲，善继善述，戒谨恐惧，在许多重大理论问题上有一定突破和创新。

在美学思想上，孙应鳌从心学的立场出发，提出了"心即是美"的思想，倡导文艺进行儒家的政治伦理教化，由此形成了其心学美学的文化价值取向：以心性本体为基础的人格境界，以伦理本体为基础的道德境界，以意向本体为基础的至美境界。

在社会政治思想方面，孙应鳌恪守王阳明"致良知"的社会政治价值理念，坚持儒家礼制，主张以儒术经世，施行仁政，选拔人才，重振纲纪，强调为政以德，讲求实效。

在教育思想上，孙应鳌非常重视儿童教育和人才的培育，强调德育的重要性和教师模范作用的发挥，主张师道与学道相统一、思与学相结合，并对教学的内容、教育的方法等作了系统论述，提出了许多独到的见解。

在诗文方面，孙应鳌有突出的成就，不仅冠冕黔中，而且名播海内，并与当时文坛巨擘王世贞、吴国伦等人均有诗文唱酬交往。晚明诗坛"后七子"之一的吴国伦在《报孙山甫中丞书》赞孙应鳌诗文云："见答一章，词旨温逸，殆非鄙薄所能承。至于《华顶》八绝，意以象生，而率多无象无意处，使人诵之跃然，如所云'春风不到亦开花'，则妙语甚世"。在诗文创作上，孙应鳌力主人心自立、自主，"读书作文，全是真宰运用，是我制外"，绝去依傍。所阐述的情志并举、率性而真，重"风骨"而轻"色泽"，以"妙悟"超"兴象"等文学理论，在前人的基础上，有所创新，极富生机与活力。他和当时思想家李贽、徐渭、汤显祖等一起，站在文学革新思潮的前列，推动着晚明文风的巨变。

（三）蜚声海外的历史影响

清人莫友芝对孙应鳌评价甚高，誉之为"贵州开省以来人物冠"，认为其"五言乐府沉雄森秀，直逼魏、晋，而无何、李、王、李太似之嫌；七言及近体，舒和苍润，品亦在初盛唐间，尤讲学家所未有。先生以儒术经世，为贵州开省以来人物冠。即以词章论，亦未有媲于先生者也"。清康熙贵州巡抚田雯在《黔书》中也评价道："黔之人物，尹珍以上无论已。明之以理学、文章、气节著者，如孙应鳌、李渭、陈尚象以及王训、詹英、黄绂、秦禹、蒋宗鲁、徐节、田秋、徐卿伯、易楚诚、张孟弼、许奇、申裕、吴淮、邱禾实、潘润民、王祚远、蒋劝善，皆大雅复作，声闻特达者也，而文恭为之最。"

孙应鳌为贵州开省以来人物之冠，莫友芝（1811—1871，字子偲，自号亭，晚号叟，贵州独山人，有"西南臣儒"之称）《黔诗纪略》卷八载明代著名心学家胡直评论当时天下四贤云："宇内讲明正学，楚有黄安耿公，蜀有内江赵公，黔有清平孙公，吾豫章有南城罗公，皆贤人也。"说明当时孙应鳌讲明正学（心学）已与心学大家耿楚侗（名定向，字在伦，号楚侗，湖北黄安人）、赵大洲（名贞吉，字孟静，号大洲，四川内江人）、罗近溪（名汝芳，字惟德，号近溪，江西南城人）齐名，在海内颇负盛名，有"孙子名满天下"之誉。

是时中极殿大学士张居正（1525—1582，字叔大，号太岳，湖广江陵人，隆庆六年至万历十年任首辅大学士，谥文）读了孙应鳌著述后，有《答中丞孙淮海书》云："辱惠佳刻，略读数种，皆入元造奥，含英咀华，且其议论不诡于圣人。向也吾见公之貌而已，今乃得窥其深矣。苏氏有言：'千金之富，卿相之贵，苟非天之所与，求一言之几乎道，不可得也。'公以涉壮之年，早窥道域，天所与也！"一代名相如张居正者，对孙应鳌著述如此推崇备至，于此可见孙应鳌的学术成就已蜚声海内，震动晚明朝野。迨至清光绪年间，贵州著名学者黎庶昌出任日本公使，还在日本友人文学博士中村正直先生家中发现孙应鳌的《督学文集》四卷，证明孙应鳌的著述已流传海外，在东亚有一定影响，其在学术上的崇高声誉和地位是毋庸置疑的。

（四）孜孜不倦的讲学传道

孙应鳌不仅在学术上造诣高深，同时他还致力于讲学传道，在家乡清平孜孜不倦为"乡学立教"。孙应鳌一生曾两次辞官归里，于清平建书院、讲心学，前后达12年之久，一时问学者盈庭。隆庆三年（1569），孙应鳌被人造谣诬陷，于是以疾辞官归里，在清平建平旦草堂。草堂第二年落成，孙应鳌作《瑞竹词十二首序》记载了其与亲朋好友在草堂内论道作诗的惬意："明年，草堂成，产瑞竹一本，上分两枝，与古图籍所载合，亲朋于是多携酒为赏，且宠以诗文。余久荒于诗，亦聊述数章，用志岁月，因答群公之贶云。"其后又在清平伟拔山麓创建学孔书院。胡直《衡庐精舍藏稿·学孔书院记》记载了孙应鳌创建学孔书院的情况："始予友淮海孙公解大中丞归，而远近问学者履盈户，公乃选伟拔山之麓，得其胜者止焉，遂辟为书院，以居学徒。中为堂曰某堂，斋曰某斋，轩曰某轩，亭曰某亭，后为寝室，旁两楹为学舍，凡若干间。"隆庆六年（1572）孙应鳌又于清平建山甫书院，时贵州提学副使吴国伦亲至清平山甫书院会见孙应鳌，从吴国伦《过山甫书院因赠》一诗可以看出孙应鳌当时在山甫书院讲学的盛况："城小诸峰赴讲堂，如云门客俨趋锵。横经案倚三辰丽，问道津悬四渎长。冠冕旧通罗鬼国，弦歌新满郑公乡。居然生我清虚府，一语无闻百虑忘。"

万历五年（1577）孙应鳌又因病辞官归里，筑学孔精舍于清平城西。此后数年间，孙应鳌一直致力在清平设馆讲学，发展地方教育，培养人才，这对当地文化教育的发展产生了重大影响。故郑珍有《和莫邵亭题淮海先生书谕陕西官师诸生橄石本韵》诗赞之曰："孙公学孔开南荒，邃意同时几人匹。"莫友芝亦有诗赞之曰："孙先学孔开精舍，手辟山荒衍儒术。"据记载，明清两代，清平历科进士有17人之多，占黔东南的四分之一，历科举人120名，远远高出经济文化都较之发达的镇远府、黎平府的举人数。其中不能不说与孙应鳌这位儒家心学大师有着密切的关系。

孙应鳌在家乡筑学孔书院、山甫书院、学孔精舍，集一生学问，全力讲学。阐扬心学，是黔省"为乡学立教"的先驱，一时享誉黔中，名满天下。清代黔省著名学者黎庶昌于光绪十五年（1889）在《刻孙淮海先生〈督学文集〉序》中对此作了精辟总结："能继起以昌明圣学、兴起斯文为己任者，至明乃得文恭孙淮海先生。先生当明中世，传阳明王氏之学于贵溪徐樾波石，即能洞彻良知之弊；嗣又讨论于蒋道林。其学以求仁为宗、以诚意慎独为要，以尽人合天为求仁之终始，其于成己成、位育参赞、天人一体之原，心契微眇，温故知新，浩然自得。晚岁筑学孔精舍以居，尤致精于易理。生平难进易退，不以依违徇人，亦不以激烈取异。匡君德，镌巨珰，论革除，清国学，兢兢焉。惟以维持风教、作育人才为急务，物来顺应，沛然有余，海内群以名臣大儒归之，可谓命世贤豪，不待文王而兴奋也。"

二、孙应鳌易学思想的主要内容

孙应鳌的易学思想集中体现在他所著的《淮海易谈》中，其易学思想主要表现在三个方面：一曰易理即人心的易学心本论，二曰天人合一、万物一体的易学方法论，三曰体用一源、即用是体的易学体用观。下面分别论之。

（一）易理即人心的易学心本论

关于《周易》一书的性质，孙应鳌不同意朱熹的看法，认为《周易》并非占筮之书，而是用以明诸天人之道、教化百姓、成圣成贤的哲理书。故他同意周敦颐"《易》何止五经之源，其天地鬼神之奥乎"的看法，认为"《易》不作，则天地鬼神之道不著"。[①] 易之象数都是天地鬼神之道（理）的模拟和准则。因此，"人若知得易理，一元、会、运、世之运，便是一岁一月之运，便是一日一时之运。吉凶消长、进退存亡，与天地同终始而天地无终始，与万物同终始而万物无终始，故视顷刻即如万古。不得易理，以一人之情识出入吉凶消长、进退存亡之中，天地与我为劳，万物与我为碍，于是有

[①] 《淮海易谈》卷四，《孙应鳌文集》第119页，贵州教育出版社1996年版。

悲喜好恶、取舍怨尤，至老死而不自觉。"所以"人之不可以不学《易》也。"① 《易》与天地万物齐等，故能包容天地万物的法则，人如果掌握了"易理"，其德行可与天地相配，不违背天地之道，故能周知万物，普济天下人而无过失，对个人的生活遭遇，则能安然处之，以仁民爱物为己任。

然而，孙应鳌与周敦颐等理学派易学不同，他认为易之理即天地万物之理，而天地无万物之理即存在于人心之中。他在《淮海易谈自序》中说："《易》者何也？以著天地万物之理也。天地万物之理妙于人心，故《易》著天地万物之理以明也。古之圣人而明诸心矣，欲人皆明诸心不可得，于是著《易》之书为经。……传则得其所以为心，晦则失其所以为心，非得自外，得自我也。"② 直言易理即人心，《周易》乃存心明理之书。接下来，他还以自己学《易》的经过证之："愚自学《易》，尝求诸大儒之说于《传》，求诸大圣人之说于《经》，未窥测也。已乃因《传》以求《经》，因《经》以求心，浸浸乎若有窥测矣，而未能见晓。已乃反之于心，略其所有言与无言，涵泳之，优游之，日用起处罔不念斯，久之，则若诸大儒之意若可起于衷，诸大儒之语若可出诸口，而诸大圣人著《经》之意若可不远于吾心。"③ 当然，孙应鳌所说的"吾心"，并非主观任意之心，而是与理与道合而为一之心，不是以私意为心。天地万物之理（道）为易理，心具易理，备具易理之心，活泼泼感而遂通，它既是存在的本真，又是宇宙的实相。心中之易理乃人人共具，因而又是普遍的、必然的，当下证之本心即可求得。一方面易理是超越的、普遍的和必然的，另一方面易理又离不开每一个体的体验与经验，是内在的、人心的，可以经验呈现的。易理在人心的展现是自然而然的，人心的真实与宇宙的真实是同一的，内在的人心与外在的天道（易理）本质上不可分离，人心（吾心）本具天赋之易理，人心与易理不能阻隔为二，如果将其分裂为二，则即是以"私意"为心，如是必然使人丧失安身立命的宇宙本体的根据。显然，孙应鳌的这种思想是对王阳明心即理的继承。王阳明肯定吾心之本体，但又认为如果仅仅从单纯的个体意识出发则无法得出具有普遍意义的判断。他说："天地生意，花草一般，何曾有善恶之分？予欲观花，则以花为善，以

---

① 《淮海易谈》卷四，《孙应鳌文集》第143页，贵州教育出版社1996年版，以下凡引此书只注页码。
② 《孙应鳌文集》第10页。
③ 同上。

草为恶；如欲用草时，复以草为善矣。此等善恶，皆由汝心好恶所生，故知是错。"① 此处的"汝心"是指撇开了普遍性的私意之心。一旦把是非善恶的准则等同于这样的"吾心"，对同一对象就会作出亦是亦非、亦善亦恶的相对主义判断，从而造成道德实践上各行其是的混乱。

故此，孙应鳌释离卦六二爻辞"黄离、元吉"云："六二，柔中得正，居天下之广居，立天下之正位，行天下之大道，不偏不倚无过不及。盖道即心，中即道，为己顺而祥，为人爱而公，为天下国家无处不当，是为元吉。"② 又如其在释坤卦曰："君子取法天地，法此道也。心者，道之管也。天地有形矣，道则不囿于形；人有身矣，心则不囿于身。故人之不能法天地者，以此心也。故大其心则是以尽天地，非尽天地也，尽道也。尽道则天地之始吾之始，天地之终吾之终，天地之不息吾之不息，天地之无疆吾之无疆。"③ 孙应鳌所说的道（理）有多方面的意义：一是万物变化的共同规律，"以形色而名也，万物也；以变化而名也，而会之曰'道'"④。二是日用事物所以然的根据，"道者，日用事物当行之理，大之父子君臣，小之事物细微"⑤。三是伦理道德，"君子行此四德（仁义礼智——引者注），信乎道之大原出于天而备于人也"⑥。一般来说，孙应鳌所说的道（理）主要指伦理道德，其所言的"天道"、"物理"、"易理"、"易道"，主要归摄为道德法则、伦理秩序，主要是价值论的，而非认识论的。依孙应鳌，心灵秩序与天地的自然秩序、社会的伦理秩序是相应互动的关系，在究极根源处原本合一，故天人同性，天人同理，易理（天道）即人之心。他说："《易》也者，道也；道也者，性也，心也；心也者，身也；身也者，人也；人也者，万物也；万物也者，《易》也。"⑦ 又说："《易》道即天地之道，……故万物众矣，以《易》之知而周之；天下大矣，以《易》之道而济之，……以《易》而立天地自然之化范围而不过；以《易》而通万物自然之情曲成而不遗；……此所以'《易》以天地准'也。《易》者，心也。"⑧ 正因为人心先天具有易之理，故不能离心以

---

① 《传习录上》，《王阳明全集》第29页。
② 《淮海易谈》卷二，《孙应鳌文集》第66页。
③ 《淮海易谈》卷一，《孙应鳌文集》第24页。
④ 《淮海易谈》卷四，《孙应鳌文集》第155页。
⑤ 《淮海易谈》卷二，《孙应鳌文集》第68页。
⑥ 《淮海易谈》卷一，《孙应鳌文集》第18页。
⑦ 《淮海易谈》卷四，《孙应鳌文集》第155页。
⑧ 《淮海易谈》卷四，《孙应鳌文集》第122－123页。

求理，必须反求于心。他作出结论说："真知易理，然后信得'万物备我'之义；真体易理，然后得'反身而诚'之乐；真学易理，然后行得'强恕求仁'之事。不言我备万物，而言万物备我，盖我之此身是天地万物之本，是以逐其身于天地万物者谓之忘本，外其身于天地万物者谓之遗末，不忘本不遗末，将天地万物之实理都收拾在自己身上，便是反身而诚，便是仁，诚便是乐，仁便是乐。"① 充塞宇宙的万物之理，本天所以与人心，本心即天理，将此心充分发扬光大，便能使之充塞宇宙。因此，孙应鳌十分赞同陆九渊"宇宙内事，皆吾分内事"这句名言，认为"《易》之事皆宇宙内事也，故《易》为吾分内事也"②。

孙应鳌根据易理本于人心的观点，认为《周易》的形成并不是圣人观天象、察物理而制定的，而是圣人明诸本心的结果。他同意朱熹的"人更四圣"说，即认为伏羲画八卦，周文王作重卦并作卦辞，周公旦作爻辞，孔子作传。但他不赞成把《周易》说成是卜筮之书，明白指出："论《易》之统，则孔子得传周、文，周、文得传于伏羲；论《易》之备，则伏羲开其源，文、周浚其流，孔子会其归，其合德于天，一也。故观《易》者，知数圣之所以同，则知吾心之易矣。"③ 四圣一心，心理同然。伏羲先明其心中之理，然后观象立卦，以觉斯民。后世圣人，由于其心同，其理同，故其所知所觉无有差异。此种观点，实际上是以圣人之心为《周易》形成的根源，故其在《淮海易谈自序》中剀切陈辞："天地得《易》以清、以宁，万物得《易》以生、以成，吾人得《易》，上下四方、往古来今，罔不毕臻，心之理若是至精、至纯、至大、至一也耶！得其心斯得其理，天地万物合为一体，固诸大圣人所以立教，诸大儒所以修教，吾人所以由教，意之贵而可传者深矣。"④

根据易理即人心的这一原则，孙应鳌认为六十四卦的象数理和卦爻辞都是出于人心，是人本心的表现："心之象，便是《易》之序，心之变，便是《易》之辞。"⑤ "《易》之象，心象也；用易者，心用之也。是以六十四卦之'大象'皆言以只一，以字吾心与易合矣。天地万物之象皆吾心之象，吾心其即物理乎？吾心用即天地万物之用，物理其即吾心乎？吾心即是物理，乃欲

---

① 《淮海易谈》卷四，《孙应鳌文集》第147－148页。
② 《淮海易谈》卷四，《孙应鳌文集》第144页。
③ 《淮海易谈》卷四，《孙应鳌文集》第142页。
④ 《孙应鳌文集》第10－11页。
⑤ 《淮海易谈》卷四，《孙应鳌文集》第121页。

去物理而归空无,不知吾心者矣。物理即是吾心,乃欲于事事物物上穷究,不知物理者矣。知吾心物理之无二,然后知吾身与天物万物实是一体。"① 由此,他得出结论说:"故《易》有圣人之道者,谓心也。"②

按孙应鳌以上的说法,易理与人心并无差异,实际是以人心解释易理。据此原则,他解释了许多卦的卦义。如其解释复卦《彖》"复,其见天地之心乎"说:"天地生物之心,即人之本心也。了得此心则何动何静、何见何不见?不了得此心,何从而见,何以谓之见?……见得此后,无往非天地之心,即无往非人之本心,动亦是,静亦是。"又说:"人之不远天地之心即我之心,我不失此心即复天地之心。"③ 此是说,天地之心即人心,即我之本心,即天地万物之理。这又是阐发王阳明的心即理说。

又其解释坤六二爻辞"直方大,不习,无不利"说:"此直此方即坤道之大也,此皆自然而然,故曰'不习'。顺此自然者而施之,含宏光大,故曰'无不利'。以此见得:敬者原是吾心本有之理,义者原是事物自然之宜。"④他以形容地德的"直方大"为形容"吾心"之语,认为此心乃人所固有,顺本心之自然而行,故无不利。

总之,孙应鳌解易,不是像程朱理学派那样,以天理为出发点和归宿点,而是以吾心(人心)为出发点和归宿点,认为易即人心。易理(天理)基于吾心,充塞宇宙。将普遍之天道易理与个体意识形式统一起来,普遍的永恒的天道易理并不是外在于个体之心,恰恰相反,它总是通过个体之心而得到表现,此谓之良知,因而《周易》只是记载吾心运用天理的经典例证。这实际上是将个人的精神,特别是道德意识视为宇宙万物的原理,这是一种带有浓厚伦理学色彩的易学心本论。

(二)天人合一、万物一体的易学方法论

孙应鳌以易之理即人之心,以卦爻象的变化及其差异出于人心,其理论思维的根源是不区分天和人。孙应鳌易学在方法论上,沿着中国传统的"天人合一"、"万物一体"的思维模式宣扬万物相互联系、相互依存的思想,整

---

① 《淮海易谈》卷四,《孙应鳌文集》第 17-18 页。
② 《淮海易谈》卷四,《孙应鳌文集》第 129 页。
③ 《淮海易谈》卷二,《孙应鳌文集》第 57-58 页。
④ 《淮海易谈》卷一,《孙应鳌文集》第 22 页。

个世界都是彼此关联着的统一体。这种思想是极其深刻的,最能代表东方文化的形上智慧,具有现代价值和意义。但是,在论证过程中,他忽略或轻视了事物相对的独立性,带有不别同异、万物齐一的相对主义倾向。

孙应鳌的天人合一、万物一体主要有两方面的意义。一方面是天与人不是二元对立、彼此隔离的,而是息息相通的统一整体,因而人心便是天,天非外在:"圣人也,是与天为一者也。与天为一,……(仁)在天为实理,在人为实心,故孟子曰:'仁、人心也。'……然后我真与天地万物同为一体,……体仁即知所以合天,即知所以用易;知所以用易,即知我与天地万物一体,即知一贯之学。"① 他由此以"天人合一"和"三才一体"解释《易·系辞》"兼三才而两之"说:"分言则一卦即具三才,合言则六十四卦总具三才。大莫能载,小莫能破,六即三,三即一,天地人三者一物也。知三者之为一物,圣人所以主静立人极,而天地之道归矣。"② "三者一物"是说,天地人(心)不只有其同一性,而是等同无差别,一般而言程(程颐)朱理学也讲天人合一、万物一体,但其所谓"合一"并非天合于人,而是人合于天,即合于天理或合乎道,其所谓理或道不是个人的心或人心,而是其所说的客观法则。而孙应鳌在这里却主张天人等同无二,就与程朱不同,这正是心学与理学的重要分歧,显然这是对程颢"天人一本,不必言合"和王阳明的天人一体说的发挥。

另一方面,是把"以天地万物为一体"作为先在的本体和最高的精神境界。在孙应鳌看来,就心的本来面目而言,每个人与圣人一样,都是以天地万物为一体的。因为在本体论上,人与万物本来就处于元气流通的本体联系之中:"天地之所以为天地,浑然唯此元气也,……元气之成象为日月,元气之运行为四时,元气之变化为鬼神,元气之虚灵之在人者为心,一也。"③ 元气的作用多种多样,它形成天地、日月、四时、鬼神,它的精致无形的"虚灵"属性进入人体就是心,气和心本质上是一回事。这种元气流通、心气合一的思想,不仅具有物质实体的意义,也同时包含着把宇宙看成一个有机系统的意义,无论哪一方面,都是强调万物与吾心的息息相关的不可分割性。以天地万物为一体既是本体,又是境界。孙应鳌认为,万物一体的境界就是

---

① 《淮海易谈》卷一,《孙应鳌文集》第 13-14 页。
② 《淮海易谈》卷四,《孙应鳌文集》第 136 页。
③ 《淮海易谈》卷一,《孙应鳌文集》第 19 页。

把万物看成息息相通的一个整体,这个整体就是大我之境,把宇宙的每一部分都看成与自己有直接联系,甚至就是自己的一部分,这样的境界就是仁。他说:"仁言体,盖天地万物之备于我者,无少缺欠,无少渗漏,真浑然无所不包,我之此身真与天地万物合体矣。"① 在这样一种哲学的境界中,人与万物,我与他人都是共在,我对之承担着各种义务与责任。

然而,孙应鳌认为,人的一切罪恶都源于人不能与万物为一体,而将心物、天人分裂为二,由是使主客体隔而不通,丧失本体,使生命存在枯萎,人生价值消失。而人所以不能与万物为一体,是由于其之本心受到了各种私欲的污蔽与外诱的侵扰。他说:"人与天无二,所以不能如天者只因不纯,不纯则有已,一毫有已与天不相似矣。"② 故他完全赞成杨慈湖在《己易》中的主张:"言乎无二谓之一,……二之者私也、牿也。"认为:"使此心天理充满于内,不逐于外,……天理充满于内而感物之动不移,……此正天人一大关键所在也。"③ 由此他批评宋明以来的学者"偏内者,求了心遗事物;偏外者,逐事物遗心体",而"君子之学,只是合内外之道而已,合内外之道,一也。"④ 如其批评邵雍将易理作玩弄之喻说:"心何由纯?只得易理到乎心便纯。邵子有'弄凡'之喻,若将易理作玩弄之意,尚是以我悦彼,不知易理即我也,我自有之,我自得之,何弄何不弄?"⑤ 孙应鳌认为吾心即是易理,说我去玩弄易理,是将吾心与易理割裂为二,即以天地万物与我为二,是不懂"万物一体"。因此,只有破除主客间的障隔,破除私欲的污蔽与外诱的侵扰,打开此"牿"而"大其心",才能"体天下之物",而达到"天人合一"、"万物一体"的境界。人经过修养之功所实现的万物一体的大我之境,既是精神经过提升所达到的至仁之境,又是回复到心的本来之体。

孙应鳌的易学正是建立在这种"天人合一"、"万物一体"理论的基础上,把心与天、人、性、命、气、道、器合为一体、融为一炉,强调心是"天人合一"、"万物一体"的主体。从这种易学方法出发,孙应鳌又对心与物、心与气、心与太极、先天与后天、形而上与形而下等不同的易学范畴进行了深入论证。

---

① 《淮海易谈》卷一,《孙应鳌文集》,第12页。
② 《淮海易谈》卷四,《孙应鳌文集》第144页。
③ 《淮海易谈》卷二,《孙应鳌文集》第57页。
④ 《淮海易谈》卷一,《孙应鳌文集》第21页。
⑤ 《淮海易谈》卷四,《孙应鳌文集》第144 - 145页。

在心与物、心与气的关系上，我们前文已论述孙应鳌把心与物、心与气合而为一，认为元气形成天地万物乃至人心。在这里需要指出的是，就其易学哲学体系说，此说与其心本论并不矛盾。在他看来，具体事物的形成乃元气变化的过程，但其变化的程序和法则基于人心："凡万象之变化于天地者，皆吾心之变化"。① 气的变化形式多种多样，但万变不离其宗，最后必须通过心才能体认。他说："宇宙浑然是一元气，元气自于穆、自无妄、自中正纯粹精、自生生不息，谓之性，谓之命，谓之道，谓之诚，谓之太极，总是这一个神理，只就自心体之便见矣。"② 说明元气有寂寞、无欲、中正纯粹、生生不息的特征，可以给它或性、或命、或道、或诚、或太极等不同称谓，但总的道理只能是一个，就是只能从内心中去体认。这种观点不但把心与气、物合而为一，而且强调了以心为本。

在心与太极的关系上，孙应鳌针对周敦颐"无极而太极"的命题进行发挥。他赞成邵雍"心为太极"的主张，认为"于本然之中有自然之妙，不离不杂是太极也。邵子曰'心为太极'，至矣！心生，便是全体太极"。③ 心不断流行妙用，不断地生生就是"太极"，易之太极就在人心中。故人能自得太极于心中，"'易有太极'，言人有太极也。人人有太极而自复之、自全之，是自成也，自道也，自慊也，自得也"。④ 对于"无极"，他解释为"主静"。他说："主静之学即无极之道也。恐人误以主静为动静之静，故又提出'无欲'二字。见太极心体之流行所以无声无息、不睹不闻者，以无欲也。……故知太极本无极……。"⑤ 可见，"无极"就是"无欲"，说明心体太极的流行存在着无声、无味、无痕迹的特点，是看不见、摸不着而又存在着的自发运动。从总体上讲，"无极而太极"是人心中自发的生生不息之理："太极之理，冲漠无朕而又万象森然，万象森然而又冲漠无朕，其生生之妙又浑然、又截然、又纯然、悠然、又自然、又不得不然。了得此体，然后知吾心之天理，真是博渊泉而时出之，一毫自私用智也容不得，故曰：'心为太极'，易道当然也。"⑥ 这是对邵雍"心为太极"思想的发挥。

---

① （《淮海易谈》卷一，《孙应鳌文集》第24页。
② 《淮海易谈》卷四，《孙应鳌文集》第124－125页。
③ 《淮海易谈》卷四，《孙应鳌文集》第130页。
④ 《淮海易谈》卷四，《孙应鳌文集》第154页。
⑤ 同上。
⑥ 《淮海易谈》卷四，《孙应鳌文集》第140页。

在先天与后天的关系上，孙应鳌主张先天与后天合一。《周易·系辞上》云："易有太极，是生两仪，两仪生四象，四象生八卦。"按邵雍看法，由太极至八卦的形成，是卦画一阴一阳生生不已运动的自然形成过程，是一分为二，二分为四，四分为八的结果。故先天八卦方位图属于画前之《易》的范围，被看作伏羲之《易》，反映了圣人通过《易》来表达阴阳动静之理与生生不已之意。《周易·说卦》云："天地定位，山泽通气，雷风相薄，水火不相射，八卦相错，数往者顺，知来者逆。"根据邵雍的解释，这是伏羲先天八卦方位：乾南坤北，离东坎西，震东北兑东南，巽西南艮西北。自震至乾为顺，自巽至坤为逆，故乾一，兑二，离三，震四，巽五，坎六，艮七，坤八。伏羲所画之卦的八卦次序与方位称为先天之学。文王依人用所推出八卦次序与方位，称为后天之学。其根据源于《周易·说卦》："帝出乎震，齐乎巽，相见乎离，致役乎坤，说言乎兑，战乎乾，劳乎坎，成言乎艮。万物出乎震，东方也。齐乎巽，巽，东南也。齐也者，言万物之洁齐也。离也者，明也，万物皆相见，南方之卦也。圣人南面而听天下，向明而治，盖取诸此也。坤也者，地也，万物皆致养焉，故曰致役乎坤。兑，正秋也，万物之所说也，故曰说言乎兑。战乎乾，乾，西北之卦也，言阴阳相薄也。坎者，水也，正北方之卦也，劳卦也，万物之所归也，故曰劳乎坎。艮，东北之卦也，万物之所成终而所成始也，故曰成言乎艮。"文王将先天自然流出的八卦改为适于人用的结果，乃成后天八卦方位：震东兑西，离南坎北，为四正卦；乾西北坤西南，巽东南艮东北，分居四隅，为四纬卦。宋明以来，有很多学者将先天之学与后天之学对立起来，没有看到先天与后天的联系。孙应鳌则明确反对这种观点。他释《周易·系辞》首章"天尊地卑"，"刚柔相摩"云："'天尊地卑'以下，其易之定体乎？'刚柔相摩'以下，其易之运用乎？皆自然矣。定体自然，便是以不动为运用，即先天也；运用自然，便是以运用为不动，即后天也，先天、后天，一也。"[①] 易以阴阳为本，乾坤为纯阳纯阴之卦，天尊地卑，乾坤定体，各居其位，阳刚阴柔的性质判然分明，强调易之不变法则，即先天之易；阴阳刚柔互相摩切交感而衍成八卦和六十四卦，强调易之变化规律，即后天之易。而易学是不变中有变，变中有不变："先天主乾坤坎离之交，其交也将变而无定位，如天运之无穷也。……后天主坎离震兑之交，而交也不变而有定位，如地体之有常也。可见先天不得不后天，后天不

[①] 《淮海易谈》卷四，《孙应鳌文集》第119页。

得不后天，先天不得不变为后天，后天不得不变乎先天。"① 先天之易为乾上坤下，离左坎右，即乾南坤北，离东坎西，意味着天地定位，阳尊阴卑。而乾坤相交，便产生震巽兑艮，形成四时运行，天地变化。后天之易为离南坎北，震东兑西，坤西南，乾西北，巽东南，艮东北，即以坎离震兑为四正卦。后天易之定位由先天易变化而来：坤南交乾，则南方成离；乾北交坤，则北方成坎，故先天与后天不能相离，二者虽二而一。由此孙应鳌批评宋明以来易学分言先天与后天之易，将其割裂为二。他说："理无先后，天无先后，《易》书有先后耳。……先儒谓伏羲之《易》不可作文王之《易》，文王之《易》不可作周、孔之《易》。数圣人之《易》，岂各开门户，各立窗牖，不相通耶？"② 孙应鳌认为伏羲的先天之易和文王、周公、孔子的后天之易是一而非二，善学易者，便应在后天之易中观先天之易，在先天之易中观后天之易。而道家之易只言"当于羲皇心地上驰骋，不可于周、孔脚下盘旋"，是"以二见而歧之矣"。③ 当然，先天与后天合一是建立在大人心体的基础上的："'先天不违，后天奉时'，……一也。盖以两句话头明大人心体之一，非两事也。"④ 此是释《周易·乾文言》"先天而天弗违，后天而奉天时"，说明无论是先于天象而行事，还是循理后于天象而处事，都是先明本心之理，其理本一而非二。故孙应鳌支持邵雍的观点，他说："邵子曰：'先天之学，心学也。吾终日言之而未尝离乎是。'岂唯邵子终日言之而未尝离，虽众人终日言之行之亦未尝离也。"⑤ 强调先天之学（易学）就是心学。

在形而上与形而下的关系上，孙应鳌认为形而上之道与形而下之器是上下不可分离的。他解释《周易·系辞》"形而上者谓之道，形而下者谓之器"说："以道器而总之曰形，见道器总是这一个物事也。不言有无，但言上下，正为这一物事不可分离也。后世以理气分言之，以形色性命分言之，去圣人之论《易》远矣。"⑥ 指出南宋至明以来的儒者把形而上视为理、性、命，把形而下视为气、形、色的理论，是远离了圣人论《易》的原旨，他认为形和道应该是一体的，"形即道，不必曰形；形色即道，不必曰色，色费而万有隐

---

① 《淮海易谈》卷四，《孙应鳌文集》第 143 页。
② 《淮海易谈》卷四，《孙应鳌文集》第 142 页。
③ 同上。
④ 《淮海易谈》卷一，《孙应鳌文集》第 19－20 页。
⑤ 《淮海易谈》卷四，《孙应鳌文集》第 141 页。
⑥ 《淮海易谈》卷四，《孙应鳌文集》第 130 页。

而无臭,吾心也,一也"。① 把一切形、色都视为心中道的表现,万物皆统一于主体意识之中。

总之,孙应鳌的"天人合一"、"万物一体"说,看到了人的主体性地位,看到了发挥人的主观能动性,提高人的认识水平和道德修养,在主客体关系中的至关重要性。此种方法论,就易学哲学说,同象数派、理学派和气学派的观点是不同的。象数派将天道归之为象数法则,肯定其有逻辑的必然性。理学派以天道为阴阳变易之理,属于形而上的世界。气学派则认为天道乃气运动变化的进程及其规律,属于客观物质世界。三派的观点虽然各有不同,但都承认天道和易道不依人心而立。而孙应鳌解易则将天道和易的法则归之于人心,特别是伦理学讲的心,显然,这具有明显的心学特征。

(三) 体用一源、即用是体的易学体用观

体用范畴是孙应鳌用来作为构筑其易学哲学的重要支柱。孙应鳌认为所谓"体",指万物的共同本体和存在根据,是世界的最高本原,它即是道,即是理,即是易,归根结底即是心,即人的主体意识;所谓"用",就是精神本体派生出来的宇宙万物及其一切物质和精神现象。他说:"易道即天地之道,则与天地相似而不违矣。不违乎天地,则易之用即天地之用,天地之用即圣人之用。……易者,心也。"② 孙应鳌认为"体用一源",是不能分开的。他说:"世儒说了体,又说用,分而为二,唯《易》合而言之曰:'显仁藏用'。仁言显,即用是体;用言藏,即体是用,未有有体无用、有用无体者。……明道曰:'体用一源,显微无间。'唯不可间,故见其为一源;唯一源,故不可间,明道之学至矣!"③ 此是说,此间有的儒者讲体用,先说体,再说用,先体后用,这是分体用为二的二元论。其实,易理是本体即隐藏在易用(象数辞)的背后,故称为"微";易用为现象,显露在外部,故称为"显",本体易理是象数爻辞易用的内容,易用则是本体易理的表现形式,故即用是体,即体是用,不容分离,此即程颢所说的"体用一源,显微无间",故孙应鳌认为程明道先生最得易学体用要旨。

为此,他不赞成老子和邵雍的观点。他说:"老子以守黑、守雌、守辱、

---

① 《淮海易谈》卷四,《孙应鳌文集》131 页。
② 《淮海易谈》卷四,《孙应鳌文集》第 122 - 123 页。
③ 《淮海易谈》卷四,《孙应鳌文集》第 126 - 127 页。

后身、亡身为道，而天道远矣。邵子以老子得易之体，若得易体即得易用，体用一源，岂可分属！百骸备而成体，百用备而成易，遗白论黑、遗雄论雌是易体，否耶！"① 邵雍认为老子守黑、守雌、守辱、后身、亡身的思想体现了易的本体，孙应鳌认为这是把体用分隔开来，是错误的。正确的看法应是得易体即得易用，得易用即得易体，正如先师王阳明说的"做得工夫就是本体，合得本体就是工夫"，真是"微哉！微哉！"②

当然，孙应鳌提倡体用一源，即用是体，并不是说体用混然，毫无差别，而只是说体和用是一个事物的两个方面，不能截然分开。他说："造化生生之理，虽常体不易而妙用不息，虽妙用不息而常体不易，既非截然而各为一物，亦非混然共为一事。"③ 说明体和用是既有区别又相互依存的统一体。又说："易理极真实极光明，随他发见流行处，当下具足，……物即是我，我即是天地。"④ "发现流行"就是本体之"心"造化发育产生天地万物，而它们都体现了我心的作用。从天地万物到人伦日用，世界上的一切事物现象，无不是我之本心"发现流行"的结果。故体用不仅不能分割，而且体决定用，用表现体，由体可以致用，由用可以得体，体和用是一种内在的关系。

由以上分析，可以看到孙应鳌的易学体用关系论有以下两个特点：

第一，把"体"看作是内在的深微的基础，把"用"看作是外在的明显的表现。因此有了圣人之心意，必须借助于《周易》的象数辞来表达，而《周易》有了象数辞，圣人之心意才显示出来。故孙应鳌认为善学易者，应研究象数及卦爻辞，由此方能得到圣人之心意，此即是说象数、言辞以及易理三者是合一的。如乾卦，其理为刚健不息，即圣人之心意，即体，其象为龙，龙善于变化，取其象以显示乾道变化、消息进退之理。从初九爻的潜龙到上九爻的亢龙的变化，都是为显现刚阳屈伸消长之理。

第二，把"体"看作是恒常存在的不变的东西，把"用"看作是流动的可变的东西。如乾卦从初爻之潜见到九五爻的飞跃，虽然有不同的变化，但"潜见、飞跃只是一体。……故虽极于五而非有少加于初，虽居于初而非有少诎于五"。⑤ 因此它们都是表现圣人刚健不息这个不变之理的。孙应鳌的这种

---

① 《淮海易谈》卷一，《孙应鳌文集》第18页。
② 《淮海易谈》卷一，《孙应鳌文集》第22页。
③ 《淮海易谈》卷四，《孙应鳌文集》第148—149页。
④ 《淮海易谈》卷四，《孙应鳌文集》第149页。
⑤ 《淮海易谈》卷四，《孙应鳌文集》第16页。

常变关系论在一定条件范围内具有合理意义。在整体的意义上具有稳定性，而在局部的意义上却又变动不居。局部的变动受到整体的制约，且并不影响整体的稳定性。显然，这种整体性思想，朴素地揭示了整体与局部、不变与变化的辩证关系。孙应鳌还分析了虚与实、理一与分殊的关系，从不同侧面进一步对体用范畴加以说明。

从虚与实的关系上看，孙应鳌认为："虚者以实而虚，无者以有而无，……外实以言虚，外有以言无，……畔道甚矣！"① 虚与实、有与无是相互联系和依存的，把它们截然分开不符合事物的内在法则，孙应鳌主张实中有虚，虚中有实，这是正确的看法。但他又从心学的角度说："虚则为心之明，实则为心之诚，明则诚矣，诚则明矣，易道当然也。"② 不论虚与实都是心的作用，实质上是一回事。这样，孙应鳌从虚实相资的合理前提出发，得出的却是虚实同一的错误结论。

从"理一"与"分殊"关系上看，孙应鳌认为："有言学当先一本而后万殊者，又有言学当先万殊而后一本者，分而为二，离《易》远矣。"③ 无论是先理一后分殊，还是先分殊后理一的看法，都是把易学体用分割为二，违背了易学的初衷。故他说："得天地之用是我之用，则处处是分殊，即处处是理一，仁道之所以兼体而不累也。"④ 说明"理一"和"分殊"是相互依存，密不可分的。他批评世上的学者，有的教人"即事物以穷理"，是"除了理一寻分殊"；有的教人"只空空存天理"，是"除了分殊寻理一"，这都是不懂得"分殊者乃理一之分殊，理一者乃分殊之理一"⑤ 的道理。理一分殊乃程朱陈说，意即个体事物所具之理乃太极一理自身的显现。而孙应鳌则从心学的立场扬弃这一命题，认为："万殊而一本，而吾心原非空寂；……一本而万殊，而吾心原非逐外。"⑥ 此是说万殊的事物是易道变化的不同形式，虽万象而其道则一。其道所以为一，因为事物之变化皆出于吾心之变化，天地人物尽在我心之中。这就把"理一分殊"说建立在以心为本的基础上，而与程朱以理为本说不同。

---

① 《淮海易谈》卷四，《孙应鳌文集》第 146 页。
② 《淮海易谈》卷四，《孙应鳌文集》第 140 页。
③ 《淮海易谈》卷四，《孙应鳌文集》第 133 页。
④ 《淮海易谈》卷四，《孙应鳌文集》第 146 页。
⑤ 《淮海易谈》卷四，《孙应鳌文集》第 139 页。
⑥ 《淮海易谈》卷四，《孙应鳌文集》第 133 页。

总之，孙应鳌的易学体用观，不赞成区分事物的差别和对立，追求体用一源、即体是用的境界，其中有不少辩证法的合理思想。

三、贵州义理易学心学派的先驱

义理易学是易学研究中的主要流派之一，主于阐明《周易》的哲学大义，与象数派、训诂考据派相对。象数派则专注象数分析推衍。训诂考据派继承两汉经学研究的方法，从文字的训诂考据中探索易学之理，以字解易，致力于易学史料的清理和考证。义理派则既反对象数派的繁琐，又否定训诂考据派的训诂，而精于明理，注重探求宇宙和人生的哲理。

象数派在先秦时期就已见端倪，主要是以《左传》、《国语》中的巫史占筮为代表，其易占主要讲变卦、卦爻辞占和卦象占。发展到两汉时期，形成象数学，易学同当时的天文历法相融合，并受到占星术和天人感应说的影响，形成了一套以卦气说为中心的易学象数学体系。汉代象数派的代表主要有西汉时期的施仇、孟喜、梁丘贺、焦延寿、京房，东汉时期则有马融、郑玄、荀爽，汉末有虞翻、陆绩、魏伯阳等人。他们都以极其繁杂的象数解《易》，并各有特点。如孟喜倡导卦气说，京房倡导占候之术，郑玄提出爻辰说、五行说，荀爽提出乾升坤降说，虞翻主张卦变说和纳甲说，而魏伯阳著《周易参同契》，将卦气说与炼丹术相结合，提出月体纳甲说。魏晋时代象数派的代表人物是管辂、王济、干宝、郭璞以及荀氏家族等，他们大多把《周易》视为占算时日、预测祸福的方术，实际上属于占算家者流。至宋代的象数学则推崇《河图》、《洛书》，形成图书易学。它是由道士陈抟（字图南）始创的，中经种放、穆修、李之才等人，发展为邵雍的易学。宋代象数派的代表人物还有刘牧、朱震、蔡元定等人。明代则以来知德、黄道周和方以智等人为代表。

义理派最早源于孔子对《周易》的研究，据说《易传》就是孔子所作；至战国时则有荀子易说，由此开启儒家之易的先河。至汉代民间古文经易学家费直、高相根据《易传》文意来解释经文，注重义理的阐发，故被视为汉代义理派的代表。此外，在汉代还有将易学与黄老之学相结合来阐发阴阳变易学说，由此形成道家之易。这一治易倾向的主要代表有西汉的严君平（名遵）和杨雄。发展至魏晋时代，王弼将《周易》纳入玄学领域，以老庄玄学解易，一扫汉易的象数之学，治易不为占卜，不讲卦气说，更不谈阴阳灾变，只注重《周易》中蕴含的义理哲学，创建了易学的玄学义理派。这一派的其他代表人物还有王肃、韩康伯等人。唐代佛教大倡，佛学家便援引易学理论来解说佛学，使佛学与易学相糅合，由此形成佛家之易。其代表人物有宗密、李通玄等人。至宋代，胡瑗、周敦颐（亦带有象数派色彩）首先借《易》理来阐述人事，是宋代义理派易学的先驱。到了程颐（号伊川），义理派易学达到兴盛。程颐把理（天理）看成是先于《易》而存在的易理，而《周易》的作用只是"尽天理"而已。朱熹解易乃以程颐易学为正宗，但认为《易》本卜筮之书，对卦爻辞的解释不能脱离其中的象数观点，故站在义理派的立场上，吸收了象数派的某些观点，但对象数派的互体、互行、纳甲、飞伏之类解易亦不赞成。认为《周易》之所以可以指导人们的行动，是因为卦爻辞所讲的事并非专指某人某事，而是包涵着普遍适用于同类事物的哲学之理，故理为太极，为宇宙的根本。至明末清初，义理派易学的代表人物则有王夫之、李光地、孙奇逢、刁包、陈梦雷等人。

　　心学派易学的形成，则是由宋明理学的分化而形成的。就宋明理学派易学本身来看，实际上当时的哲学家们所发明的易理又各有不同。有以程颐、朱熹为代表的理学派易学体系，有以张载为代表的气学派的易学体系，还有以程颢（号明道）、陆九渊、杨简（慈湖）、王阳明为代表的心学派易学思想。心学派对《周易》原理的阐释，主要渊源于程颢。程颢把"生生之谓易"解释为仁德和至诚的境界，以为天地之道和阴阳变化之法不离人心，从而提出"仁者以天地万物为一体"的天人一本说，体现了天道不在人心之外的思想。陆九渊则发展了程颢的观点，认为易理与人心不容有二，爻之义即吾心之理。杨简又发展了以上二人的易学观点，以心性说易，认为易道即是人心，天地万物之变化皆是人心之变化。王阳明易学更明确指出，心之本体即是天理，易道建诸天人，人心一切流变无所逃于天地之间，这是易道所以正万世人心，且为千古之学之大本大源的原因。性、命、道同出一源，性乃天降之本体，性体由生到死流行便是道，人懂得率性而行便在天道中，不懂得率性而行便是偏离天道。故"人心与天地一体，故上下与天地同流"，良知之道即是天道，即是易道，易道在人心，不过是其阴阳动静的自然流行。人心只要能做到动静合于天时，使自然与天道合而为一，能悟透此道就是圣人。

　　孙应鳌的易学对卦爻辞的解说亦主张取义，注重因经明道，是义理派的易学。然其与王弼以老庄哲学释《易》的义理派不同，乃是纯以儒家义理解《易》，属于程朱的易学系统。但他的易学又与朱熹不同，他发挥了程颢和王阳明以来的心学观点来解释易理,认为易理即人心,故其对易理的解说,是以人心即人们的精神和道德意识为宗趣的。关于《周易》一书的性质,孙应鳌不同意朱熹的看法,认为《周易》并非占筮之书,而是用以明诸天人之道、教化百姓、成圣成贤的哲理书。故他同意周敦颐"《易》何止五经之源,其天地鬼神之奥乎"的看法,认为"《易》不作,则天地鬼神之道不著"①,易之象数都是天地鬼神之道(理)的模拟和准则。然而,孙应鳌与周敦颐等理学派易学不同,他认为易之理即天地万物之理,而天地万物之理即存在于人心之中。他在《淮海易谈自序》中说:"《易》者何也?以著天地万物之理也。天地万物之理妙于人心,故《易》著天地万物之理以明也。古之圣人而明诸心矣,欲人皆明诸心不可得,于是著《易》之书为经。……传则得其所以为心,晦则失其所以为心,非得自外,得自我也。"②直言易理即人心,《周易》乃存心明理之书。接下来,他还以自己学《易》的经过证之:"愚自学《易》,尝求诸大儒之说于《传》,求诸大圣人之说于《经》,未窥测也。已乃因《传》以求《经》,因《经》以求心,浸浸乎若有窥测矣,而未能见晓。已乃反之于心,略其所有言与无言,涵泳之,优游之,日用起处罔不念斯,久之,则若诸大儒之意若可起于衷,诸大儒之语若可出诸口,而诸大圣人著《经》之意若可不远于吾心。"③当然,孙应鳌所说的"吾心",并非主观任意之心,而是与理与道合而为一之心,不是以私意为心。天地万物之理(道)为易理,心具易理,备具易理之心,活泼泼感而遂通,它既是存在的本真,又是宇宙的实相。心中之易理乃人人共具,因而又是普遍的、必然的,当下证之本心即可求得。一方面易理是超越的、普遍的和必然的,另一方面易理又离不开每一个体的体验与经验,是内在的、人心的,可以经验呈现的。易理在人心的展现是自然而然的,人心的真实与宇宙的真实是同一的,内在的人心与外在的天道(易理)本质上不可分离,人心与易理不能阻隔为二,如果将其分裂为二,则即是以"私意"为心,如是必然使人丧失安身立命的宇宙本体的根据。

由此可见,孙应鳌易学明显具有心学派人物与一般易学家不同的解易路数,以心学来解构传统易学模式。主张心为易,以心解易,穷理,尽性,以

---

① 《淮海易谈》卷四,《孙应鳌文集》119 页。
② 《孙应鳌文集》10 页。
③ 《孙应鳌文集》10 页。

至于命，三者一时并了，是义理易学中的心学派的一贯解易模式，程颢的天人一本如此，陆九渊以心存易如此，杨简以己统易更是如此，王阳明以良知含易也是如此。孙应鳌承接以上哲学家的心学宗旨，认为天地万物变易之道都在吾心中，易道基于人心，发于人心，又归于人心，心的发用流行就是易，它是寂感、动静、体用不二的，心乃天地万物的本原，心又与天地万物融为一体，无有先后内外之分，因而吾心具有非常鲜明的整体性和本体性特征，故善学易者，乃在于归明心体。孙应鳌的这些观点，不拘泥于传统书本文字，集中表达了心学派易学的一贯解易立场和风格。因此，孙应鳌易学属于义理易学中的心学派，这种易学哲学与程朱理学派强调天理为事物之所以然的易学哲学有所不同。这样，孙应鳌一方面继承了魏晋唐宋易学中的义理学派的传统，一方面又扬弃了程朱的理学观点，以心学的明心体观念为中心，解释《周易》经传，使之成为晚明心学派易学的代表。正如当时著名学者唐伯元（字仁卿，号曙台）所说："近读孙淮海讲章，亦既明乎其解，视诸家较备矣。乃其紧要归明心体，是本其所本，而非《大学》之本也，是解一人，而学又一人也。"① 唐伯元对孙应鳌著述的评论，说明孙应鳌著述是借助儒家经典发挥自己的思想，它已超出传统儒家经典而直"明心体"，发挥个人独到见解，其思想的特色已为世人所共见。

　　孙应鳌不仅是晚明心学派易学的代表，同时也是贵州明清时期义理易学心学派的先驱。明清时期是贵州文化史上空前繁荣的一个时期，这个时期，全省各地涌现了一大批研究《周易》的学者，仅以易学作品存世的易学家来看，综观他们的研究路径和易学建树，虽然各有自己的特点，但对《周易》的解读和治易路径，大多受到孙应鳌以心解易模式的影响。据民国《贵州通志·艺文志》载，明代黔中易学家凡四人，除孙应鳌外，其余三人是易贵、李渭和阴旭。

　　易贵，字天爵，贵州贵竹长官司（今贵阳市）人，正统二年（1447年）举人，景泰五年（1454年）进士，廷试二甲第二。曾官礼部郎中、辰州知府。淹贯群经，尤长于《易》。尝构别业于贵阳北二里许，读《易》于岩谷之中，至今犹称其地为"点《易》岩"。著有《易经直指》十五卷，今佚。莫友芝《黔诗纪略》卷二云："黔人著述见于史者，别集始于王教授（王训），经说始于先生，并明一代贵州文教鼻祖，其开创之功不在道真、长通

---

① 黄宗羲：《明儒学案》卷四十二《甘泉学案六》。

下。"因其易学著作已佚，今已无由见其易学思想。由其书名《易经直指》度之，其或属阐述《易经》之微言大义者流。

李渭（约 1514－1588），字湜之，号同野，贵州思南人，嘉靖十三年（1534 年）举人，先后任华阳（今四川成都）知县、和州（今安徽和县）知州、高州府（今广东茂名市）同知、韶州府（今广东曲江县）知府等职，隆庆中官云南左参政，万历间辞官还乡，在思南城西小崖门之左洞讲《易》，其洞因名之为"点易洞"。嘉靖间，阳明弟子蒋信来黔任提学副使，李渭师事之，为阳明再传弟子。曾与孙应鳌过从甚密，孙应鳌《学孔精舍诗钞》有《晤李同野》一诗可证之："南云媚归辔，春风晓风遒。如闻一妙语，为破半生愁。"（莫友芝《黔诗纪略》卷八）所著《易问》一卷，今佚。因其学宗阳明，《易问》属心学派易学当自不待言。

阴旭，贵州安化（今思南）人，崇祯末选贡，官南明永历朝国子监助教，精于《周易》，著有《读易应蒙》，惜其书不传。

明代黔中易学家，留有著述于今者，仅孙应鳌一人耳。故孙应鳌《淮海易谈》可谓黔中开省以来留存于今之最早且影响最大的易学著作。入清代，黔中易学家如艾茂和戴世翰等人就受到孙应鳌解易方法的启示，以心解易，故艾茂和戴世翰等人当可视为清代黔中义理易学心学派的代表。

艾茂（1722—1800 年），字凤岩，贵州麻哈（今麻江县）人。清乾隆十五年（1750 年）举人，次年（1751 年）中进士，选庶吉士，授检讨。十八年（1753 年），充国史馆纂修官。二十二年（1757 年）以忧归故里，再不仕进。曾主讲云南五华书院五年、省城贵山书院九年。其间日执《周易》不释，谓"天道人道皆备，吾一生精力当尽此矣"。可见他对《周易》倾注的毕生精力，主要著作有《易经人道集义》。艾茂十分推崇孙应鳌，在讲课时，曾抄录孙应鳌的《学孔精舍诗钞》六卷，可见孙应鳌思想对他有直接的影响。他认为《易经》所阐述的天道、地道、人道之理，就蕴涵在《易》的经文中，人如果不用自己的心智去体悟，就很难知解《易》所表述的天地万物之理。所以他在《易经人道集义》的自序中说："《易》奇而法隐，以之显解是经者，非智足以通难知之意，文足以发难显之情者，不能探颐索隐，钩深致远也。读者有会于斯，庶几沉潜道味，识《易》理之精微；涵泳圣涯，悟化工之妙笔。"（民国《贵州通志·艺文志》）可见，艾茂治《易》特别注重以心体悟易理，探索《易》之微言大义，显然他的这种治《易》方法是与孙应鳌以心解易的精神相符合的。

戴世翰（1794—1874年），字廷魁，号西园，学者称西园先生，贵州铜仁人。清道光五年（1825年）科充县学拔贡生，廷试二等，以教职用。二十四年（1844年）恩科，领乡荐，年已五十。他曾两试春官报罢，遂绝意进取仕途，一志著述，多有成就。著有《易图说》、《易通经》、《易通史》、《易艺》，但仅《易艺》四卷刊行。他对《周易》的解读，也是以心性之学阐释《周易》中的微言大义。据民国《铜仁府志》载，"其学以汉儒为宗，而于心性之学，……数十年殚精竭虑于《易》，穷探义理于一生"。可见，他的易学具有用心性之学解《易》的因子。他在阐释易卦时说："六十四卦，参伍错综，皆言日月之出没也，而于九卦、十三卦定其位；三百八十四爻，动变往来，皆言日月之进退也，而于七爻、十一爻示其端。其示人以握《易》之要，则归于大有之上爻；其示人以学《易》之门，则归于咸之四爻；其言日月之消息，则归于乾往通坤，坤来合乾，出入乎震、巽，成为既济。此立说之大纲也。"（民国《铜仁府志》）他认为《易》讲述日月的出没变化，乾往通坤，坤来合乾，出入于震、巽，成为既济。这也就是说，《易》所开示于人的天道与地道、时间与空间的相互依存与转化状态，是以日月的出没变化、阴阳消长的方式显现，对此可以用乾坤两卦来洞察。不仅如此，他还通过自己多年对《周易》的解读与体悟，认为大有卦的上爻（"自天佑之，吉无不利"）其实已经告诉人们把握《周易》的要点，咸卦的四爻（"贞吉，悔亡。憧憧往来，朋从尔思"）则示人以研习《周易》的门户。由此看出，他对《周易》的解读不是拘泥于程朱理学对《周易》的解读模式，而是自己多年悟《易》的心得总结，观点相当独特，富有心易的特征。

从总体上说，清初以来，中原学术界对王学末流多持批判态度，故易学界亦逐渐转向程朱理学，尔后这一转向又得到清廷的扶持，遂使程朱理学派易学日益占据主导地位而成为清代易学的主流思想之一。而贵州由于地域之故，偏居西南，相对而言，受中原学术文化影响较小；加之早在明代中叶就受到王学的影响，晚明以来孙应鳌又大力倡导心学易，故在清代贵州反而出现艾茂、戴世翰等富于心学特征的易学家，从而表现出与中原易学界主流思想不尽相同的风格。

四、心学解易模式对贵州易学家的影响

孙应鳌解易，往往是"以经证心，以心证悟"，不拘于传统的训律，不死

第四章　孙应鳌易学思想及其对贵州明清易学的影响　　355

抠书本，常常是随己发挥，从心学的角度去解释《周易》的内容，探求其中的微言大义，强调"《易》不可为典要"，"用《易》者，心用之也"①。故其治易乃是以心学解易学，以易学证心学。他认为《周易》六十四卦的象数理和卦爻辞都是出于人心，是人本心的表现："心之象，便是《易》之序，心之变，便是《易》之辞。"②由此，他得出结论说："故《易》有圣人之道者，谓心也。"③

　　孙应鳌考《论语·述而》"孔子五十以学《易》"一章认为，何晏、朱熹之说均不足训。何晏《集解》云："《易》穷理尽性，以至于命，年五十而知天命之年读至命之书，故可以无大过。"朱熹《集注》则云孔子五十学《易》，是字误，五十应作"卒"，因"卒"与五十形似而误分也。由此将《论语》的这句话诠释为："假我数年，卒以学《易》，可以无大过。"宋代郑汝谐同意朱熹之说，故其释五十学《易》，亦未得出答案。孙应鳌则认为何晏之说是臆说，朱熹之说是附会之论。因为"孔子五十以学《易》，是以五十之理数学《易》，非五十之年始学《易》也。数始于一，备于五，小衍之为十，大衍之为五十，参天两地而为五十者两其五，五十者十其五。又《河图》中五所居者，惟五与十，得此五十之精微，便是知变化之道，便知神之所为，便可合幽明、一事理"④。这即是说，孔子五十以学《易》，不是言孔子学《易》之年，亦不是指孔子五十岁学易，而是指《周易》的五十之理数，即大衍之数五十，这是孔子学《易》的内容。《河图》中所居者惟五与十，参天两地而成五，两其五衍之成十，五者十其五，十者五其十，参五错综以成大衍之数五十，此乃《易》之理数。孙应鳌认为五十之理数，即大衍之数，而大衍之数则本于天地之数五十五。孙应鳌释《周易·系辞》"天一地二"章曰："'天一地二'以下，天地之数也；'大衍五十'以下，筮策之数也；'四营成易'以下，八卦之数也。数本于天地，著于大衍，成于八卦，八卦列而易行矣。"⑤所以得五十之精微，就得到《易》之要旨。透此五十之精微，以通神明之德，以类万物之情，因此孔子以五十学《易》可以无大过。民国著名学者陈矩在《淮海易谈·跋》中对孙应鳌此说评价甚高，指出此说"足

---

① 《淮海易谈》卷一，《孙应鳌文集》17 页。
② 《淮海易谈》卷四，《孙应鳌文集》121 页。
③ 《淮海易谈》卷四，《孙应鳌文集》129 页。
④ 《淮海易谈》卷四，《孙应鳌文集》128 页。
⑤ 《淮海易谈》卷四，《孙应鳌文集》128 页。

破千古疑案，寥寥数百言，已足包孕《易》之全体"。孙应鳌解《易》不拘权威之说，不受书本约束，于此亦可见一斑。

清初学者戴嗣方在《四书近语·序》中说孙应鳌"于四子书能融会贯通，详说反约，著《四书近语》，务得圣贤大旨所存，不拘一章一句训诂"。所言虽是指孙应鳌所著《四书近语》，而亦适合于其之《淮海易谈》。可以说，强调对《周易》内容的自我发挥，不受书本和圣言的约束，反对寻章摘句，训诂考据，是孙应鳌以心学解《易》的一大特点。晚明时期，是我国封建社会由盛转衰的时期。封建社会发展的这种颓势，反映在政治上，就是封建专制的空前强化。自明初起，统治者为了加紧对臣民的思想控制，独尊程朱理学，奉理学为正统的官方思想，规定以朱熹注书为依据，以八股文取士，由此造成明代学术的迂阔僵化。因此，在晚明，官方的程朱理学受到了思想解放潮流的强烈冲击。孙应鳌在晚明思想解放的潮流中，不趋人脚步，不墨守成规，其解释《周易》敢于冲破程朱思想的束缚，敢于反对传统思想，标新立异，这在当时有发挥人的主体意识、摆脱经书的束缚、启迪人们积极思维的进步作用。

孙应鳌以心学注解《周易》以及他不拘泥经典和古训而自创其说的解易模式，不仅打开了贵州易学研究以心学思想解易的新视野，而且对贵州清代很多易学家多角度地解析《周易》，也直接或间接地产生了一定的影响。

胡秦川（1684—1742年），字息含，号秦川，贵州黎平人。他一生律身严而有度，忠信方直，好读古书，慨然有利济苍生之志。尝云："吾辈读圣贤书，当以圣贤自命，匪徒寻章句博虚名而已也。"（民国《贵州通志·人物志》）足见他的人生志向。清雍正十三年（1735年）科经魁，乾隆二年（1737年）赐同进士。著有《学易确然录》四卷。他在该书自序中说："《易》，四圣集其成，历传至宋代，伊川作《易传》，朱亭作《本义》，观象玩占，而其理确然不易。余自束发诵读，见坊本多略去象占，直填'君道'，'臣道'话头。《易》无所不包，岂如是胶柱鼓瑟？始知攻举子业者，未尽乎《易》也。"（民国《贵州通志·艺文志》）由此看出胡秦川在总结易学发展的源流时，认为《易》是伏羲、文王、周公、孔子四圣的心血结晶，传至宋代，程颐作《程氏易传》，朱熹作《周易本义》，观象玩占，给人开了易学眼界。但到了明清，很多易学版本删去了易占部分，直填"君道""臣道"作为话头，使《易》失去了鲜活成份。同时，他认为《易》无所不包，只要易占符合《周易》的义理，就能自圆其说。《易》的象数通过观象玩占，其中也可以包含义理的成分。可见，他的易学具有鲜明的个性特色。

王璋，字履南，贵筑（今贵阳）人，清乾隆年间以修文拔贡生起家，曾官居马平知县，主要著作有《易经集说》六卷。他对《周易》的研究，主要是以自己的身心体悟易理与象数的精髓。他在《易经集说》自序中说："居常观象玩辞，自寻爻象之合；观变玩占，徐验事理之应。片辞只义，不敢与古人苟同，亦不敢苟异，以心理获安而止。"（道光《贵阳府志》卷五十二）体现了他不拘古训、不以名家为典要的研易路径。

傅昶（1818—1887年），原名华赓，又名寿彤，字青馀，晚号澹叟，贵筑（今贵阳）人。清道光二十三年（1844年）乡试中举，咸丰三年（1853年）成进士，改庶吉士，以军功补归德知府，改南阳，又改开封，擢南汝光道，进河南按察使。著有《古易殊文记》一卷、《易源》二卷。他在《古易殊文记》自序中说："自商瞿而后，传《易》者代不乏人，要唯典午以前之三十二家为有师法也。然自江左立王弼《注》于学官，而《易》古义亡。自唐《兼义》出，并古《易》注皆亡矣！"（民国《贵州通志·艺文志》）由此看出，他在探讨易学发展史的过程中，认为从魏晋王弼作《周易注》以后，《周易》的古义就消失了。因此，他在《易源》的自序中说："经莫古于《易》，而《易》家之授受，源流亦最繁，非挈其纲，述其略，以己意贯其先后，其易的眉目不易明也。"（民国《贵州通志·艺文志》）由此可知他对《周易》源流的探索，发现《周易》的发展和演变非常复杂，很多易学家常常把王弼的注解当作范本，往往使后人对《周易》的本意更加难以明了，可见他不赞同王弼《周易注》的解读模式。民国《贵州通志·人物志》评曰："公平生笃守王阳明知行合一之学，故文臣用兵，确有根砥，更究心于天人性命之旨，参以神悟。"说明他的解易模式是以心学的路数展开的。

孙濂，字霁帆，贵州贵阳人。清道光二十一年（1841年）中进士，官至四川按察使，为官廉平。著有《易理三种》刊版行世。该书受到当时经学家熊家彦的大为赏识，熊家彦在此书的序言中说："考先生之书，在督办军储时而作，故《三种》于'济险图解'特详。盖自羲画开天而后，文、周、孔三圣人所值皆显时也，所履皆险地也。一部书中，吉一而凶、悔、吝居其三。经生家类能言之，而独取本宫之坎、大象之坎为险构其形；更取中爻互得之坎、各爻错得之坎为济险宏其用：则实发前人所未发。先之以《九德图》为从入之门，举述圣《中庸》、周子《性理通书》咸包孕其中，终之以《体用一源卦图管见录》。会《河》、《洛》之通，抉生成之要；极盈虚消长之妙，示挽回补救之方。"（民国《贵州通志·艺文志》）可见孙濂认为《周易》的主旨，是教人要具有忧患意识以及如何在现实生活中化险为夷，故他在《易理三种》中，特详于"济险图解"，说明伏羲画卦后，文王、周公、孔子三圣人所值皆险时，所履皆险地，但都能化险为夷，文王被囚于羑里而演《周易》，周公面临内忧外患而摄行王事，孔子困于陈、蔡之地而鼓琴讲学。因此，他在研究八八六十四卦的八宫卦时，独取坎的本宫卦。从卦象看，坎的易象是指险境、沟壑、隐藏等；他解释坎卦的独到之处不仅于此，其创新之处主要还在于取坎卦的中爻互得之坎、各爻错得之坎为济险宏其用。他的这种见解非常独特，发前人未发。他还以《九德图》入门，举述《中庸》和周敦颐《性理通书》所阐释的内容，以《体用一源卦图管见录》总结他的易学观点。并融合《河图》和《络书》的思想，分析事物的生成以及盈虚消长之妙，同时揭示事物发展的不利因素以及采取的挽回补救之方。可见孙濂不但是一位非常精通《周易》象数的易学家，同时也是一位对易学有"自创其说"的易学家。

文天骏，字云衢，贵州清镇人。清同治六年（1867年）参加乡试中举，入京供职刑部，他的才华得到丁宝桢的赏识。丁宝桢督职四川时，上奏朝廷调他到四川帮办官运局，由于成绩卓著，以道员试用，官四川候补道。他的主要著作有《周易或问》六卷。其治《易》，不迷于汉代孟喜、虞翻、荀爽等象数之学，不拘泥《周易》的卦画言辞，而以《周易》之微言大义解《易》，反身而求，求诸吾心。故黄诗聘在《周易或问》序中评曰："天地何者非易？吾人一身，亦何者非易？昔者孟子生平不言《易》，而尹氏和靖谓其践履处皆是易。盖《易》在天地，亦在吾身。泥卦画言辞以求，非知《易》者也。道在反诸身心而已矣。"（民国《贵州通志·艺文志》）

肖光远（1803—1885年），字吉堂，晚号鹿山，遵义北乡鹿屯山（今贵州遵义县毛石乡台上）人。清道光五年（1825年）中举，选青溪县学教谕，未赴任，仍居家中耕读著述。在遵义城中与莫友芝、郑珍等人相识并成为挚友，后主讲遵义湘川、育才、培英等书院多年。一生研治《易经》，积十六年心得写成《周易属辞》十二卷、《易字便蒙》一卷、《周易属辞通例》五卷、《周易属辞通说》二卷。他在《周易属辞通例·自序》中认为："《易》为道也，变动不居，焉用例？曰：'奇偶两重之为八、为六十四，使其无例，不将乱杂无章乎？'……通计：《象》不同字百六十四，每卦未得三字；爻不同字五百五十，每爻未得二字；十翼不同五百五十，与爻同。盖虽画前有《易》，既分卦、爻，则形上之道，已著于形下之器。羲皇不能不循乎阴阳奇偶之例，文、周不能不循乎羲皇阴阳奇偶之例，其辞重叠，皆义例所在。……要归不易变易之旨，如天之于众形，匪物物刻而雕之，而自各从其类。光远初时推求义例，触以经文印证，少不合辄置无用，兹辑成帙，首卷大要已具，三、四卷详推字例，二卷《大有图》与五卷《干支星象》，各汇尤易道之，范围天地，窃恨不能窥其万一者。至孟氏卦气、郑氏爻辰、虞氏纳甲，消息求之，未得其通，不敢援为例也。"（民国《贵州通志·艺文志》）由此看出，他通过对《周易》卦象、爻位和卦辞的比较研究，认为《周易》是阐述天地万物变化之道的书，《易》用阴阳、奇偶两象演变为八卦、由八卦演变为六十四卦，通过卦位的阴阳结构，卦体的错综变化，形成了六十四卦中不同的初爻、中爻、上爻的排列与组合。他进而统计出：《象》不同字百六十四，每卦未得三字；爻不同字五百五十，每爻未得二字；十翼不同字五百五十，与爻同。这种现象，他认为是伏羲画卦之前，《易》所描述的宇宙万物之理就已经存在，把《周易》分为卦与爻，是为了把宇宙万物的形上之道，显象于形下之器中，让后人更好地把握。所以羲皇不能不循乎阴阳奇偶之例，文王、周公不能不循乎羲皇阴阳奇偶之例。可知，肖光远从阴阳、奇偶、错综等角度探讨易的简易、不易、变易的规律，认为从汉代孟喜的卦气、郑玄的爻辰、虞翻的纳甲以及阴阳消长的角度并不能全面反映易所涵盖的内容。由此看出，他对易的研究非常细微，十分崇尚道与经的统一。

丁泽安，字勉初，贵州贵阳人，清同治六年（1867年）乡试中举。光绪二年（1875年）考取内阁中书，曾任湖南署长宁县知县。十三年（1887年）以忧归故里，不再出任。曾主讲省城贵山书院，究心经学，尤邃于《易》。他的易学著作主要有《自得斋易学》四卷、《易学节解》五卷、《易学三编》三卷、《易学附图》二卷、《易学汇说》一卷。清廷嘉其学，特予内阁侍读衔。他在《易学节解》自序中回顾自己的治易经历时说："《易》本难言，而学者类喜谈《易》，大抵悦于苟难，固学人之通病乎？然自常人言之，不胜其烦难；自圣人言之，独以为易简。《大传》言易简者四，再言天地之易简也，一言《易》书之易简也，一言圣人之易简也。此正所谓如天之于众形，匪物物刻而雕之也。自言《易》者率多穿凿，不几于物物刻而雕之乎？此所以不见其易而见其难也。夫圣人之于《象》、爻、《传》，则每言中正，于上下《传》则屡言易简，二者尽言《易》之大端矣。六十四卦，三百八十四爻，举不外乎中正，岂不诚为易简？故先儒言《易》有四义：曰'不易'、曰'交易'、曰'变易'、曰'易简'。窃以为不易、交易、变易之皆'易简'也。然不揣固陋，而妄意推测，亦有年矣！往往自以为得解者，后数易其稿，而犹未敢必其说之是否？抑又何难哉！盖惟其至易，所以至难也。因解说所及，录之以备善亡，非敢谓有当于理之易简也，明者正之。"（民国《贵州通志·艺文志》）由此看出他对《易》的理解，认为很多人之所以对《易》难明，其主要原因不在《易》本身，古人阐述的易道非常简明，后人不明，主要是很多言《易》的人不能正确理解易，喜欢穿凿附会所致。如《大传》说易简者有四；而后人对《易》的解读则认为是天地之易简，《易》书之易简，圣人之易简。这样解《易》有如画蛇添足，难免穿凿附会，这就是为什么学《易》者所以不见其易而见其难的原因。他认为先儒说的四种《易》，即'不易'、'交易'、'变易'、'易简'，其实不易、交易、变易就是指'易简'。由此看出，他对《周易》的研究力求做到因经明理，求之身心，是属于有自己独立见解的易学家。

　　清代易学的主流，除前述之程朱理学派外，还有训诂考据派易学，即清代朴学易。清初以来，易学界受晚明以来考据学风的影响，转向批评和考辨宋易，不仅攻击邵雍的象数学，而且对王弼的玄学易和程朱的理学易也提出指责，主张以汉人之古义对《周易》经传的文字音义进行训诂、校勘和考据，从中探索易学之理。迨至雍乾之际，终于形成考据易学，与程朱义理易学分庭抗礼。考据易学至乾嘉而大兴，成为乾嘉朴学易，终乃取程朱理学易而代之，成为清代易学的代表。其代表人物有顾炎武、毛奇龄、胡渭、惠栋、张惠言、焦循、姚配中、孙星衍等人。受朴学易影响，前述之清代贵州易学家治《易》亦带有这一时代特色。如傅昶就认为自从魏晋王弼《周易注》立为官学后，《易经》古义亡失。幸而唐代李鼎祚《周易集解》还略存一二解《易》古文，然而经过经师口授，殊文颇多，无法标识，《易经》古义难复。于是他考证汉晋以来千家之《易》义殊文，对各家之《易》的不同文、不同字详为笺释，编为《古易殊文记》一书。再如肖光远就专门考证了《易经》经文的一千三百三十六字，将同句、同字、同旁、同意和不同字者，分类抄录，并根据《说文解字》逐一进行比勘、注声，使卦爻辞的音义统一起来，由此撰写了《周易属辞》、《易字便蒙》等书。莫友芝对之予以高度评价："（吉堂）唯其逐字求象，及于助语，逐卦爻字求数，颇疑简易之道当不尔然，而持之有故，言之成理。古人言象数，亦各就条例伸己说。吉堂沉思独往，竭十六年忘食废寝,十易稿成此书,专精极矣!"①

由此可见,清代贵州易学家治《易》,多因经求义,不袭前人,此乃与孙应鳌不拘泥经典和古训而自创其说的治《易》精神相符合,而在他们具体注解《周易》的过程中亦会带上时代的特色,因此与孙应鳌心学易的宏大叙事比较起来,他们的易学更加重视对《周易》的考据、训诂和校勘,更加注重对具体问题的实证和探求,故而带有清代朴学易的特点。

五、开启经世致用的早期启蒙思潮

"经世致用"主要是强调儒家经典学说的致用思想,不去空谈经学中的义理,而是重视经学的应用,期以指导事功。经世致用的提出,既不是主观的臆想,也非一时的偶然之见,而是针对宋明理学发展到晚明以来,道经分离的客观现实而发的。晚明以来,由于大多数文人只是以朱学作为通过科举考试而跻身官场的敲门砖,实际行动却与之相违背,形成一批谋取个人名利的假道学、伪君子,他们之中有的甚至苟且钻营,无所不为,为正直人士所不齿。至于恪守朱学而著书立说、讲学授徒的读书人,却往往迂腐无能,没有实际的办事能力。所以,经学与道学的发展演变成为脱离现实社会的僵死学问,使"经"本身变成纯粹应付科举考试的八股文,而"道"也流于空谈心性。针对这种现状,反对空谈性道,重视人伦日用,在解《易》时重视道经合一,强调经世致用,成为孙应鳌易学的又一特点。

孙应鳌批评当时空谈心性天理者说:"今人讲学,只空空讲一个存天理,而于好古敏求、明物察伦一切扫除,不知所谓天理者果何在耶!"② 因此他之注解《周易》不是从《易》到《易》,而是通过解《易》来关注现实人事社会,把学《易》与用《易》结合起来。他说:"乾言'天行',坤言'地势',坎言'水洊至',离言'明两作',震言'洊雷',艮言'兼山',巽言'随风',兑言'丽泽',推之而为六十四卦,天、地、水、火、风、雷、山、泽交互错综,皆《易》之象也。'大象'或言君子,或言大人,或言后,或言圣人,或言先王,皆用易之人也。《易》之象,心象也;用易者,心用之也。是以六十四卦之'大象'皆言以只一,以字吾心与易象合矣。天地万物

---

① 莫友芝《周易属辞·序》,载民国《贵州通志·艺文志》。
② 《淮海易谈》卷四,《孙应鳌文集》135 页。

之象皆吾心之象，吾心其即物理乎？吾心之用即天地万物之用，物理即吾心乎？吾心即是物理，乃欲去物理而归空、无，不知吾心者矣。物理即是吾心，乃欲于事事物物上穷究，不知物理者矣。知吾心、物理之无二，然后知吾身与天地万物实是一体，非实不然而强名之也。彼遗心逐物、舍物求心者，乌足以用易？"① 可见，孙应鳌认为"易"的物象与用易者的心象是合一无二的，人心与天地万物之理实为一体，"遗心逐物、舍物求心"者都是虚无的空谈。他认为道与经之所以分离，不是古代圣人的错，而是后世解《易》者对道与经的理解发生了心物分离的原因所致。他说古代圣人以"形上谓道，形下谓器"的描述，是以"形"作为道器的分界点，不言有无，但言上下，正是因为古人认为道不是空洞无物，而是有形不可离的，形上是立足于形下之中的，可见道、器总是在一个物事中。同时人虽立足于形下世界，却应当追求形上之道，因为形上之物理（道）深深植根于人心这个本源之中，故吾心与物理无二。后世以心、物分言之，以理、气分言之，以形色、性命分言之，这样就远离了圣人论《易》的本义。

由此看出孙应鳌在研《易》方法上紧守王学心物无二之矩矱，诠释经文则遵循义理易学路数，注重微言大义，通经致用，既反对离经讲道，又不主离道讲经，而是提倡道经合一，经世致用。同时，孙应鳌易学不但明显的带有"经世致用"的色彩，而且他的这种研易传统为贵州清代易学家所传承，开启了贵州经世致用的早期启蒙思潮。

清初贵州易学大师陈法（1691—1766 年），字世垂，一字圣泉，晚号定斋，安平（今贵州平坝县）人。清康熙五十二年（1713 年）中进士，改翰林院庶吉士，散馆授检讨。历任刑部郎中、直隶顺德（今河北邢台）知府、山东登州知府、河东运河道，调江南庐凤道，复调安徽淮阳道、直隶大名道。晚年返乡，受聘省城主讲贵山书院近 20 年，著有《易笺》八卷，被收入《四库总目提要》。对《周易》的解读也强调人伦日用、经世致用。他在《易笺》的自序中说："《易》之为数，虽曰精微，然道不外乎人伦日用。《易》所言者人事。术数之家，支离破碎，非圣人本意，顾其言简严，又因象数难明，诸家因文释义，未能犁然有当于人心。"（民国《贵州通志·艺文志》）由此看出，陈法释《易》，以人事为主，他认为《易》主要是讲述人伦日用，术数之家有曲解古代圣人本意。他反对求神问卜，倡导对易道的理解可以从人

---

① 《淮海易谈》卷一，《孙应鳌文集》第 17—18 页。

们的日常生活去体悟。因此他在《易笺》中批评邵雍的象数学说:"康节之说详于天而略于人,详于图之象数,而未毕象爻之象数,虽极汪洋浩渺,何由得身心之益。"认为邵雍的象数学不谈人事义理,于人的身心修养无益。可见他的这种解《易》模式含有"经世致用"的思想。

《四库总目提要》评陈法的《易笺》说:"是书大旨,以为《易》专言人事,故《象》爻之辞,未尚言天地雷风诸象,亦并不言阴阳。考震《象》言'震惊百里',即象震雷;诸卦《象》言'利涉大川',即象饮水。法所云'《象辞》不言象'者,未为尽合,然其持论之大旨,则切实不支。至来知德以伏卦为错,反对之卦为综。法则谓'《大传》所云错综者,以揲蓍而言,错综其七、八、九、六之数,遂定诸卦之象。今以错综诸卦定象,是先错综其象也;又以错综言数,是错综其象定数也。先儒虽卦变未有易其阴阳刚柔之实,颠倒其上下之位者。今以乾为坤,以水为火,以上为下,混淆汩没,而《易》象反自此亡矣!'其变最为明晰。又《论筮法》云:'《传》所谓卦者,悬之四揲之外,原以象三,而非与奇数同归于扐,以象闰也。其曰扐而后卦,是三变之中初扐之卦,不待言矣。唯再扐不卦,故曰再扐而后卦。故知再扐为指第二、第三变而言也。'其说与郭、朱迥异,而前一变挂一,后二变不挂,其挂之策不入归奇之,则三变皆以四八为奇偶,不用五九借象。与经义似有发明,故亦可备一解也。"(民国《贵州通志·艺文志》)从《四库总目提要》的评说中可以看出陈法易学专言人事的特色,陈法认为象象与爻辞,没有言及天地雷风诸象,也不谈论阴阳。他考证震卦《象》说的"震惊百里",是说明震卦的卦象是雷;六十四卦中的《象》言及的"利涉大川",都是饮水的一种表象。所以陈法认为"《象辞》不言象"的观点,未为尽合。同时他认为来知德以伏卦为错,反对之卦为综以解读《周易》,也有局限性,因《易传》讲错综,是错综七八九六之数,以定诸卦之象,而来知德则是以错综诸卦定象,以阴阳相对、卦画相反为"错",以上下反覆、卦象颠倒为"综",是先错综其象,又以错综言数,是一种以错综其象为基础的解读思维。认为先儒虽言及卦变,然而未有改变易卦的阴阳刚柔之实和颠倒其上下之位。而来知德以乾为坤,以水为火,以上为下,混淆汩没了《周易》的真正本意,这样理解《周易》,则使《周易》的易象自此而亡。说明陈法易学并不拘泥象数和古人的解说,并对晚明象数学大师来知德的错综卦提出自己的异议,阐述自己的易学见解。这充分体现了孙应鳌不拘泥文字与象数解易的传统,遵循了孙应鳌以身心体易、悟易而自畅其说为宗的研易路径。

清人陈弘谋读了陈法的《易笺》后，认为：

> 《易》之书难明久矣！……朱子谓'《易》为卜筮作'，盖以吉凶悔吝皆占辞，圣人假之以立教焉耳，故不仅曰吉凶而兼言悔吝。《大传》亦曰'辨是与非'，岂有圣人竭其心思知虑以垂教万世，而斤斤焉为郭璞、京房之术炫其神奇乎？余之疑此久矣。岁庚申，余为津门监司，吾宗定斋先生亦为监司于任城，有会堪之役，相聚于聊摄间，因言及《易》。先生曰：'本非难解，解者汩之也。彖爻之辞，未尝言天地雷风诸象，亦并不言阴阳，其所言者人事耳。人伦日用之间，一言一动之际，有能外于《易》者乎？圣人读之，韦编三绝，特竭中正之极，用刚用柔，或过或不及而吉凶悔吝生焉，岂特卜筮乎？《彖传》推说天道，以明义理源头，无非明人事也。'余乃恍然于先儒所谓'《易》之言天'、'《易》道阴阳'者，为未得其本旨也。嗣余抚关中，会举经学，遂以先生应诏，然犹未见其全书也。戊寅，余驻节吴门，闻先生来游湖湘，因邀至使院，出其所著《易笺》以示余。公余则往复辨论，愈叹其说心研虑用力之深，盖数十年于此矣。其余四图，于《启蒙》之外，别有会心。其以人事言《易》，已居其切要，其心象必根诸卦，而不外卦以言《象》；其言爻而又必明乎爻之序；其言象必根乎卦义。有是义乃取是象，拟诸其形容，但取其大意而参活象，故不扫象而亦不泥象。其义象有难明者，尤必反复阐发，不肯一字含糊。解《大传》者，多分段句解，或文义不属，必首尾会通，使义理融贯。其分别《羲易》、《文易》，视旧说另有发明，使人读之，心开目朗。于是记所谓精微者，但觉其显明；昌黎所谓奇者，但觉平易：则是书之为功于《易》不少也。乃世之论者，以《易》理精深，故圣人'假年'学《易》，不在雅言之数。夫见浅见深，存乎其人，四子之书，童而习之，终身不能尽。《易》所言者人事，远之在乎天下国家，近之及于旅讼家人；大之关乎穷通得丧，小之不外日用饮食：即是卦之义与象，以明乎是卦之理，此道之不可须臾离也，是《易》较之他经更为深切著明矣。先生将归黔，因留其稿付之剞劂，以公同好。学者本是说以求之，乃知无人不可学《易》，无日不宜读《易》，所谓日进无疆，其益无

方者，当自领之矣。"①

从陈弘谋细致地描述陈法研究易学的经历看，陈法认为《周易》的本意并非难解，易卦中的《象辞》与爻辞，未尝言天地雷风诸象，亦并不言阴阳，其所言者人事耳。人伦日用之间，一言一动之际，没有能外于《易》所描述的范畴。孔子韦编三绝，主要是对《周易》原始卜筮进行哲学的改造，故他力主中正之道，吉凶悔吝，乃因或用刚用柔，或过或不及而造成，不需用卜筮。《象传》推说天道，明白义理源头，无非是为了明人事。陈弘谋十分中肯地认为陈法的易学"以人事言《易》，已居其切要"。由此看出陈法不赞同易的卜筮成分，主张人们从人伦日用的角度来解释易卦的《象辞》和象，以《象》言卦，谈论卦爻必明乎爻之序，谈论卦象必根乎卦义，把《周易》与人事结合起来，以期实用，远之天下国家，近之旅讼家人；大之穷通得失，小之日用饮食，都在易卦的义理中。可见陈法推崇《周易》人伦日用的经世致用思想。

清道光年间的孙濂研易，别有心得而不堕汉儒主数、宋儒主理窠臼，反对空言性道，重视日用伦常，主张经世致用。认为《周易》之作本身就是忧患意识的产物，诸卦爻皆言有用，事业成败、国家兴衰，皆可由《易》说明。这是与他本人的经历相联系的："涉历仕途，正凿池问劫之地，艰难险阻，无不备尝。虽一身幸脱虎口，而民生之凋瘵，边隅之糜烂，至斯已极！"（熊家彦《易理三种·序》，载民国《贵州通志·艺文志》）国家的衰危，个人的险途，使他想从《周易》中找到解脱危机的办法。故他在《易理三种》书中，特详于"济险图解"，说明《易》之主旨，就是教人怎样扶阳抑阴、化险为夷、趋吉避凶，教人如何居安思危、存不忘亡、处治防乱。熊家彦在《易理三种·序》中对此种观点予以甚高评价："论事则目光如炬，感时则心事如焚。有心世道者，得是说而存之，中流砥柱，力挽狂澜。韩子之功，不在禹下，先生之功，亦岂在韩下哉！余非知《易》，惟就《三种》中所推阐，合之往古，验之当今，返之及身，字字菁蔡，可以处忧患，可以平怨尤。"（民国《贵州通志·艺文志》）由此可见，孙濂继承明代孙应鳌经世致用的精神，重视发挥《周易》的义理，在细玩《易》理的基础上，灵活地运用《易》理，结合时代和个人遭遇，探讨和解释人生和社会的危亡问题，透露出一种

---

① 民国《贵州通志·艺文志》。

救世救人的忧患意识。

清人文天骏对《周易》的解读，也是比较注重从日常生活中去领悟《易》的精髓，强调经世致用。他在《周易或问》中说："圣人作《易》，原以寡民之过，兴民之行，使民日迁善而不知，故曰'忧悔吝者存乎介，震无咎者存乎悔'；曰'又明于忧患与，故无有师保，如临父母'；曰'惧以始终，其要无咎'。然则《易》非神奇幻渺之书，乃日用饮食之书也。"（民国《贵州通志·艺文志》）可见，他认为古代圣人作《易》的目的，是通过对易理的阐述，引导民众去恶从善，《易》不是什么神奇幻渺之书，而是人们的日用饮食之书，这种思想无不带有经世致用的强烈色彩。

18世纪德国哲学家康德认为，启蒙意味着人类应该拥有运用自己理性的自由，并且依赖自己的理性，而不应该臣服于任何权威。综观贵州明清易学的发展和演变，"经世致用"思想得以进一步展开，并非空穴来风，而是与孙应鳌的通经致用思想有着密不可分的联系。在这样的文化传统和思想脉络潜移默化的影响下，无论是在朝身居要职的贵州易学家，还是在野的黔中文人学者，他们都十分重视《周易》的人伦日用思想，注重易学的"经世致用"，反对拘泥经文，敢于挑战权威，提倡面向实际，面向人生。他们开辟了重实际，重实践的新学风，其研易方法，普遍突破汉宋，别开新途，反映了"依赖自己理性"的新的时代要求。由此，逐渐形成由明代孙应鳌开其端，贵州清代易学家继其后的早期启蒙思潮。

后　　记

　　本书所指的"黔中三宝",非指黔中名药天麻、灵芝和杜仲,乃黔中王学、佛学和易学之谓,它是黔学的重要组成部分。何谓黔学?贵州简称"黔",今辖6个地级市、3个自治州,共有88个县(市、区、特区),国土面积17.6万平方公里,其中民族自治地方占全省总面积的55.5%,2012年常住人口3484万,少数民族人口占全省总人口的36.1%。贵州是全国唯一没有平原支撑的省份,境内有乌蒙山、大娄山、苗岭山、武陵山四大山脉,山地和丘陵占全省面积的92.5%,喀斯特(出露)面积为10.9万平方公里,占全省国土总面积的61.9%,境内自然风光优美,民族文化灿烂。在历史上,春秋以前贵州大部分地区属于"荆楚"的黔中地区,秦朝曾在夜郎地区设郡县、置官吏,公元前28年至前25年郡县制在今贵州地区最后确立,宋朝开宝年间"贵州"开始成为行政区划的名称。明永乐十一年(1413),贵州布政使司建立,使贵州成为当时全国13个行省之一。清朝雍正五年(1727),四川统属遵义府改隶贵州,毕节以北的永宁(今叙永)划归四川,广西永丰州(后改为贞丰)、荔波,湖广平溪(今玉屏)、天柱划归贵州,大体形成了今天贵州的地域范围。

　　所谓"黔学",是指黔地历代产生和绵延不辍的学术文化,它是中国传统学术文化即"国学"的一部分,是中国地域文化当中很有特色的一枝奇葩。黔学以其厚重的文化底蕴和独特的文化张力,陶冶和孕育了一大批闻名海内的文化名人,为推动贵州社会经济文化发展作出了重要贡献。两千多年前汉武帝通夜郎设郡县,当时犍为文学卒史舍人著《尔雅注》3卷,为"汉儒注经之始",成为"黔学"奠基之作。"牂牁名士"盛贤(字长通)拜司马相如为师,有《列锦赋》、《合组歌》歌赋存目。东汉有经学家、教育家荆州刺史尹珍(字道真)开"南域之学"传播中原文化。唐宋以降,兵燹屡兴,天荒人废,虽代不乏人,而载籍难考,直至宋元才有学者继起黔中文化薪火。宋代有赵高峰《青莲院诗集》存目。元代杨汉英有学术专著、诗集150余卷。明代永乐建省,黔地学术文化始称盛焉。明代前期王训、易贵有诗文集和经学著作数十卷,可惜均已散佚。明代中叶,王阳明"龙场悟道",心学传承形成"黔中王门",王阳明再传弟子孙应鳌、马廷锡、李渭等崛起于西南,一时名满天下、蜚声中外。晚明时期,又有谢三秀、杨师孔、越其杰、邱禾实、杨龙友、吴中蕃诸位诗文大家兴起黔中。明清时期,有几百位学者的著作传世,此时期诚如清末四川诗人赵熙所言:"君看缥缈蓁江路,万马如龙出贵州。"据民国《贵州通志·艺文志》记载:自汉至清末两千年间,黔籍名家著述达1966部。可惜其中大部分为手稿本,保留至今者不足千部。这些著作,经、史、子、集四部俱全。其中一些著作,在全国同类中处于领先地位。如孙应鳌的《淮海易谈》录入《四府全书总目提要》,是贵州开省以来最有影响的易学著作;陈法的《易笺》是黔人全文录入《四库全书》的唯一专著;郑珍《仪礼私笺》、《经说》辑入《皇清经解》巨著,其《巢经巢诗集》被"同光体"(同治、光绪以来不专宗盛唐诗者)诗派推尊为"宗祖",赢得"清诗三百年,王气在夜郎"的赞誉;莫友芝是版本目录学创始人,其声韵学、文字学专著,被列为当今大学文科教材;周起渭执清初京师诗坛牛耳,等等。贵州当代著名文化老人陈福桐先生论定贵州文化的三主流为诗、志、禅。诗词集800多部且不论,近400部方志中,《遵义府志》、《贵阳府志》、《畿辅通志》等6部被评定为全国名志。明清之际,百廿高僧入黔疆,如丈雪、语嵩、赤松、梅溪、厂石等禅师,其人品学问、弘法业绩和佛学造诣,不仅彪炳黔省,冠映西南,即与中原诸佛学大师相比,亦毫不逊色,他们留下数十部《语录》和《灯录》,被辑入《嘉兴大藏经》。此外,境内世居各少数民族传承的丰富多彩的学术和文学(含口头文学)著作以及各类艺术作品,这些都是黔学的构成部分,也是黔学研究的对象。总而言之,黔学源远流长,蕴涵丰富,文化学术含量高深。今天,我们深入研究黔学,目的是融古开今,重铸未来,给当代贵州人才成长提供文化土壤,提供学术精神,提供中华民族文化复兴的正能量,这对振兴贵州人文精神具有重大的现实意义和深远的历史意义。

在黔学中,"黔中三宝"相对于其他学说来说,博大精深,具有更加系统、更加理性和更加深刻的特点,居于一个形而上的核心地位,再加上"黔中三宝"本身所蕴涵的深厚的中国文化精神,使其自然拥有宏大的文化影响力和亲和力,最能和全国乃至世界学术文化接轨、交流和对话,具有强大的生命力,至今仍然能够为我们提供安身立命之道,给予我们以形上智慧的启迪。

我对"黔中三宝"的思考是伴随着我对存在意义的需要而开始的。存在意义的需要是作为"缘在"（Dasein，即海德格尔意义上的"自我觉悟而当下存在"）所要追问的。对这种追问来说，如果我们无法成为自主的解释者，那么我们或者会落入科学沙文主义（唯科学主义）的妄想，或者会使人的存在变成生命消耗系统中的统计学数字，这当然是令人悲催的。就我的存在论体验而论，人的存在之生活世界开放的历史与思想解释的历史往往是同步的。早在我读贵州师范大学的时候（1978 年初至 1982 年初），我就接触了王学、佛学和易学。当时学位毕业论文是《周易筮法浅析》，由此发生了对存在意义的深入思考。1983—1984 年，我到武汉大学哲学系研修中国哲学史，跟随萧萐父先生学佛、唐明邦先生学易、李德永先生学儒。然而我今年 4 月去武汉大学开"中国哲学史研究现状与前瞻学术研讨会暨中国哲学史学会理事会"获悉，萧、李二师已经往生，唐师又生病住院，同门师友萧汉民教授（1940—2011）亦随萧、李二师而去，重游 30 年前读书地已是物是人非，空留珞珈山东湖水，人生之苦短，世事之无常，生死之难料，葛至于此！

萧萐父教授（1924—2008），四川成都人，1943 年考入西迁四川乐山时的武汉大学哲学系，1947 年毕业于武汉大学哲学系。1956 年受李达校长之邀回武汉大学重建哲学系，是武汉大学国家重点学科中国哲学的创建者与学术带头人，并以此为基地，开创了独树一帜的珞珈中国哲学学派。生前任武汉大学哲学院中国哲学教授、博士生导师、中国哲学史学会副会长、中华孔子学会副会长、湖北省哲学史学会会长等。萧先生一生总是站在世界文化发展的全局来思考东方现代化的道路，把经济一体化和文化多元化视为全球化的双翼，强调文化多元化的发生和发展，突破欧洲中心主义，论定人类文化与中国传统文化是多源发生、多元并存和多维发展，和而不同是中国和谐文化的核心思想，他常用"多维互动，漫汗通观儒释道；积杂成纯，从容涵化印中西"的诗句来概括这一思索。同时萧先生在哲学史方法论上还提出了哲学史的纯化与泛化的有张力的统一观，纯化即是把哲学问题提炼出来，进行纯粹哲学的研究，泛化即是将这些哲学思想还原到思想史、学术史、文化史或某个部类中去，让哲学变得有血有肉，生动活泼。萧先生还主张"德业双修，学思并重，史论结合，中西对比，古今贯通"的 20 字治学方针，这种"外之不后于世界之潮流，内之弗失固有之血脉"的文化自信，对我追问存在意义及其著述有巨大影响。

李德永教授（1924—2009），湖北汉阳人，1947 年考入武汉大学哲学系，1954 年毕业于北京大学马列理论研究生班，1956 年回武汉大学哲学系任教。

生前为武汉大学哲学院教授、博士生导师，曾任国际中国哲学学会学术顾问等。李先生是国内著名的荀子研究专家，当年我在武汉大学就是在其门下研习《荀子》和儒学，印象最深的是李先生概括荀子"兼陈万物而中悬衡"的思想方法，给予我做人为学以很大启发。

唐明邦教授（1925—），号云鹤，重庆市忠县人。国际统一易学联合会讲师团教授，世界当代十大杰出易学家。1950 年任《西南工人日报》记者、编辑。1954 年 8 月以调干生入北京大学哲学系学习。聆受冯友兰、张岱年、任继愈等著名教授教诲。1958 年入武汉大学主讲中国哲学。1989 年，筹建中国周易研究会，担任首任会长。社会兼职有山东大学兼职教授、湖北省道教学术研究会会长、东方国际易学研究院学术委员。同时，受聘为湖北、河南、河北、江西、江苏等省周易研究会顾问。唐先生长期耕耘于珞珈山，精研《易经》，开创了珞珈周易学派。学术论著有《当代易学与时代精神》、《邵雍评传》（附《陈抟评传》）、《易学与长江文化》（合著）等；主编《周易评注》、《周易纵横录》、《中国古代哲学名著选读》、《中国近代启蒙思潮》等。在国内、香港、台湾及美国学术刊物上发表学术论文 200 余篇，如《周易与 21 世纪》、《周易象数与古代科学》、《太极思维方式与东方管理原则》、《宗教的永恒魅力在于净化人的心灵》、《以佛解易，援儒证佛——读〈周易禅解〉》等。当时唐先生教我研习《易经》，非常重视哲学阐释之前的考证，即对《易经》进行训诂、考据和文献学的研讨，包括文字、音韵、点校、校勘，一直到甄别、辨伪与辑佚等。同时，还要求掌握第一手原始资料与文献，研读海内外已有的研易成果，从对已有成果的反思中发现问题，然后抓住问题，深入研究，在此基础上再提出创新性的见解，并予以翔实的分析和论证。"竭泽而渔，一网打尽"是唐先生教给我的治学方法，这是一种非常重要的基础训练，需要具备三心（决心、耐心和细心）才能成就。

三大师身上的道德人品和治学方法，已成为我追问存在意义的精神信念。基于这种信念，我开始了从王阳明心学到黔中王门、从佛学到黔中佛学、从易学到黔中易学的深入思考和研究，并且陆续将思考和研究的成果发表在有关学术刊物上。

1986—1989 年，我去北京大学中国文化书院中外比较研究生班研习中西文化比较，师从的都是国内赫赫有名的哲学家：名誉院长冯友兰、院长汤一介，导师张岱年、李泽厚、丁守和等。这期间，我重点研究了中西文化的不同及其西方人生哲学。研究生班开设有 15 门课程：中国文化概论、日本文化概论、印度文化概论、西方文化概论、文化学概论、马克思主义文化学、比较哲学、比较文学、比较美学、比较法学、比较史学、比较宗教学、比较教育学、比较伦理学、比较方法论。我当时写的毕业论文是《王阳明心学与萨特存在主义哲学之比较》。此后我花了10年时间写就了《贵州佛教史》，这本书倾注了我绝大部分精力，我亦从青年而到中年，真是"文章不疗百年老，世事能排双颊红"，这本书是我追问存在意义心路历程的一个写照。

1998—1999年，我又去厦门大学做高级访问学者。当时是厦门大学中文系的文艺评论家林兴宅教授做我的导师，但他是搞文艺理论研究的，而我要去研究的是佛学，所以我也不用去听他的课。我当时是带着研习佛学的愿望去厦门大学的，但是厦门大学没有开设佛学的相关课程。不过就在厦门大学的旁边，有一个南普陀寺，那里设了一个闽南佛学院。其中的太虚图书馆，有关佛学的书很多。我经常去那里看书，就幸运结识了两位大师，他们分别是南普陀寺闽南佛学院导师唯识学家济群法师和中观学家圆智法师。经常与他们日夜长谈，我的佛学研究深受其惠。这一阶段我撰写了《大乘佛学与终极关怀》的佛学专著，同时还为南普陀寺及闽南佛学院的法师和师生讲授王阳明心学和萨特的存在主义哲学。

苏格拉底说过："未经思考的人生是不值得过的。"三十年的思考和研究，解决了我关于存在意义的人生困惑。这其间我发表了100多篇论文，其中大多与"黔中三宝"的研究有关，但这些都是一些不完整的片段。今因缘成熟，藉纪念贵州建省600年之机，将这些片段整合梳理，串联成书，修改打磨，五易其稿，形成了这部著作。今天在本书即将面世之际，愿将此书感恩回向给我的三位老师：萧萐父教授、唐明邦教授、李德永教授，是三位老师让我进入中国哲学史研究之门，并由之打开心结去体验生活世界，思考存在意义，研究"黔中三宝"。"三十年来寻剑客，几回落叶又抽枝。自从一见桃花后，直至如今更不疑。"唐代志勤禅师诗深获我之本心。如果大树已经生根，就不会惧怕风吹雨打、电击雷劈！

本书的出版，得到了贵州省社会科学院资助，贵州省社会科学院研究员邬锡鑫先生亦欣然为本书作序，在此一并致以真诚的感谢！

王路平

2013年6月30日

识于贵州省易学与国学研究中心